Olaf Jacobsen

Ich stehe nicht mehr zur Verfügung

Wie Sie sich von belastenden Gefühlen befreien und Beziehungen völlig neu erleben

Olaf Jacobsen Verlag

Die in diesem Buch beschriebenen Methoden sollen ärztlichen Rat und medizinische Behandlung nicht ersetzen. Die vorgestellten Informationen und Anleitungen sind sorgfältig recherchiert und wurden nach bestem Wissen und Gewissen weitergegeben. Dennoch übernehmen Autor und Verlag keinerlei Haftung für Schäden irgendeiner Art, die direkt oder indirekt aus der Anwendung oder Verwertung der Angaben in diesem Buch entstehen. Die Informationen in diesem Buch sind zur eigenen, persönlichen Weiterbildung gedacht.

Wie wird hier geschlechtergerecht formuliert?

Wird eine Bezeichnung in der Mehrzahl benötigt, dann wird der Genderstern verwendet (Bsp.: „Teilnehmer*innen"). Bei Bezeichnungen in der Einzahl wird unregelmäßig zwischen weiblich und männlich abgewechselt.

Bibliografische Information der Deutschen Nationalbibliothek:
Die Deutsche Nationalbibliothek verzeichnet diese Publikation
in der Deutschen Nationalbibliografie; detaillierte bibliografische
Daten sind im Internet über http://dnb.d-nb.de abrufbar

1. Auflage der 3. erweiterten und aktualisierten Fassung

Erstveröffentlichung 2006 im Olaf Jacobsen Verlag, Karlsruhe

Veröffentlichung der 2. erweiterten Fassung 2007 durch
Windpferd Verlagsgesellschaft mbH, Aitrang

Cover-Foto: Mantas Hesthaven, Unsplash.com,
g1WdcKcV3w abgerufen am 15.3.2020

Druck und Bindung: CPI books GmbH, Leck

ISBN 978-3-936116-60-1

Olaf Jacobsen

Ich stehe nicht mehr zur Verfügung

Möge dieses Buch
alle Leserinnen und Leser darin unterstützen,
immer mehr Puzzleteile unseres perfekten Lebens
zu entdecken und zusammenzufügen.

Wie wird hier geschlechtergerecht formuliert?

Wird eine Bezeichnung in der Mehrzahl benötigt, dann wird der Genderstern verwendet (Bsp.: „Teilnehmer*innen“). Bei Bezeichnungen in der Einzahl wird unregelmäßig zwischen weiblich und männlich abgewechselt.

Inhalt

Vorwort

Wenn ich meinen bisherigen Lebensweg reflektiere, dann stelle ich fest, dass er unweigerlich auf dieses Buch zugesteuert ist. War es vielleicht so etwas wie Bestimmung, dass ich dieses Buch geschrieben habe?

Was ist Bestimmung eigentlich? Gibt es irgendetwas, das uns Menschen bestimmt? Haben wir etwa keinen freien Willen? Was aber ist dann unsere Erfahrung, welche wir als „freier Wille“ bezeichnen?

Ohne Frage bin ich ein Mensch, der selbstbewusst seinen eigenen Weg geht. Und doch entdecke ich beim Zurückschauen immer wieder, dass meine Entscheidungen wundersam in die Geschehnisse um mich herum hineinpassen. Habe ich das wahrnehmen können? Habe ich mich an meine Umwelt angepasst? Oder war alles nur reine „Synchronizität“?

Wer dieses Buch in die Hand nimmt, hat die Entscheidung dazu frei gefällt – und gleichzeitig gab es vielleicht keinen Weg daran vorbei: Hat es so sein müssen? Das Warum und Wieso erkennen wir oft erst hinterher.

Wie verhält es sich mit der Entscheidung, nicht mehr zur Verfügung zu stehen? Wenn wir es „wollen“, wird sie zu einer Wahlmöglichkeit, die sich allmählich in unser Leben integriert. Sie entwickelt sich zu einem dauerhaften Bestandteil unseres Verhaltensrepertoires. Wir entscheiden frei und erleben vielleicht im Nachhinein, dass es wundersam zu der Entwicklung in unserem Umfeld passt.

Ich wünsche allen Leser*innen auf dem Weg mit diesem Buch viele stimmige Synchronizitäten und Integrationserfahrungen. Möge der Lauf der Dinge sich allmählich wie ein universelles Puzzle offenbaren. Mögen wir als Puzzleteile einen immer größeren Überblick erlangen und erkennen, wie alles zusammenpasst.

Olaf Jacobsen

Karlsruhe, im Juli 2006

Warum sich abgrenzen?

Wenn Sie mit Ihrer Hand eine heiße Herdplatte berühren, dann schmerzt es. Wenn Sie Kontakt zu einem Menschen haben, der Sie negativ behandelt, dann fühlt es sich unangenehm an oder schmerzt sogar. Das wird sich nie verändern.

Viele Menschen glauben: "Ich muss an mir selbst arbeiten, damit es nicht mehr schmerzt." Sie sind überzeugt, dass sie sich nur genug selbst lieben müssen, dann würde die "heiße Herdplatte" nicht mehr weh tun. Doch der folgende Satz ist einer der größten Irrtümer in unserer Gesellschaft: "Liebe dich selbst und es ist egal, wen du heiratest." Er verführt zu der Vorstellung, dass man sich mit Selbstliebe in *jeder* Situation gut fühlen kann. Auch wenn sich andere Menschen schmerzvoll verhalten.

Sind wir offen, empathisch und mitfühlend, dann tut es automatisch weh, wenn wir verletzend behandelt werden. Das ist von Natur aus so vorgegeben. Unsere Gefühle haben die Aufgabe, uns vor Gefahren zu warnen. Und ein Mensch, der uns mit harten Worten verletzt, ist auf natürliche Weise eine Bedrohung.

Ein älterer praktizierender Psychologe mit viel Lebenserfahrung und vielen Ausbildungen im Bereich Psychologie reagierte erleichtert. Denn wir konnten in unserem Gespräch herausarbeiten, dass mit ihm im Grunde alles in Ordnung ist. Er war der Ansicht gewesen, immer noch durch schmerzliche Kindheitserlebnisse beeinflusst zu sein, obwohl er schon so viel an sich selbst gearbeitet hatte. Noch heute fühle er sich so ohnmächtig, wenn er von jemandem beschimpft werde.

Ich beschrieb ihm meine Überzeugung, dass seine Gefühle in der Gegenwart ganz direkt mit dem verschlossenen oder offenen Verhalten anderer Menschen in Verbindung stehen. Sein Ohnmachtsgefühl ist eine "Resonanz" zu seinem Umfeld. Sein natürliches Einfühlungsvermögen (Empathie) zeigt ihm, wie kalt, warm oder heiß die Herdplatten gerade sind. Die einzige Parallele zu seiner Kindheit ist, dass er sich in seiner Kindheit ebenfalls ohnmächtig gefühlt hatte, als ihn jemand beschimpfte. Heiße Herdplatten tun Kindern genauso weh wie Erwachsenen - unabhängig davon, wie intensiv man an sich arbeitet und sich selbst liebt.

Ich biete an, nicht das Ziel zu verfolgen, nie wieder Ohnmachtsgefühle zu haben. Sinnvoller finde ich, daran zu arbeiten, wie man mit seinem natürlichen Ohnmachtsgefühl umgeht. Jeder einfühlsame Mensch spürt in Resonanz zu einem schimpfenden oder aggressiv redenden Menschen Stress und Ohnmacht. Aber einer reagiert mit Erstarrung und Impulslosigkeit darauf. Ein anderer mit Empörung, Aggression oder Abwehr dagegen. Eine dritte Person verhält sich auf künstliche Weise überfreundlich. Eine vierte unterdrückt jegliche Reaktion und scheint nach außen souverän zu wirken, fühlt sich aber in keiner Weise so. Eine fünfte reagiert mit Panik usw.

All diese Reaktionen haben etwas gemeinsam: Der Reagierende steht dem schmerzvoll wertenden Menschen in einer „verletzten Mitspieler-Rolle" zur Verfügung. An so eine Rolle hat man sich gewöhnt, wenn man in seiner Kindheit öfter den Launen der Eltern oder anderer Erzieher*innen zur Verfügung stehen musste. Es gab damals keine Alternativen. Man war gegenüber den Erwachsenen in dieser Rolle gefangen.

Im gelösten Zustand können wir als Erwachsene auf ein Ohnmachtsgefühl oder auf Stress wie folgt reagieren:

- Wir können mit drohenden Gefahren und schmerzvollen / stressigen Situationen so umgehen, dass wir sie selbstsicher und klar meiden und uns dadurch gut schützen.
- Wir können frei und bewusst von der Mitspieler-Rolle in die Spieler-Rolle wechseln (siehe das NeuroSonanz®-Modell ab Seite 153).
- Wir können uns auf der Gefühlsebene nicht mehr zur Verfügung stellen - ohne uns dabei emotional zu verschließen. Wir machen nicht mit, bleiben aber trotzdem mitfühlend und verständnisvoll.
- Wenn eine schmerzvolle Situation wirklich unvermeidbar ist, dann können wir sie so lange aushalten wie nötig und verarbeiten sie anschließend vollständig.

Ich lernte im Laufe der Jahre, das Verhalten anderer Menschen für mich stimmig zu deuten. Dadurch war ich irgendwann in der Lage, klar und liebevoll "Nein" zu sagen, mit viel Verständnis für mein Gegenüber und ohne Schuldgefühle. Diese Fähigkeit führte dazu, dass ich dann auch in der Lage war, komplett "Ja" zu sagen, wenn es für mich passte.

Erst als ich mich in heiklen Situationen um mich selbst kümmern und mich schützen konnte, öffnete ich mich in anderen Situationen ganz.

Erst als ich erfahren hatte, dass ich schmerzvolle Situationen (nötige Operation, Verlust, Trennung, Tod) emotional verarbeiten konnte, war ich in der Lage, mich zukünftigen Schmerzsituationen zu stellen. Seitdem kann ich meiner Befürchtung, dass etwas Schlimmes passieren könnte, zustimmen, ohne mich davon bremsen zu lassen.

Ich hatte als junger Mann mehrere Beziehungen, die alle zerbrochen sind. Erst im Alter von 44 Jahren konnte ich heiraten. Meine früheren Partnerinnen unterstellten mir, das ich Angst vor Nähe hätte. Aber in Wirklichkeit hatte ich Angst davor, eine einmal eingegangene Nähe wieder zu verlieren. Oder ich befürchtete, innerhalb der Nähe eine schmerzhafte Verlusterfahrung erleben zu müssen. Erst als ich mehrfach erlebte, dass ich etwas Schmerzhaftes entweder klar begrenzen oder im Notfall verarbeiten konnte, war meine innere Bereitschaft da, mich dem gesamten Spektrum des Lebens zu stellen. Ich konnte endlich heiraten. Trotzdem war es nicht egal, ***wen*** ich heiratete. Die Resonanz musste stimmen.

Mein Fazit: Sind wir uns selbst sicher, dass wir uns tatsächlich erfolgreich abgrenzen und selbstheilen können, dann können wir uns auch angstfrei öffnen, sobald sich der äußere Rahmen für uns stimmig anfühlt. Deswegen ist die Abgrenzungsfähigkeit so wichtig.

Als dieses Buch *Ich stehe nicht mehr zur Verfügung* im Jahr 2008 zum Bestseller wurde, ging ich davon aus, dass sich nun in der Gesellschaft einiges ändern würde. Ich hatte die Hoffnung: Das natürliche und empirisch nachweisbare Phänomen der "Resonierenden Empfindungen" findet Einzug in das alltägliche Bewusstsein der Menschen. Man wird beginnen, Gefühle genauer zu erforschen, allein, zu zweit, im Freundeskreis oder im Job. Man wird immer mehr erkennen, in welchem Resonanz-Zusammenhang die Gefühle als auch das eigene spontane Verhalten zu dem aktuellen Gegenüber stehen. Und man wird immer effektiver darin, sich gegenüber unangenehmen Situationen klar und liebevoll abzugrenzen.

Heute weiß ich: Es ist für uns Menschen sehr schwer, neue unübliche Verhaltens- und Denkmuster in unserem Gehirn zu bilden. Neue Musterbildung braucht viel Aufmerksamkeit, Geduld, Training und vor allem Begeisterung.

Wie schwer und langsam die Änderungsprozesse in einer Gesellschaft vor sich gehen, können wir daran erkennen, wie wir Menschen mit unserem Planeten umgehen, obwohl wir wissen, dass wir ihn allmählich zerstören. Wir fahren weiter Auto, wir essen weiter Fleisch (Nutztierhaltung), wir verbrauchen immer mehr Energie, weil wir mit neuen technischen Errungenschaften spielen. Und wir leben immer weiter in Kriegs-Trancen. In einer Kriegs-Trance haben wir unser natürliches Mitgefühl abgestellt und halten diesen Zustand für normal. Beispielsweise sei es völlig normal, seine berechtigten schmerzlichen oder wütenden Gefühle gegenüber anderen Menschen ohne Rücksicht auf Verluste "rauszulassen". Es sei normal, andere Menschen streng zu behandeln, anzuschreien oder abzuwerten, wenn sie schlimme Fehler begangen haben. Manche sagen dazu: "Heiliger Zorn". Viele Politiker*innen und Journalist*innen leben uns diesen Kriegs-Trance-Zustand wie selbstverständlich vor. Doch dass hier eine permanente unnatürliche Gewaltspirale am Laufen gehalten wird, die durch Resonanz unsere alltäglichen Gefühle schmerzlich beeinflusst, ist kaum jemandem bewusst.

Seit der damaligen Erstveröffentlichung dieses Buches vor fünfzehn Jahren bin ich auf viele neue Erkenntnisse und Klarheiten gestoßen. Mein Menschenbild hat sich noch mehr konkretisiert und ich habe es in neuen Büchern veröffentlicht. Bei der Überarbeitung dieses Buches durfte ich feststellen: Ich musste keine meiner Erkenntnisse als "veraltet" herausstreichen. Aus meiner persönlichen Perspektive hat alles weiterhin seine Gültigkeit. Und so habe ich das Buch mit Hilfe meiner neuen Erfahrungen verfeinert und erweitert. Zusätzlich habe ich Hinweise ergänzt, wo Sie in meinen anderen Büchern die entsprechenden Ausführungen finden, falls Sie sich mit einem Thema noch intensiver beschäftigen möchten.

Inzwischen gibt es *Ich stehe nicht mehr zur Verfügung - Band 2 – Die Kritik von anderen hat nichts mit mir zu tun* (2010, 2021 überarbeitet) und aus dem Jahr 2016 meinen Lieblingsband 3: *Hilfe! Ich stehe unbewusst zur Verfügung – Unbewusste Beeinflussungen aufdecken für ein unabhängiges Leben* (siehe die Beschreibungen im Anhang).

Falls dieser erste Band für Sie hilfreich sein sollte, empfehle ich Ihnen die beiden nächsten Bände als erkenntnisreiche Fortsetzungen. Zusätzlich habe ich aus diesem Band 1 ein Kartenset gestaltet, das die wichtigsten Erkenntnisse und Werkzeuge enthält und Sie im Alltag wundervoll unterstützen kann: *Stehe ich zur Verfügung? – Das Kartenset für jede Situation*.

Letztendlich habe ich auf meiner Verlags-Website kleine E-Bücher zur Verfügung gestellt, die Sie sich als PDF-Dateien kostenfrei herunterladen können (www.olaf-jacobsen-verlag.de).

Ich wünsche Ihnen viele Aha-Erlebnisse für Ihr Leben und Ihren Alltag während der Beschäftigung mit meinen ganz persönlichen Erfahrungen, Erkenntnissen und Sichtweisen.

Ihr Olaf Jacobsen

Karlsruhe, im Juni 2021

Kapitel 1

Das Unglaubliche

Eine liebevolle Zauberformel

Wie retten wir unseren Planeten?

Das ist die Kernfrage, die uns und alle zukünftigen Generationen beschäftigt. Dabei kommen wir nicht daran vorbei, uns selbst zu fragen: "Wie können wir Menschen uns so ändern, dass wir alle miteinander klar kommen und gleichzeitig in Harmonie mit der Natur leben?"

Ich empfehle, zusätzlich noch eine zweite Frage zu stellen: "Wie sieht unsere Gesellschaft in der Zukunft aus, wenn wir endlich sagen können: 'Jetzt haben wir unseren Planeten und die darauf lebende Menschheit gerettet!'? Wie gehen wir dann mit unserer Umwelt um? Welche politischen Systeme haben wir entwickelt? In was für einem Miteinander leben die Menschen?"

Leider können sich viele gar nicht um diese große Frage kümmern, weil sie mit eigenen Aufgaben und Problemen beschäftigt sind. Sie erleben Konflikte innerhalb der Familie, mit Partner*innen, im Job und mit sich selbst.

Doch ist das ein "Entweder-Oder"? Heißt es: "Entweder kümmere ich mich um meine Aufgaben und Konflikte *oder* um unseren Planeten"?

Ich werde im Laufe des Buches zeigen: Indem wir fähig werden, unsere Aufgaben mit viel Klarheit zu erledigen und unsere inneren und äußeren Konflikte endlich aufzuräumen und zu lösen, können wir *gleichzeitig* dazu beitragen, unseren Planeten zu retten.

Heute früh zog ich eine Karte. Auf der stand: „Der einfachste Weg ins Verborgene Königreich führt durch das Tor der Anerkennung.“

Die Feen-Karten von Marcia Zina Mager sind für mich sehr inspirierend. Es ist leicht, ihre Sätze anzuerkennen. Sie öffnen und entspannen mich und geben mir Antworten, die ich sofort meiner Frage oder meiner momentanen Lebenssituation zuordnen kann.

Manchmal ist es im Leben allerdings schwer, etwas einfach so anzuerkennen. Ich höre zwar meine innere Stimme, die mich dazu drängt, das eben Gehörte, Gelesene oder Erlebte anzuerkennen und zu integrieren, doch es gelingt mir gerade nicht. Ich erinnere mich an Menschen, die mir sagten: „Hey, Olaf, du brauchst einfach nur innerlich zuzustimmen, erkenne es an, wie es ist, liebe dich selbst, entwickle bedingungslose Liebe, sorge dich nicht weiter – lebe! Im Jetzt!“ … Es hilft mir nicht. Ich spüre, dass dabei noch irgendetwas fehlt.

Eine Seite tief in mir war schon lange davon überzeugt, dass es hierfür eine einfache Lösung gibt. Ich glaubte, dass wir Menschen uns von manchen unangenehmen Gefühlen ganz leicht befreien können. Jetzt durfte ich diesen Zauberspruch finden. Er lautet: „Ich stehe nicht mehr zur Verfügung“. Zunächst sieht es so aus, als ob dieser Satz keine Anerkennung oder Liebe ausstrahlt. Er hört sich an wie eine schmerzvolle Ausgrenzung. Aber das ist ein Irrtum. Die Wirkung des Satzes hängt davon ab, mit welcher inneren Haltung und mit welcher Sichtweise wir ihn verwenden. Setzen wir ihn schmerzvoll abwertend gegen jemanden ein, so verletzen wir den anderen. Gleichzeitig wirkt er unangenehm auf uns selbst zurück. Doch der Satz bewirkt Wunder und befreit, wenn wir ihn liebevoll zum Wohle des Ganzen nutzen. Sie werden beim Lesen dieses Buches fühlen lernen, wie Sie seine integrierende, liebevolle und klärende Seite anwenden können.

Dieser Zauberspruch wirkt unmittelbar und ist ohne Hintergrundwissen sofort einsetzbar. Wir sprechen ihn aus oder denken ihn und fühlen uns anschließend erleichtert. Wie kann dies funktionieren?

Seit 2003 beobachte und erforsche ich die hochspannenden Gefühlsphänomene bei den von mir begründeten „Freien Systemischen Aufstellungen“. Dort ist ganz deutlich zu erleben, dass Stellvertreter*innen in ihren Rollen fremde Gefühle spüren können - selbst wenn man ihnen nicht mitteilt, welche Rolle sie spielen (verdecktes Aufstellen). Sie folgen spontan und unwissend ihren Gefühlen und Verhaltensimpulsen, wie bei einem improvisierten Rollenspiel. Dabei kann man entdecken, dass ihr Fühlen und Verhalten auf geheimnisvolle Weise mit der Person übereinstimmen, die sie in ihrer Rolle repräsentieren.

Noch spannender ist Folgendes: Sobald die Aufstellung beendet ist und die Stellvertreter*innen entlassen sich selbst aus ihren Rollen, dann verschwinden die Gefühle und Verhaltensimpulse, die sie noch zuvor in der Rolle verspürt hatten. Diese Erfahrung brachte mich 2005 auf die Idee, dies im Alltag auszuprobieren und aus "Rollen" herauszugehen, indem ich meinem Gegenüber für ein (unbewusstes) Rollenspiel nicht mehr zur Verfügung stand. Dabei erlebte ich tatsächlich, dass manche unangenehmen Gefühle wie von Zauberhand verschwanden. Es funktionierte - und so entstand der Impuls für dieses Buch.

Die erste Fassung aus dem Jahr 2006, die ich in meinem Selbstverlag veröffentlichte, war nur ein dünnes Büchlein. Dort hatte ich diese Erkenntnis auf den Punkt gebracht. Schon zu diesem Zeitpunkt erlebte ich eine große Nachfrage. Deshalb entschloss ich mich, ein größeres Buch daraus zu machen und es einem Verlag meiner Wahl zur Veröffentlichung anzubieten. Ich hatte den tiefen Wunsch, in dieses Buch zusätzlich noch weitere Erkenntnisse und Sichtweisen von mir einzubauen. Außerdem freute ich mich darüber, meine eigenen Erkenntnisse auch bei anderen Autor*innen wiederzuentdecken, und habe deshalb nachträglich entsprechende Zitate eingefügt.

Wollen Sie das Buch für sich optimal nutzen, dann lesen Sie bitte unbedingt selektiv. Greifen Sie sich nur das heraus, was Ihnen persönlich für Ihre aktuelle Lebenssituation sinnvoll erscheint und weiterhilft. Der rote Faden des gesamten Buches steht im Untertitel: *Wie Sie sich von belastenden Gefühlen befreien und Beziehungen völlig neu erleben*. Für diese Befreiung gibt es viele Wahlmöglichkeiten. Doch nicht jede Sichtweise und nicht jede Technik hilft jedem dabei, belastende Gefühle loszuwerden. Deswegen habe ich Ihnen ein großes Spektrum zur Verfügung gestellt, aus dem Sie frei auswählen können.

So ist es auch in der Aufstellungsarbeit: Nicht jedem liegt diese Methode am Herzen. Nicht jeder kann etwas mit dem oben beschriebenen Resonanz-Phänomen in Stellvertreterrollen anfangen. Einige halten sich davon fern, andere bleiben nach einer einzigen Teilnahme wieder weg und einige nutzen das Resonanz-Phänomen regelmäßig für ihre persönliche Weiterentwicklung.

Man nennt das Phänomen in der Aufstellungsarbeit oft „repräsentierende Wahrnehmung“ (Prof. Matthias Varga von Kibéd). Schon vor über hundert Jahren hat man in der Psychoanalyse den Begriff "Übertragung - Gegenübertragung" dafür benutzt (Sigmund Freud). Ich habe inzwischen eine für mich stimmigere Bezeichnung gewählt: "Resonierende Empfindungen". Diese Bezeichnung lässt sich besser auf den Alltag übertragen, denn dort werden keine anderen Personen absichtlich in stellvertretenden Rollen "repräsentiert" wie beim Aufstellen. Im Alltag erlebt man einfach nur eine Resonanz zum Gegenüber.

Die Resonanz ist nicht immer leicht zu erkennen. Meistens halten wir resonierende Empfindungen für "eigene" Gefühle. Sind es besonders unangenehme Gefühle, dann wollen wir sie loswerden. Wir meinen, dass mit uns etwas nicht stimmt, werten uns selbst ab und kämpfen gegen uns. Oder wir kämpfen gegen die Person, die in uns diese Gefühle ausgelöst hat, und werten sie ab oder wollen sie verändern. Erst wenn wir genauer beobachten und nachforschen, entdecken wir, dass unsere Empfindungen in Resonanz mit unserem Umfeld mitschwingen.

Anstrengende Resonanz-Rollenspiele erleben wir jeden Tag: zwischen Eltern und Kindern, Chef und Angestellten, Lehrerin und Schüler*innen, Arzt und Patientin, Trainer und Sportlern, Therapeutin und Klient, Seminarleiter und Teilnehmer*innen, Dirigentin und Musikern, zwischen Paaren, zwischen Kollegen, zwischen Politiker*innen und auch zwischen zwei Gruppen, wie z. B. Fußballmannschaften.

Dieses Buch zeigt: *Der Mensch ist grundsätzlich empathisch veranlagt.*

Je bewusster wir uns dieser resonierenden Empfindungen werden, desto klarer können wir mit ihnen umgehen. Abhängigkeitsgefühle, Verlustängste, negative Beeinflussungen, sexuelle Ungleichgewichte, Minderwertigkeitsgefühle, Burnout-Syndrom, Helferdrang, Energielosigkeit, Pechsträhnen, Abwehrgefühle, auch einige Krankheiten und viele weitere unangenehme Rollen können häufig abgelegt werden, indem wir uns dafür nicht mehr zur Verfügung stellen. Wir haben viel öfter die Wahl, als wir bisher dachten.

Mit der dazugehörigen Gebrauchsanweisung in den folgenden Kapiteln lernen Sie, wie Sie sich und Ihre Gefühle verändern können. Sie bekommen mehr Klarheit, warum und in welchen Momenten Sie gezielt und wirkungsvoll zaubern können. Während Sie sich selbst klar fühlen, werden einige Menschen in Ihrem Umfeld Sie mit neuen Augen betrachten – und manche werden auch ganz neu auf Sie reagieren.

In den ersten beiden Kapiteln werden Sie zunächst selbst lernen, die Welt der Gefühle aus neuen Augen zu betrachten. Sie werden Ihr Weltbild erweitern, um dem Zauberspruch den passenden Rahmen geben zu können. Dazu sollten Sie eine Voraussetzung erfüllen: Wenn Sie das neue Resonanz-Weltbild erfahren wollen, müssen Sie sich den von mir beschriebenen Sichtweisen „zur Verfügung stellen“. Sie müssen sich in diese Sichtweisen hineinversetzen, sie verstehen, sie ausprobieren, sie kennenlernen … („Der einfachste Weg ins Verborgene Königreich führt durch das Tor der Anerkennung“).

Wenn Sie diesen Schritt vollzogen haben, besitzen Sie anschließend die freie Wahl. Sie haben Klarheit und wählen, ob Sie bei Ihrer bewährten Sichtweise bleiben und sagen „Dieser neuen Sichtweise, die ich hier kennengelernt habe, stehe ich nicht weiter zur Verfügung“ oder ob Sie einen Wert im Neuen erkennen und es integrieren. Sie entscheiden, welche Sichtweisen Ihnen mehr Vorteile bieten. Vielleicht wählen Sie eine für Sie sinnvolle Mischung aus allem?

Oft bin ich vorsichtig und leicht misstrauisch, wenn ich etwas Neues kennenlerne. Ich beobachte genau und vergleiche es mit meinen Gefühlen, meinen bisherigen Erfahrungen und meinen momentanen Sichtweisen und Kenntnissen. Diese Haltung empfehle ich auch Ihnen. Nehmen Sie sich Zeit und machen Sie sich ausführlich Gedanken über das, was ich Ihnen hier darlege.

Wenn Sie das Buch fertig gelesen und vollständig kennengelernt haben, dann beobachten Sie, was sich nun verändert hat. Erinnern Sie sich, in welchem Zustand Sie vor der Lektüre waren. Vergleichen Sie Ihr neues Gefühl mit dem früheren Gefühl, vergleichen Sie Ihr neues erweitertes Weltbild mit dem Bild, das Sie vorher hatten, vergleichen Sie Ihre neuen Möglichkeiten mit dem, was Sie früher kannten, und Sie erkennen die klaren Veränderungen.

Begleiten Sie mich nun eine Weile in diesem Universum voller Wunder. Lassen Sie uns zu Wissenschaftler*innen unseres Lebens werden: Wir beobachten, machen Erfahrungen, lernen etwas genau kennen, entwickeln Sichtweisen und Überzeugungen, hinterfragen sie immer wieder und beobachten neu.

Vertiefungen

- Diese Vertiefungen am Ende eines jeden Themas enthalten konzentrierte Gedanken von mir (ohne Urheberangabe) oder auch von anderen Menschen (mit Urheberangabe) über das von mir soeben beschriebene Thema. Mit diesen vertiefenden Ergänzungen oder auch Wiederholungen können Sie die Inhalte besser verinnerlichen. Wenn Sie eine Vertiefung mehrmals lesen, können Sie gleichzeitig entsprechende Neuronenverbindungen im Gehirn stärken und ganzheitlich optimal lernen.
- Formulierungen anderer Menschen lassen ein Thema mehrdimensional erscheinen. Es wirkt plastischer, wenn wir etwas aus mehreren Perspektiven anschauen.

Ein Trauma entsteht, wenn man etwas Schmerzvolles erleben musste und anschließend die Überzeugung entwickelt, dass man sich auch in Zukunft nicht gut genug davor schützen kann. Man bleibt in einer "Opferrolle" stecken.

Dr. med. Gunther Schmidt, der Facharzt für psychotherapeutische Medizin und Leiter des Milton-Erickson-Instituts in Heidelberg, bringt es wie folgt auf den Punkt: „Probleme entstehen, weil die Leute schon längst wissen, was gut für sie wäre, aber es sich nicht erlauben".

Sprechen wir bei einem Problemgefühl innerlich in Gedanken oder auch laut den Satz aus „Ich stehe dafür nicht mehr zur Verfügung", kann sich in unseren Gefühlen spontan etwas lösend verändern. Verinnerlichen wir eine neue integrierende Weltsicht und entwickeln mehr Klarheit, dann können wir die Wirkung dieses Satzes sogar noch erhöhen.

„Es muss ein Kontext geschaffen werden, um etwas sehen zu können. Die Menschen prüfen das, was sie bereits kennen, und weisen [...] das zurück, was sich nicht in ihrem vorgegebenen Wissensbereich befindet", schreiben Ariel & Shya Kane in ihrem Buch *Das Geheimnis wundervoller Beziehungen.*

Je genauer wir etwas kennengelernt haben, desto gezielter und erfolgreicher können wir damit umgehen. Wir erweitern dadurch unsere Wahlmöglichkeiten.

An anderer Stelle ist bei den Kanes zu lesen: „Frage dich selbst: Was wäre, wenn es Dinge gibt, die ich nicht kenne, welche die Qualität meiner Beziehungen radikal verändern könnte?“

Josefine hat mir geschrieben: „Seitdem ich meine Eltern und mich aufgestellt habe *(eine Beschreibung der Freien Systemischen Aufstellungen folgt später),* hat sich bei mir viel verändert. Ich habe erkannt, dass ich das Leben meiner Mutter leben will, weil sie es wegen mir nicht konnte. Daher war ich immer im Widerspruch mit dem, was ich erreicht habe und was ich eigentlich wollte. Daraus folgend war ich auch immer unglücklich. Als ich montags Dein Skript gelesen habe, überlegte ich, wie ich dieses Dilemma aufstellen könnte. Wer bestimmt in mir, was mich glücklich macht? Es fiel mir wie Schuppen von den Augen. Der wunderbare Satz ‚Ich steh' Dir nicht mehr zur Verfügung‘ veränderte meine Gefühle. Mein Inneres fühlt sich nun ganz anders an – harmonischer, freier, ich sehe Situationen anders und kann auch adäquater damit umgehen, meinem Naturell entsprechend.“

Wundersame Verwandlungen bestimmen unseren Alltag

Die folgenden Begebenheiten habe ich teils selbst erlebt, teils gelesen, teils erzählt bekommen.

Im Karlsruher Filmpalast stand ich oben an der Brüstung und schaute sechs Meter in die Tiefe. Unten standen die Menschen an der Kasse. Ich wählte aus der Schlange eine Person aus, konzentrierte mich auf sie und beobachtete jede Bewegung. Nach wenigen Minuten begann sie, unruhig umherzuschauen. Schließlich sah sie zu mir hoch und entdeckte meinen Blick. Hatte die Person gespürt, dass ich sie beobachte?

Stefanie hörte ihr Telefon klingeln. Sie ahnte sofort, wer dran sein würde. Als sie den Hörer abnahm, meldete sich am anderen Ende genau die Person, an die sie eben gedacht hatte. Konnte sie das spüren?

Der ca. zehnjährige Koen war für einige Tage bei seinen Großeltern zu Besuch. In der letzten Nacht wachte er auf und hatte sehr intensiv den Gedanken: Mein Papagei ist tot! Dieser Gedanke ließ ihn nicht mehr los. Als er von seinen Eltern abgeholt wurde und nach Hause kam, fand er seinen Papageien tot auf dem Boden des Käfigs liegen. Hatte Koen es spüren können? (Diese Begebenheit ist nachzulesen in *Der siebte Sinn des Menschen* von Rupert Sheldrake.)

Rebeccas Mann lag nach einer schweren Operation im Krankenhaus. Sie wachte zu Hause nachts gegen 3 Uhr auf und ging auf's Klo. Als sie sich wieder ins Bett legen wollte, sah sie plötzlich vor ihrem inneren Auge auf unglaublich realistische Weise ihren Mann, wie er vor der Haustür stand und nach Hause kommen wollte. Er schaute sie direkt an. Nach wenigen Sekunden war die Erscheinung wieder verschwunden. Eine Stunde später kam ein Anruf aus dem Krankenhaus: Ihr Mann sei kurz nach 3 Uhr gestorben.

Manche Paare erleben öfter, dass der eine ausführt, was der andere gerade denkt, oder sie stellen fest, dass sie an dieselbe Sache gedacht haben: Beide sitzen in der Küche, das Fenster ist offen. Der Mann denkt, dass es angenehmer sei, das Fenster zu schließen. Ohne dass etwas gesagt wurde, steht die Frau auf und schließt das Fenster. Oder: Die Frau beginnt, ihre Gedanken über einen Film zu erzählen. Der Mann ruft überrascht: „An den Film habe ich auch gerade gedacht!" Können sie sich gegenseitig spüren?

Als ich vor längerer Zeit noch eine andere Partnerin hatte, bekam ich an einem Sonntagnachmittag plötzlich ein wütendes Gefühl und es drängte mich, ihre Handynummer zu wählen. Ich unterbrach sie mitten in einer intensiven Umarmung mit einem anderen Mann, wie sie mir später beichtete. Es war ihr Ex-Freund. Konnte ich spüren, dass sie sich innerlich von mir distanziert hatte?

Ich habe einmal beim Fahrradfahren durch die Innenstadt vor mir eine Freundin entdeckt. Sie hatte mich noch nicht gesehen, denn sie ging in die gleiche Richtung wie ich, hatte mir also den Rücken zugewandt. Ich wollte sie überraschen. Langsam näherte ich mich ihr von hinten. Plötzlich – ich war noch 20 Meter entfernt – drehte sie sich um und schaute mich direkt an. Hat sie gespürt, dass ich sie beobachtete? Sie bestätigte mir später, dass ein Gefühl sie dazu veranlasst hatte, sich umzudrehen.

Die Krankenschwester Ute fühlte bei ihrem Abendrundgang im Krankenhaus, dass sie sofort einen bestimmten Patienten aufsuchen sollte. Als sie den Raum betrat, sagte der Patient, dem es sichtlich schlecht ging: „Gut, dass Sie kommen, ich wollte sowieso gerade nach Ihnen klingeln.“ Konnte sie das spüren?

Nach einem Schlaganfall im Jahr 2017 kam meine Frau zunächst für mehrere Wochen auf die Intensivstation. Da sie eine Blutung im Gehirn hatte, wurden ihr Drainagen ins Gehirn gelegt, um den Hirndruck zu entlasten. Ich fuhr jeden Tag ins Krankenhaus und unterstützte sie in ihrem Heilungsprozess. Eines Tages konnte ich zu Hause mit Hilfe einer Selbst-Aufstellung erspüren, dass sich an ihrem Kopf etwas dramatisch verändert hatte. Diese Aufstellung führte ich morgens durch. Noch bevor ich in die Klinik fuhr, rief mich der behandelnde Arzt an und teilte mir mit, dass meine Frau sich im verwirrten Zustand selbstständig die lebensrettenden Drainagen aus dem Kopf herausgezogen hatte. Sie müsse erneut operiert werden. Hatte ich das über die Entfernung spüren können? (Wir berichten über viele weitere faszinierende Zusammenhänge in unserem Buch *Das trifft sich gut - Ein Schlaganfall, seine dramatischen Folgen und wie er zum wundervollen Geschenk wurde.*)

In einer systemischen Therapiegruppe in Karlsruhe sollte die Familiensituation von Bernd durch ein Rollenspiel nachgestellt werden. Bernds Ziel war, dass er dadurch etwas erkennt, um seine Kontaktschwierigkeiten lösen zu können. Ausgewählte Rollenspieler aus der Gruppe fühlten sich in die Familienmitglieder ein, ohne sie zu kennen und ohne Beschreibungen oder Anweisungen von Bernd zu bekommen. Er beobachtete nur intensiv das Geschehen. Die Rollenspieler berichteten von ihren verwandelten Gefühlen und handelten danach. Es entstanden spontane Dialoge. Bernd bestätigte fasziniert, dass seine wirklichen Familienmitglieder sehr ähnlich reden und sich verhalten, wie es hier gerade intuitiv dargestellt wurde. Spürten die Rollenspieler, wie die Charaktere der „echten“ Personen sind?

Tausende Therapeut*innen arbeiten täglich mit den resonierenden Empfindungen. Auch in Fachliteratur werden solche Phänomene beschrieben und integriert. Rupert Sheldrake hat ausführliche Untersuchungen und Berichte Hunderter Menschen gesammelt und in seinen beiden Büchern *Der siebte Sinn der Tiere* und *Der siebte Sinn des Menschen* veröffentlicht. Er ist Biologe, wissenschaftliches Mitglied der Royal Society in Großbritannien, früherer Dozent für Zellbiologie an der Universität von Cambridge und Gastprofessor am Graduate Institute, Connecticut, USA. Er erlangte weltweite Anerkennung durch seine Forschungen zur „Kollektiven Intelligenz“ und zu morphischen Feldern (www.sheldrake.org).

Clemens Kuby, Sachbuchautor und Filmregisseur mehrerer Dokumentarfilme, z. B. über Reinkarnation *(Living Buddha),* hat in seinem Film *Unterwegs in die nächste Dimension* und im gleichnamigen Buch neben mancher Scharlatanerie auch viele Wunder dokumentiert, die er auf seiner Reise zu bekannten Heilern und Schamanen erlebt hat.

Autoren wie der Dalai Lama (Friedensnobelpreisträger und u.a. Autor von *Der Weg zum Glück*), Dr. Joseph Murphy *(Die Macht Ihres Unterbewusstseins),* Stephen W. Hawking *(Das Universum in der Nussschale),* Thorwald Dethlefsen *(Schicksal als Chance),* Ken Wilber *(Eros, Kosmos, Logos),* Laotse *(Tao Te King),* Eckhart Tolle *(Jetzt! – Die Kraft der Gegenwart)* u.v.a. schreiben über die Einheit der Welt oder berichten von phänomenalen Erlebnissen und Erkenntnissen, die nur durch das Einssein allen Lebens zu erklären sind.

Joachim Bauer, Professor für Psychoneuroimmunologie (Autor von *Warum ich fühle, was du fühlst*), berichtet über die Existenz von Spiegelneuronen im Gehirn, die dafür sorgen, dass wir uns durch Resonanzphänomene in andere (anwesende) Menschen einfühlen und so unsere eigenen Lernprozesse unterstützen können. Diese höchst interessanten Gehirnzellen wurden von einer international renommierten Forschungsgruppe unter der Leitung des italienischen Wissenschaftlers Giacomo Rizzolatti und vom kanadischen Hirnforscher William Hutchison entdeckt.

Die Film-Trilogie „Matrix“ ist bei Millionen Menschen auf große Resonanz gestoßen. Es geht dabei um die Verbundenheit aller Menschen. Die drei Filme wecken Ideen davon, was alles möglich ist, wenn man diese Verbundenheit erkennt, anerkennt, genauer kennenlernt und für sich einzusetzen und zu nutzen weiß. Nach langem Kampf tritt der Frieden in dem Moment ein, in dem der Held der Geschichte „Neo“ die Verbindung und die Vereinigung mit allem, also auch mit seinem schlimmsten Feind „Agent Smith“, vollständig anerkennt und zulässt („Der einfachste Weg ins Verborgene Königreich führt durch das Tor der Anerkennung“).

Als ich den ersten Teil im Kino mit meiner damaligen Partnerin gesehen hatte, identifizierte ich mich stark mit der Hauptperson. Ich ging anschließend mit dem Gefühl aus dem Kino, meine Umwelt (= Matrix) beeinflussen zu können. Als wir zu unserem Auto kamen, das eine veraltete Zentralverriegelung hatte, malte ich mir innerlich aus, wie ich mit dem Schlüssel die Fahrertür aufschloss – doch die Beifahrertür sollte gleichzeitig verschlossen bleiben. Es funktionierte tatsächlich „zufällig", da meine Partnerin „aus Versehen", während ich die Wagentür aufschloss, ihren Türhebel betätigte und damit den Mechanismus der Zentralverriegelung blockierte. Die Beifahrertür blieb verschlossen.

Wissenschaftler kennen solche Einheitsphänomene seit Jahrzehnten aus dem Bereich der Quantenphysik. Der Diplom-Politologe Christian Thomas Kohl zitiert in seinem Buch *Buddhismus und Quantenphysik* den Experimentalphysiker Anton Zeilinger: „Das nach seinen Erfindern benannte Einstein-Podolsky-Rosen-Paradoxon besagt, zwei Teilchen können so stark miteinander verbunden sein, dass eine Messung an einem der Teilchen sofort die entsprechenden Eigenschaften des zweiten Teilchens festlegt. Dies gilt [...] ganz unabhängig davon, durch wie große Entfernungen die beiden voneinander getrennt sind. Einstein sprach hier von ‚geisterhaften Fernwirkungen'; heute wird das Phänomen Nichtlokalität genannt." Verändert man das eine, so verändert sich das andere mit. Der wohl fortschrittlichste Quantenphysiker David Bohm (Schüler von Einstein) hat eine Theorie entwickelt, mit der sich die seltsamen Quantenphänomene vollständig beschreiben lassen: Alles steht über ein Quantenpotenzial, eine Art Informationsfeld, eine implizite Ordnung des Universums miteinander in Verbindung.

Dr. Stephen Wolinsky entwickelte eine Synthese aus Quantenphysik und psychologischen/spirituellen Phänomenen: die sogenannte Quantenpsychologie. Mit ihrer Hilfe lernen jährlich Tausende von Menschen, sich gezielt selbst zu helfen. Basis ist auch hier die Sichtweise der tiefen Verbundenheit aller Dinge und Wesen.

Im Jahr 2006 ist ein amerikanischer Dokumentarfilm über die Sichtweisen der Quantenphysik in die deutschen Kinos gekommen: „What the Bleep do we (k)now?". Die unabhängigen Produzenten William Arntz, Betsy Chasse und Mark Vicente interviewten mehrere anerkannte Wissenschaftler, wie z. B. David Albert, Professor und Direktor an der Columbia University (Autor von *Quantum Mechanics and Experience*), John Hagelin, Professor und Direktor an der Maharishi University (über 100 Publikationen zur Quantentheorie), Dr. Miceal Ledwith, Professor am Meynooth College in Irland, u.v.m. Die Quintessenz dieses Films ist, dass wir umdenken und dem Weltbild der Verbundenheit zwischen allen Wesen und aller Materie eine Chance geben sollten. Außerdem zeigt er auf, dass wir die Schöpfer unseres Universums sind: Die Welt, die wir erleben, ist ein Spiegel unserer eigenen Sichtweisen. Das bedeutet, wenn wir an eine Welt glauben, in der wir alle getrennt voneinander sind, dann erleben wir auch eine Welt, in der wir uns von anderen getrennt empfinden. Glauben wir an Verbindungen in Resonanz, dann erfahren wir immer öfter Phänomene, die auf diese Verbindungen tatsächlich hinweisen.

Aus diesem Grund empfehle ich Ihnen, Ihr Misstrauen bezüglich seltsamer Phänomene zuzulassen, jedoch gleichzeitig offen zu bleiben und zu forschen. Die Lösung liegt nicht darin, aufkommenden Zweifel und Unglauben zu bekämpfen und auszuschließen. Ich empfehle sogar, diese Gefühle und Zustände genauer **kennenzulernen**. Wenn wir erkannt haben, was uns z. B. Zweifel eigentlich mitteilen will und dass wir durch ihn auch unsere Umwelt beeinflussen, dann haben wir ihn verstanden, integriert und können mit ihm umgehen. Wir fühlen uns klarer und sicherer.

Erkennen wir diese zwischenmenschlichen Wirkungen, dann wächst in uns auch Offenheit für weitere Resonanz-Phänomene. Schließlich können wir wahrnehmen, in welchen Bereichen wir uns befreien, indem wir uns für bestimmte Dynamiken und resonierende Empfindungen nicht weiter zur Verfügung stellen. Denn der Zweifel anderer Menschen beeinflusst in gleicher Weise auch uns und steuert unsere Gefühle, wenn wir zu ihnen Kontakt aufnehmen.

In den „Familienaufstellungen", die hauptsächlich durch die Arbeit des inzwischen verstorbenen Therapeuten Bert Hellingers auf der ganzen Welt bekannt wurden, erleben Hunderttausende von Menschen, wie Stellvertreter*innen fremde Personen erspüren können. Steht man in einer Aufstellung als Stellvertreter*in zur Verfügung und vertritt eine unbekannte Person, dann erlebt man, dass in einem selbst wie von Zauberhand fremde Gefühle aufsteigen. Wenn man dann von diesen berichtet, bestätigt die aufstellende Person die tatsächliche Übereinstimmung mit den Gefühlen der dargestellten Persönlichkeit. Es ist schwer, sich dies vorzustellen, ohne es vorher zu erleben. Deshalb biete ich ab Seite 37 ein einfaches Experiment dazu an, damit Sie es selbst genauer **kennenlernen** können. Inzwischen gibt es erste wissenschaftliche Bestätigungen für dieses Phänomen, zum Beispiel von Peter Schlötter: *Vertraute Sprache und ihre Entdeckung: Systemaufstellungen sind kein Zufallsprodukt – der empirische Nachweis* (2004), oder die Forschungsarbeit von Martin Kohlhauser und Friedrich Assländer: *Organisationsaufstellungen evaluiert; Studie zur Wirksamkeit von Systemaufstellungen in Management und Beratung* (2005).

In einer eigenen Experimentiergruppe habe ich die resonierenden Empfindungen selbst genauer erforscht und kennengelernt. Wir führten eine Aufstellung für Jacqueline durch. Einige Teilnehmer*innen stellten sich ihr zur Verfügung. Sie hatte die Aufgabe, nacheinander drei verschiedene innere Haltungen gegenüber ihren Stellvertreter*innen einzunehmen:

Haltung 1:
„Mit dem, was sich hier in den Gefühlen und im Verhalten der Stellvertreterinnen zeigt, habe ich nichts zu tun. Ich brauche es nicht."

Haltung 2:
„Woher kenne ich das, was sich hier zeigt? Was hat es mit mir zu tun? Was spiegelt es mir?"

Haltung 3:
„Alles hat irgendwie mit mir zu tun. Ich stimme allem zu. Die Stellvertreterinnen dürfen mir alles zeigen, mich und mein Unbewusstes vollständig spiegeln."

Jacqueline konnte frei wählen, in welcher Reihenfolge sie sich innerlich diese Sätze vorsprach und die entsprechenden inneren Haltungen für eine Zeit einnahm. Sie sagte niemandem, wann sie ihre Haltung änderte. Doch im Verlauf der Aufstellung konnten wir klar erkennen, zu welchem Zeitpunkt sie sich neu einstellte, denn das Verhalten ihrer Stellvertreter*innen änderte sich ebenfalls deutlich. Am Schluss waren wir sogar in der Lage zu sagen, wann Jacqueline welche Haltung eingenommen hatte – und sie bestätigte es.

Bei Haltung 1 verhielten sich die Stellvertreter eher distanziert zueinander. Bei Haltung 2 waren sie etwas mehr im Kontakt, tauschten sich aus, redeten miteinander. Bei Haltung 3 waren sie liebevoll, einige umarmten sich, fühlten sich gut und ausgeglichen.

In einem anderen Versuch mit einer anderen Person zeigten die Stellvertreter bei Haltung 1 nur wenige Problemsymptome; bei Haltung 2 erhöhte sich deren Anzahl, und als die aufstellende Person Haltung 3 einnahm, kam das Problem mit all seinen schmerzhaften Symptomen bei allen Stellvertretern vollständig zum Ausdruck.

Der Amerikaner Pete A. Sanders berichtet in seinem *Handbuch übersinnlicher Wahrnehmung* von einem seiner Seminarteilnehmer*innen. Er sollte intuitiv eine Frau wahrnehmen, die ihm gegenübersaß und die Aufgabe hatte, an drei verschiedene Lebenssituationen zu denken – ohne vorher die Inhalte zu verraten. Sie stellte sich die Liebe zu ihrer kleinen Tochter vor. Anschließend dachte sie an ihre berufliche Tätigkeit als Rechtsanwältin. Zum Schluss erinnerte sie sich daran, wie sie ihrem Mann bei der Vorbereitung seines politischen Wahlkampfes half. Der Teilnehmer erzählte hinterher: „Erst hörte ich im Geist ein Schlaflied und eine sanfte Stimme wie zu einem Baby sprechen. Dann hatte ich den Eindruck, dass mein Geist sich mit rechtlichen Dingen auseinandersetzte. Zum Schluss hörte ich die Redewendung: ‚Ihr Mann sollte besser wissen, wer der Chef im Hause ist!‘ “ Es war deutlich: Die Frau hatte mit ihren Gedanken die Gedanken des Teilnehmers beeinflusst.

Durch physikalische Versuche hat die Wissenschaft folgende Wechselwirkung festgestellt: Die Art und Weise, wie uns ein Quantenteilchen erscheint, welche Gestalt es annimmt, hängt davon ab, wie es beobachtet wird. Das Gleiche gilt für Systemaufstellungen: Wie sich die Stellvertreter*innen unserer eigenen Aufstellung verhalten, welche Gestalt die Aufstellung annimmt, wird dadurch beeinflusst, mit welcher inneren Haltung wir sie beobachten. Jetzt übertrage ich dies noch auf unseren Alltag: **Das, was uns begegnet, hängt davon ab, mit welcher inneren Haltung wir es beobachten und somit beeinflussen.** Ist dies nicht ein revolutionärer Gedanke? Ein Gedanke, der in unglaublich vielen Büchern und Filmen immer wieder betont wird. Jetzt haben wir die Chance, diese Wechselwirkung auch gezielt einzusetzen. Ich werde Sie auf dem Weg dorthin ein paar Schritte begleiten.

Der amerikanische Zellbiologe und Medizinprofessor Bruce H. Lipton wurde für sein Buch *Biology of Beliefs* (Dt.: *Intelligente Zellen*) in der Kategorie „Naturwissenschaften“ mit dem amerikanischen *Best Books 2006 Award* preisgekrönt. Er beschreibt, wie alle seine Forschungen, Erkenntnisse und Erfahrungen zu der Weltsicht führen, dass das Leben einer Zelle nicht durch ihre Gene, sondern durch die physischen und energetischen Einflüsse ihrer Umgebung bestimmt wird. Zellen sind

Mini-Wesen, die miteinander kooperieren, voneinander lernen und sich zusammenschließen. Das Ziel ihrer Verbindung ist, gemeinsam noch intelligenter zu werden und komplexere und damit erfolgreichere Organismen zu bilden. Deshalb benötigen sie viele Informationen *von außen,* lassen sich also von außen beeinflussen. Seine Auswertungen über die Funktion einer Zellmembran zusammen mit den Erkenntnissen der Quantenphysik geben dem vorliegenden Buch eine wissenschaftliche Grundlage und bieten eine Erklärung, warum die Zauberformel „Ich stehe nicht mehr zur Verfügung“ so gut funktioniert: Alles steht auf einer besonderen Ebene miteinander in Verbindung und beeinflusst sich gegenseitig.

Wenn wir Menschen diese Sichtweise, dieses neue Paradigma verinnerlichen, werden wir die Welt viel schneller und effektiver verändern können. Denn wir warten und hoffen nicht mehr auf die Veränderungen im Außen, sondern wir beginnen, uns selbst und unsere inneren Haltungen zu verändern. Wir schauen anders auf das, was uns umgibt. Entsprechend reagiert dann die Welt – und das viel schneller, als wir es uns bisher erträumen konnten. Schon allein wenn wir unsere bisherigen Überzeugungen und Sichtweisen in Frage zu stellen beginnen (also von Haltung 1 auf Haltung 2 wechseln), verändert sich die Reflexion in unserem Umfeld. Das Universum spürt, dass wir angefangen haben, uns selbst genauer zu beobachten.

Je mehr Menschen diese integrierende Sichtweise praktizieren, desto intensiver wird möglicherweise die Wechselwirkung sein. Es sollen über 40 wissenschaftliche Studien zum Maharishi-Effekt existieren. Darin wird bestätigt, dass eine große Gruppe meditierender Menschen die Kriminalitätsrate einer Stadt, eines Landes und auch der Welt deutlich senken kann. Die Anzahl der meditierenden Gruppenmitglieder sollte mindestens 1 % der Bevölkerung betragen, die positiv beeinflusst werden soll. In der Zeit, in der eine solche Gruppe meditierte, wurde jedes Mal ein starkes Absenken der Kriminalitätsrate verzeichnet (z. B. weniger Morde, Raubüberfälle, Vergewaltigungen, Kriegshandlungen). Je mehr also eine neue kongruente Weltsicht verbreitet ist, desto umfassender beginnt sie zu wirken. In Zeiten großer Naturkatastrophen und nicht greifbarer terroristischer Aktivitäten kann dies ein interessantes Werkzeug für ausgleichende Schwingungen darstellen.

Vertiefungen

Blaise Pascal, Physiker, Mathematiker und Philosoph im 17. Jahrhundert, hat schon damals gewusst: „Da also alle Dinge verursacht und verursachend sind, bedingt und bedingend, mittelbar und unmittelbar, und da alle durch ein unfassbares Band verbunden sind, welches das Entfernteste und Verschiedenste umschlingt, halte ich es weder für möglich, die Teile zu kennen, ohne dass man das Ganze kenne, noch für möglich, dass man das Ganze kenne, ohne im Einzelnen die Teile zu kennen."

Der amerikanische Biochemiker, Physiker und Philosoph Ken Wilber schreibt in seinem Buch *Ganzheitlich handeln,* „dass die Welt in Wirklichkeit ungeteilt, ein Ganzes und in allen Aspekten wechselwirkend ist".

Joachim Bauer schreibt über unser Gehirn: „Die Tatsache, dass sich im Gyrus cinguli *(einer Hirnregion, in der emotionale Grundstimmungen und Aspekte des Selbstgefühls repräsentiert werden)* auch Nervenzellen befinden, die aktiv werden, wenn andere Menschen etwas fühlen, lässt vermuten, dass der Gyrus cinguli auch emotionale Qualitäten repräsentiert, die Empathie und emotionales Verstehen beinhalten."

Wir können uns gegenseitig erspüren, wenn wir uns zur Verfügung stellen und dann beobachten, was wir in uns selbst empfinden. Welche Handlungsimpulse haben wir oder in welcher Rolle fühlen wir uns im Kontakt mit dem anderen? Zu was für einem Menschen werden wir unter der Beobachtung des anderen?

„Wollen Sie Ihre Beziehung positiv beeinflussen, dann verhalten Sie sich so, als ob Ihr/e Partner/in sich bereits in der von Ihnen gewünschten oder ersehnten Weise verhält." Diesen Tipp gibt der Diplompsychologe und Psychotherapeut Klaus Mücke. Des Weiteren schreibt er: „Wenn ich den/die andere/n kritisch oder misstrauisch betrachte, werde ich [meistens] das beobachten, was ich befürchte."

Bruce H. Lipton: „Ich war begeistert von der Erkenntnis, dass ich mein Leben verändern konnte, indem ich meine Überzeugungen änderte."

Verwandeln wir uns selbst, so verwandeln wir auch unsere Umwelt – und umgekehrt. Eine permanente Wechselwirkung.

Unsere Angst vor schnellen Verwandlungen steuert sinnvoll das Tempo

Inzwischen sind für viele Menschen solche Phänomene Normalität. Gleichzeitig wird in vielen Medien die Ebene der transzendenten Wirklichkeit gerne ausgebremst und abwertend in die Ecke von „Esoterik“ oder gar von „Sekten“ geschoben. Es besteht ein Zwiespalt in unserer Gesellschaft: Die einen sagen, resonierende Empfindungen oder auch nonlokale Phänomene (= Resonanz zweier Elemente an unterschiedlichen Orten) seien inzwischen wissenschaftlich anerkannt, die anderen halten sie für Nonsens. Auch beim Klimawandel gibt es Menschen, die davon überzeugt sind, dass er von Menschen verursacht ist. Andere halten die veränderte Sonnenaktivität oder die Änderungen des Erdmagnetfeldes für die Ursache. Die Menschheit sei unschuldig.

So ein Zwiespalt ist nachvollziehbar, wenn wir viele Jahrhunderte zurückblicken und immer wieder entdecken, wie sich ein verändertes Weltbild im Bewusstsein der Menschheit stets nur langsam und mit viel Widerstand integriert hat. Menschen, die ihr Leben auf einer bestimmten Weltanschauung aufgebaut haben, empfinden Änderungen natürlich als eine Art von Bedrohung. Sie fürchten, ihre Basis zu verlieren, und davor schützen sie sich verständlicherweise - meist mit destruktiver Kritik.

Außerdem weiß kaum jemand, wie man mit den resonierenden Empfindungen umgehen könnte. Es scheint etwas Geheimnisvolles zu sein, das man nicht beweisen und dadurch auch nicht kontrollieren kann. Das macht tatsächlich unsicher. Wie soll man es integrieren? – Durch die Anleitungen in diesem Buch werden Sie das Phänomen selbst auf einfache Weise erleben, es verstehen und anwenden lernen, denn es ist überall und täglich greifbar. Wir können die resonierenden Empfindungen sogar gezielt für innovative Lösungen einsetzen, besonders auf den großen unüberschaubaren politischen, wirtschaftlichen und ökologischen Ebenen. Das Wissen über Gespür und die Fähigkeit, sein Gespür gezielt einzusetzen, eröffnen neue Dimensionen. Ein unbegrenztes Potenzial steht uns zur Verfügung, das bisher wenig oder nur heimlich genutzt wird.

Zurzeit ist die Ansicht vorherrschend, dass resonierende Empfindungen vor allem bei Menschen vorkommen, die darin trainiert sind oder eine besondere seelische Verbindung haben. Ich habe den Eindruck, dass alle Menschen täglich in Resonanz leben. Unsere unbewusste Fähigkeit des Einfühlens könnte sogar oft die Ursache für emotionale Abhängigkeiten in Beziehungen, für Verletzungen, Verlustängste, Aggressionen, Mobbing-Erfahrungen, Burnout-Syndrom, Einsamkeitsgefühle usw. sein. Wir kommen aus schmerzvollen Beziehungen oder Verhältnissen meistens nur schwer heraus, weil wir uns unserer resonierenden Empfindungen nicht bewusst sind. Mehr noch: Wir sind leicht beeinflussbar, wenn wir nicht wissen, dass wir uns eigentlich gerade in unser Gegenüber eingefühlt haben und unser Gefühl in Resonanz zum anderen schwingt.

Ich stelle Ihnen gleich ein Experiment vor, wie Sie das Phänomen der resonierenden Empfindungen testen und es sich bewusst machen können. Denn zuerst wollen Sie sich bestimmt selbst davon überzeugen, dass es überhaupt, ja eigentlich ständig existiert. Das Experiment ist ganz einfach und liefert nach meiner Erfahrung in ca. 90 % aller Fälle klare Bestätigungen. Deshalb kann es sehr gut dazu beitragen, dieses Spüren in unsere Weltsicht zu integrieren.

Anschließend lernen Sie Sichtweisen und Werkzeuge kennen, mit denen Sie Ihre Logik und Ihr Gespür gezielt für Ihre Weiterentwicklung einsetzen können, z. B. zum Aufdecken und Lösen von belastenden Abhängigkeiten. Wenn dies alles gelingt, wird sich das neue Weltbild in Ihnen allmählich entfalten. Das funktioniert in etwa so, wie sich eine neue Technik auf dem Markt ausbreitet und wie von selbst in das Weltbild der Menschen einprägt. Gleichzeitig behalten Sie die Wahl, ob und wann Sie die Technik nutzen.

Stellen Sie sich dabei auf Folgendes ein: Wenn sich etwas Neues ausbreitet, wird gleichzeitig etwas Altes sterben. Daher wird es auch Unsicherheiten, Widerstand und Schmerz geben. Das ist normal. Erinnern Sie sich an die Entwicklung der CD, als sich die Menschen von den gewohnten Vinyl-Schallplatten trennen mussten, oder an die Widerstände mancher Länder bei der Einführung der Euro-Währung. Wenn wir weit in die Vergangenheit zurückblicken, entdecken wir: Galileo Galilei musste im 17. Jahrhundert seine Überzeugung, dass die Erde sich um die Sonne dreht, unter dem Druck der Kirche sogar widerrufen. Für die Kirche besaß das kopernikanische Weltbild, dass die Erde gar kein Mittelpunkt sei, einfach zu schmerzhafte Konsequenzen.

So kann es bei manchen Menschen einen Verlustschmerz oder sogar Widerstand auslösen, wenn sie das Weltbild kennenlernen, dass unsere Gefühle sehr oft resonierende Empfindungen sind. Wir sind über unsere Gefühle alle miteinander verbunden. Diese Sichtweise stört die Ansicht, man sei in seiner Privatsphäre geschützt. Viele haben Angst, durchschaut, manipuliert und ausgenutzt zu werden. Doch meiner Erfahrung nach kann man viel eher ausgenutzt werden, solange man sich dieser Zusammenhänge noch *nicht* bewusst ist. Sind sie aber bewusst, dann kann man auch mit ihnen umgehen.

Wenn Sie selbst einen Einwand gegen diese neue Sichtweise haben oder von anderen Menschen Gegenargumente hören, dann empfehle ich Ihnen, diesen Widerspruch nicht einfach wegzuschieben. Erforschen Sie ihn sehr genau. Ist eine Klarheit und Logik im Widerspruch zu entdecken? Oder besteht er einfach nur aus blinder Angst und Schmerz? Ist er konstruktiv und achtungsvoll, d. h. akzeptiert er die Gegenseite? Oder wertet er sie ab?

Achtungsvolle Einwände würde ich sofort integrieren. Abwertende und destruktive Reaktionen („Das kann nicht sein!" – „Quatsch!" – „Unsinn!" – „Wie soll das denn funktionieren?!" usw.) empfehle ich ebenso ernst zu nehmen – aber eher mit Blick auf den Hintergrund. Ich vermute dahinter den oben beschriebenen Verlustschmerz. Man hält an dem Wunsch fest, das Alte und Vertraute aufrechtzuerhalten. Oder man hat die Befürchtung, das Bewährte loslassen zu müssen und damit die Basis zu verlieren, die einen nährt. Solche Widerstände gehören selbstverständlich zu den natürlichen Veränderungen, Revolutionen und Weltbilderweiterungen der Menschheit. Sie sorgen dafür, dass wir uns nicht zu schnell verändern und dass unsere Orientierung und Basis nicht mit einem Schlag zusammenbricht.

Es gibt noch einen zweiten Aspekt, der zu einem natürlichen Widerstand gegenüber diesem neuen Paradigma führen könnte. In seinem Buch *Die gemeinsame Geschichte von Licht und Bewusstsein* beschreibt der amerikanische Physikprofessor Arthur Zajonic ein Beispiel von einem blinden Engländer. Ihm wurden im Alter von 50 Jahren Hornhauttransplantate eingepflanzt. Zum ersten Mal seit seinem zehnten Lebensmonat konnte er wieder sehen. Die Ärzte befragten ihn nach seiner ersten Seherfahrung. „S. B. erwiderte, er habe eine Stimme gehört, die Stimme seines Chirurgen, und zwar seitlich vor ihm. Sich ihr zuwendend habe er einen verschwommenen Fleck gesehen. Allerdings sei er nicht sicher gewesen, worum es sich bei diesem Fleck handle, und nur aufgrund der Tatsache, dass er die Stimme seines Arztes gehört habe, sei er zu dem Schluss gekommen, der Fleck vor ihm müsse das Gesicht seines Arztes sein." Selbst lange nach der Operation habe S. B. noch berichtet, Gesichter seien niemals leicht wahrzunehmen. Auch waren seine Sehprobleme nicht auf Gesichter beschränkt.

Daran wird deutlich, dass das Sehenlernen für Erwachsene alles andere als leicht ist. Gegenwärtige Forschungen belegen, dass die Fähigkeit zum Wahrnehmen im Gehirn hauptsächlich in den ersten Lebensjahren ausgeprägt wird. Wer später aufgrund eines reparierten Sinnesorgans noch nachträglich neu wahrnehmen lernen möchte, hat es wesentlich schwerer, im Gehirn die dazu passenden Nervenverbindungen entstehen zu lassen.

Ich übertrage das auf unsere Sicht der Welt: Wer in einer Welt aufgewachsen ist, in der die Erde immer als Scheibe galt, und erst in fortgeschrittenem Alter davon hört, dass die Erde eigentlich eine Kugel ist, hat gewisse Schwierigkeiten, sein Denken nachträglich umzuorganisieren – auch wenn er es gerne möchte. Manche ostdeutschen Bürger, die in der ehemaligen DDR erwachsen geworden sind, fühlen in der neuen Situation des vereinten Deutschlands eine gewisse Orientierungslosigkeit und klagen über die gegenwärtigen äußeren Zustände – genauso wie damals. Das System, in dem sie leben, hat sich zwar verändert, doch ihr innerer Kampf dagegen geht teilweise weiter. Sie haben Schwierigkeiten, ihre inneren Haltungen und Gewöhnungen zu verändern. Genauso wird es mit der Sichtweise sein, dass wir Menschen über unser Gefühl alle miteinander in Verbindung stehen. Es wird sicherlich noch Jahrzehnte dauern, bis die resonierenden Empfindungen wie selbstverständlich in unseren Alltag integriert sind und sich dann auch immer klarer bestätigen: wie innen so außen.

Ich habe dazu folgendes Bild: Wenn ich in eine neue Wohnung ziehe, dauert es eine Weile, bis ich die Regale und Schränke neu aufgebaut, meine Kartons alle ausgepackt und alle Dinge neu einsortiert habe. Genauso ist es mit einem neuen Weltbild. Es dauert eine Weile, bis wir unsere vergangenen Erfahrungen und Erinnerungen in diese neue Sichtweise haben einordnen können. Wer an seiner Vergangenheit und bisherigen Denkgewohnheiten hängt und stark daran festhält, wird länger brauchen – oder vielleicht gar nicht erst umziehen. Sein Festhalten ist sinnvoll, denn wenn sich für ihn auf einen Schlag alles verändert, findet er nichts mehr wieder, er verliert seine Orientierung – und das kann manchmal sogar gefährlich sein. In Kapitel 3 zeige ich weitere Grenzen dazu auf.

Wer sein Weltbild aber bereits auf ähnliche Weise entwickelt hat, wird das Neue schnell nachvollziehen können. Auch der Satz „Ich stehe für die alte Weltsicht nicht weiter zur Verfügung" kann manche Veränderung beschleunigen.

Jeder Mensch hat zu jeder Zeit die Möglichkeit und die Fähigkeit, sich in einen anderen Menschen einzuspüren. Im Grunde tun das sowieso schon alle! Resonierende Empfindungen prägen unser gesamtes Leben. Doch bei dem bisherigen Weltbild („Wir sind getrennt voneinander") sind sich die meisten Menschen dessen nicht bewusst. Sie halten ihre auftauchenden Gefühle immer noch für ihre eigenen ... und wenn sie das glauben, dann fühlt es sich für sie auch so an.

Das neue Weltbild ist:

Es gibt eine Ebene, in der alles miteinander verbunden ist. Instinkte, Gefühle, Intuitionen, Inspirationen sind Phänomene, die auf dieser Verbundenheit beruhen.

Unsere Gefühle sind resonierende Empfindungen. Wir reagieren mit unserem gesamten Organismus auf unsere gesamte Umwelt - und umgekehrt.

Allerdings ist die Deutung unserer Gefühle nicht ganz einfach. Was bedeutet das, was wir gerade fühlen? Was genau nehmen wir mit unserem Gefühl eigentlich wahr? Zu wem oder zu was schwingen wir in Resonanz? Dazu gebe ich ab Kapitel 2 einige Antworten.

Vertiefungen

„Die westliche Psychologie hat viel zu lange von dem Wahn gelebt, das Individuum sei ein abgrenzbarer Teil der Welt. Alle Beobachtungen seit Urzeiten und in der Gegenwart, die dem widersprechen, wurden in den schummrigen Bereich der Parapsychologie und der Metaphysik verbannt, den aufgeklärte Wissenschaftler fürchten wie der Teufel das Weihwasser", meint Philosoph Frieder Lauxmann.

Ken Wilber schreibt: „Ein Mensch muss ganz in den Genuss einer gegebenen Stufe gekommen sein, muss sie voll ausgekostet haben, um bereit zu sein, weiterzugehen [...] Wenn die betreffende Person andererseits ein Stadium ausgekostet hat und dieses Stadiums ziemlich satt geworden ist, dann ist sie zur Transformation bereit. Damit dies geschieht, muss es fast immer zu einer Art von Dissonanz kommen. Die neue Welle will sich durchsetzen, die alte Welle ringt um ihren Erhalt – das Individuum empfindet einen Zwiespalt und fühlt sich hin und her gerissen."

Neues kann Angst auslösen, wenn man nicht vorausschauen kann, welche Folgen es hat. Resonierende Empfindungen wollen Menschen erst verstehen können, bevor sie sie in ihre alltägliche Weltsicht integrieren.

Änderungen können Verlustschmerzen bewirken, vor allem dann, wenn man das Alte noch nicht in das Neue integrieren kann und meint, es aufgeben zu müssen.

Zweifel sind wichtige Bremsen, die uns die Zeit geben, in Ruhe den Sinn einer Transformation abzuwägen und das Neue dabei allmählich kennenzulernen.

„Wir sollten nicht auf geheimnisvolle Formeln hoffen, nicht auf ein Mantra oder ein Ritual. Ein Wandel erfolgt Schritt für Schritt, so wie beim Bau eines Gebäudes Ziegel auf Ziegel gesetzt werden muss. Es gibt keine Abkürzungen." (Dalai Lama)

Welche Konsequenzen hat es für mich, für meine Vergangenheit und für meine Zukunft, wenn ich weiß, dass meine Gefühle ab und zu auch resonierende Empfindungen sein können?

Der Zauber der resonierenden Empfindungen

Das im Folgenden beschriebene Experiment ist einfach und hat eine hohe Erfolgsquote. Deshalb kann es optimal dazu dienen, dass jeder dieses neue Weltbild ausführlich testen und gerne auch hinterfragen kann. Egal, wie intensiv Sie daran zweifeln: Die meisten von Ihnen werden trotzdem etwas erleben, das Sie sich mit dem bisherigen Weltbild der Trennungen nicht erklären können.

Führen Sie folgendes Experiment bitte vollständig durch:

Suchen Sie sich eine Person, die Ihnen vertraut ist, z. B. ein Familienmitglied, eine(n) Partner*in, Freund*in, Arbeitskolleg*in usw. Bevor Sie diese Person bitten, Ihnen für das kleine Experiment zur Verfügung zu stehen, denken Sie zuerst noch darüber nach, wen diese Person darstellen soll. Schreiben Sie auf einen Zettel die Namen von fünf Menschen, die Sie einigermaßen gut zu kennen meinen. Darunter dürfen auch Figuren sein, die Sie aus Romanen, Comics oder Filmen kennen (z. B. Sherlock Holmes, Pippi Langstrumpf, Captain Kirk, Neo aus dem Film *Matrix*). Sie schauen dann auf Ihre Liste und suchen sich jemanden aus. Stellen Sie sich innerlich vor, dass Ihr Gegenüber nun diesen Charakter vertritt und darstellt. Wichtig ist: Teilen Sie dem anderen nicht mit, wen er repräsentieren soll. Stellen Sie es sich nur innerlich vor (wie bei einer verdeckten Systemischen Aufstellung).

Nun bitten Sie Ihren Stellvertreter, sich einmal unwissend einzufühlen. Er soll warten und beobachten, was für Gefühle und Impulse wie von selbst in ihm entstehen. Lassen Sie ihm eine Weile Zeit und fragen anschließend, wie er sich inzwischen fühlt. Sie können den Betreffenden ermuntern, jedes Gefühl (emotional, körperlich) in Worte zu fassen, auch die ganz normalen Gefühle, die er vielleicht sowieso gerade hat und von sich kennt, also ihm nicht fremd erscheinen. Selbst wenn er nichts fühlen kann, gehört das dazu. Achten Sie auf die ersten Sätze, die er sagt, und ebenso auf Wiederholungen und Muster in den Beschreibungen.

Hat die Person alles mitgeteilt, dann bedanken Sie sich, schauen wieder auf Ihre Liste und suchen sich einen neuen Charakter aus. Sie stellen sich innerlich vor, dass Ihr Gegenüber nun diese neue Wahl repräsentiert, und bitten den Betreffenden wieder, sich unwissend für eine weitere Rolle zur Verfügung zu stellen.

Nach kurzer Zeit hören Sie sich erneut die Gefühlsbeschreibungen an. Sind sie genau gleich? Oder hat sich etwas verändert? Gibt es einen Unterschied? Fühlt sich das Gegenüber ein bisschen anders als vorher? Wenn ja, wie?

Machen Sie dasselbe mit allen weiteren Charakteren auf Ihrer Liste und schauen Sie jedes Mal, ob die Person andere Gefühle hat, wenn sie sich in die jeweils neue Rolle einfühlt. Gibt es Veränderungen von Rolle zu Rolle? Gibt es Übereinstimmungen mit dem, was Sie sich vorgestellt haben? Sie können gerne auch tauschen. Nun stellt sich Ihr Gegenüber verschiedene Charaktere nacheinander vor, und Sie fühlen sich ein, beobachten und beschreiben Ihre Gefühle.

Im zweiten Teil des Experimentes suchen Sie sich mehrere Personen aus Ihrer Familie, Ihrem Freundes- oder Bekanntenkreis, die Ihnen gerne zur Verfügung stehen und für solche seltsamen Versuche offen sind. Führen Sie das Experiment in fünf verschiedenen Versionen mit zwei oder mehreren Personen durch. Hier dürfen die Personen frei miteinander agieren und ein spontanes Rollenspiel beginnen („müssen" es aber nicht).

Wichtig ist:

- Stellen Sie sich immer gut vor, wer wen darstellen soll.
- Teilen Sie den Rollenspielern vorher nicht mit, wen sie darstellen.
- Geben Sie ihnen ein bisschen Zeit zum Einfühlen und zum spontanen Miteinander-Agieren, bevor Sie beginnen, nach ihren Gefühlen zu fragen.
- Verraten Sie hinterher ruhig, wer welchen Charakter dargestellt hat, und bedanken Sie sich, dass sie Ihnen dafür zur Verfügung gestanden haben.

Ich gebe Ihnen ein paar Beispiele aus meiner eigenen Erfahrung, damit Sie jetzt schon einen kleinen Einblick bekommen in das, was möglich ist: In meiner bereits erwähnten Experimentiergruppe haben wir diese Phänomene intensiv studiert. Meine Frau war ebenfalls dabei. Wir hatten vorher unter vier Augen besprochen, in der Gruppe zwei Stellvertreter*innen – eine für sie und einen für mich – auszusuchen und zu beobachten, was passiert. Am Abend fragte ich zwei Gruppenmitglieder, ob sie mir zur Verfügung stehen. Ich bat sie, einfach aufzustehen und sich auf die freie Fläche vor uns zu begeben. Sie sollten sich in zwei Personen einfühlen, die ich mir gerade innerlich vorstelle. Die beiden stellten sich mir gern zur Verfügung, gingen durch den Raum, schauten sich an, blieben voreinander stehen und begannen, miteinander zu reden. Meine Frau und ich mussten grinsen – es waren die gleichen Sätze, die wir oft zueinander sagten. Wir erkannten uns und die Form unserer Beziehung im Verhalten der Stellvertreter sofort wieder.

Ein Freund stellte sich innerlich ein Paar vor, das er von seiner Arbeitsstelle her kannte. Meine Frau und ich standen ihm als Stellvertreter zur Verfügung. Wir kannten dieses Paar nicht. Als wir uns einfühlten und unser spontanes Rollenspiel einfach begannen, kamen in uns bestimmte Gefühle zum Vorschein, die wir auch ausdrückten und in Bewegungen umsetzten. Wir standen weit voneinander entfernt, hatten jedoch trotzdem Kontakt. Unser Freund bestätigte, dass dieses Paar im Alltag eine sehr ähnliche Ausstrahlung zeigte. Sie waren zwar ein Paar, hatten jedoch immer wieder Differenzen und verletzten sich gegenseitig.

Ich stellte mir in meiner Experimentiergruppe innerlich drei Figuren aus der Fernsehserie *Star Trek* vor und wählte eine vierte aus dem Film *Der Herr der Ringe.* Keiner aus der Gruppe wusste, was ich mir vorstellte. Die vier Stellvertreter*innen begannen ihr Rollenspiel und wurden aktiv – dabei fühlte sich einer zwar mächtig und weise, jedoch nicht zu den anderen zugehörig. Es war derjenige, der für mich den Zauberer Gandalf aus *Der Herr der Ringe* repräsentierte. Niemand – außer mir – konnte wissen, dass einer der Stellvertreter nicht zu den anderen passt.

Ich bat drei Personen aus der Gruppe, mir zur Verfügung zu stehen. Ich stellte mir vor, dass sie meine Eltern und mich repräsentieren sollten. Keiner wusste, wen ich mir vorstellte, und keiner der Stellvertreter*innen kannte meine Eltern. Doch es zeigte sich schnell in dem spontanen Verhalten der drei Personen, wer von ihnen die Eltern waren und wer den Sohn – also mich – darstellte. Die Eltern schauten gemeinsam auf den Sohn und der Sohn schaute auf beide Eltern. Es passte dazu, wie ich meine Eltern und mich in meinem Gefühl wahrnehme. Mein Stellvertreter äußerte Dinge, die ich aus meinem Leben kannte. Die Stellvertreterinnen meiner Eltern verhielten sich so, wie ich meine Eltern kenne. Außerdem konnten sie nicht direkt nebeneinander stehen, sie brauchten einen Abstand – kein Wunder: Meine Eltern sind geschieden.

Führen Sie beide Experimente mindestens fünfmal durch und stellen sich dabei jedes Mal andere Charaktere vor. Untersuchen Sie genau: Was passiert, wenn Menschen sich als Stellvertreter*innen zur Verfügung stellen? Vielleicht glauben Sie, dass Sie in das Verhalten der Leute etwas hineininterpretiert oder projiziert haben, damit es für Sie selbst passt. Oder sind tatsächlich vermehrt scheinbare „Zufälle" zum Vorschein gekommen, in denen Ihre Stellvertreter*innen sich so fühlen und verhalten wie nicht anwesende Personen? Sind Sie verblüfft, wie stimmige Zusammenhänge ausgedrückt wurden, die normalerweise (nach unserem alten Weltbild) niemand hätte wissen können? Sind diese Zufälle eventuell Hinweise auf die resonierenden Empfindungen innerhalb einer universellen Verbundenheit?

Beobachten und hinterfragen Sie bitte alles genau. Schließlich bildet dieses Experiment die Basis für meine Erklärungen und Hinweise in diesem Buch. Wer keine Möglichkeiten zum Experimentieren hat, kann an einem unserer Aufstellungsworkshops teilnehmen und beobachten, was dort passiert (Orte & Termine im Internet unter: www.in-resonanz.net).

Vertiefungen

„Ohne aus der Tür zu treten, kannst du die Wege der Welt kennen. Ohne aus dem Fenster zu schauen, kannst du die Wege des Himmels kennen. Je weiter du gehst, desto weniger weißt du. Die Weisen wissen, ohne zu reisen, benennen, ohne zu sehen, wirken, ohne zu handeln." (Laotse)

Die Ergebnisse Ihrer Erforschung können dafür sorgen, dass Ihr Bewusstsein sich für die Entdeckung weiterer Phänomene im Alltag erweitert. Vielleicht erkennen Sie auch, welch eine wichtige Bedeutung resonierende Empfindungen in Ihrer Partnerschaft oder Familie haben.

Ich habe in 80 Freien Systemischen Aufstellungen die aufstellenden Personen gebeten, ihre Stellvertreter*innen zu bewerten. Die Frage war, zu wie viel Prozent das Rollenspiel der Stellvertreter*innen mit den Charakteren und Schicksalen der realen Personen übereinstimmte. Maßstab: 0 % = „Der/die Stellvertreter*in verhielt sich völlig anders als die Person, die er/sie vertreten hat"; 100 % = „Der/die Stellvertreter*in verhielt sich haargenau so, wie ich die entsprechende Person aus meinem Alltag kenne". Ergebnis: Bei 65 von 80 Aufstellungen wurde den Stellvertreter*innen eine Stimmigkeit zwischen 70 % und 100 % bescheinigt.

Als Stellvertreter*in geht es darum, *allen* Gefühlen und spontanen Impulsen zu folgen und nicht zu unterscheiden, ob man die Gefühle sich selbst zuschreibt oder als fremd empfindet und der repräsentierten Person zuordnet. Niemand kann innerhalb einer Stellvertreterrolle unterscheiden, ob sein Gefühl eine mit der Rolle resonierende Empfindung oder ein unabhängiges eigenes Gefühl ist. Dies kann nur die Person zuordnen, die die Rollen verteilt hat. Man kann also als Stellverter*in grundsätzlich nichts "falsch" machen.

Jayin Thomas Gehrmann schreibt in *Systemische Aufstellungspraxis,* 1/2006: „In der Rolle als Stellvertreter bin ich gleichzeitig ‚ich' und ‚nicht-ich' [...] Allein die Zweifel, die wohl jeder als Stellvertreter schon erlebt hat: Ist das, was ich gerade fühle, meines oder gehört es zur ‚Rolle'?, zeigen, dass in der Rolle als Stellvertreter die scheinbar sicheren Grenzen zwischen Ich und Du verschwimmen können."

Genau dieses Verschwimmen passiert auch im Alltag, und wir wissen eigentlich nicht, was zu unserem Umfeld, was zum anderen und was zu uns selbst gehört. Ab Kapitel 3 zeige ich mehrere Möglichkeiten, das unterscheiden zu lernen.

Eine Wahrnehmungsübung für Fortgeschrittene: die Doppelblindaufstellung

Wer viele offene neugierige Menschen (vielleicht auch Kinder?) zur Verfügung hat, mit Spaß experimentiert und interessiert Gefühle erforscht, kann folgenden Versuch ausprobieren:

Denken Sie sich vier Charaktere aus, die vertreten werden sollen. Schreiben Sie die Namen dieser Charaktere auf vier Zettel, die Sie anschließend so falten, dass die Namen nicht mehr zu erkennen sind. Dann mischen Sie und lassen vier Stellvertreter*innen jeweils einen

Zettel ziehen. Der Zettel soll ungeöffnet in die Hosentasche gesteckt werden. Nun weiß niemand, wer welche Rolle hat. Nur Sie wissen, welche vier Charaktere im Spiel sind, aber noch nicht, wer welchen Namen gezogen hat. Ein Teilnehmer meiner Experimentiergruppe hat diese Aufstellungsform deshalb „Doppelblindaufstellung" genannt.

Die Stellvertreter*innen sollen sich wie immer selbst einen Platz im Raum suchen, sich in ihre unbekannte Rolle einfühlen und entweder ihren Bewegungsimpulsen folgen oder berichten, wie sie sich fühlen. Aufgrund der Äußerungen, Bewegungen und Positionen der Stellvertreter*innen müssen Sie nun erraten, wer welche Rolle hat. Lassen Sie sich dafür eine Weile Zeit und stellen Sie den Rollenspielern auch ausführlich Fragen über ihre Gefühle. Seien Sie ein Detektiv. Wenn Sie sich bei einer Stellvertreterin bereits sicher sind, wen diejenige vertreten könnte, dann äußern Sie Ihre Vermutung. Anschließend wird überprüft, was auf dem Zettel dieser Stellvertreterin steht. Stimmt es, dann versuchen Sie auch noch zu erraten, was auf den Zetteln der anderen steht. Falls Sie beim ersten Zettel danebengetippt haben, können Sie noch einmal neu überlegen. Inzwischen ist ja eine Rolle aufgedeckt – wen könnten also die anderen repräsentieren? Geben Sie sich eine zweite Chance, stellen Sie den drei übrigen Stellvertreter*innen weitere Fragen, um mehr Klarheit zu bekommen, und dann raten Sie ein zweites Mal.

Wenn Sie dieses Experiment häufiger durchführen und auch andere Gruppenmitglieder es ausprobieren, werden Sie feststellen, dass hier ebenfalls kein „Zufall" im Spiel ist. Es ist nicht leicht, immer genau richtig zu deuten. Doch die Momente, in denen tatsächlich ein(e) Stellvertreter*in den Zettel öffnet, liest und anschließend sagt: „Stimmt!", sind wesentlich häufiger, als bei reinem Zufall zu erwarten wäre. Außerdem kann man oft im Nachhinein, wenn alles aufgedeckt ist, das Verhalten der Stellvertreter*innen doch noch stimmig den notierten Namen zuordnen. Man erkennt, was ihr Verhalten zu bedeuten hatte.

Mein Tipp dazu lautet: Lassen Sie eher Arbeitskolleg*innen oder bekannte Roman- oder Filmfiguren vertreten, weniger eigene Familienmitglieder. Obwohl man seine Familie gut zu kennen meint, könnte es doch sein, dass sich die Verhaltensdynamiken der Stellvertreter*innen untereinander vertauschen. Oft übernehmen Kinder die Verhaltensweisen der Eltern. Deshalb besteht bei dieser Form von Aufstellung eher eine Gefahr für Verwechslungen.

Durchschnittlich jedes vierte Mal erlebe ich, dass alle Stellvertreter*innen auf ihre Zettel schauen und bestätigen, dass der genannte Name tatsächlich draufsteht! Die Gänsehaut der Gruppenmitglieder wird in diesen Momenten knisternd hörbar und man spürt: Da ist eine große Kraft im Spiel. Hier passiert etwas, das unser Weltbild umkrempelt – wenn wir dieses Phänomen ernst nehmen. Wie können Stellvertreter*innen stimmige Gefühle zu einer Rolle entwickeln, wenn niemand im Raum weiß, welche Rollen eigentlich gespielt werden? Nur verdeckte Zettel in den Hosentaschen enthalten die Informationen.

Wer das erlebt und sich gleichzeitig der Tragweite dieser Erfahrung bewusst wird, bleibt erstaunt, gebannt, fasziniert und ergriffen vor diesem Phänomen stehen und kann sich nur noch tief vor der Perfektion des Universums verneigen. Gleichzeitig läuft ein innerer Film vor dem geistigen Auge ab. Man denkt an die vielen Geistheiler mit Fernwirkungen, Reiki-Meister, spirituellen Lehrer, Familienaufsteller, Schamanen, Hellsichtigen, an die unbegreiflichen Spontanheilungen bei Krebs, an Erleuchtung, an Engel, an alles, was teilweise unter dem Begriff „Esoterik“ in eine Schublade gesteckt und nicht weiter ernst genommen wird – und man beginnt sich zu fragen: „Wenn das, was ich hier erlebe, kein Traum ist, dann könnte an all dem anderen auch etwas dran sein …“ Die Augen beginnen sich zu öffnen, und man sieht auf einmal, dass alles im Alltag wiederzuentdecken ist: In großer Not schicken Menschen Stoßgebete zum Himmel; man redet mit seinem Schutzengel; Fußballer tragen einen Talisman; Geschäftsleute betonen die Wichtigkeit des Bauchgefühls; Filme und Bücher nutzen die Sehnsucht der Menschen nach Transzendenz; Schüler beherrschen die Kunst, ihren Finger in die Wunde des ungeliebten Lehrers zu legen; Musiker spüren, wie sie je nach Dirigent unterschiedlich spielen und weniger oder mehr Zugang zur Musik finden; in Krankenhäusern wird das heilende Händeauflegen immer öfter praktiziert; sensible Ärzte erleben, wie sich ihr eigenes Verhalten ganz automatisch von Patient zu Patient anders gestaltet; ein Chef muss beobachten, dass sich in seiner Firma eine problematische Situation entwickelt, wie er sie aus seiner Familie kennt; und wir erleben immer wieder, wie sich eigene spontane Gefühlsentscheidungen nachträglich als Segen entpuppen.

Resonierende Empfindungen treten ganz natürlich auf, ohne dass ein Ritual ausgeführt oder eine Konzentration hergestellt werden muss. Ich habe mir überlegt: Wenn es so natürlich funktioniert – immer wieder – und fast jeder, der es mit einer gewissen inneren Offenheit ausprobiert, es bestätigen kann, dann muss es auch in unserem Alltag wiederzuentdecken sein.

Seitdem ich mir das bewusst gemacht habe, kann ich viele Zusammenhänge im Leben finden. Inzwischen nehme ich es täglich wahr und deshalb kann ich nun auch darüber schreiben. Lassen Sie sich in den Strudel des neuen Weltbildes mitreißen – und beobachten Sie, wie dadurch unsere Gefühle logisch beschrieben und integriert werden können. Auf einmal bekommt alles einen erweiterten Sinn (weitere Informationen finden Sie in meinem *Handbuch der resonierenden Empfindungen* auf der Website www.olaf-jacobsen-verlag.de).

Vertiefungen

Die Doppelblindaufstellung ist eine gute Möglichkeit, sich darin zu trainieren, Verhaltensweisen und Gefühle von Stellvertreter*innen stimmig zu deuten. Dadurch kann man seine Menschenkenntnis verfeinern. Zudem kann man auf diese Weise Kindern spielerisch die resonierenden Empfindungen bewusst machen. Ein tolles Werkzeug, um Empathie zu lehren.

Der Studienrat Joachim G. Vieregge schreibt in *Systemische Aufstellungspraxis* 1/2006: „Über das Phänomen, dass bei der Aufstellung eines Familiensystems die Stellvertreter wissen, was in dem repräsentierten Familiensystem vor sich gegangen ist und noch vor sich geht, selbst wenn der aufstellende Klient das nicht bewusst weiß, darüber staunen wir immer wieder ehrfürchtig, ergriffen, verwundert und oft auch schockiert. Das den Stellvertretern oft blitzschnell zufließende Wissen umfasst körperliche Empfindungen, Gefühle, Handlungsimpulse, Gedanken, innere Bilder. Meistens bestätigt der anwesende Klient, der sein System aufgestellt hat, die Wahrheit, die da ans Licht kommt, und macht eine tiefe innere heilsame Wandlung durch.“

Die erstaunlichen Ergebnisse der Doppelblindaufstellung öffnen uns für noch seltsamere Phänomene im Alltag. Und wenn wir zu glauben beginnen, reagiert das Universum mit zu unserem Glauben passenden Resonanzen.

Der wissenschaftliche Nachweis für universelle Verbundenheit

„Alles ist eins. Alles ist miteinander verbunden. In Wirklichkeit ist nichts vom anderen getrennt.“ Das sind Aussagen, die wir in vielen spirituellen Büchern nachlesen können und die schon der griechische Philosoph Parmenides um 515 v. Chr. vermittelt haben soll. Aber finden wir das auch in der Wissenschaft? Die Quantenphysik ist dabei, ihre Versuchsergebnisse auf diese Weise zu deuten – doch auch das ist nur Spekulation. Einen wirklichen mathematischen oder physikalischen Beweis für die Einheit des Universums hat bisher noch niemand vorlegen können.

Und warum nicht?

Ich habe dafür eine logische Erklärung gefunden, welche die Basis aller meiner Bücher darstellt. In meinem Buch *Das freie Aufstellen* habe ich es wie folgt formuliert:

„Wir gehen irrtümlicherweise davon aus, dass wir voneinander getrennt sind, weil wir unsere Verbindung nicht wahrnehmen können. Haben Sie schon einmal versucht, einen Ton auf einer Flöte oder einem Keyboard nachzusingen? In dem Moment, in dem Sie die exakte Tonhöhe gefunden haben und genau den gleichen Ton singen oder summen, findet eine Art ‚Verschmelzung‘ statt. Sie können kaum zwischen Ihrem eigenen und dem gehörten Ton unterscheiden. Erst wenn Sie wieder ein wenig abweichen, entstehen Schwebungen, Ungleichgewichte, und beide Tonquellen werden wieder unterscheidbar und damit wahrnehmbar. [...] Im absoluten Gleichgewicht existiert keine Wahrnehmung. Erst durch ein Ungleichgewicht entsteht das Wahrnehmen. Wenn wir also in der Lage sind, etwas wahrzunehmen, muss ein Ungleichgewicht vorhanden sein, ein Unterschied zu uns.

Wahrnehmung zeigt grundsätzlich ein Ungleichgewicht, welches sich immer auf das Element bezieht, das wahrnimmt. Durch seine eigene Form bestimmt das Element, was ein Gleichgewicht und was ein Ungleichgewicht zu ihm darstellt. Denn nur das Element selbst kann entscheiden, zu welcher anderen Form es eine Ähnlichkeit fühlt und welche sich von ihm unterscheidet.

Bei einer empfundenen Gleichheit findet für das Element eine Verschmelzung (z. B. auch Anpassung = Gewöhnung) statt und seine

Wahrnehmung beginnt zu verschwinden (blinder Fleck). Je größer aber der Unterschied ist, desto stärker ist die Empfindung eines Ungleichgewichtes und umso deutlicher nimmt man es wahr, bis hin zum Schmerz."

Ein weiteres schönes Beispiel ist die Badewanne. Steige ich in kaltes Wasser, dann fühle ich es sofort. Steige ich in heißes Wasser, fühle ich es auch sofort. Doch wenn das Wasser genau meine Körpertemperatur hat und ich meinen Fuß langsam bewege, dann spüre ich nicht, wann er ins Wasser eintaucht. Ich fühle nichts.

In meinem Buch *Die Vollkommenheit des Universums* lesen Sie:

„Im absoluten Gleichgewicht findet absolut keine Wahrnehmung statt. Kein Element kann jemals diese Basis-Wunsch-Spirale wahrnehmen oder nachweisen *(Anmerkung: Ich habe das kleinste Element, aus dem alles besteht und das die Wissenschaft mit „Superstring" bezeichnet, hier die „Basis-Wunsch-Spirale" genannt).* Kein Element kann getrennt von seiner eigenen Basis existieren und deswegen auch nicht in die Rolle des Beobachters schlüpfen, um seine Basis wahrzunehmen. Keine Keramik-Tasse kann feststellen, dass sie aus Keramik besteht. Es können sich noch so viele intelligente Keramik-Tassen zusammentun und forschen, woraus sie bestehen, keine wird jemals mit ihren eigenen Möglichkeiten ‚Keramik' erkennen können. Buddha soll gesagt haben: Den Geist kann man nicht mit dem Geist erkennen.

Das kleinste Element, aus dem *alles* besteht, ist niemals nachweisbar, da alles aus eben diesem Element besteht und mit ihm **im absoluten Gleichgewicht** ist. Im absoluten Gleichgewicht gibt es keine Wahrnehmung. Dadurch ist es für uns quasi nicht vorhanden, also *nichts*. Und jetzt schauen Sie sich einmal unser Universum an, das Weltall. Wir gehen davon aus, dass der Raum zwischen den Planeten ein ‚Nichts' ist, das trotzdem Kräfte transportiert. Ebenso erkennt die Wissenschaft zwischen den Superstrings nur ein Vakuum, einen leeren Raum (Superstrings sind kleiner als Atome und ihre Quarks). Doch dieser (Gravitation vermittelnde) Raum ist genau das Element, aus dem wir selbst bestehen. Dieser Raum existiert vollkommen auf der Basis der ewig unzufriedenen Basis-Wunsch-Spirale. Es klingt wie in einem Märchen: Der gesamte für uns scheinbar leere Raum besteht aus Wünschen (= Kräften). Genauso wie alle Materie aus Wünschen (Kräften) aufgebaut ist. **Doch wir können es nicht wahrnehmen, weil wir damit im absoluten Gleichgewicht sind.** Wir existieren dadurch und daraus. Wir sind selbst eine Wunsch-Spirale, die kleinere Wunsch-Spiralen enthält. Wir werden immer kleinere Wunsch-Spiralen, die sich von uns *unterscheiden,* wahrnehmen und nachweisen können (= Moleküle, Atome, Elektronen). Doch sie sind immer zusammengesetzte Überelemente der nicht wahrnehmbaren Basis-Wunsch-Spirale, des Raumes, des Nichts. [...] Die Keramik-Tassen können nur aufgrund dessen, was sie alles wahrnehmen, darauf schließen, was ihnen fehlt und was sie nicht wahrnehmen. Und wenn sie die Lücke in ihrer Wahrnehmung entdeckt haben, können sie ihr einen Namen geben: ‚Keramik'. Doch das werden sie selbst nie nachweisen und wahrnehmen können. Es bleibt eine Lücke, ein blinder Fleck, eine Nicht-Wahrnehmung. Für uns Menschen ist dieser blinde Fleck die ‚Basis-Wunsch-Spirale' oder das ‚absolute Gleichgewicht' oder ‚Gott' oder die ‚göttliche Substanz' oder das ‚unendliche Universum' oder die ‚absolute Einheit' oder die ‚universelle Weisheit' oder ‚das Nichts' oder das ‚Nullpunkt-Feld' usw. Wir bestehen daraus, wir *sind* es."

Von manchen Erleuchteten ist zu hören oder zu lesen: „Das Universum ist reines Bewusstsein." Auf der anderen Seite schreibt die Wissenschaft hauptsächlich dem Menschen Bewusstsein zu. Doch was ist eigentlich Bewusstsein?

„Wenn wir uns das Wort genau anschauen, dann bedeutet ‚Be-wusstsein' nichts anderes, als dass *jemandem Wissen gegeben* wurde. Er wurde mit ‚Wissen' be-schenkt, er wurde ‚be-wusst'. Ein Mensch ist in dem Moment mit etwas be-wusst worden, in dem er eine Erkenntnis erlebt, wenn er also ein neues relatives Gleichgewicht erreicht und sich dadurch verändert hat.

Bewusst-‚sein' heißt nichts anderes, als *ständig* Erkenntnisse zu haben, im Erkenntnis-*Prozess* zu ‚sein'.

Be-wusst-sein = Im-Erkenntnis-Prozess-sein

In jedem Bruchteil einer Sekunde spüren wir ein Ungleichgewicht, ordnen es ein, erkennen es, erreichen ein relatives Gleichgewicht, spüren ein neues Ungleichgewicht, ordnen es ein, erkennen es ... Dieser Prozess ist das Bewusstsein, ein Bewegungs-Zustand, eine Schwingung, eine Spirale, ein Torus. Überall, wo dieser Prozess stattfindet, ist Bewusstsein. Schauen wir uns diesen Prozess genauer an, so ist er nichts anderes als das ständige Erreichen neuer relativer Gleichgewichte, also der ständige Wandel eines Elementes. Und da jedes Element den Wunsch nach Gleichgewicht hat und sich ständig bewegt, neue Gleichgewichte erreicht und sich dadurch verändert, ist auch jedes Element im Erkenntnis-Prozess und damit im Bewusstsein. **Bewusstsein existiert überall. Alles *ist* Bewusstsein.** Es gibt nichts Bewusstloses außer dem absoluten Gleichgewicht, das sich nie verändert." (aus: *Die Vollkommenheit des Universums*)

Das „Un-Bewusste" entsteht dadurch, dass Bewusstseinsformen (Menschen u.a.) sich voneinander unterscheiden und sich daher als getrennt erleben. Durch die Aussage „Das ist mir *nicht* bewusst" wird eine Trennung formuliert. Wir Menschen empfinden uns in dem Bereich als unbewusst, in welchem wir selbst gerade keine Erkenntnis haben oder keine Veränderung erleben, in welchem wir kein Wissen erfahren. Das Unbewusste existiert nur durch die Definition eines scheinbar „getrennten" Elementes, das von sich selbst behauptet, etwas Bestimmtes gerade *nicht* zu wissen.

Vertiefungen

Im absoluten Gleichgewicht gibt es keine Unterscheidung und somit keine Wahrnehmung.

Das, woraus alles besteht, ist nicht wahrnehmbar und beweisbar, weil sich alles damit im absoluten Gleichgewicht befindet und eben daraus besteht.

Der Diplombiologe Werner Siefer und der Politologe Christian Weber – Redakteure bei der Zeitschrift *Focus* – berichten in ihrem Buch *ICH – wie wir uns selbst erfinden* über Versuche mit meditierenden Mönchen, deren Hirnströme gemessen wurden. Der Psychologe Ulrich Ott von der Universität Gießen deutet die Ergebnisse so: „Wenn alle Neuronen im Gleichtakt feuern, wird alles eins. In diesem Augenblick unterscheidet das Bewusstsein weder Subjekt noch Objekt. Die Meditierenden erleben nur noch eine Einheit, während das Zeitempfinden erloschen ist."

Sobald Elemente sich so ähneln, dass sie sich miteinander im Gleichgewicht befinden, verschwindet der Unterschied und somit die unterscheidende Wahrnehmung. Sie ordnen sich und verschmelzen dadurch eine Zeit lang scheinbar zu *einem* Element.

„Der Weise betrachtet Himmel und Erde und alles, was sich dazwischen befindet, als eine große Einheit; er betrachtet alle Menschen unter dem Himmel, seien sie nah oder fern, als seine Schwestern und Brüder, da er weiß, dass wir alle derselben Quelle entspringen.“ (Yen Yüan)

Leere = Leerer Raum = Superstrings = Basis-Wunsch-Spirale = unsichtbare Energie = gesamtes Universum = Bewusstsein = Wille

Unser freier Wille steht mit dem gesamten Universum in absoluter Resonanz. Er entwickelt sich aus dem Ganzen. Wir empfinden unseren Willen als „frei“, weil wir seine Verbindung zu allem anderen nicht wahrnehmen können. Wir können die Quelle unseres Willens nicht außerhalb von uns wahrnehmen, denn wir sind mit dieser Quelle im absoluten Gleichgewicht.

„Wir Menschen sind demnach nur vielfältige Reflexionen im Spiegelsaal einer einzigen kosmischen Wirklichkeit.“ (Vilaynur S. Ramachandran, Direktor des Center of Brain and Cognition, University San Diego)

„Demnach wäre das Universum und alle seine Bewohner nur ein gigantisches Uhrwerk, das nach dem Prinzip von Ursache und Wirkung abläuft.“ (Siefer & Weber)

Ich erkenne in diesem gesamten Uhrwerk den „Wunsch nach Gleichgewicht“ als treibende Kraft. Überall wird nach dieser Einheit gesucht, nach der Verschmelzung, in der die Wahrnehmung unnötig und unmöglich wird. Der Resonanzwunsch steuert alles, was sich voneinander (scheinbar) unterscheidet. Er stellt für mich die Basis jeglicher Existenz dar. Weil der Wunsch nach Gleichgewicht in immer neue relative Gleichgewichtszustände führt, habe ich ihn die "Basis-Wunsch-Spirale" genannt.

„Atome bestehen aus unsichtbarer Energie, nicht aus greifbarer Materie.“ (Bruce H. Lipton)

Die Superstringtheorie bringt die allgemeine Relativitätstheorie von Einstein mit der rivalisierenden Quantenmechanik unter einen Hut. Nach dieser Theorie bestehen wir Menschen und das gesamte Universum aus reinen Resonanzen. Brian Green, Professor für Physik und Mathematik an der Columbia University in New York, schreibt in seinem zum „Wissenschaftsbuch des Jahres 2000“ gekürten Werk *Das elegante Univer-*

sum: „Wie die Saiten einer Geige oder eines Klaviers Resonanzfrequenzen besitzen, bei denen sie bevorzugt schwingen – mit Mustern, die unsere Ohren als Töne und deren höhere Harmonien wahrnehmen –, haben auch die Schleifen der Stringtheorie bevorzugte Schwingungsfrequenzen. Doch [...] erzeugt in der Stringtheorie das bevorzugte Schwingungsmuster eines Strings keinen Ton, sondern es tritt als Teilchen mit einer bestimmten Masse und Kraftladung in Erscheinung." Der Mensch bestünde demnach aus schwingenden Strings. Wir *sind* Resonanz.

Kapitel 2

Parallele Realitäten

Können wir die wahre Realität erfühlen?

Bisher hielten es viele für eine Tatsache, dass es keine unsichtbare Verbindung zwischen Menschen, ja zwischen allem Existierenden gibt. Sie wussten nicht, dass menschliche Gefühle sogar über weite Entfernungen angeregt werden und dementsprechend eine Wahrnehmung darstellen können. Sie glaubten, dass manche Gefühle Unsinn oder durch Therapien einfach auflösbar sind. Doch die im ersten Kapitel beschriebenen Zusammenhänge und Erfahrungen können dazu bewegen, einer neuen und erweiterten Realität Raum zu geben. Dabei lernt man, Gefühle in einen größeren Zusammenhang einzuordnen, und man beginnt, über ihre Bedeutung nachzudenken. Wenn wir etwas fühlen, können wir uns fragen: „Was für eine resonierende Empfindung erlebe ich hier gerade? "

Der amerikanische Gestalttherapeut Dr. Stephen H. Wolinsky schlägt die Sichtweise vor, dass jedes Gefühl eine Art Energieform darstellt. Da nach der Quantenphysik das gesamte Universum aus reiner Energie besteht, betrifft das auch unsere Gefühle. Entsprechend könnten wir sie als eine energetische Resonanz verstehen.

Wenn wir etwas mit Hilfe unserer resonierenden Empfindungen wahrnehmen, bedeutet das nicht, dass wir schon genau wissen, was wir da wahrnehmen. Wir können es nur mit Hilfe unserer eigenen Realität deuten. Dabei unterscheidet sich unsere Realität immer von den Realitäten anderer Menschen. Jede Deutung ist nur „vorläufig“ und „veränderbar“. Stets können wir sie hinterfragen. Die „absolute Wahrheit“ lautet: Es gibt keine absolute Wahrheit.

Ich liege mit geschlossenen Augen in der Sonne. An meinem Bein fühle ich etwas krabbeln. Ich denke an eine Ameise. Als ich mich bewege, die Augen öffne und nachschaue, entdecke ich nichts. Demnach müsste es eine Fliege gewesen sein, die schnell wegfliegen konnte – doch auch das kann ich nun nicht mehr überprüfen. Könnte es vielleicht auch eine Mücke, eine Biene oder Libelle gewesen sein? Oder ist die Ameise nur heruntergefallen?

Meistens sind wir davon überzeugt, dass unsere Deutungen richtig sind, also eine „Wahrheit“ darstellen. Doch jede Wahrheit ist wandelbar. Experimente mit Hypnose zeigen, wie leicht Menschen in die Irre geführt werden können. Sie sind während des hypnotischen Zustands davon überzeugt, dass sie sich gerade im Urlaub am Strand befinden und fühlen sich wohl, schwitzen vielleicht sogar in der Sonne. Dabei war ihre Wahrnehmung lediglich eine vom Hypnotiseur angebotene Täuschung. Dass wir gerade geträumt haben, wird uns meistens erst bewusst, nachdem wir aufgewacht sind. Auch optische Täuschungen bestimmen unseren Alltag.

Wir wissen nicht hundertprozentig, ob das, was wir wahrnehmen, Realität oder Täuschung ist. Für mich ist inzwischen alles eine Form von Täuschung. Dabei gibt es Täuschungen, mit denen ich sehr gut leben kann. Andere, bei denen das nicht so gut funktioniert, lasse ich los. Dazu muss ich mich ent-täuschen und stattdessen eine neue und besser funktionierende Täuschung finden. Von Täuschung zu Täuschung entwickle ich *meine* Realität und feile sie immer weiter aus.

Ich habe früher ab und zu an Veranstaltungen anderer Seminarleiter*innen teilgenommen, in denen Familienaufstellungen durchgeführt wurden. Die Aufstellungsleiter*innen gingen achtsam mit ihren Teilnehmer*innen um. Allerdings habe ich auch erlebt, wie ein Leiter die Gefühle der Stellvertreter*innen mit absoluter Sicherheit deutete und in eine Realität einordnete. Für ihn war klar, welche "Wahrheit" hier zutage trat, und er war davon überzeugt, dass seine Deutung der Realität entsprach. Die Stellvertreter*innen haben diese Dogmatik dann oft übernommen: Sie interpretierten in den Aufstellungen ihre Gefühle und behaupteten, dass es die Wahrheit darstelle. Dieses dogmatische Verhalten hat dem intensiv wirkenden Familienstellen bisweilen einen unangenehmen Beigeschmack gegeben.

Aus meiner Perspektive gilt: Solange wir über das Familienstellen noch keine wissenschaftliche Klarheit haben (was passiert da und was wird damit bewirkt?), solange ist das Feld frei, alles Mögliche darüber zu behaupten. Deswegen plädiere ich dafür, alles, was man über das Familienstellen denkt und dadurch erfahren hat, und auch alle Moralvorstellungen lediglich als *persönliche* Erfahrung, *persönliche* Sichtweise und *persönliche* Meinung zu kennzeichnen. So möchte ich auch dieses Buch verstanden wissen: Es ist mein persönliches Angebot an Sie und keine wissenschaftliche Arbeit. Fühlen Sie sich bitte nach wie vor frei und schauen Sie, ob das, was ich beschreibe, für Sie Sinn macht.

Behauptungen scheinen öfter auf eine bestimmte Weise zu wirken: Sie lösen Widerstand im Gegenüber aus. Einige Teilnehmer*innen der Aufstellungsseminare reagieren auf diese Dogmatik mit Abwehr. Menschen, die vom dogmatischen Familienstellen gehört oder darüber gelesen haben, entwickeln ebenfalls ein Gefühl des Widerstands. Auch aus meinem Alltag kenne ich diesen Zusammenhang: Eine Person, die felsenfest etwas behauptet, erntet von anderen Menschen oft einen Widerspruch. Das ist vollkommen natürlich. Warum?

Wenn eine Person dogmatisch etwas behauptet, ändert sich dadurch im Kontakt zu einem anderen Menschen die Rangfolge. Die Behauptende wird zur Wahrheitshalterin und stellt sich damit an die erste Stelle. Dies steckt bereits im Wort „Be-Haupt-ung“ drin: Wer behauptet, wird zum „Oberhaupt“. Die Ebenbürtigkeit mit dem Gegenüber geht verloren.

Steht der andere dieser Behauptung zur Verfügung, dann fühlt er sich zunächst automatisch unterlegen. Die passende Rolle zur überlegenen Rolle ist die unterlegene, sich anpassende Rolle. Wenn man in dieser unterlegenen Rolle aber die Ebenbürtigkeit zurückgewinnen möchte, muss man einen Widerstand gegenüber der Behauptenden aufbauen und z. B. das Gegenteil oder etwas anderes behaupten. Im schlimmsten Fall gibt es Streit. Dieser Widerstand in der unterlegenen Rolle und der Streit sind nicht mehr nötig, wenn man einfach die Rolle ablegt, sich distanziert und sich nicht mehr für diese Rollenverteilung zur Verfügung stellt.

Hinter einem Gefühl von Widerstand steckt also oft eine ungleiche Rollenverteilung und der Wunsch nach einer Ebenbürtigkeit, in der beide Personen wieder den gleichen Rang, die gleiche Wertigkeit einnehmen. Eine Ebenbürtigkeit, in der die Realitäten und Überzeugungen beider Personen gleichermaßen gültig sein dürfen.

Ich sehe in einem Gefühl von Widerstand die Bedeutung: „Hier will genau das anerkannt, gewürdigt und integriert werden, was die Behauptende gerade durch ihre Behauptung ausschließt". Sind wir uns dessen bewusst geworden, dann können wir nun überlegen, ob wir auf diesen Wunsch nach Anerkennung vielleicht auch verzichten können und damit die Rolle des Bedürftigen ablegen.

Florence Scovel Shinn erläutert in ihrem Buch *Das Lebensspiel und seine mentalen Regeln* eindrucksvoll, wie ein Kampf gegen etwas den Zustand eher aufrechterhält anstatt ihn auflöst. Das ist logisch, denn haben wir eine unterlegene Rolle angenommen und beginnen *innerhalb* dieser Rolle gegen die Unterlegenheit zu kämpfen, dann bestätigen wir dadurch die Rolle. Shinn schlägt eine andere Sichtweise vor und verteilt dadurch die Rollen neu: „Jeder Mensch ist ein goldenes Glied in der Kette, die am Ende meinem Wohl dient."

Wolinsky empfiehlt, nicht mehr den Menschen zu bekämpfen, der in uns den Widerstand ausgelöst hat, sondern sich auf die Energieform in uns, auf das Widerstandsgefühl zu konzentrieren. Möglicherweise verschwindet es allmählich oder transformiert sich in Angenehmeres.

Einen noch besseren Effekt hat es, wenn wir der anderen Person für ihre Behauptung und ihre dadurch stattfindende Rollenverteilung nicht weiter zur Verfügung stehen, sondern uns wieder auf uns selbst und unsere eigenen angenehmen Ziele konzentrieren. Dadurch gehen wir aus der Rolle des Unterlegenen heraus, legen sie ab, und nehmen eine selbstständige und unabhängige Rolle an, in der wir wieder „wir selbst" sind. Die Folge davon ist, dass sich der Widerstand in uns auflöst.

Noch einmal zum Reflektieren: Die Ursache unseres Widerstandes war

- unsere Aufmerksamkeit auf den anderen (wir standen dem anderen zur Verfügung),
- unsere unabsichtliche Einnahme der zugewiesenen Rolle als Unterlegener (es entsteht eine passende resonierende Empfindung als Reaktion auf das Behaupten)

- und unser Wunsch nach Integration des Ausgeschlossenen.

Nehmen wir eine neue Rolle ein, dann verändern sich unsere Aufmerksamkeit, unsere Empfindung und unser Wunsch. Lassen wir den anderen so, wie er ist, und konzentrieren uns wieder auf ein eigenes Ziel, dann spüren wir wieder das, was zu unserem Ziel dazugehört - und nicht mehr das, was unser Gegenüber ausgestrahlt hat und was zu seinem Ziel gehört.

Manche Menschen behaupten etwas mit einem leicht strengen Tonfall. Dadurch wird die Behauptung zusätzlich noch mit einem emotionalen Schmerz kombiniert. Hier reicht es nicht, sich der Behauptung nicht mehr zur Verfügung zu stellen. Die Befreiung lautet: "Ich stehe dieser Behauptung und dem damit verbundenen Schmerz nicht weiter zur Verfügung. Und jetzt konzentriere ich mich wieder auf etwas Angenehmes."

Der Pianist Christoph erzählte seiner Partnerin Tanja, dass er von einer Sängerin gebeten worden sei, sie am Klavier zu begleiten und ein gemeinsames Konzert zu gestalten. Er überlege, das Angebot anzunehmen. Tanja fühlte sich ausgegrenzt und deutete das zunächst spontan so, dass Christophs Überlegung die Ursache für ihr Gefühl sei. Deshalb kritisierte sie ihn. Doch Christoph war eigentlich sehr offen und hatte keinerlei Absichten, Tanja in irgendeiner Weise auszugrenzen. Er war auch gerne bereit, der Sängerin abzusagen. Später stellte sich jedoch heraus, dass es die Sängerin war, die ein schmerzlich ausgrenzendes Verhaltensmuster besaß. Diese Dynamik hatte Tanja möglicherweise durch ihre innere Aufmerksamkeit auf die Sängerin gefühlt.

Wir müssen immer wieder danach suchen, was unser Gefühl bedeuten kann. Jede Behauptung dazu können wir hinterfragen und brauchen ihr nicht zur Verfügung zu stehen.

Vertiefungen

Durch unser Gefühl nehmen wir etwas wahr. Wir können aber nicht behaupten, was genau wir da wahrnehmen. Wir wissen nicht wirklich, was unser Gefühl bedeutet. Wir können es nur vermuten, uns eine Theorie darüber bilden und diese dann überprüfen.

Auch wenn noch so viele Wissenschaftler von den Sichtweisen der Quantenphysik begeistert sind, bedeutet es immer noch nicht, dass die Wirklichkeit auch so sein muss. Dazu meint der Quantenphysiker David Bohm: „Wir müssen uns eingestehen, dass die Quantenmechanik überhaupt nichts erklärt, sondern lediglich eine Formel für bestimmte Ereignisse liefert. Und ich versuche, eine Erklärung zu finden."

„Andererseits bin ich ein Positivist, der glaubt, dass physikalische Theorien nichts anderes als mathematische Modelle sind, die wir konstruieren, und dass es nicht von Bedeutung ist, ob sie der Realität entsprechen, sondern nur, ob sie Beobachtungen voraussagen." (Stephen Hawking)

„Ob eine wissenschaftliche Theorie der an sich unerkennbaren Wahrheit nahe kommt, lässt sich erst an den zukünftigen Auswirkungen ihrer praktischen Umsetzung erkennen", schreibt Klaus Mücke. Er ergänzt: „Wo Wissenschaft draufsteht, muss nicht Wissenschaft drin sein."

„Die Naturwissenschaft selbst ist kein Wissen um die Welt, sondern nur eine Interpretation der Welt und besitzt daher dieselbe Gültigkeit – nicht mehr und nicht weniger – wie bildende Kunst und Dichtung." (Ken Wilber)

Prof. Bruce H. Lipton verteilte an seine Studenten verschiedene Farbfilter zum Durchschauen. Eine Gruppe erhielt eine rote, die andere Gruppe eine grüne Folie. Dann zeigte er beiden Gruppen das gleiche Dia und fragte sie, was sie sehen. Die einen lasen den Satz: „Ich lebe in Liebe und Frieden", die anderen: „Ich lebe in Angst". Ohne Filter waren jedoch beide Schriften gleichzeitig erkennbar, die eine in Grün und die andere in Rot geschrieben. Jeder las nur, was er durch seinen Filter wahrnehmen konnte (das farbliche Ungleichgewicht).

Ich bin ein individueller Mensch mit individuellen Erfahrungen und nehme meine Umwelt durch meinen individuellen Filter wahr. Manchmal liege ich mit meinen Vermutungen richtig und erhalte entsprechende Bestätigungen; manchmal muss ich meine Vermutung ein wenig korrigieren; manchmal liege ich vollkommen daneben und konnte etwas nicht wahrnehmen – vielleicht weil ich damit im absoluten Gleichgewicht war, in welchem die Wahrnehmung grundsätzlich verschwindet? (siehe Kapitel 1)

„Reine“ Wahrheiten können zu Widerstand führen, wenn andere Wahrheiten sich dadurch ausgegrenzt, abgewertet, nicht erkannt oder nicht integriert fühlen.

„Menschen, die eine geringere Compliance *(= geringere Bereitschaft, den ärztlichen Anordnungen zu folgen)* haben als der Durchschnitt, haben eine größere Gesundungsrate, kürzere Krankheitszeiten und eine längere Lebenserwartung als Menschen mit überdurchschnittlicher Compliance. Fazit: Menschen, die eine geringere Compliance zeigen, tun damit etwas für ihre Gesundheit“, schreibt Klaus Mücke in seinem Buch *Wo aber Gefahr ist, wächst das Rettende auch.*

Simone Dietz, Philosophieprofessorin: „Ob wir einer Behauptung Glauben schenken, müssen wir selbst beurteilen. Ob wir ihr überhaupt Gehör schenken, liegt in unserer freien Entscheidung.“

Jeder lebt in seiner Realität

Ich habe die „Freien Systemischen Aufstellungen“ entwickelt und biete seit 2003 verschiedene Seminare an. Dieses Freie Aufstellen unterscheidet sich vom Familienstellen (von Therapeuten angeleitet) besonders darin, dass die aufstellenden Teilnehmer*innen ihre Aufstellung eigenverantwortlich selbst leiten und deuten können und darüber entscheiden, wie mit ihr verfahren werden soll. Jeder ist Chef*in ihrer/seiner Aufstellung. Ich habe damals die Kritik am Familienstellen sehr ernst genommen und deshalb dieses neue Format kreiert. Beim Freien Aufstellen gibt es keinen dogmatischen Aufstellungsleiter mehr, der über den Ablauf der Aufstellung bestimmt oder eine Deutungshoheit besitzt. Dies liegt in meinen Seminaren vollständig in der Hand der aufstellenden Person. Sie allein bestimmt *frei*, wie der Rahmen für die Aufstellung gestaltet werden soll, wie sie mit ihrer Aufstellung umgehen will und was sie interessiert, was sie experimentieren, erforschen oder verändern möchte. Gleichzeitig kann sie die gesamte Gruppe inklusive der Organisatorin nutzen, wenn sie beim Umgang mit ihrer Aufstellung fürsorgliche Unterstützung benötigt.

Für Interessierte, die Freie Aufstellungen organisieren oder selbst durchführen wollen – jeder kann und darf es, sowohl privat als auch gewerblich –, habe ich diese Form ausführlich beschrieben in meinen Büchern *Das freie Aufstellen – Gruppendynamik als Spiegel der Seele* (2003/2013), *Freie Systemaufstellung: Das fühlt sich richtig gut an!* (2012/2021), *Ich stelle selbst auf* (2012). Zudem gibt es eine ausführliche Website mit allen wichtigen Informationen, wie das Freie Aufstellen gelingen kann: www.freie-systemische-aufstellungen.academy.

Als Organisator der Freien Aufstellungen biete ich meinen Teilnehmer*innen die Sichtweise an, dass es mehrere Realitäten geben kann. Wenn also die Gruppe oder auch die Organisatorin von der aufstellenden Person um Unterstützung gebeten werden und nun die Gefühle und das Verhalten der Stellvertreter*innen zu analysieren beginnen, dann sind die geäußerten Sichtweisen immer nur „Möglichkeiten" und „Angebote". Jeder Mensch kann selbst wählen, wie er etwas sehen und deuten möchte.

Entscheidend ist die Frage: *Was hilft gerade?* Diese Frage kann nur die aufstellende Person beantworten.

Dr. med. Gunther Schmidt empfiehlt in seinen Fortbildungen für psychologische Berater, dem Klienten ein „Realitätenkellner" zu sein. Der Berater bietet verschiedene Realitäten an und die Klientin wählt die für sie stimmige. Diese Haltung bildet die Basis für das Freie Aufstellen: Die aufstellende Person kann in völliger Eigenkompetenz frei wählen, was ihr weiterhilft. Alle anderen Teilnehmer*innen und auch der Organisator stehen mit ihren Gefühlen, Sichtweisen und Erfahrungen nur „zur Verfügung". Keiner übernimmt dabei eine Verantwortung für den anderen. Jeder verantwortet seine Entscheidungen, Handlungen und Sichtweisen und trägt auch die Folgen, die daraus entstehen.

Selbstverständlich kann man sich anderen gerne fürsorglich zur Verfügung stellen und sie intensiv unterstützen. Keiner wird allein gelassen. Doch damit ist keine Verantwortungsübernahme verbunden. Jeder ist und bleibt für sich selbst verantwortlich. Der Organisator der Veranstaltung ist lediglich dafür verantwortlich, dass jeder der Chef seiner Aufstellung bleibt und keine Rangfolgenvertauschung passiert.

Während ich unterstützend meine Sichtweisen und Realitäten anbiete, betone ich oft, dass es auch anders sein könnte. Ich bin meistens – soweit es mir innerhalb meiner Grenzen möglich ist – offen für Irrtümer meinerseits, für Widersprüche und Ergänzungen anderer, für Missverständnisse und Nicht-Resonanzen, für jegliche Formen von Ungleichgewicht. Ich stehe selten jemandem für die Rolle zur Verfügung, ihn überzeugen zu müssen. Jeder Mensch macht sich sein eigenes Bild und sucht sich das, was ihm gerade hilft – zum für ihn passenden Zeitpunkt.

Das ist *meine* Realität, und die vertrete ich auch in diesem Buch. Ich bin zwar überzeugt von dem, was ich hier weitergebe, denn ich habe alles aus meinen langjährigen Erfahrungen, Gefühlen und meiner Logik abgeleitet. Da ich aber weiß, dass viele Erfahrungen auch selbsterfüllende Prophezeiungen sein können, ich mir meine Erfahrungen also auch selbst kreiert habe, bleibe ich offen und sage: Man kann es auch anders sehen. Es gibt viele Realitäten. Jeder wählt sich die Realität, die zu ihm passt und die sich für ihn stimmig anfühlt.

Sie stellen sich beim Lesen meinen Realitäten zur Verfügung, nehmen diese auf Ihre Weise wahr, lernen sie kennen, probieren sie möglicherweise aus und entscheiden sich bewusst oder unbewusst für eine Realität, die für Sie selbst stimmig ist. Für diese Entscheidung tragen Sie selbst die Folgen und können so optimal daraus lernen.

Eine wissenschaftliche Bestätigung dafür, dass jeder in seiner eigenen Realität lebt, liefert u. a. der chilenische Professor für Biologie Humberto R. Maturana. Er führte Experimente mit Tauben durch und fand heraus, dass Nervensysteme geschlossen sind, d. h. nicht im direkten Kontakt mit der Umwelt stehen. Jedes Lebewesen entwickelt in sich eine eigene Welt, eine eigene Landkarte, eine eigene Realität und orientiert sich daran (Autopoiese) – so wie der Pilot eines Verkehrsflugzeuges das Flugzeug mit Hilfe seiner Instrumente steuert, ohne aus seinem Fenster schauen zu müssen. Doch wenn kein wirklicher Kontakt nach außen stattfindet, sondern immer nur eine innere Landkarte zu Hilfe genommen wird, stellt sich die Frage, wie diese Landkarte entwickelt wurde. Wie kann ein sich selbst reproduzierendes System eine Beziehung zur Umwelt herstellen? Wie können Tauben problemlos ihren Weg nach Hause finden? Die Antwort von Maturana lautet, dass das Lebewesen und die Umwelt zu einer gemeinsamen Geschichte und einem Prozess der Evolution gehören würden. Aus diesem Prozess habe sich ein sehr fein austariertes Verhältnis der Übereinstimmung und wechselseitigen Veränderung ergeben, eine strukturelle Kopplung zwischen Organismus und Medium.

Wir können diesen Sachverhalt aber auch mit einer auf Verbundenheit und Resonanz begründeten Sicht der Welt betrachten. Die daraus entstehende Realität wäre: Das Nervensystem von Lebewesen ist geschlossen und schwingt auf einer höheren Ebene in energetischer Resonanz mit seiner Umwelt. Nur so kann es seine innere Orientierungskarte stimmig entwickeln. Auf uns Menschen übertragen bedeutet das: Jeder von uns hat seine eigene Realität, und jede Realität schwingt über unser Gefühl mit den Realitäten anderer Lebewesen in gewisser Weise in Resonanz. Rizzolattis Entdeckung der menschlichen Spiegelneurone ist ein weiterer Schritt der Wissenschaft in Richtung dieser Weltanschauung.

Inzwischen bilden sich wissenschaftliche Theorien, nach denen Mikrotubuli im Gehirn durch Quantenverschränkung mit dem Umfeld in direkter Verbindung stehen sollen (Dr. Stuart Hammeroff, USA, Prof. Roger Penrose, UK).

Meine Frau und ich haben auf der wissenschaftlichen Sichtweise, dass jeder Mensch im Gehirn seine eigene Realität bildet, ein ganzes Buch aufgebaut. Darin beschreiben wir, wie man die Einbildungskraft des Gehirns gezielt und konstruktiv für sich selbst einsetzt. Gleichzeitig ist das Phänomen der resonierenden Empfindungen vollständig integriert. Man kann also sowohl die eigenen Projektionen als auch die resonierenden Empfindungen seiner Mitmenschen erfolgreich für eigene Weiterentwicklungsprozesse nutzen: *Der lebendige Spiegel im Menschen - In Resonanz lernen-lösen-leben-lieben.*

Vertiefungen

„Es gibt sechs Milliarden menschliche Versionen der Wirklichkeit auf diesem Planeten, die alle als Wahrheit angesehen werden.“ (Bruce H. Lipton)

„[Manche] Menschen leiden unter der Sehnsucht, schuldlos zu werden, was sie dazu treibt, auf Leute zu hören, die den Anschein erwecken, sie seien im Besitz der absoluten Wahrheit. Das Hören wird dann zu einem

Gehorchen, indem sie den illusionären Versuch unternehmen, ihnen die Verantwortung für ihr Leben zu übertragen.“ (Klaus Mücke)

Da jeder Mensch in seiner eigenen Realität lebt, ist er auch für alle aus ihr resultierenden Folgen selbst verantwortlich.

„Ich bin ganz verantwortlich für das, was ich sage, aber nicht für das, was Sie hören.“ (Humberto R. Maturana)

„Einander kennenlernen heißt lernen, wie fremd man einander ist.“ (Christian Morgenstern, deutscher Schriftsteller, 19./20. Jh.)

Teile ich anderen Menschen meine Wahrheiten mit, so achte ich darauf, dass mein Gegenüber mich durch seinen individuellen Filter möglicherweise missverstehen oder mir eine andere Wahrheit entgegenstellen könnte. Dem stimme ich schon von vornherein zu.

Ken Wilber ist davon überzeugt: „Was für dich wahr ist, muss nicht zwangsläufig auch für mich wahr sein. Was richtig ist, das ist einfach das, worauf einzelne oder ganze Kulturen sich zu einem bestimmten Zeitpunkt geeinigt haben. Es gibt keine Alleingültigkeitsansprüche für Wissen oder Wahrheit. Jeder Person steht es frei, ihre eigenen Werte zu finden, die für niemand anderen bindend sind.“

„Häufig besteht das einzige Problem darin, dass man sich verstehen will. Als Lösung bleibt oft nur das lustvolle Genießen des gegenseitigen Nichtverstehens“, lautet die Erfahrung von Gunther Schmidt. Des Weiteren sagt er: „Jeder entscheidet selbst, in welcher Weise er leben will. In welcher Welt wollen Sie leben? Sie entscheiden mit Ihren Antworten, ob Sie in der angebotenen Welt leben wollen oder in einer anderen.“

In unseren Gefühlen
können wir Energien aus der Umwelt erkennen

Nicht immer begegnen wir lieben Menschen, die uns ihre Realität einfach nur mitteilen, ohne uns davon überzeugen zu wollen. Manchmal wird ein anderer aufdringlich, erklärt (vielleicht verzweifelt?) immer weiter und verfolgt mit Nachdruck das Ziel, dass wir doch bitte endlich „einsehen" mögen. Er lässt uns keine Wahl. Wir fühlen uns dabei klein, verwirrt, eingeengt, eingeschüchtert, abhängig, blockiert, können vielleicht nicht fließend reden und trauen uns nicht, ihn zu unterbrechen. Haben wir den Wunsch nach Ebenbürtigkeit, so entsteht in uns ein Gefühl von Widerstand, Trotz, nach einer Weile vielleicht Wut. Mit dieser aufgebauten Abwehrenergie werden dann manche das Gegenüber unterbrechen wollen und um Verständnis kämpfen. Andere wiederum schlucken ihren Ärger hinunter, distanzieren sich oder ziehen sich zurück.

Lässt uns aber jemand die Wahl, berichtet von seiner eigenen Sichtweise und macht uns nur „Realitätsangebote", dann fühlen wir uns frei, selbstständig, ebenbürtig, sicher, sind auch liebevoll, können zu uns und unserer Meinung gelassen stehen, haben keine Angst, zu widersprechen oder den anderen zu enttäuschen, und können frei reden. In beiden Situationen erleben wir resonierende Empfindungen.

An meinen eigenen Empfindungen kann ich also ablesen, ob mein Gegenüber gerade ausgrenzende Tendenzen aufweist oder sich integrierend und offen verhält. Allerdings funktioniert das nicht immer. Ausnahmen dazu beschreibe ich ab Kapitel 4.

Was ist, wenn ich einem scheinbar offenen Menschen begegne – doch ich fühle mich trotzdem klein, eingeschüchtert oder unfrei? Dann fühle ich möglicherweise eine Resonanz zu seinen ausschließenden oder Grenzen setzenden Verhaltensmustern, die er momentan nur nicht auslebt und die für mich daher unsichtbar sind. Ich bleibe vorsichtig und beobachte eine Weile, ob meine Vermutung zutrifft. Kann ich entdecken, wo der andere etwas ausschließt oder abwertet? In seinen Formulierungen oder in seinem Verhalten? Ist er z. B. extrem entgegenkommend und schließt dabei seine *eigenen* Wünsche und Bedürfnisse aus?

Bei Vertreter*innen einer Firma kann ich ab und zu ein solches Verhalten entdecken. Deren Ziel ist es, Kunden auf freundliche Weise zu gewinnen, und deshalb verhalten sie sich verdächtig entgegenkommend. Trotzdem steht die egoistische Absicht dahinter, den Kunden an sie bzw. an ihre Firma zu binden. Deshalb verschweigen sie alles, was auf ein vorhandenes Ungleichgewicht hindeuten könnte (Ausgrenzung!).

Neulich unterschrieb ich einen Vertrag und hatte irgendwie das Gefühl, dass mein Gegenüber mich hintergehen würde. Das passierte zwar nicht, doch stattdessen erfuhr ich später, dass die Betreffende Steuern hinterzog. Ich spürte also ihre Dynamik, die sich in dem Moment aber nicht auf unseren Kontakt auswirkte.

Wenn ich so jemandem begegne, dann traue ich meinem Gefühl mehr als den Inhalten, die mein Gegenüber mir mitteilt, egal wie freundlich die Betreffende ist. Steigt in mir ein leichtes Misstrauen hoch oder habe ich Fragen, dann werte ich mich dafür nicht ab. Ich lasse mein Misstrauen zu und erkenne es als ein wichtiges Zeichen, als eine Resonanz. Manchmal spreche ich auch meine misstrauischen Fragen aus und beobachte, wie mein Gegenüber darauf reagiert. Versteht und integriert sie mich, dann war mein Misstrauen wahrscheinlich unberechtigt. Versucht sie aber, mein Misstrauen zu lösen (zu bekämpfen) und mich zu beschwichtigen, dann bestätigt das eher mein Misstrauen. Nach ihrer Reaktion beobachte ich wieder mein Gefühl, ob es sich vielleicht verändert hat.

Ich kann mir auch die Frage stellen: „Wenn ich meinem Gegenüber voll und ganz zustimme, wie fühle ich mich dann selbst dabei? Ebenbürtig oder irgendwie klein und unterlegen?“ Taucht nach dieser Frage ein kleines Unwohlgefühl in mir auf, so stimmt irgendetwas nicht. Wenn ich mir dann sage: „Ich stehe ihr jetzt nicht weiter zur Verfügung“ … und fühle mich anschließend erleichtert, dann weiß ich, dass ein Rückzug in diesem Punkt sinnvoller sein könnte.

Diejenige Vertreterin, die wirklich gute Qualität anzubieten hat, ist automatisch offen und selbstsicher. Sie muss nichts verschweigen oder ausgrenzen – und ich fühle mich bei ihr wohl und frei in der Entscheidung.

Im Kontakt mit einem stark dominierenden oder sehr überzeugten Menschen habe ich öfter ein Ohnmachtsgefühl. Manchmal erlebe ich es als Unsicherheit oder Unselbstständigkeit. Doch dieses Gefühl bedeutet nicht unbedingt, dass ich unsicher oder ohnmächtig *bin!* Ich *habe* nur diese Empfindung – und das kann eine resonierende Empfindung sein, eine Resonanz zum Gegenüber. Wäre der andere offen und integrierend, dann würde ich mich ebenso offen fühlen. Doch er stellt sich mit seinen Behauptungen auf die erste Position. Damit schließt er mich von dieser Position aus, verweist mich auf den untergeordneten zweiten Platz, er sucht mich zu dominieren. Ich nehme das (unbewusst?) wahr und fühle mich „natürlicherweise" klein, untergeordnet und ohn-mächtig, da ohne Macht. Dies ist ein Zeichen dafür, dass mein Gegenüber nicht flexibel und frei sein kann, sondern sich selbst gegen eine untergeordnete Rolle wehrt. Er *muss* den ersten Platz haben, um sich gut zu fühlen – und nicht ohn-mächtig. Ich bin etwas flexibler, ordne mich an seiner Stelle unter und übernehme die Rolle des Ohnmächtigen.

Mein Gefühl verändert sich in dem Moment wieder, wenn ich mir der Rangfolge des anderen bewusst werde, sie achte, wie sie ist (sie also nicht bekämpfe), mich ihr nicht weiter zur Verfügung stelle, die Rolle ablege und mich wieder auf eigene Ziele konzentriere.

Beobachten Sie selbst Ihre Umwelt und schauen Sie, ob Sie für das, was ich Ihnen beschrieben habe, Bestätigungen finden. Schärfen Sie dabei auch Ihre Wahrnehmung und beobachten Sie überall in Ihrem Leben: Was ist eine ausschließende Behauptung und Deutung und lässt sich hinterfragen? Was ist lediglich ein Angebot und lässt sich vielleicht bestätigen? Wo wird für weitere Deutungen und Behauptungen Freiraum gelassen und wo nicht? Wird Ihnen die Wahl gelassen?

Lassen Sie anderen die Wahl?

Vertiefungen

An meinen eigenen Gefühlen kann ich andeutungsweise ablesen, ob ich mich in einem ausgeglichenen oder spannungsvollen Umfeld befinde.

„Wenn der Kunde/die Kundin Widerstand zeigt, dann hat der/die Psychotherapeut/in etwas falsch gemacht", überträgt Klaus Mücke diese Zusammenhänge auf seinen Beruf.

Um in meinen Gefühlen lesen zu können, muss ich sie auch zulassen (aber nicht unbedingt ausleben oder ausdrücken).

Wenn ich ein Gefühl spüre, muss das nicht bedeuten, dass ich dieses Gefühl *bin.* Fühle ich Wut, muss ich nicht selbst wütend sein. Mein Gefühl kann die resonierende Empfindung zur unterdrückten Wut eines anderen Menschen darstellen.

Walter Lübeck schreibt in seinem *Handbuch des Spirituellen NLP:* „Mit ‚Liebesfähigkeit' ist die Fähigkeit gemeint, sich selbst im anderen zu erkennen, zu anderen Wesen der Welt in Resonanz zu sein, mit ihnen zu fühlen (Mitgefühl), die tiefere Einheit und die Verbundenheit aller Teile der Schöpfung im evolutionären Prozess wahrzunehmen sowie diese im Denken und Handeln zu berücksichtigen."

„Bedeutungsvoll ist die zentrale Erkenntnis, dass Lebewesen über die Informationskanäle ihrer Erbinformationen auf subtile Weise miteinander kommunizieren können", schreiben die Physiker, Mathematiker und Heilpraktiker Grazyna Fosar und Franz Bludorf in ihrem Buch *Vernetzte Intelligenz.*

Kann ich absolut sicher sein, dass es wahr ist?

Sie können bereits jetzt beim Lesen Ihre Wahrnehmung schärfen. Untersuchen Sie die hier wiedergegebenen Aussagen von mir und anderen und fühlen sich in diese hinein. Wo wird eine Behauptung ausgesprochen und wo werden Deutungsmöglichkeiten zur Verfügung gestellt? Stimmt Ihre Sichtweise mit den gelesenen Behauptungen überein? Haben Sie das Gefühl, dass ich als Autor etwas abwerte, verschweige oder schönrede – oder fühlen Sie sich beim Lesen frei? Ab und zu oder immer?

Wenn Sie wollen, können Sie bei jeder Aussage die Frage stellen:

„Kann ich absolut sicher wissen, dass das wahr ist?"

Genau diese Frage hat die Amerikanerin Byron Katie zu einem Bestandteil ihres Selbstfindungssystems „The Work" gemacht (Ist dieser Satz wahr?).

Wenn Sie in Ihrem Leben nach Beweisen für Wahrheiten suchen, werden Sie intensiv suchen müssen, um welche zu finden (Ist das wahr?). Das meiste basiert auf Überzeugungen und Glaubenssätzen (Ist das wahr?). Sie werden feststellen, dass fast alle Aussagen, Behauptungen, Feststellungen, Deutungen, Sichtweisen hinterfragbar sind –

auch Ihre eigenen Aussagen und Gedanken können Sie hinterfragen (Ist das wahr?). Es fehlen immer wieder die Beweise (Ist das wahr?). Bisher machen wir unseren Glauben an einen anderen Menschen von seiner sicheren Ausstrahlung abhängig, von seiner scheinbaren Kompetenz, von seinem Lebenslauf, von seiner Ausbildung usw. (Ist das wahr? ... usw. ...) Stelle ich mir aber die Frage: „Kann ich absolut sicher wissen, dass das wahr ist?“, kommt bei mir meistens die innere Antwort: „Nein, ich kann mir nicht *absolut* sicher sein!“ So ein Nein ist bereits ein Teil meiner Befreiung. Denn wenn ich einmal erkannt habe, dass etwas nicht wahr sein *muss,* dann bin ich wieder frei und habe die Wahl.

Für manche kann dies aber auch das Ende einer inneren Sicherheit bedeuten, denn sie haben ihr Leben auf bestimmten Wahrheiten und Überzeugungen aufgebaut, und wenn sie diese plötzlich in Frage stellen, müssen sie sich erst einmal neu orientieren.

Wenn Sie nicht zu den Menschen gehören, die durch eine Änderung ihrer Sichtweise zunächst einmal verwirrt reagieren und sich neu orientieren müssen, dann mache ich Ihnen hier den folgenden Vorschlag: Nehmen Sie von jetzt ab generell jede Deutung, Sichtweise oder wissenschaftliche Erkenntnis lediglich als eine *mögliche* Realität an (= Das könnte möglich sein). Sie haben die Wahl, auch wenn es sich im Kontakt mit Ärzten, Professoren, Organisatoren, Polizisten, Autoren, Büchern, Zeitungsartikeln, Fernsehsendungen, Dokumentationen, Filmen selten so anfühlen mag (Das könnte möglich sein). Sie können sich trotzdem selbst entscheiden, mit welcher Sichtweise Sie sich wohlfühlen oder in Ihrem Leben weiterkommen (Das könnte möglich sein).

Ich gebe offen zu, dass ich Ihr Vertrauen gerne auch damit gewinnen möchte, indem ich in diesem Buch Verbindungen zu anderen Persönlichkeiten und ihren Erfahrungen knüpfe (Das könnte möglich sein). Doch im Endeffekt besteht alles aus entwickelten Sichtweisen und Überzeugungen, die jederzeit hinterfragbar sind (Das könnte möglich sein ... usw. ...). Keiner von uns hat die „Wahrheit gefressen“. Wir sind alle nur Menschen – jeder mit seiner eigenen Realität. Ich stelle mir immer wieder die Frage: „Kann ich absolut sicher sein, dass das wahr ist?“ - und anschließend: „Will ich das als eine mögliche Realität annehmen oder lieber ablehnen? Was fühlt sich stimmig an?“ Es ist mein Leben und es sind meine Überzeugungen und Sichtweisen. Wie überzeugt ein anderer Mensch, eine Gruppe (z. B. eine Religionsgemeinschaft) oder ein Medium eine Sichtweise auch ausdrückt, vertritt oder beweist: Ich bin davon unabhängig, denn ich habe immer die Wahl.

Der Schweizer Psychotherapeut J. Konrad Stettbacher bestätigt in seinem Buch *Wenn Leiden einen Sinn haben soll* das In-Frage-Stellen als wirkungsvollen Therapieschritt. Wenn man etwas in Frage stellt, muss man genauer beobachten, wie es denn eigentlich beschaffen ist. Ich schaue genauer hin, lerne etwas intensiver kennen und kann dadurch gewisse Irrtümer klären, die zu Leiden geführt hatten. Gleichzeitig baue ich meine Weltsicht und Menschenkenntnis aus. Wie zu Beginn lade ich Sie dazu ein, mit mir den Weg der Forscherin zu gehen. Wir beobachten, machen Erfahrungen, lernen etwas genau kennen, entwickeln Sichtweisen und Überzeugungen, hinterfragen sie immer wieder und beobachten neu.

Ich bin inzwischen dazu übergegangen, mein eigenes Stimmigkeitsgefühl entscheiden zu lassen, ob ich eine Behauptung, eine Überzeugung, eine Sichtweise eines anderen Menschen übernehme oder das lieber vorerst noch offenlasse. Wenn sich etwas stimmig anfühlt, es für mich logisch ist, wenn es passt, dann integriere ich es. Fühlt es sich unstimmig an, dann stehe ich dem nicht zur Verfügung. Erlebe ich anschließend, dass mich mein Gefühl in die Irre oder in ein Leid geführt hat, dann bin ich um eine Erfahrung reicher und trage gerne die Folgen. Auf diese Weise wachse und reife ich in meinem Leben. Ich befinde mich in dem stetigen Lernprozess, mein Gefühl immer besser zu verstehen und für mich stimmig zu deuten.

Ich biete Ihnen die Idee an: Verhalten Sie sich mir und meinen Aussagen gegenüber genauso. Achten Sie beim Lesen genau auf Ihr Stimmigkeitsgefühl.

Auch die folgende Behauptung ist hinterfragbar und ebenfalls nur eine Sichtweise: „Meine Sichtweisen beeinflussen mein Leben. Meine innere Einstellung entscheidet, wie ich mich in meinem Leben fühle."

Vertiefungen

Im Folgenden finden Sie drei Argumente des im 19. Jahrhundert lebenden Philosophen Jakob F. Fries, warum Begründungen keinen wirklichen „Grund" finden können und deshalb beweisbare Wahrheiten nicht existieren:

„1. Eine Begründung muss begründet werden. Diese Begründung ebenso und so weiter. Das ist ein unendlicher Regress, der letzten Endes nichts begründet.
2. Der Zirkelschluss, bei dem wir versteckt bereits das voraussetzen, was wir begründen wollen.
3. Der Dogmatismus, bei dem wir an einer willkürlichen Stelle anhalten und keine weitere Begründung liefern.

... Deswegen können Konzepte oder Theorien nicht vollständig sein." (beschrieben von Christian Thomas Kohl)

Die Psychologin Elizabeth Loftus, ehemalige Professorin an der University of Washington in Seattle, legt Richtern immer neue Studien vor, um zu zeigen, wie wenig Verlass auf unser Gedächtnis ist. Sie sagt: „Eines sollten wir uns klar machen: Unser Gedächtnis wird jeden Tag neu geboren." Sie bezeichnet den Menschen als eine „Spezies der Geschichtenerzähler", erhielt nach der Veröffentlichung ihres Buches *The Myth of Repressed Memory* Morddrohungen und verlor ihre Arbeitsstelle. Heute ist sie an der Universität von Kalifornien in Irvine tätig.

Werner Siefer & Christian Weber berichten in ihrem Buch *ICH – wie wir unser Selbst erfinden* über einen Versuch: „Teilnehmer sehen auf einem Videofilm eine komplexe Szene, etwa die Simulation eines Autounfalls oder eines Gewaltverbrechens. Anschließend erhält die Hälfte der Beobachter schriftlich gezielte Fehlinformationen über den Vorgang, die andere Hälfte bleibt unbeeinflusst. Alle Probanden werden danach angehalten, das Geschehene zu beschreiben. Dabei zeigt sich, dass die korrekt wiedergegebenen Informationen zwischen beiden Parteien in der Regel um 30 bis 40 Prozent differieren. Ein Beispiel: Sahen die Beobachter einen Mord in einer unübersichtlichen Menschenmenge, an dem ein blauer Wagen entscheidend beteiligt war, gab eine Gruppe dessen Farbe als weiß an, wenn man ihnen vorher per Text die Farbe Weiß suggeriert hatte. Den Aussagen von Augenzeugen ist also ganz grundsätzlich zu misstrauen, und kein Gericht dieser Welt sollte ein Urteil allein aufgrund der Berichte einer einzigen Person fällen."

Neue Langzeitstudien von Neurowissenschaftlern zeigen, dass der Kern unserer Persönlichkeit nicht angeboren, sondern immer wieder verformbar ist. Nervenzellen unseres Hirns können sich ein Leben lang neu organisieren. Unser Gedächtnis ist in gewisser Weise flüssig und verändert sich bei jedem Erinnern. Es wird dabei zwar nicht gelöscht, doch vermutlich neu geschrieben und mit zusätzlichen Informationen versehen, z. B. wann, wo und ob wir uns an einen Sachverhalt wieder erinnert haben.

„Wir haben nicht eine Vergangenheit, sondern Hunderte. Deshalb stellt sich die Frage: ‚Welche Vergangenheit wähle ich für ein bestimmtes Ziel?' " schlägt Gunther Schmidt vor und ergänzt: „Je nachdem welche Geschichte ich von mir erzähle, werde ich ein anderer."

Wenn wir uns von dem Schreck erholt haben, dass unsere Erinnerungen nicht so zuverlässig sein sollen, wie wir es immer dachten, können wir im nächsten Schritt erkennen, dass wir frei sind, unser Leben im Jetzt zu gestalten. Wir brauchen uns nicht abhängig von der Sichtweise zu machen, dass uns unsere Vergangenheit prägt. Wir können uns in jedem gegenwärtigen Augenblick selbst prägen.

Es gibt Menschen, die auf der anderen Seite beweisen, dass unser Gedächtnis auch äußerst verlässliche Konstanten besitzen kann: „Sie lernen über Nacht Klavier spielen, kennen Tausende Bücher auswendig, erinnern sich an den Wetterbericht vor 20 Jahren – ‚Savants' setzen ungeahnte geistige Potenziale frei" schreibt Freddie Röckenhaus in *GEO-Wissen* (Heft 38, 2006). Er hat gemeinsam mit Petra Höfer die dreiteilige Fernsehreihe *Expedition ins Gehirn* realisiert. Ich zitiere hier einige Beispiele aus seinem Artikel:

- „Stephen Wiltshire zeichnete nach einem einzigen Hubschrauberflug über Rom innerhalb von drei Tagen ein fünf Quadratmeter großes Panoramabild der Stadt – exakt bis zur Anzahl der Fenster in den Gebäuden."
- „Bei Matt Savage wurden schon früh schwere Entwicklungsstörungen diagnostiziert, er litt unter Hyperaktivität, lief nur auf den Fußspitzen und spielte nie mit Gleichaltrigen. Mit sechs Jahren brachte er sich über Nacht das Klavierspielen bei, ist seither mit Chick Corea und Dave Brubeck aufgetreten und komponiert Musikstücke für eigene CDs."
- „Kim Peek war Vorbild für den mit einem Oscar prämierten Film mit Dustin Hoffmann *(„Rainman")*. Der 54-Jährige kennt 12.000 Bücher auswendig; er liest jeweils zwei Seiten parallel, mit jedem Auge eine. Im Alltag jedoch benötigt er noch immer die Hilfe seines Vaters."

– „Orlando Serrel ist einer der wenigen Savants, die ihre Fähigkeiten erst später im Leben erworben haben. Seit vor fast drei Jahrzehnten ein Baseball seine linke Schläfe traf, kann sich der 37-Jährige an jedes Detail eines jeden Tages erinnern."

Wann gehöre ich zu der Kategorie Mensch, die sich unbewusst in ihrem Gedächtnis hat beeinflussen lassen, wann gehöre ich zu den Menschen, die sich exakt erinnern können, und wann bewege ich mich dazwischen? Diese Frage muss ich mir immer wieder neu stellen, mich beobachten und überprüfen.

Zu welcher Kategorie könnte der Mensch gehören, mit dem ich gerade Kontakt habe – dem ich gerade zur Verfügung stehe? Könnte sich die Kategorie im Laufe unserer Begegnung auch ändern?

Ist mein Gefühl eine Wahrnehmung oder eine Einbildung?

Haben Sie das Paradox auf den vorigen Seiten entdeckt?

Ich behaupte: „Unsere Gefühle können Wahrnehmungen der Zustände anderer Menschen sein. Wenn ich mich also unwohl fühle, kann es daran liegen, dass ein anderer sich nicht gut fühlt. Ich nehme ihn mit Hilfe meiner resonierenden Empfindungen wahr." Auf der anderen Seite erkläre ich: „Meine innere Einstellung entscheidet, wie ich mich in meinem Leben fühle." Diese beiden Behauptungen widersprechen sich. Nehme ich über mein Gefühl jemanden wahr oder ist mein Gefühl eine Reaktion auf meine (unbewussten) Gedanken und Erinnerungen? Welche neue Realität hilft mir, dieses Paradox zu lösen, zu verstehen und zu integrieren?

Manchmal höre ich morgens ein Geräusch und wundere mich, dass die Heizung schon rauscht. Dann stecke ich mir zum Weiterschlafen Ohropax in die Ohren, höre das Rauschen aber immer noch. Jetzt weiß ich, dass es nicht die Heizung war – es liegt an meinen Ohren. Wenn wir unseren Kopf und unsere Augen wenden und drehen, doch das Bild vor unseren Augen verändert sich nicht, dann haben wir entweder eine Videobrille auf der Nase, die uns immer das gleiche Bild zeigt, oder wir halluzinieren oder träumen.

Wollen wir herausbekommen, was die Quelle unseres Gefühls ist, dann müssen wir uns ausführlich bewegen, mindestens eine zweite innere oder äußere Position einnehmen und die Veränderungen im Gefühl beobachten. Die Bewegung ist notwendig, um das Gefühl genauer **kennenlernen** und orten zu können. Liegt die Quelle in uns selbst oder außerhalb von uns? Wenn sie außen liegt, dann wo oder bei wem? Wir beobachten, hinterfragen, korrigieren – und ziehen dann unsere Schlüsse daraus (die man auch wieder hinterfragen kann).

Hier stellt sich eine weitere Frage: Wenn ich in meinem Gefühl tatsächlich den Zustand einer Person wahrnehmen sollte, kann dann auch ein anderer Mensch diesen fühlen?

Lassen Sie mich dies am Beispiel der Handys beantworten. Handys nehmen die Schwingungen der Sendemasten wahr, sie „fühlen". Doch nur ein einziges Handy klingelt. Warum? Weil es auf ein ganz bestimmtes Zeichen programmiert ist. Alle Handys nehmen dieses Zeichen wahr, alle reagieren und fast alle wissen: „Das ist nicht für mich." Nur eines weiß: „Ich bin gemeint, ich muss jetzt klingeln." Dementsprechend wird es aktiv – aber natürlich nur mit dem Klingelton, auf den es eingestellt ist. Andere Handys reagieren auf ihre Zeichen mit anderen Klingeltönen. So ist es auch mit uns Menschen. Jeder nimmt zumindest unbewusst die Schwingung wahr, doch nur bestimmte Menschen reagieren darauf – und jeder auf seine Weise.

Wenn z. B. in einer Familienaufstellung der Stellvertreter eines verunglückten Vaters einen Schmerz im Kopf fühlt, man entlässt ihn aus seiner Rolle (der Kopfschmerz hört sofort auf) und wählt eine andere Person, die nun dieselbe Rolle vertreten soll, so fühlt sie vielleicht einen Schmerz in der Brust. Es können also Unterschiede vorkommen, doch das Gemeinsame ist: Beide fühlen die *schmerzhafte* Schwingung, wenn sie den verunglückten Vater vertreten. Dieselbe Schwingung drückt sich oft unterschiedlich aus.

Matthias Varga von Kibéd ist Professor an der Universität München und Mitbegründer des Instituts für systemische Ausbildung, Fortbildung und Forschung. Er legt sehr großen Wert darauf, sich bei der Arbeit mit Stellvertreter*innen hauptsächlich auf die *Veränderungen* in den Gefühlen zu konzentrieren. Ist es besser oder schlechter? Anders? Was genau verändert sich und was nicht? Das Motto ist: Bewege dich und beobachte, was sich verändert, ziehe Schlüsse aus dem Unterschied, entwickle Überzeugungen, hinterfrage sie und forsche beweglich weiter!

Manchmal nehme ich eine Schwingung nicht als Gefühl wahr, sondern eher durch ein spontanes Verhalten von mir selbst, das ich zunächst nicht einordnen kann. Ich verhalte mich in einer Situation anders als bisher. In diesem Fall hat ein *unbewusstes* Gefühl mein Verhalten gesteuert. An meinem veränderten Verhalten kann ich ablesen und zu deuten versuchen, zu was für einer Schwingung ich Kontakt aufgenommen und mich zur Verfügung gestellt habe.

Ich komme zurück zu den Handys. Der Klingelton wird von einer äußeren Schwingung angeregt. Wenn ich aber auf dem Handy bestimmte Knöpfe drücke, kann ich den Klingelton selbst aktivieren. Entweder das Handy fühlt die passende äußere Schwingung oder es wird von mir selbst aktiviert. Das Klingeln ist also immer eine *Reaktion* auf eine Aktivität. So ist es auch mit unserem Gefühl. Es reagiert entweder auf eine äußere Schwingung oder auf eine eigene (unbewusste?) Sichtweise, auf etwas, das ich gerade denke.

Allerdings gibt es manchmal Synchronizitäten: Ich hatte den Gedanken, jemanden anzurufen, und nahm den Hörer meines Telefons ab, doch ich hörte kein Freizeichen. Nach kurzer Stille sagte jemand am anderen Ende der Leitung: „Hallo?" Ich hatte genau in dem Moment den Hörer abgenommen, als mich jemand anders anrief, noch bevor mein Telefon das erste Klingelzeichen geben konnte.

Ein anderes Beispiel: Ich denke etwas und spüre daraufhin ein Gefühl zu meinem Gedanken. Kurz danach erzählt mir meine Frau, dass sie gerade etwas Ähnliches gedacht hat. Hier war mein Gefühl *sowohl* eine Reaktion auf meinen Gedanken *als auch* in Resonanz mit meiner Umgebung – oder hat meine Frau auf mich reagiert und wahrgenommen, welche Gedanken ich gerade hatte? Dies gilt es durch Nachfragen und Forschen herauszubekommen. Wer hat den Gedanken zuerst gehabt?

Wenn ich mich jedoch an das Phänomen der Doppelblindaufstellung erinnere, dann denke ich, dass es nicht unbedingt wichtig ist, wer es zuerst gedacht hat. Es war einfach nur ein Zeichen von Resonanz. Oder vielleicht haben wir beide gespürt, welcher gemeinsame Gedanke uns vom Universum eingegeben wurde?

Wollen wir Klarheit über Zusammenhänge, so lernen wir durch Versuch und Irrtum und durch genaue Beobachtung unser Gefühl immer besser kennen und können unsere Unterscheidungsfähigkeit trainieren. Irgendwann befinden wir uns auf der Ebene, auf der wir nur noch durch wenige und kleine Bewegungen überprüfen müssen, was die Quelle unseres Gefühls ist und wo sie genau sitzt ... und manchmal spüren wir auch: Ich brauche es gar nicht zu wissen.

Vertiefungen

„Alle Organismen, auch Menschen, nehmen ihre Umgebung durch Energiefelder wahr und kommunizieren durch sie." (Bruce H. Lipton, Zellbiologe)

Unser Gefühl ist immer eine Reaktion auf etwas.

„Menschen stehen prinzipiell immer in einer ambivalenten Position zwischen Autonomie und Loyalität", schreibt Klaus Mücke. Wir können hier Autonomie mit „eigener Programmierung" gleichsetzen und die Loyalität mit „Offenheit für Anpassung an äußere Schwingungen".

Um herauszufinden, ob unser Gefühl die Reaktion auf ein äußeres Energiefeld oder die Reaktion auf eine eigene (unbewusste) Sichtweise darstellt, müssen wir uns bewegen und dabei beobachten, ob und wie sich unser Gefühl verändert. Wir können z. B. in einen anderen Raum wechseln. Haben wir die Gefühle aus mehreren Positionen kennengelernt, können wir uns allmählich eine Theorie bilden.

Jeder Mensch hat andere Gefühle als Reaktion auf die gleiche äußere Schwingung. Es gibt jedoch Bereiche, in denen sich diese Gefühle ähnlich sind.

Manchmal reagieren wir auf eine Schwingung, ohne uns dessen bewusst zu sein. Ein anderer Mensch reagiert gleichzeitig sehr ähnlich. Wir erleben dabei eine Synchronizität. Haben wir beide die gleiche universelle Schwingung wahrgenommen und ähnlich auf sie reagiert, so dass synchrone Handlungen passiert sind?

Häufig stoßen wir auf das Problem, dass das Reden über Gefühle und über Stimmungen nicht selbstverständlich ist. Nur wenige Menschen kennen sich selbst sehr gut und können ausführlich und frei über ihr Inneres reden. Für viele ist es nicht leicht, das, was sie empfinden, in Worte zu fassen oder es auf andere Weise klar zu bekommen. Manchmal ist das Reden über Gefühle sogar peinlich oder tabu. Das macht das Erforschen unserer resonierenden Empfindungen im Alltag erheblich schwerer, weil wir nicht immer frei mit anderen Menschen darüber reden können.

Wir können nur unsere Sichtweise ändern, nicht unser Gefühl

Schwingungen um uns herum können wir durch unseren individuellen Filter wahrnehmen. Wir sind zwar nicht in der Lage, diese Schwingungen zu verändern – doch wir können beeinflussen, wie wir auf sie reagieren. Wir sind imstande, unseren Klingelton angenehmer zu programmieren, den Filter zu wechseln, oder wir entscheiden uns, ob wir lieber ausgeschaltet bleiben und momentan nicht zur Verfügung stehen.

Rolf spürt im Kontakt mit seiner Partnerin immer wieder ein unangenehmes Gefühl (Wahrnehmung einer Schwingung). Seine Deutung, seine Sichtweise oder Realität lautet: „Etwas stimmt zwischen uns nicht mehr. Ich kann keine Liebe mehr spüren und fühle mich unwohl. Deswegen passen wir wohl nicht mehr zusammen und sollten uns trennen." Kaum hat er das gedacht, reagiert er mit Panik. Diese Panik ist ein zweites Gefühl, eine Reaktion auf seine eigene Sichtweise. Deshalb denkt er nun: „Ich will mich doch gar nicht trennen!"

Rolf kann seine Wahrnehmung nicht verändern. Er könnte jedoch sein unangenehmes Gefühl wie folgt deuten: „Irgendetwas stimmt hier nicht. Ich müsste noch genauer erforschen, was es eigentlich ist. Ich kann in dieser Situation Techniken lernen, mit dem Ungleichgewicht besser umzugehen." Daraufhin entsteht möglicherweise in ihm das reagierende Gefühl: „**Interesse**, was sich hinter diesem Unwohlgefühl noch verbirgt" oder „**Lust**, diese Herausforderung zu meistern". Er denkt: „Vielleicht nehme ich dadurch ein Ungleichgewicht in meiner Partnerin wahr und kann etwas verändern, indem ich es konkret anspreche und ihr Fragen dazu stelle?"

Wenn wir diesen Prozess von Rolf genau beobachten, entdecken wir Folgendes: Zunächst ist da ein Gefühl, dann ein Gedanke, dann ein zweites Gefühl, ein zweiter Gedanke usw. Als Erstes reagiert das Gefühl auf die äußere Schwingung. Es ist eine resonierende Empfindung. So nehmen wir wahr, was für einer Person oder Situation wir uns gerade zur Verfügung gestellt haben. Anschließend deuten wir unser Gefühl – oft unbewusst und in gewohnten Mustern –, ordnen es in eine Sichtweise ein oder fassen es in Worte. Dadurch entsteht ein weiteres Gefühl: die Reaktion auf unsere Deutung – also wieder eine „Wahrnehmung". Doch erst dieses Mal nehmen wir unsere eigenen Vorlieben, Meinungen und Sichtweisen (= Programmierungen und Realitäten) wahr, die natürlich immer wieder zu überprüfen sind.

Weil unser Gefühl grundsätzlich eine Reaktion ist, können wir es nicht verändern. Unsere Gedanken aber sind variabel, auf sie haben wir Einfluss. Durch die Änderung unserer Sichtweisen und Deutungen können wir auch unser reagierendes Gefühl verändern. Daniel Goleman formuliert in seinem Buch *Emotionale Intelligenz* missverständlich, man könne Emotionen „schulen". Ich teile diese Formulierung nicht und stehe ihr nicht zur Verfügung. Denn bei genauem Hinsehen entdecke ich bei Golemann: Jede Form von Emotionsschulung geschieht über die eigene Achtsamkeit und diese ist eine Leistung unseres Verstandes. Wir konzentrieren unsere Aufmerksamkeit auf etwas – und unser Gefühl reagiert. Dementsprechend schulen wir das, worauf wir innerlich oder äußerlich unseren Blick lenken. Wir schulen also unsere Sichtweise und unsere Aufmerksamkeit, nicht direkt unser Gefühl oder unsere Emotion.

Das Gefühl gibt uns lediglich ein Feedback, ob wir unser Ziel erreicht haben oder noch etwas an unserer Aufmerksamkeit oder Sichtweise ändern wollen. Ich nenne dieses Feedback gebende Gefühl: **Stimmigkeitsgefühl** (Medizinsoziologe Aaron Antonovsky nannte das Feedbackgefühl für unsere Gesundheit „Kohärenzgefühl", siehe dazu ausführlich unser Buch *Der lebendige Spiegel im Menschen*).

Lassen Sie Ihre Gefühle ruhig Gefühle sein. Denken Sie nicht mehr, dass sie falsch sind oder dass man sie umtrainieren müsste. Gefühle sind unschuldig: Sie reagieren nur und geben uns dadurch ein Feedback.

„Das wahre Wissen kommt immer aus dem Herzen", wusste schon Leonardo da Vinci. „Man sieht nur mit dem Herzen gut, das Wesentliche ist für die Augen unsichtbar", lässt Antoine de Saint-Exupéry seinen kleinen Prinzen sagen. Für mich ist mein Herz einer der sensibelsten Sensoren. Ich empfehle: Suchen Sie im Außen mit Ihren Augen und Ihrem Verstand, was Ihr Herz bereits wahrgenommen hat. Versuchen Sie, Ihr Gefühl genau zu verstehen und die verborgenen Informationen zu entschlüsseln. Meiner Erfahrung nach ist die eigentliche Aufgabe unseres Verstandes, vollkommenes Verständnis für unsere Gefühle zu erlangen. Welche Informationen enthalten sie? Was sagen oder zeigen sie mir? Über mein Umfeld oder über meine eigenen Denkmuster?

Wenn der Verstand die Gefühle wirklich verstehen lernt, entsteht eine wunderbare, liebevolle und klare Zusammenarbeit zwischen Kopf und Gefühl. Früher wurde mir oft gesagt: „Grüble doch nicht schon wieder. Denk nicht so viel nach, schalte deinen Kopf einfach mal ab und fühle nur. Unser Kopf und Verstand sind sowieso nur Hindernisse." Das hatte ich damals geglaubt und konnte trotzdem mein Grübeln nicht beenden. Heute stehe ich solchen Aufforderungen nicht mehr zur Verfügung. Denn ich weiß, wie wichtig mein Nachdenken ist und in Wirklichkeit meine Fähigkeit schult, auftauchende Gefühle zu analysieren. Inzwischen gelingt es mir sehr gut, mein Gefühl zu verstehen und treffend zu formulieren. Mein Kopf und mein Gefühl haben sich zu erfolgreichen Partnern entwickelt. Sie spüren das auch in diesem Buch: Ich kann sehr viele Zusammenhänge formulieren, weil mein Verstand mein Gefühl in vielen Bereichen verstanden hat und mein Stimmigkeitsgefühl mir rückmeldet: "Passt!"

Inzwischen habe ich schon viele Feedbacks von Leser*innen erhalten, unter denen auch einige waren, die es mit diesem Buch schwer hatten. Ich vermute: Wenn man es schwer hat, meine Sichtweisen nachzuvollziehen, weil die Konzentration nachlässt oder weil man nicht versteht, was ich hier aussagen möchte, dann liegt es möglicherweise daran, dass die entsprechenden Erfahrungen mit sich selbst fehlen. Entweder hat man noch nie Freies Familienstellen erlebt oder man hat sich bisher nur selten mit seinen Gefühlen auseinandergesetzt und verstehen gelernt, warum sie da sind und was sie zeigen. Ich gebe zu: Ich bin durch meine Selbstanalyse seit meiner Studienzeit außerordentlich trainiert darin, meine Gefühle zu analysieren, sie zu verstehen und genau auf den Punkt zu bringen, was ich fühle und warum. Ich bin mir sicher, dass es nicht vielen Menschen leicht fällt, über ihre Gefühle zu reflektieren, sie zu hinterfragen und sie im Kontakt mit dem Gegenüber genauer zu erforschen. Das folgende Beispiel zeigt, wie schwer es ist. Erst in meinem Paarcoaching kamen die Zusammenhänge zum Vorschein:

Josefine und Achim sind seit kurzem ein Paar. Josefine bringt aus ihrer ersten Ehe drei Kinder mit in die Beziehung, Achim hat keine eigenen Kinder. Als es darum geht, gemeinsam die Schwester von Achim zu besuchen, lehnt Achim es geradezu panisch ab, dass die Kinder mitkommen. Josefine fühlt einen Schmerz (1. Gefühl). Sie interpretiert es als ein Ausschlussgefühl (1. Deutung). Ausschluss fühlt sich unangenehm an (2. Gefühl). Ihre weitere Sichtweise ist, dass Achim nicht zu ihren Kindern steht und sie nicht anerkennt: Er schließt sie und ihre Kinder aus (2. Deutung). Ihr Wunsch ist es aber, von ihrem neuen Partner vollständig anerkannt und integriert zu werden, inklusive ihrer Kinder. Sie denkt, dass Achim sie ablehnt. Daher entsteht in ihr ein Gefühl von Distanz (3. Gefühl). Ein kleiner Rückzug von der Beziehung mit Achim ist die Folge. Sie will nicht weiter den Schmerz der Ablehnung im Kontakt mit ihm fühlen (3. Deutung bzw. Sichtweise).

Josefine war es nicht bewusst, dass sie selbst auf gewohnte Weise Deutungen entwickelt – und dass alle hinterfragbar sind! Sie hat nicht nach Bestätigungen gesucht oder mit Achim darüber geredet. Nach der Analyse seiner Gefühle konnte Achim in der Sitzung schließlich auf den Punkt bringen: „Ich kenne es aus meiner Kindheit, dass Verwandtschaftsbesuche immer anstrengend waren. Ich habe mich damals gelangweilt oder von den anderen Kindern ausgeschlossen gefühlt. Daher möchte ich nicht, dass es deinen Kindern ähnlich geht. Ich möchte deine Kinder vor Verwandtschaftsbesuchen schützen. Außerdem habe ich die Befürchtung, dass deine Kinder meine Verwandtschaft abzuwerten beginnen, wenn es ihnen dort nicht gefällt. Dem möchte ich ebenso aus dem Weg gehen."

Josefines erste Deutung ihres ersten Gefühls war also richtig. Sie hatte Ausschluss und Ablehnung in der Panikreaktion von Achim gefühlt. Es war eine resonierende Empfindung. Die neue zweite Deutung ist nun: Achim hat generell Angst vor Ausschluss und Ablehnung im Kontakt mit Verwandten und hat aus dieser Angst heraus reagiert. Mit seiner Beziehung zu Josefine und ihren Kindern hatte das nur sehr wenig zu tun. Für Josefine fühlt sich diese neue Erkenntnis angenehmer an. Nun kann sie ihre Fehldeutung dazu nutzen, um daraus zu lernen. Sie kann üben, ihre Deutungen schneller zu hinterfragen und genauer zu überprüfen.

Wir deuten die meisten unserer Gefühle automatisch auf eine Weise, wie wir es von klein auf gewohnt sind. Wenn wir also ein bestimmtes Gefühl in uns entdecken, müssen wir zunächst Folgendes herausbekommen: „Ist mein Gefühl tatsächlich eine Reaktion auf etwas Äußeres? Was nehme ich dann wahr? Oder ist es bereits das zweite Gefühl, also die Reaktion auf eine eigene, unbewusst aktivierte Sichtweise? Was für eine Befürchtung, Überzeugung oder Realität steckt dahinter, die mich so fühlen lässt?"

Lernen Sie durch äußere oder innere Bewegungen, Ihr Gefühl genau zu verstehen. Stellen Sie Fragen. Worauf reagiert Ihr Gefühl? Ein erster Tipp: Wenn Sie im Kontakt mit einem Menschen ein belastendes Gefühl wahrnehmen, dann gehen Sie in einen anderen Raum (z. B. auf die Toilette). Verändert sich dort Ihr Gefühl und Sie fühlen sich erleichtert, dann kann dies ein Zeichen dafür sein, dass Sie vorher tatsächlich eine Dynamik des anderen wahrgenommen hatten. Sie hatten dafür zur Verfügung gestanden und eine resonierende Empfindung erlebt, die nun im anderen Raum verschwunden oder zumindest reduziert ist. Ist die Belastung dort aber immer noch zu spüren und grübeln Sie alleine weiter über dieses Ungleichgewicht, dann wurde in Ihnen vorher möglicherweise etwas aktiviert, das mit Ihnen selbst zu tun hat. Wie man mit eigenen Ungleichgewichten umgehen kann, zeige ich in Kapitel 4.

Meine Frau und ich hatten vor vielen Jahren beim Frühstück einen Streit. Wir dachten beide, dass der jeweils andere sich gerade falsch verhält, einen Fehler gemacht hat, in einem Problem steckt. Der andere müsse etwas verstehen, einsehen, verändern. Da ich aber keine Zeit mehr hatte, gemeinsam ein Happy End dafür zu finden, gingen wir im Streit auseinander. Ich stieg in mein Auto und fuhr los. Während der gesamten dreistündigen Fahrt grübelte ich, was das Problem war. Am Ende kam ich tatsächlich zu einem Ergebnis und erkannte, dass mich ein eigener unbewusster Wunsch gesteuert hatte. Ich war unzufrieden gewesen und hatte es auf meine Frau projiziert. Als ich den Wunsch aufgab, fühlte ich mich das erste Mal ausgeglichen und gut.

Am Zielort angekommen rief ich meine Frau an und entschuldigte mich bei ihr. Ich erzählte ihr von meiner Erkenntnis. Danach teilte sie mir mit, dass sie sich in dem Moment, in dem ich aus dem Haus gegangen war, sofort erleichtert gefühlt hatte. Sie konnte ganz leicht von der Streitsituation loslassen und sich anderen Aufgaben widmen. Ergebnis: Bei unserem Streit hatte ich das Problem und meine Frau stand mir dafür mit ihren resonierenden Empfindungen zur Verfügung. Kaum war ich aus dem Haus, konnte meine Frau sich wieder gut fühlen. Meine Deutung am Frühstückstisch, dass meine Frau das Problem hatte und etwas ändern müsse, war unstimmig. Ich hatte das Problem eines unbewussten unerfüllten Wunsches und sie hatte sich nur vor meiner negativen Unterstellung geschützt.

Peter nimmt an einem Reiki-Seminar teil. In diesem Seminar üben die Teilnehmer, sich gegenseitig heilend die Hände auf verschiedene Stellen des Körpers zu legen. Peter hat grundsätzliche Berührungsängste, doch das teilt er niemandem mit, sondern versucht, damit klarzukommen. In einer Übungseinheit sollen die Teilnehmer*innen sich zu zweit zu einer Liege begeben. Peter wird von Marion gefragt, ob er mit ihr für diese Übung zusammenarbeiten möchte. Er stimmt zu, legt sich auf die Liege und lässt sich von Marion berühren. Marion legt ihre Hände auf verschiedene Stellen seines Körpers. Dabei fühlt sie, dass irgendetwas nicht stimmt (= 1. Gefühl). Sie fühlt sich nicht frei, eher unsicher, spricht dies aber nicht aus. Auf einmal hebt Peter ruckartig den Kopf, schaut, in welcher Position Marions Hände gerade auf seinem Bauch liegen, und lässt seinen Kopf wieder zurücksinken. Marion *deutet* sofort, dass sie gerade irgendetwas falsch gemacht haben muss, so dass sich Peter erschreckt hat. Sie bekommt ein schlechtes Gewissen, ihr Unwohlgefühl wird noch stärker (= 2. Gefühl). Peter bewegt sich während der Behandlung unruhig auf der Liege hin und her. Ihre Deutung ist, dass ihr erstes Unwohlgefühl sich nun bestätigt hat: Irgendetwas stimmt nicht, und das müsse wohl an ihr liegen. Sie mache wohl etwas falsch, weiß nur nicht, was.

Nach der Sitzung reden beide darüber und es stellt sich heraus: Peter versucht, seine Berührungsängste zu vermeiden, und kann sich deshalb nicht so richtig fallen lassen. Er muss sich also bewegen, um sich tieferen Gefühlen nicht auszusetzen. Sein ruckartiges Schauen, wie Marions Hände liegen, bedeutete: Er wollte sich die Position ihrer Hände anschauen, damit er später, wenn er seine Hände bei ihr auflegen würde, alles richtig macht. Also gab es in ihm auch die Sorge, später etwas falsch zu machen. Allerdings konnte er sich nur im Rahmen seiner Unruhe bewegen und hat spontan mit einer „ruckartigen“ Bewegung geschaut. Deshalb wirkte sein Kopfheben auf Marion hektisch. Seine Unruhe hatte aber nichts mit Marions Technik zu tun, denn sie machte ja nichts falsch – ganz im Gegenteil.

Marions Unruhe war nur die resonierende Empfindung zu Peters Unruhe. Ihre Gedanken, etwas falsch zu machen, hingen mit Peters Sorgen zusammen, dass er später etwas falsch machen könnte. Sie hatte Peters Innenleben in sich selbst gespürt. Ihre Gefühle waren eine Resonanz zu Peters Gefühlen. Hätte sie das rechtzeitig erkannt, dann wären zwar die ersten Gefühle in ihr bestehen geblieben (als resonierende Empfindung), doch sie hätten sich nicht verstärkt – und das schlechte Gewissen wäre ausgeblieben.

Bettina klagt ihrem Mann Thomas ihr Leid. Thomas fühlt das Ungleichgewicht von Bettina. Er deutet: „Sie möchte es lösen und braucht meine Hilfe.“ Daher fühlt er sich noch mehr in ihr Problem ein, spürt die Ungleichgewichte noch intensiver und sucht nach einer Lösung für sie. Da sie in Wirklichkeit aber gar keine Lösung möchte, wird das Ungleichgewicht nicht besser. Thomas wird allmählich ungeduldig, denn er sucht ja nach einer Verbesserung. Bettina fühlt Thomas' Ungeduld und gerät selbst immer mehr in Stress. Es kommt zum Streit.

Neue Möglichkeit: „Sie möchte einfach klagen und verstanden werden“, sagt sich Thomas und hört ihr aufmerksam und verständnisvoll zu. „Der Suche nach einer Lösung stehe ich nicht weiter zur Verfügung.“ Mit dieser neuen Deutung kann er sich von Bettinas Geschichte besser distanzieren und fühlt nur wenig Ungleichgewichte. Bettina fühlt sich verstanden und hat selbst ein gutes Gefühl, denn Thomas ist einfach nur offen und aufmerksam.

Wir können unsere Gefühle nicht direkt verändern. Wir können nur unsere äußeren und inneren Positionen verändern.

Das Ändern der äußeren Position ist entweder ein Weggehen oder ein Wegschauen.

Das Ändern der inneren Position ist das Erschaffen einer neuen Deutung, das Einnehmen einer anderen inneren Haltung oder das Erreichen einer lösenden Erkenntnis, die wiederum zu einer neuen Sichtweise oder Realität führt. Wir schauen auf unsere neuen Gedanken und fühlen uns daraufhin anders.

Mein persönliches Ziel ist in meinem Leben, für jede Situation eine Sichtweise, eine Haltung oder Erkenntnis zu finden, die ein positives energievolles Stimmigkeitsgefühl in mir auslöst. Jetzt könnten einige Leser*innen zweifeln und sich fragen: Wenn ich aber immer nach Positivem suche, verdränge ich dadurch nicht das Negative? Setze ich mir dann nicht einfach eine rosarote Brille auf und übersehe die „Wirklichkeit"?

Nein, dem ist nicht so, denn ich habe erkannt, dass das Negative immer ein Ergebnis unserer eigenen Deutung, unserer Weltsicht ist. Also ändere ich meine Weltsicht so lange, bis ich das Passende gefunden habe – passend zu meiner Umwelt und passend zu meinem eigenen Gefühl. Dabei suche ich immer wieder nach Bestätigungen in der Außenwelt. Auf diese Weise gelange ich Stück für Stück zu einer für mich stimmigen Weltsicht, mit der ich mich glücklich fühlen kann. Selbstverständlich bleibe ich dabei „realistisch", denn wenn ich mir etwas einbilden will, nur damit ich mich gut fühle, werden mich die Wirklichkeit und meine resonierenden Empfindungen bald wieder einholen. Es entstehen Widersprüche in meinem Leben. Schließe ich etwas aus, dann wird es sich irgendwann wieder melden und mich schlecht fühlen lassen. Bei der Suche nach angenehmen Sichtweisen geht es also immer um die Integration von allem. *Das* ist für mich Wirklichkeit.

Fazit: Ich suche nach für mich positiven Sichtweisen und Deutungen, die alles ernst nehmen, alles integrieren können, selbst die schmerzhafteste Wahrnehmung. Wenn ich dann auch noch in meinem Umfeld lauter Bestätigungen dafür finde, ist es ganz und gar stimmig für mich. Wie Sie das auf Ihr eigenes Leben übertragen und zu positiven Sichtweisen gelangen können, lesen Sie in Kapitel 4. Außerdem sind in all meinen Büchern und Kartensets meine gesamten Erkenntnisse wiederzufinden (siehe die Literaturliste im Anhang). Ich selbst habe nach diesen Sichtweisen lange gesucht, fühle mich sehr gut und vollkommen ausgeglichen mit ihnen und finde sie durch die Außenwelt - z. B. durch den Austausch mit Menschen aber auch durch wissenschaftliche Erkenntnisse in der Psychologie, Neurobiologie oder Philosophie - immer wieder bestätigt. Trotzdem bleibt es meine ganz individuelle Realität, die ich hier in Worte fasse.

Vertiefungen

Wenn wir unser Gefühl verstanden haben, dann haben wir auch verstanden, was es ausgelöst hat, und können entweder zustimmen oder eine Änderung einleiten. So arbeiten Verstand und Gefühl zusammen.

Neulich beobachtete ich beim Fahrradfahren einen kleinen weißen Hund. Er sah so komisch aus, dass ich mich vor meinem geistigen Auge immer weiter mit ihm beschäftigte. Ab und zu drehte ich mich um, ob ich ihn noch sehen könnte. Als ich wieder vor mir auf die Straße sah, huschte etwas Weißes vor meinen Vorderreifen. Ich erschrak heftig und riss mein Lenkrad herum. Erst im zweiten Moment sah ich, dass nur ein kleiner Papierfetzen vom Wind vor den Reifen geweht worden war. Ich wunderte mich über meine gestresste Reaktion, die für das kleine Papier absolut unangemessen war. Im Nachhinein reflektierte ich, dass ich als Allererstes gedacht hatte, mir würde ein kleiner weißer Hund vor das Rad laufen. Dementsprechend hatte ich reagiert. Und mir wurde klar: Es gab absolut nichts, was diesen heftigen Schreck hätte verhindern können. Selbst im erleuchteten Zustand wäre mein starkes Schreckgefühl das gleiche gewesen. Es lag einzig und allein daran, dass ich innerlich gerade eine bestimmte Sichtweise hatte: Ich war intensiv mit dem kleinen weißen Hund verbunden, stand dem Gedanken an ihn zur Verfügung, mein entsprechendes Gehirnnetzwerk war aktiviert - und daher projizierte ich spontan in den weißen Papierfetzen diesen Hund.

Auf unseren gesamten Alltag übertragen: Das, womit wir uns gerade oder schon jahrelang innerlich beschäftigen, beeinflusst automatisch, wie wir unsere Umwelt spontan sehen und interpretieren – und dadurch auch, wie wir fühlen oder handeln.

„Die Menschen werden nicht durch die Ereignisse, sondern durch ihre Sicht der Ereignisse beunruhigt." (Epiktet, griechischer Philosoph um 50 n. Chr.)

„Doch wenn du lernst, die Perspektive zu wechseln, die Sache aus vollkommen anderen, oft ungewohnten Richtungen zu betrachten und zu bewerten [andere Gehirnnetzwerke zu aktivieren *Anmerkung des Autors*], findest du immer neue wichtige Erkenntnisse, die dein Leben zum Besseren ändern können." (Walter Lübeck)

Oft liegt die Ursache eines Problems darin, dass wir bewusst oder unbewusst eine Situation bewerten. Wertung entsteht in dem Moment, in dem wir ein bestimmtes Ziel verfolgen (einen Wunsch haben oder einer vorhandenen Sichtweise, Tradition, Gewohnheit treu bleiben wollen). Halten wir an diesem Ziel fest, so gibt es Dinge, die uns zum Erreichen des Zieles dienen (die gut, richtig, passend, stimmig sind), oder Dinge, die uns behindern (die schlecht, falsch, störend, unangenehm sind). Was passiert mit unserer Wertung und unserem Gefühl, wenn wir unser Ziel identifizieren, dann loslassen, vielleicht vollständig aufgeben und ihm nicht mehr zur Verfügung stehen?

„Wenn wir etwas als Problem bezeichnen, so geben wir bestimmten Tatsachen, Strukturen oder Ereignissen einen negativen Wert und suchen nach einer Lösung, die wir dann als etwas Positives sehen." (Insa Sparrer & Matthias Varga von Kibéd, *Ganz im Gegenteil*)

„In der Welt ist alles, wie es ist und geschieht alles, wie es geschieht; es gibt in ihr keinen Wert – und wenn es ihn gäbe, so hätte er keinen Wert", schreibt Ludwig Wittgenstein in *Tractatus logico-philosophicus.*

Um klärende Erkenntnisse für mein Problem zu erhalten, suche ich aktiv nach einem besseren Gleichgewicht. Ich stelle mir selbst Fragen über meine Ziele, erforsche meine Intuition oder lese Literatur, die mir neue Sichtweisen anbietet. Habe ich ein besseres Gleichgewicht erreicht, so habe ich mich verändert – und mein Gefühl reagiert anders, angenehmer, erlöst.

Kapitel 3

Die Klarheit

Wie entsteht das Phänomen der resonierenden Empfindung?

Ich habe lange die Freien Systemischen Aufstellungen und mich selbst im Alltag beobachtet und nach einer Erkenntnis gesucht, wie die resonierenden Empfindungen in uns zustande kommen. Folgende Realität habe ich in mir gebildet:

Als Sie Ihr Experiment durchführten, haben Sie Menschen gebeten, sich Ihnen dafür zur Verfügung zu stellen. Diese Menschen haben ihre eigenen Wünsche zurückgestellt, waren gerne für Sie da und haben dann begonnen, etwas zu fühlen.

So ist es immer: **Wir stellen uns jemandem zur Verfügung und erleben dadurch bestimmte Gefühle. Diese Gefühle sind resonierende Empfindungen.** Wir nehmen aufgrund unserer universellen Verbundenheit und unserer Spiegelneurone den oder das wahr, dem wir uns zur Verfügung gestellt haben – so, wie wir mit unseren Augen unsere Aufmerksamkeit auf etwas lenken und es dann wahrnehmen. Ganz einfach. Allerdings sind solche resonierenden Empfindungen nicht immer so intensiv wie ein Bauchschmerz oder Hungergefühl. Sie können auch kaum spürbar sein oder sich nur darin zeigen, in welcher Stimmung wir uns befinden, welche Motivation wir haben, welche Seite von uns wir ausleben oder welche Entscheidungen wir fällen.

Stellen Sie sich einem Menschen zur Verfügung – und Sie spüren bestimmte Gefühle oder erleben eine bestimmte Stimmung in sich. Stellen Sie sich einer Situation, einer Firma, einer Kultur oder einem Gedanken zur Verfügung – und Sie spüren bestimmte Gefühle oder Stimmungen. Immer wenn Sie zur Verfügung stehen, passen Sie sich an und stellen automatisch eine Resonanz her. Dies geschieht, wenn Sie Kontakt aufnehmen, jemanden reden hören oder ihn sehen. Resonanz entsteht auch, wenn Sie nur an den Betreffenden denken. Und sie existiert sogar in einer für uns und unseren Verstand kaum nachvollziehbaren Form. Clemens Kuby berichtet in seinem Buch *Unterwegs in die nächste Dimension* von der inzwischen verstorbenen tibetischen Heilerin Lhamo Dolkar, die sich und ihren Körper einer großen tibetischen Heilerin aus dem 14. Jahrhundert zur Verfügung stellte. Während sie in Trance sehr intensiv zur Verfügung stand, führte sie an kranken Menschen Rituale durch, die erstaunlich heilende Wirkungen zeigten.

Wenn mein Klavierschüler begeistert von einem großen Pianisten schwärmt und auch so spielen können möchte, dann nutze ich seine Begeisterung und schlage ihm vor, sich vorzustellen, in die Haut dieses Pianisten zu schlüpfen, sich also ihm „zur Verfügung zu stellen“. Er erhält einen kräftigen Motivationsschub. Gleichzeitig spielt er sofort besser und sicherer.

Die Technik, sich in seiner Fantasie in einen anderen Menschen hineinzuversetzen, wird besonders in Ausbildungen für NLP (Neurolinguistisches Programmieren) gelehrt. Das NLP wurde von Richard Bandler und John Grinder entwickelt. Die beiden Amerikaner beobachteten mehrere Jahre intensiv drei Menschen bei ihrer Arbeit: Virginia Satir, Milton H. Erickson und Fritz Perls, drei der bedeutendsten Erneuerer psychotherapeutischen Denkens und Tuns. Wesentliche Dimensionen ihres Könnens und ihrer Fertigkeiten sind in den Techniken des NLP versammelt. Bandler und Grinder haben sich den drei Therapeuten zur Verfügung gestellt, sie wahrgenommen und die Verhaltensmuster ausgewählt, die ihrer Sicht nach erfolgreich waren. Stellen wir uns einer Person zur Verfügung, können wir intensiv von ihr lernen. Was genau wir lernen, hängt sowohl von der anderen Person als auch von unseren eigenen Wünschen und Einstellungen ab.

Eine Lehrerin in der Schule übernimmt die Verantwortung für ihre Schüler*innen. Die Schüler*innen sind untergeordnet, müssen eigene

Wünsche zurückstellen und stehen dadurch der Lehrerin zur Verfügung. So entwickeln sich in den Schüler*innen resonierende Empfindungen. Deshalb erspüren sie oft die Ungleichgewichte der Lehrerin und verhalten sich bewusst oder unbewusst auf eine Weise, durch die die Lehrerin an ihre Grenzen gelangt. Umgekehrt können Schüler*innen auch erspüren, was eine Lehrerin besonders positiv findet und sich dementsprechend ihren Wünschen anpassen.

Schüler*innen können sich kaum von ihren resonierenden Empfindungen lösen oder ihre Aufmerksamkeit bewusst auf anderes lenken, da sie verpflichtet sind, am Schulunterricht teilzunehmen und "aufzupassen". Deswegen sind sie ihren dortigen Gefühlen und Stimmungen „ausgeliefert“. Aus dieser Perspektive ist der Frust und Widerstand in den Klassen gegen manche Lehrer*innen gut nachzuvollziehen. Es bleibt ihnen keine andere Wahl, als die Rollen zu spielen, welche die Schwingungen der jeweiligen Lehrerin in ihnen auslösen – auf einer unbewussten Ebene. Wenn Schüler*innen z. B. eine Lehrerin abwerten, kann dies ein Zeichen dafür sein, dass die Lehrerin mit solchen Wertungen Probleme hat. Wahrscheinlich hat sie in ihrer Kindheit diesbezüglich unangenehme Erfahrungen gemacht und eine Abwehr dagegen aufgebaut. Da man oft gerade zu dem wird, was man bekämpft und verändern will, hat die Lehrerin im Laufe der Zeit selbst ein abwertendes Verhaltensmuster entwickelt. Ihre Schüler*innen spüren die abwertende, emotional ungelöste Schwingung in ihr und spiegeln dieses Muster unabsichtlich in stellvertretenden Rollen.

Fühlen sich Schüler*innen im Unterricht energielos, kann dies ein Zeichen für eine grundsätzliche Hilflosigkeit der Lehrerin sein, die keinen Zugang zu Ideen hat, wie sie Schüler*innen motivieren soll. Diese Hilflosigkeit der Lehrerin spiegelt sich in dem energielosen Verhalten mancher ihrer Schüler*innen.

Eine selbstsichere und freie Lehrerin aber, die mit Wertungen anderer Menschen umgehen kann, Verständnis hat und offen wirkt, gewinnt in kurzer Zeit die Herzen ihrer Schüler*innen. Die Schüler*innen stehen ihr nach wie vor zur Verfügung, müssen dabei jedoch weniger Ungleichgewichte der Lehrerin spüren. Sie dürfen sich freier, offener und selbstsicherer fühlen – ganz der Lehrerin entsprechend. Das schafft Sympathien und die Wertungen verschwinden.

Ein anderes Beispiel: Martins Lustlosigkeit ist entstanden, als er nach Hause kam und ihm in der Küche das schmutzige Geschirr bewusst wurde. Eigentlich müsste es abgewaschen werden, doch er fühlt sich bei dem Gedanken daran energielos. Dieses Gefühl der Energielosigkeit ist – nach dem neuen Weltbild – eine resonierende Empfindung und damit eine Wahrnehmung dafür, wem er gerade zur Verfügung steht. Jetzt muss er nur noch herausbekommen, wen oder was er wahrnimmt. Es kann z. B. sein, dass er im Moment immer noch seiner Mutter zur Verfügung steht, von der er früher oft dazu aufgefordert wurde, ungeliebte Dinge sofort zu erledigen und aufzuräumen. Im Kontakt mit dem starken Druck seiner Mutter fühlt er Energielosigkeit (tatsächlich gehören Druck auf der einen und Energielosigkeit auf der anderen Seite zum selben ungelösten Problem; Druck übt man nur aus, wenn man sich ohnmächtig oder energielos zu fühlen beginnt). Auch wenn seine Mutter im Moment nicht anwesend ist, steht er der Erinnerung an sie zur Verfügung. Die Erinnerung ist seine innere Ordnung, mit der er zu seiner Mutter ein Gleichgewicht eingegangen war. Auf diese Weise stellt sich in ihm die Stimmung „Lustlosigkeit“ her.

Er kann das Problem lösen, indem er für dieses Gefühl nicht mehr zur Verfügung steht. Er kann sich innerlich sagen: „Liebe Mutti, für den Druck und für das Gefühl der Lustlosigkeit stehe ich nicht weiter zur Verfügung.“ Dann würde er das Geschirr in der Küche sehen, für sich eine Entscheidung fällen, ob er es abwäscht oder etwas anderes tut, und einfach energievoll und gelassen seiner Entscheidung folgen. Das Gefühl von Lustlosigkeit spielt keine Rolle mehr.

Gehen wir einmal davon aus, dass Martins Lustlosigkeit aber nichts mit seiner Mutter zu tun hat. Vielleicht beginnt er, sein Gefühl auf die folgende Weise zu deuten: „Meine Lustlosigkeit ist ein Zeichen von Faulheit. Faulheit darf nicht sein, also stimmt etwas nicht mit mir. Ich habe ein Problem mit mir, weil ich so faul bin.“ Damit geht es ihm aber noch schlechter. Zu dem Gefühl von Lustlosigkeit kommt ein Gefühl von schlechtem Gewissen. Dies ist die Reaktion auf seine eigene Sichtweise. Es würde wieder wegfallen, wenn er eine positive Sichtweise finden würde, wie z. B.: „Meine Lustlosigkeit ist ein Zeichen dafür, dass das Geschirr einfach noch nicht von mir abgewaschen werden will – aus irgendeinem Grund, den ich gerade nicht überblicken kann.“ Er vertraut seiner neuen Deutung, lässt das Abwaschen sein und entspannt sich.

Später macht er vielleicht die Erfahrung, dass seine Partnerin Petra den Abwasch erledigt. Sie hatte es bereits geplant und es sollte eine Überraschung für ihn sein. Hätte er aber abgewaschen, dann wäre dadurch die Überraschung „verdorben" worden. Also war sein allererstes Gefühl (dass der Abwasch momentan nicht ansteht) eine wichtige Wahrnehmung und er erkennt: „Ich habe mit diesem Gefühl Petra und ihrer Absicht unbewusst zur Verfügung gestanden." Oft können wir unser Gefühl erst hinterher passend zuordnen.

Andrea führte eine Familienaufstellung durch. Sie stellte zwei Stellvertreter für sich und ihren Partner auf. Es zeigten sich zwischen den beiden Personen bestimmte Spannungen, die Andrea aus ihrem Alltag kannte. Doch nichts veränderte sich in dieser Aufstellung. Kein helfender Impuls wirkte, kein lösendes Element hatte eine Chance – die Spannung blieb. Daraufhin fragte ich Andrea, was denn ihr Ziel bei dieser Aufstellung sei. Sie teilte uns mit, dass sie das Verhalten ihres Partners lösen wolle. Sie selbst brauche ja keine Lösung, sie sei ein sehr offener Mensch und würde ständig ihrem Partner nur helfen wollen. Doch von ihm käme nichts zurück, und das sei das Problem. Ich erkannte, dass ihre Haltung war: *„Ich* brauche keine Hilfe." Somit konnte ihr die Aufstellung auch nicht helfen. Kein lösender Impuls von außen hatte eine Möglichkeit zur befreienden Veränderung. Ich hörte auf, Andrea helfen zu wollen und mich ihr zur Verfügung zu stellen. Wäre Andrea doch noch für Hilfe offen gewesen, hätte sie diesen Schritt von mir als Botschaft interpretieren können: Im Kontakt mit ihrem Partner geht es möglicherweise darum, nicht mehr helfen zu wollen.

Diese Übereinstimmung zwischen den momentanen inneren Haltungen einer Person und dem Verlauf ihrer Aufstellung erlebe ich immer wieder. Die Stellvertreter*innen spiegeln in ihren Gefühlen die inneren Überzeugungen der Person, der sie zur Verfügung stehen. Dementsprechend kann eine aufstellende Person durch Veränderung ihrer inneren Haltung den Verlauf ihrer Aufstellung beeinflussen – vorausgesetzt, dass sie sich ihrer Haltung bewusst ist und Alternativen kennt. Das Gleiche gilt für den Alltag.

Ich habe im Jahr 2015 in dem *Handbuch Qualität in der Aufstellungsleitung* (Nazarkiewicz/Kuschik) eine These veröffentlichen dürfen. Meine These ist, dass resonierende Empfindungen nicht von einem "Feld" oder einem bestimmten Rahmen oder Ritual in Aufstellungen abhängen. Sie sind in Wirklichkeit ein wesentlicher Bestandteil unseres alltäglichen Zusammenlebens. Jeder Mensch kann mit seiner inneren Haltung auf die resonierenden Empfindungen der Menschen einwirken, die ihm zur Verfügung stehen. Besonders Führungspersonen beeinflussen die Gefühle der ihnen untergeordneten Personen. Eltern beeinflussen die Gefühle ihrer Kinder, Lehrer*innen die Gefühle ihrer Schüler*innen, Chef*innen die Gefühle ihrer Angestellten, Ärzt*innen die Gefühle ihrer Patient*innen, die Dirigentin die Gefühle der Musiker*innen und Politiker*innen die Gefühle der Wähler*innen.

Allerdings ist der resonierende Aspekt unserer Gefühle im Alltag meist unbewusst. Ich behaupte, wir können unsere Empfindungen nur als "resonierend" identifizieren, wenn zwei Bedingungen gleichzeitig erfüllt sind:

1. Ein Mensch oder mehrere Menschen ordnen sich den Zielen eines bestimmten Menschen unter. Sie passen sich seinen Zielen an und stehen diesen zur Verfügung.
2. Dieser bestimmte Mensch besitzt selbst die Fähigkeit, sich unterordnen und anpassen zu können.

Sind diese beiden Bedingungen erfüllt und können sich die Menschen gemeinsam über ihre Gefühle austauschen, dann kann man das aus Aufstellungen bekannte Resonanz-Phänomen sehr klar erleben: Die Empfindungen der zur Verfügung stehenden Menschen passen stimmig zu den Zielen und inneren Haltungen desjenigen, dem sich diese Menschen angepasst haben. Ist die Bedingung 1 oder die Bedingung 2 nicht erfüllt, dann ist das Resonanz-Phänomen trotzdem vorhanden. Wir können es nur nicht bewusst wahrnehmen.

Wieso brauchen wir diese beiden Bedingungen, um resonierende Empfindungen identifizieren zu können?

Wäre Bedingung 1 nicht erfüllt und keiner ordnet sich den Zielen eines anderen unter, dann folgt jeder seinen eigenen Zielen. Die eigenen Ziele unterscheiden sich meistens von den Zielen anderer. Man nimmt also lauter individuelle Unterschiede wahr. Es ist nur sichtbar, was jeder einzelne Mensch gerade für ein Ziel verfolgt. Der Effekt der resonierenden Empfindungen, dass die Stimmungen eines sich anpassenden Menschen zu den inneren Haltungen / Einstellungen des anderen Menschen passen, ist kaum wahrnehmbar.

Angenommen die erste Bedingung ist erfüllt, aber die zweite nicht. Ein einzelner Mensch oder eine Gruppe von Menschen ordnet sich den Zielen einer bestimmten Person unter, sie passen sich ihr an, aber diese Person ist selbst nicht in der Lage, von ihren Zielen loszulassen. Möglicherweise hat sie schmerzliche Erfahrungen gemacht, die sie dazu bewegen, permanent an ihren Zielen festzuhalten, sie zu schützen, sie als "Sicherheit" zu stabilisieren und sich gegen Veränderungen erfolgreich zu wehren. Welche resonierenden Empfindungen entwickeln dann die ihren Verhaltensmustern untergeordneten Menschen? Die Empfindungen, von den eigenen Zielen nicht loslassen zu können. Diese Menschen "spiegeln", dass sie ihre eigenen Ziele schützen, sie als Sicherheit stabilisieren und sich erfolgreich gegen Veränderungen wehren.

In diesem Fall haben sich zwar die spiegelnden Menschen angepasst, sie empfinden und verhalten sich aber, als ob sie sich nicht angepasst hätten. Für den Beobachter erscheint genau der gleiche Effekt wie in dem zuerst beschriebenen Fall: Jeder folgt seinen eigenen Zielen, kaum etwas passt zusammen. Auf den ersten Blick ist keine Resonanz erkennbar.

Wenn beide Bedingungen erfüllt sind, dann können alle Beteiligten flexibel mit eigenen Zielen umgehen und können sie auch ohne Verlustschmerzen loslassen, um sich fremden Zielen anzupassen. Erst dann ist der Rahmen dafür geschaffen, dass für diese Beteiligten das immer vorhandene Phänomen der resonierenden Empfindungen wahrnehmbar wird. Gleichzeitig sollten sie in der Lage sein, sich darüber auszutauschen, über eigene Ziele und die resonierenden Empfindungen zu sprechen und gemeinsam zu reflektieren - so wie es in Aufstellungsgruppen üblich ist. Dann kann man die durch Resonanz entstandenen Übereinstimmungen auch gemeinsam feststellen.

Im Vergleich zu den oben dargestellten Beispielen, in denen Führungspersonen auf die Gefühle sich anpassender Mitarbeiter*innen einwirken, kann also auch in umgekehrter Richtung wahrgenommen werden: Wenn Eltern es wollen, sich ihren Kindern anpassen und sich ihnen zur Verfügung stellen, können sie die Haltungen ihrer Kinder als resonierende Empfindung in sich spüren. Ordnen sich Lehrer*innen unter und passen sich an, dann können sie die Problematiken ihrer Schüler*innen wahrnehmen, die Chefin fühlt die Dynamiken ihrer Angestellten, die Ärztin die Verantwortungsabgabe ihrer Patient*innen, die Therapeutin die Thematik ihrer Klient*innen, die Dirigentin die Bereitschaft ihrer Musiker*innen oder die Politiker*innen die Wünsche der Wähler*innen.

Die Verantwortung tragenden Personen haben innerhalb des Systems (Schule, Unternehmen, Orchester etc.) die Wahl, ob sie sich unterordnen, sich anpassen, sich zur Verfügung stellen und sich einfühlen oder nicht. Aber die grundsätzlich untergeordneten Personen (Mitarbeiter*innen, Schüler*innen etc.) können sich nur von den resonierenden Empfindungen befreien, wenn sie aus dem System weggehen, sich nicht mehr unterordnen, sich damit nicht mehr zur Verfügung stellen und sich anschließend auf eigene Ziele konzentrieren.

Ideal ist es demnach, wenn eine führende Person aus einer dienenden Haltung heraus leitet. Sie weiß aufgrund ihrer Führungsposition, dass sie grundsätzlich die Entscheidungsgewalt besitzt. Gleichzeitig berücksichtigt sie die ihr untergeordneten Personen, passt sich an deren Wünsche und Bedürfnisse an, um deren Gefühle und Verhaltensweisen in den Entscheidungsprozess zu integrieren. In diesem Idealfall können sich die Untergeordneten freier entfalten, weil ihre persönlichen Wünsche und Bedürfnisse mehr Raum erhalten.

Beliebt sind bei Student*innen diejenigen Professor*innen, die in ihren Vorlesungen den Stoff nicht trocken herunterleiern, sondern den Fragen und Ergänzungen der Student*innen Raum geben und sie in ihrer Neugierde zu integrieren verstehen. Auf diese Weise fühlen die Student*innen mehr Energie und die Vorlesung wird lebendiger. Eine Dirigentin hat die Musiker*innen auf ihrer Seite, wenn sie für ihre Fragen und Wünsche während der Probe offen ist. Mancher Musiker hat sogar Hinweise, welche Gesten oder Impulse die Dirigentin noch klarer zeigen könnte. Wer in der Leitungsposition diesen Ideen Raum gibt und sie integrieren kann, ohne jedoch die Kontrolle zu verlieren, erschafft dadurch im Orchester oder Chor eine lebendige und energievolle Atmosphäre. Die Kontrolle bleibt bestehen durch die Gewissheit der Leiterin, dass sie jederzeit die Impulse der anderen wieder begrenzen kann. So bricht kein Chaos aus, das den Proben- oder Vorlesungsfluss blockiert. Keine Diskussion wirkt störend. Diese Offenheit einer Leiterin fühlt sich für die ihr zur Verfügung stehenden Menschen positiv und energievoll an. In diesem „Fluss“ können Ungleichgewichte viel schneller ausgedrückt, reflektiert und integriert werden. Die Untergeordneten müssen sie nicht mehr durch energieloses oder problematisches Verhalten spiegeln.

In Partnerschaften zeigen sich ebenso Ungleichgewichte durch Resonanz. Der eine steht dem anderen zur Verfügung und beginnt, diese Ungleichgewichte zu spiegeln: Uwe hat Verlustängste. Er schafft es jedoch erfolgreich, diese Ängste zu verstecken, und entwickelt ein Verhalten, das ihn selbstsicher erscheinen lässt. Ariane ist mit ihm zusammen. Schon beim ersten Kontakt mit Uwe hatte sie das Gefühl einer Anhänglichkeit (= 1. Gefühl). Sie erklärte sich dieses Gefühl so, dass Uwe ihr wohl sehr viel bedeutet. Sie möchte ihn nicht mehr verlieren (= Deutung/Sichtweise). Das löst ein zusätzliches Gefühl von Liebe in ihr aus (= 2. Gefühl). Gleichzeitig gibt es erhebliche Ungleichgewichte zwischen beiden. Deshalb versucht sich immer wieder einer von ihnen zu distanzieren, doch sie kommen nicht voneinander los. Allmählich wird Ariane bewusst, dass Uwe eine starke Verlustangst hat, die er nicht zeigt und über die er nicht redet. Je deutlicher ihr das wird, desto leichter fällt es ihr auch, sich von Uwe unabhängiger zu fühlen. Am Ende trennt sie sich von ihm.

Nach einer Zeit von Abschied und Tränen erkennt Ariane, dass ihr Gefühl, sie wolle Uwe nicht verlieren, nicht ihr eigenes Gefühl war. Sie hatte sich von Anfang an Uwe zur Verfügung gestellt und dadurch die Verlustangst von Uwe intensiv gespürt und gespiegelt. Zuerst identifizierte sie sich damit und hielt die Angst für ihre eigene. Diese Unkenntnis war der Grund für ihre Bindung. Je mehr ihr bewusst wurde, dass Uwe diese Angst hatte, konnte sie eine neue Sichtweise entwickeln und am Ende sagen: „Ich stehe nun deiner Verlustangst und Anhänglichkeit nicht mehr zur Verfügung." Da Ariane jetzt besser unterscheiden kann, was ihre eigenen Gefühle sind und was nicht, ist sie innerlich gelassener und auch liebevoller. Sie kann Uwe noch eine Weile fürsorglich für den Trennungsprozess zur Verfügung stehen und ist sich dabei auch dessen bewusst, dass sie ihm noch ein bisschen hilft. Dann geht sie endgültig, mit freundschaftlichen und liebevollen Gefühlen. Gleichzeitig erlebt Uwe das, was er die ganze Zeit befürchtet: Verlust. Er hat nun die Chance, sich mit seiner Angst genau auseinanderzusetzen, sie zu untersuchen und auch den dazugehörigen Schmerz zu durchleben. Wie wichtig das ist, zeige ich in Kapitel 4.

Stefan fährt auf der Autobahn und überholt gerade in aller Ruhe einige Autos, die noch langsamer fahren als er selbst. Hinter ihm kommt ein Porsche angebraust, mit Lichthupe und Blinker. Der Porsche-Fahrer fährt dicht auf. Stefan fühlt ein Stressgefühl und Trotz. Er beginnt innerlich gegen den unverschämten Fahrer zu kämpfen und schimpft über dieses „Arschloch". Dem Porsche-Fahrer geht es ähnlich, er schimpft über den „lahmarschigen" Fahrer, der die Überholspur blockiert.

Viele von Ihnen denken vielleicht: Diese Gefühle sind normal, das ist Alltag. Es geht aber auch anders. Ich habe es mehrmals ausprobiert und Erstaunliches erlebt. Jedes Mal, wenn mich jemand von hinten bedrängelt, spreche ich laut aus: „Ich stehe dir für dein Verhalten nicht zur Verfügung" ... Schon fühle ich mich wieder entspannt und lasse denjenigen hinter mir rotieren – ohne jegliches Stressgefühl.

So wird klar, wie wir bestimmte Gefühle wieder loswerden: Wir stellen uns einfach nicht mehr zur Verfügung!

In dem Moment, in dem wir uns nicht mehr zur Verfügung stellen und stattdessen eigenen Zielen folgen, treten resonierende Empfindungen in den Hintergrund und Gefühle beenden sich ganz von selbst. Wir sind gelassen, offen und liebevoll.

Doch ganz so einfach ist es nicht immer. Es stellt sich die Frage, *wie* wir nicht mehr zur Verfügung stehen.

Vertiefungen

Wenn wir uns einem bestimmten Schwingungsfeld absichtlich oder unabsichtlich zur Verfügung stellen, uns unterordnen und anpassen, dann beginnen wir, entsprechende Resonanzen zu fühlen und das Schwingungsfeld ganzkörperlich auf unsere individuelle Weise nachzuempfinden. Was aber unsere resonierende Empfindung genau zu bedeuten hat, müssen wir immer wieder neu erforschen.

„Zwischenmenschliche Beziehungen [...] wirken massiv in uns hinein, sie beeinflussen nicht nur die seelische Sphäre, sondern – auf dem Wege über das Gehirn – auch Gene, biologische Funktionen und körperliche Strukturen des Organismus", schreibt Prof. Joachim Bauer in seinem Buch *Das Gedächtnis des Körpers.*

Auch Politiker*innen wissen, dass man im Beruf mit Leib und Seele zur Verfügung steht: „Das Amt verändert einen Menschen schneller als der Mensch das Amt." (Joschka Fischer, Außenminister 1998 - 2005)

„Unsere geistige Privatsphäre für eine uneinnehmbare Festung zu halten ist einer der großen, weitverbreiteten Irrtümer, dem die Weisen zu allen Zeiten nie verfallen sind. Wir sind ein Teil der Welt – und die Welt ein Teil von uns. Die Erfahrung ist uns weitgehend verloren gegangen: ‚Ich bin ein Teil des Alles und das All ist ein Teil von mir.' Nur so kann die Erfahrung, dass alles mit allem unlösbar verbunden ist, und daraus folgend eine weltweite Solidarität mit anderen Menschen und mit der Natur erlebt und verwirklicht werden." (Frieder Lauxmann)

Was erleben wir, wenn wir uns unangenehmen zwischenmenschlichen Beziehungen *nicht* mehr zur Verfügung stellen?

Wie stehen wir überhaupt zur Verfügung?

Bevor ich die Frage beantworte, wie wir nicht mehr zur Verfügung stehen und was wir danach erleben, schauen wir uns genauer an, wie wir eigentlich in welchen Momenten wem zur Verfügung stehen. Je klarer wir das durchschauen können, desto klarer gelingt es uns, nicht mehr zur Verfügung zu stehen.

Das ist übrigens immer so: Je klarer wir wissen, was wir falsch machen, desto klarer können wir es auch sein lassen. Je deutlicher mir bewusst ist, welchen Fehler ich ständig auf dem Klavier spiele, desto besser kann ich ihn vermeiden und stattdessen das Richtige spielen. Ich übe manchmal gezielt meine Fehler, stelle mich bewusst meinen Fehlern zur Verfügung und wiederhole sie so lange, bis ich sie genau **kenne** und beherrsche. Anschließend übe ich das Richtige – und innerhalb kürzester Zeit spiele ich nur noch richtig. Der Fehler taucht nicht mehr ungewollt auf.

Auch in anderen Bereichen stellen wir uns gezielt zur Verfügung, um etwas genauer verstehen zu lernen: Wenn ich ein Problem mit der Heizung habe und den Fachmann hole, dann will er erst einmal das Problem **kennenlernen** und analysieren, damit er es anschließend gezielt beheben kann. Wenn ein Arzt seinen Patienten behandeln will, muss er das vorhandene Ungleichgewicht genau feststellen. Der Patient soll sein Problem beschreiben und der Arzt sucht nach einer Diagnose, bevor er mit dem Heilverfahren beginnt oder das passende Medikament verschreibt. Wollen wir ein eigenes Verhaltensmuster verändern, müssen wir es erst einmal ganz genau beobachten und analysieren:

Wann tritt es auf? Wodurch wird es ausgelöst?

Wie funktioniert es eigentlich?

Was denke und fühle ich dabei, wenn ich mich so verhalte?

War mein Verhalten schon mal adäquater, gibt es also Ausnahmen?

Waren im Falle von Ausnahmen die äußeren Bedingungen anders – oder was habe ich selbst anders gemacht?

Wenn ich mich nicht mehr so verhalten würde, was hätte ich dann für ein Gefühl? Was würde in mir übrig bleiben?

Kann ich dem zustimmen?

Je mehr Zeit wir uns gegeben haben, diese Fragen in Ruhe zu beantworten, und je genauer wir unser Verhaltensmuster dadurch kennengelernt haben, desto einfacher können wir es auch verändern. Ich behaupte sogar: Durchschauen wir das Muster vollständig, dann verändert es sich wie von selbst. Erst wenn wir es ganz verstanden haben, löst es sich auch ganz. Meistens unterstützt es unsere Selbsterforschung, wenn wir uns ebenso unser Ziel klarmachen: Wie wäre es, wenn es gelöst wäre? Wie würden wir uns dann verhalten? Was wäre anders und woran können wir das genau erkennen? Was wäre verschwunden und was wäre stattdessen da?

Im Grunde geht es also nicht nur darum, Fehler zu bekämpfen, sondern darum, Fehler erst einmal genau **kennenzulernen**, um sie dann wissend vermeiden zu können. Das können Sie auf jeden Lern- oder Veränderungsprozess übertragen. Es ist pure Natur!

Bestrafen Sie ein Kind für seine Fehler – und es wird langsamer oder gar nicht mehr lernen können. Ebenso verschließt sich dieses Kind gegenüber anderen Kindern, die Fehler machen, oder beginnt, sie zu kritisieren.

Unterstützen Sie Kinder darin, im Fehler das Falsche zu erkennen (was ist der *Unterschied* zwischen dem Falschen und dem Richtigen?), vielleicht auch, warum der Fehler passiert ist, wo er herkommt, welchen Sinn er hat. Lassen Sie das Kind den Fehler **kennenlernen**, geben Sie ihm Zeit, das Erkannte allmählich zu verinnerlichen – und das Kind lernt auf intelligente Weise Probleme zu lösen. Zusätzlich bekommt es nebenbei auch noch eine integrierende Haltung vermittelt. Wenn Kinder so mit Fehlern umgehen, lernen sie gleichzeitig soziales Verhalten.

Mit dieser offenen Haltung gegenüber Fehlern können wir optimal anderen für ihre Lernprozesse zur Verfügung stehen. Und was machen wir, wenn wir zu einem anderen Menschen sagen „Ich stehe dir zur Verfügung"? Der andere hat ein Ziel, er hat einen Wunsch. Wir sind in dem Moment bereit, uns von den Wünschen und Bedürfnissen des anderen führen zu lassen. Wir ordnen uns dem anderen unter und passen uns an. Der andere sagt, was er braucht, „verfügt" über uns, und wir tun unser Bestes, um ihm zu helfen. Es gibt nur wenig eigene Impulse. Wir haben maximal eigene Grenzen, aus denen heraus wir dann sagen müssen: „Tut mir leid, dafür kann/will ich dir nicht weiter zur Verfügung stehen." Wenn wir jemandem zur Verfügung stehen, wollen wir ihm bei seiner Veränderung helfen. Wir bilden – oft auch unbewusst und automatisch – ein Gleichgewicht mit ihm, gehen in eine Resonanz zu seinem **Wunsch nach Veränderung**.

Wie ich oben bereits beschrieben habe, kann man am besten etwas verändern, wenn man es genau kennengelernt und verstanden hat. Hat man also den Wunsch nach einer Veränderung, dann geht man mit dem, was verändert werden soll, ein intensives Gleichgewicht ein. Existiert ein Problem und man möchte dieses Problem lösen oder jemandem für die Lösung zur Verfügung stehen, geht man in Resonanz zu diesem Problem und beginnt, es noch mehr zu spüren.

Kurz: **Das, was man gerade verändern will, nimmt man intensiver wahr als alles andere.**

Dieses logische und vollkommen natürliche Prinzip ist die Lösung für viele Rätsel unseres Alltags. Die meisten von Ihnen können es nachvollziehen und aus Ihrem eigenen Leben bestätigen:

- Je mehr wir etwas verändern wollen,
  desto intensiver fühlen wir es.
- Je mehr wir es so lassen wie es ist,
  desto weniger nehmen wir es bewusst wahr.

Das können Sie auf jeden elementaren Prozess übertragen.

Ich lade Sie zu einem Gedankenexperiment ein: Stellen Sie sich vor, Sie haben den Wunsch, die gesamte Welt zu verändern und allen zu helfen. Sie wären der Weltherrscher und müssten sich um alle Menschen kümmern. Wie fühlen Sie sich mit diesem Hilfswunsch?

Ich selbst fühle mich bei dieser Vorstellung ziemlich überfordert, frustriert und energielos aufgrund der unendlich vielen vorhandenen Ungleichgewichte und unterschiedlichen Wünsche.

Und nun stellen Sie sich vor, die Welt ist absolut perfekt mit ihren gesamten Ungleichgewichten. Die Welt weiß selbst am besten, was sie braucht und ist in der Lage, sich selbst zu helfen. Sie braucht keine weitere Hilfe …

… Ich weiß, dass es sehr schwerfällt, sich das vorzustellen. Meistens glauben wir diese Perfektion nicht und meinen, dass von uns etwas verändert werden *sollte.*

Aber angenommen, Sie könnten den Gedanken innerlich annehmen und achten, dass die Welt so perfekt ist, wie sie ist, und dass alles seinen versteckten Sinn und Zusammenhang hat und vom Universum optimal gesteuert wird …

… dann könnte es sein, dass Sie sich (zumindest ansatzweise) erleichtert und ausgeglichen fühlen (vielleicht auch erst einmal müde vom bisherigen Kampf um Veränderung).

Denken Sie an einen lieben Menschen, der im Moment in einer Krise steckt. Können Sie sich an jemanden erinnern? Im Freundeskreis oder in der Familie?

Jetzt stellen Sie sich vor, Sie wollen dieser Person in ihrer Krise helfen, und stehen zur Verfügung. Nehmen Sie sich hier ein bisschen Zeit, um sich einzufühlen. Wie fühlen Sie sich jetzt bei diesem Gedanken?

Sie können Ihr Gefühl auch auf einem Zettel notieren. …

Ich vermute, dass Sie sich nicht richtig wohlfühlen.

Stellen Sie sich jetzt vor, dass die betreffende Person gar keine Hilfe benötigt. Stellen Sie sich vor, dass ihre Seele genau weiß, wie sinnvoll die Krise im Moment ist. Wie fühlen Sie sich bei diesem Gedanken?

Auch noch ein bisschen unruhig? Sind vielleicht noch ein paar Sorgen oder Zweifel vorhanden?

Als Drittes stellen Sie sich vor, dass es anmaßend wäre, sich auch nur gedanklich in das Leben dieses anderen Menschen einzumischen. Sie achten sein Schicksal ganz und gar und würdigen es als *sein* Leben.

Wie fühlen Sie sich damit? ...

Wenn wir etwas vollständig so achten können, wie es ist, auch wenn wir gar nicht genau wissen, *wie* es eigentlich ist, dann hören gleichzeitig unsere Veränderungswünsche auf. Wenn wir es nicht mehr verändern wollen, müssen wir auch keine Resonanz mehr dazu herstellen. Und wenn wir nicht mehr in Resonanz sind, müssen wir auch nicht mehr die Ungleichgewichte darin fühlen. Stattdessen fühlen wir uns entlastet und frei, gleichzeitig achtungs- und liebevoll.

„Das Gegenteil von Glücklichsein ist, etwas zu wollen", lautet die entsprechende Erkenntnis von Frank Arjava Petter.

„Der Große Weg ist gar nicht schwer für den, der keine Vorlieben hat." (aus dem *Hsing-hsin-ming* des 3. Zen-Patriarchen Seng-ts'an, zitiert von Ariel & Shya Kane)

„Am reichsten sind die Menschen, die auf das meiste verzichten können." (Rabindranath Tagore, indischer Dichter, Philosoph, Nobelpreis für Literatur 1913)

ABER ... ich habe schon zu Beginn des Buches angedeutet, dass es nicht darum gehen kann, *immer* etwas so anzuerkennen, wie es ist, sein eigenes Wollen vollständig aufzugeben und nichts mehr zu verändern. Ich biete Ihnen hier die folgende Möglichkeit einer neuen Realität an: Erkennen Sie auch *Änderungsimpulse* an, so wie sie sind. Denn wenn wir etwas lernen, uns trainieren, uns heilen usw., dann geht es darum, uns selbst weiterzuentwickeln, uns zum Positiven zu verändern. Änderungen sind gesund und sorgen für Bewegung, für Ausgleich, für Heilung, für Entwicklung, für Leben, für Tod, für Abschied, für Trennung und Erneuerung. Ohne Veränderungen (Bewegungen) hätten wir selbst beim Sex keinen Spaß. Und ich kann mich genauso glücklich fühlen, wenn ich ein schönes Ziel vor Augen habe, das ich sogar tatsächlich erreiche.

Im Endeffekt geht es also darum, **die Wahl zu haben**.

Wenn Sie sich der folgenden beiden Zusammenhänge bewusst und ganz klar sind, dann können Sie ab jetzt frei zwischen diesen beiden „neutralen Werkzeugen" wählen:

- Der „Wunsch nach Veränderung“ hat zur Folge, sich mit etwas intensiver zu verbinden und genauer wahrzunehmen (= lernen).

- Das „Anerkennen was ist“ hat zur Folge, eine intensive Verbindung loszulassen. Die Wahrnehmung dessen tritt mehr in den Hintergrund oder verschwindet vollständig (= lösen).

Sie haben die Wahl.

Wenn ich meine Frau verändern möchte, habe ich eigentlich nicht verstanden, warum sie so handelt, wie sie es im Augenblick tut. Mein Wunsch nach Veränderung weckt in mir eine Unruhe und ich beginne, sie unter Druck zu setzen. Dabei entdecke ich, dass sie mit diesem Druck gar nicht umgehen kann und sich plötzlich an ihre Eltern erinnert fühlt. Auf einmal verstehe ich ihr Denken und Handeln – es steht immer noch im Zusammenhang mit einer ungelösten Spannung zu ihren Eltern, weniger mit den Erfordernissen der Gegenwart. Der Druck, den ich spürte und ausübte, war eine resonierende Empfindung zum Ungleichgewicht in meiner Frau, eine Wahrnehmung. Ich habe durch meinen Veränderungswunsch einen Zusammenhang besser **kennengelernt**.

Auf der anderen Seite beobachte ich als Organisator vom Freien Familienstellen oft Aufstellungen, die sich in einem starken Ungleichgewicht befinden. Beobachtende Teilnehmer*innen reagieren unruhig und wollen an der Situation etwas verändern. Ich dagegen kann es einfach so anerkennen, wie es gerade ist. Ich vertraue darauf, dass das Lösende zur rechten Zeit auftauchen wird, und beobachte entspannt das Chaos. Die Teilnehmer*innen reden von Spannungen, von unangenehmen Energien, die im Raum zu spüren sind – ich fühle nichts, es gibt keine Resonanz in mir. Da ich nichts verändern will, nehme ich auch kein unangenehmes Gefühl wahr.

Alexandra geht mit Freunden ins Kino. Der Film beginnt. An spannenden Stellen verkrampft Alexandra ihre Finger. Beim Happy End zückt sie ihr Taschentuch, um die Tränen abzuwischen und ihre Nase zu putzen.

Warum hat Alexandra diese intensiven Gefühle, obwohl sie doch „nur“ im Kino sitzt und gar keinen eigenen Wunsch nach Veränderung hat? –

Indem Sie sich ins Kino setzt und auf die Leinwand schaut, stellt sie sich dem zur Verfügung, was auf der Leinwand gezeigt wird. Sie steht der Handlung des Films zur Verfügung, und der Film ist *voller Veränderungswünsche.* Es sind Ungleichgewichte zu sehen, die nach Auflösung streben. Dementsprechend lebt Alexandra diese Wünsche mit – und fühlt an spannenden Stellen Spannungen im Körper und an lösenden Stellen emotionale Lösungen. Auf diesem Phänomen bauen die Effekte der gesamten Filmwelt auf. Würde Alexandra aus dem Kino gehen, dann würden sofort alle Gefühle verschwinden, denn sie stellt sich nicht mehr zur Verfügung – mit einer Ausnahme: Sie könnte wieder an einzelne Stellen des Films zurückdenken, sich ihrer Erinnerung daran zur Verfügung stellen und dadurch die Spannungen oder Lösungen im Körper wachrufen. Doch ohne die Filmmusik ist es nicht mehr so intensiv.

Wenn ich mir einen Film anschaue, den ich bereits kenne und bei dem ich auch weiß, wie er ausgeht, fühle ich doch immer wieder bei spannungsvollen Szenen körperliche Anspannungen. Ich bin also nicht gespannt, weil ich das Ende noch nicht kenne, sondern weil ich mich dem Film zur Verfügung stelle, mitfühle und mich in Resonanz zu den momentanen Spannungen im Film befinde.

Inzwischen habe ich festgestellt, dass meine Spannungen hauptsächlich durch mein Gehör angeregt werden. Halte ich mir nämlich bei spannenden Szenen die Ohren zu, sehe aber immer noch die Bilder vor mir, dann entspannt sich in mir alles. Wer diesen Zusammenhang genauer beobachtet, wird feststellen, dass Szenen, in denen sich der Zuschauer erschrecken soll, mit sehr lauten und plötzlichen Geräuschen verbunden sind. Auch die Filmmusik spielt für Gefühle oft eine große Rolle. Will ich also den Spannungen in einem Film nicht mehr zur Verfügung stehen, so genügt es oft (paradoxerweise), mir einfach die Ohren zuzuhalten.

Torsten liest in diesem Buch. Er gelangt zu der Stelle, an der ich vorschlage, sich einen lieben Menschen vorzustellen, der gerade in einer Krise steckt. Er denkt an John. Bei dem Gedanken, John in seiner Krise helfen zu wollen, taucht spontan in ihm der Satz auf „Ich will nicht!" Man kann diesen Satz auf zwei Weisen deuten:

a) Torsten fühlt selbst eine Abneigung dagegen, John zu helfen. Es ist seine eigene Programmierung. Hier könnte er genauer in sein Gefühl der Abneigung gehen und analysieren, warum er es hat. Was wäre denn, wenn er doch helfen würde? Welche Folgen befürchtet er? Hat er eine (noch) unbewusste Sichtweise, die seinem Gefühl zugrunde liegt? Er kann seine Programmierung verstehen lernen und sie dadurch ändern.

b) Torsten fühlt „Ich will nicht“ – und das ist die Wahrnehmung der Dynamik von John. Wenn wir John genauer beobachten würden, könnten wir vielleicht feststellen, dass er ein unbewusstes Verhaltensmuster besitzt, das sich mit dem Satz „Ich will nicht“ gegen die Umwelt wehrt. Somit hätte Torsten Johns Grundeinstellung wahrnehmen können. Doch um das endgültig be-haupt-en zu können, müsste Torsten nach einer Bestätigung suchen. John müsste entweder gefragt oder genauer beobachtet werden. Taucht in seinem Verhalten öfter ein „Ich will nicht“ auf, könnte dies tatsächlich ein Muster von ihm sein – und Torsten hätte es sofort wahrgenommen, als er sich innerlich John helfend zur Verfügung stellte.

Es könnte genauso aber eine Wahrnehmung gewesen sein, dass John *momentan* keine Hilfe will. Auch dies müsste überprüft werden.

Machen Sie folgendes Wahrnehmungs-Experiment: Denken Sie an einen Menschen, den Sie kennen. Sagen Sie innerlich zu ihm: „Jetzt stelle ich mich dir zur Verfügung.“ Beobachten Sie, wie Sie sich danach fühlen. Notieren Sie jetzt Ihr Gefühl oder Ihre Stimmung ...

Sie schauen wieder innerlich diesen Menschen an, sagen liebevoll „Jetzt stehe ich nicht mehr zur Verfügung“ und denken an einen weiteren Menschen. Sagen Sie innerlich: „Und jetzt stehe ich dir zur Verfügung.“ Beobachten Sie, wie Sie sich nun fühlen, und schreiben Sie Ihr Gefühl oder Ihre Stimmung jetzt auf ...

Sagen Sie auch zu diesem Menschen liebevoll: „Jetzt stehe ich nicht mehr zur Verfügung.“

Dann denken Sie an einen Dritten. Sagen Sie innerlich: „Und jetzt stehe ich dir zur Verfügung.“ Beobachten Sie, wie Sie sich nun fühlen, und schreiben Sie ihr Gefühl oder Ihre Stimmung wieder auf ...

Unterscheiden sich die Gefühle oder Stimmungen voneinander?

Anschließend sagen Sie sich: „Und nun stehe ich dem allwissenden Universum zur Verfügung.“ Wie fühlen Sie sich, nachdem Sie diesen Satz ausgesprochen haben?

Zu guter Letzt sagen Sie sich: „Und jetzt stehe ich nur mir selbst zur Verfügung.“ Wie fühlen Sie sich jetzt?

Sie haben die Wahl, wem, was und wie lange Sie sich zur Verfügung stellen. Dabei können Sie Ihre Wahl nach Ihrem Gefühl treffen. Suchen Sie sich das oder denjenigen aus, bei dem Sie sich wohlfühlen.

Wenn Sie wollen, können Sie Kontakt zu den Menschen aufnehmen, denen Sie sich soeben innerlich zur Verfügung gestellt haben, und Ihre Notizen überprüfen. Fragen Sie, wie der Betreffende sich zurzeit fühlt, und vergleichen Sie dies mit Ihren Notizen. Gibt es gewisse Übereinstimmungen oder Ähnlichkeiten? Sie können demjenigen auch direkt Ihre Notizen mitteilen. Vielleicht kann er daraus etwas bestätigen?

Sollte es kaum Übereinstimmungen geben, so haben Sie auf jeden Fall die Erfahrung gemacht, dass Sie auf diese Weise Ihre Gefühle verändern können. Wenn es Ihnen nicht so gut geht, dann haben Sie z. B. die Möglichkeit, sich innerlich einer angenehmen Situation oder einem angenehmen Menschen zur Verfügung zu stellen. Nutzen Sie Ihr Gefühl, um sich neu zu orientieren.

Gisèle war krank und fühlte sich seelisch unwohl. Hinzu kam, dass ihre Kinder sich stritten (die Kinder hatten resonierende Empfindungen zum Ungleichgewicht der Mutter und drückten sie in Form eines Streits aus). Sie war nicht in der Lage, „normal“ auf den Streit der Kinder zu reagieren, sondern handelte vorwurfsvoll aus ihren Ungleichgewichten heraus und verletzte die zarten Seelen, die sich trotzig zurückzogen. Dabei war ihr bewusst, dass sie sich gerade genauso verhielt wie früher ihre Eltern. Plötzlich hatte sie die Idee: „Markus ist doch ein sehr ausgeglichener Mensch mit angenehmen Sichtweisen und relativ wenigen Ungleichgewichten. Ich stelle mich jetzt ihm und seiner Realität innerlich zur Verfügung!“ Sofort ging es ihr seelisch und körperlich besser und sie war liebevoller. Auch die Kinder öffneten sich und begannen, ihren Trotz aufzugeben und die Schmerzen weinend zu verarbeiten.

Vertiefungen

„Es kommt zu einem Entwicklungsdefizit, wenn jemand den Fehler macht, zu wenig Fehler zu machen.“ (Arnold Retzer)

„Kinder sind Spiegel des elterlichen Unbewussten, d. h. Abdruck der elterlichen Matrix“, schreibt Michael Czaykowski in seinem Buch *Die menschliche Matrix.* Der Spiegel kommt dadurch zustande, dass die Kinder ihren Eltern zur Verfügung stehen, sich mit ihnen in Resonanz befinden und entsprechende (Un)Gleichgewichte in sich selbst als Stimmungen wahrnehmen und ausdrücken. Nebenbei lernen sie diese Dynamiken dadurch genauer kennen und speichern sie als Erfahrung und Fähigkeit in ihrem Verhaltensrepertoire ab, auf das sie ihr ganzes Leben lang immer wieder zurückgreifen (können). Normalerweise identifizieren sich Kinder mit diesen Empfindungen und Stimmungen. Optimal wäre, wenn die Eltern den Kindern bewusst machen, dass sie sich in Resonanz zu den Eltern befinden und etwas ausdrücken, was die Eltern auch gerade spüren oder leben oder als ungelöstes Thema mit sich herumtragen.

Wir stehen zur Verfügung, um etwas zu verändern – und so spüren wir die entsprechenden Strukturen, lernen sie kennen und verändern.

(Er-)Kennen wir etwas (an), so können wir es besser los- oder sein lassen.

Manche Veränderungswünsche sind uns im Laufe der Zeit unbewusst geworden, doch sie steuern unser Leben. Ariel Kane erzählt in *Das Geheimnis wundervoller Beziehungen* von ihren Erfahrungen in einer Aerobic-Gruppe. Sie befand sich im Kontakt mit mehreren Frauen, die vor, während und nach dem Training viel über ihre Voreingenommenheiten gegenüber Männern plauderten. Nicht selten gab es auch männerfeindliche Äußerungen. Kam sie dann nach Hause, so spürte sie, wie sich ihr Verhalten gegenüber ihrem eigenen Mann verändert hatte, distanzierter war. Sie erzählte ihm von den Äußerungen der anderen Frauen, und so kamen sie sich wieder näher und die Distanz verschwand. Ariel schreibt: „Es wurde zu einer Folgeübung nach meinem Aerobic-Training. Indem ich einfach den alltäglichen Krieg identifizierte, musste ich nicht zu einem Teil davon werden. Durch den Besuch der Trainingsstunden kräftigte ich meine Muskeln, stärkte die Koordinationsfähigkeit und baute Ausdauer auf. Nach der Trainingsstunde stärkte ich den Muskel meiner Fähigkeit, meiner Realität und meinen Werten in der Beziehung zu Shya [ihrem Mann] im Besonderen und zu Männern im Allgemeinen treu zu bleiben."

Als ich diesen Abschnitt gelesen hatte, fragte ich mich, wieso sie regelmäßig nach dem Körpertraining auch noch ihre gefühlsmäßige Einstellung trainieren musste. Das würde ja bedeuten, dass sie immer in das abwertende Feld der anderen Frauen hineinrutscht und sich dann wieder daraus befreien muss. Warum rutscht sie dort überhaupt hinein? Meine Antwort darauf ist, dass sie einen, wenn auch unbewussten, Veränderungswunsch hat. Ich fragte mich, welche Art von Veränderung sie sich wohl wünschen könnte, schaute auf ihre berufliche Tätigkeit und erkannte einen Zusammenhang. Sie ist Seminarleiterin von Transformations-Seminaren. In ihrem Buch *Unmittelbare Transformation* schreiben die Kanes: „Wenn du dein Leben grundlegend verändern willst, brauchst du nichts anderes zu tun, als in den gegenwärtigen Augenblick – das Hier und Jetzt – zu gelangen und aus diesem Augenblick heraus zu leben." Nach ihrer Definition stellt Transformation eigentlich keine absichtliche Veränderung dar, nur eine Konzentration auf das Jetzt – und doch hat diese Beeinflussung der eigenen Aufmerksamkeit eine „grundlegende Veränderung" zum Ziel.

Meine Vermutung ist: Ariels ständiger, inzwischen unbewusster Wunsch nach Veränderung, mit dem sie anderen Menschen für ihre Transformation zur Verfügung steht, führt dazu, dass sie sich den Aerobic-Frauen ebenfalls in gewohnter Weise zur Verfügung stellt. Auf diese Weise rutscht sie in deren Abwertungsgefühle hinein. Wenn sie sich aber innerlich sagen würde: „Ich achte euch und die Männerfeindlichkeit vollständig, wie es ist, und lasse es so", bräuchte sie wahrscheinlich das anschließende Entlastungsritual nicht mehr, weil sie zur Männerfeindlichkeit erst gar keine Resonanz eingehen würde. Achtet sie es vollständig, ohne es noch in irgendeiner Ecke ihres Gefühls verändern zu wollen, dann steht sie damit der Männerfeindlichkeit nicht mehr zur Verfügung.

„Jedes Symptom ist eine Informationsbörse für Sehnsüchte und Bedürfnisse." (Gunther Schmidt)

„Nicht nur das, was man von einem anderen Menschen bekommt, schafft Bindung, sondern ebenso und manchmal umso mehr das, was man sich ersehnt, aber nicht bekommen hat“, schreibt Klaus Mücke und an anderer Stelle: „Jeder Konflikt ist ein Beziehungsangebot. Es bleibt die Frage, ob es als solches wahrgenommen werden kann.“

Ist das der Grund, warum wir so gerne unsere Partner verändern wollen? Weil wir uns ihnen dadurch verbundener fühlen?

Unser schlechtes Gewissen, wenn wir einen Kontakt beenden

Wir kennen die alltägliche Situation, dass wir mit jemandem telefonieren, wir gemeinsam unser Gespräch beenden und dann jeder auf seiner Seite den Hörer auflegt. Wie fühlen wir uns dabei? Meistens völlig normal.

Stellen Sie sich vor, Sie haben ein Telefonat und wollen es beenden, weil Sie einen äußerst wichtigen Termin haben – doch der andere möchte das Gespräch noch fortführen. Ihm ist es wichtig, einen Sachverhalt genau zu klären. Freundlicherweise stehen Sie ihm noch eine Weile länger zur Verfügung. Es wird immer später. Sie ahnen, dass Sie bereits zu spät kommen werden, und das Telefonat zieht sich in die Länge. Was tun Sie? Im Extremfall bleibt Ihnen nichts anderes übrig, als Ihr Gegenüber mehrmals vorzuwarnen, dass Sie jetzt aufhören müssen, und dann den Hörer aufzulegen – selbst wenn der andere damit nicht einverstanden ist und gleichzeitig immer noch redet. Haben wir den Gesprächspartner gern, dann fühlen wir hinterher einen Zwiespalt, ein schlechtes Gewissen. Steht uns dieses Gegenüber jedoch nicht besonders nahe, dann ärgern wir uns eher darüber, dass der andere so verständnislos ist und man selbst zu dieser „harten“ Maßnahme greifen musste.

Wir fühlen uns manchmal ähnlich, wenn wir an den Satz denken „Ich stehe dir dafür nicht mehr zur Verfügung“. Wir meinen, der andere hat den Wunsch, dass wir ihm weiter zur Verfügung stehen. Außerdem spüren wir instinktiv, dass ihm ein freundlicher liebevoller Kontakt und eine gewisse Fürsorge guttun. Wenn wir uns nun zurückziehen, befürchten wir, den anderen dadurch in ein Ungleichgewicht oder vielleicht sogar in Stress zu stürzen. Wir fühlen uns rücksichtslos.

Stellen Sie sich vor, Sie sprechen diesen Satz aus ... und der andere reagiert unerwartet offen und freundlich mit: „Ja, natürlich, es ist völlig in Ordnung, dass du nicht mehr zur Verfügung stehst. Ich freue mich, dass du dich um dich selbst kümmerst.“ Wie fühlen Sie sich dann? Wahrscheinlich froh und erleichtert, dass Sie sich so entschieden und es auch ausgedrückt haben. Sie würden nur noch ein Ungleichgewicht fühlen, wenn der andere seine Offenheit nicht wirklich ernst meint, sondern seinen Wunsch nach weiterem Kontakt freundlicherweise unterdrückt hat.

In meinem zu diesem Kapitel passenden Vertiefungs-Seminar habe ich vor kurzem mit den Teilnehmer*innen eine Übung gemacht. Nachdem sie paarweise für eine Weile zusammengearbeitet und sich gegenseitig erspürt hatten, saßen wir wieder gemeinsam im Kreis. Ich forderte sie auf, sich eine Skala zwischen +10 und -10 vorzustellen.

+10 = „intensives Bindungsgefühl zum anderen“

0 = „neutral/normal“

–10 = „totales Abwehrgefühl gegen den anderen“

Dann sollten sie die Augen schließen, sich vor dem geistigen Auge die/den Partner*in vorstellen, mit der/dem sie gerade zusammengearbeitet hatten, und für sich eine Zahl auf dieser Skala nennen, die ihrem momentanen Gefühl entsprach. Wenn sie jetzt innerlich zu der/dem Betreffenden den Satz sagen: „Ich stehe dir nicht weiter zur Verfügung“, was würde sich dann an dieser Zahl ändern?

Die meisten berichteten, dass sich ihr Zahlenwert, nachdem sie den Satz gedacht hatten, der 0 annäherte. Eine Teilnehmerin erzählte, dass zunächst ein Verlustgefühl in ihr aufkam („schade“) und es sich erst später neutral anfühlte. Eine andere Teilnehmerin fühlte sich daran erinnert, wie es ist, wenn man nach einem Gespräch einfach gemeinsam den Telefonhörer auflegt. Von ihr habe ich den oben aufgeführten Vergleich übernommen.

Natürlich fällt es in so einer Gruppe leichter, diesen Satz anzuwenden, weil die Teilnehmer*innen ihn gleichzeitig und gegenseitig zueinander sagen. In unserem Alltag ist es oft einseitig, da der andere sich unserer Maßnahme nicht bewusst ist und auch nicht merkt, dass er unbewusst mit seinen Wünschen, Sichtweisen und Erwartungen immer noch im Kontakt bleibt. Wir dagegen spüren seinen Bindungswunsch in uns selbst, indem wir uns beim (inneren) Weggehen etwas unwohl fühlen, vielleicht sogar ein schlechtes Gewissen haben und uns selbst als rücksichtslos empfinden.

Für den Extremfall habe ich mir folgendes Ritual angewöhnt, das ich bisher nur einmal bis zum Schluss anwenden musste. Ein Jugendlicher klingelte an meiner Tür. Er wollte mir ein Abonnement für eine Zeitschrift verkaufen. Ich lehnte ab und teilte ihm mit, dass ich daran kein Interesse hätte. Der Junge fragte „Warum nicht?“ – „Das möchte ich jetzt auch nicht so gerne erklären.“ Er begann, mich überzeugen zu wollen. Ich sagte: „Ich möchte unser Gespräch nun gerne beenden.“ Er redete weiter. Mein nächster Satz lautete: „Wenn ich jetzt nicht unser Gespräch beende, gerate ich in einen inneren Konflikt.“ Er redete weiter. Von mir folgte: „Gleich werde ich unser Gespräch ohne weitere Rücksicht beenden und die Tür schließen.“ Er redete weiter. Ohne Wut und ohne Härte, einfach ganz normal und freundlich sagte ich: „Es tut mir leid. Ich stehe jetzt nicht mehr weiter zur Verfügung, beende unser Gespräch und schließe die Tür vor deiner Nase.“ Ich schaute ihn an, lächelte, während er immer noch weiterredete, und schloss langsam, aber unaufhaltsam die Tür. Er rief mir noch etwas Unangenehmes hinterher – und dann war das Gespräch beendet.

Ich lasse mir also ein wenig Zeit für die Unterbrechung und kündige jeden Schritt an – unabhängig davon, ob mein Gegenüber darauf reagiert oder nicht. Dabei kann ich mir innerlich sagen, dass der andere jederzeit die Chance hat, darauf einzugehen. Ich überrumple ihn nicht und bin auch nicht unfreundlich.

Habe ich aber nach so einer Unterbrechung trotzdem noch ein schlechtes Gewissen, kann ich innerlich sagen: „Ich achte es und lasse es so, wie es ist. Und nun stehe ich auch diesem schlechten Gewissen nicht weiter zur Verfügung.“ Oder: „Ich stimme meinem Gefühl zu, rücksichtslos zu wirken. Auch das gehört jetzt dazu.“

Übrigens: Ist der andere nicht ebenso rücksichtslos, wenn er – ohne uns zu fragen – an dem Kontakt festhält? Vielleicht sind wir mit diesem Gefühl einfach nur in Resonanz mit dem anderen? Dann wäre unsere Rücksichtslosigkeit ein Gleichgewicht, eine resonierende Empfindung.

Manchmal kann ich die Reaktion meines Gegenübers vorausberechnen. Ich ahne, dass der andere Mensch sich dagegen wehrt, wenn ich mich jetzt zurückziehe, und kann mein Verhalten ein wenig planen. Dabei lasse ich von meinen Wünschen los (z. B. nach einer schnellen Klärung und ebenbürtigen Verabschiedung) und schaue, wie es sich entwickeln wird. Wenn ich vorher integriere, dass das Ende mit viel Stress gewürzt sein wird, erschrecke ich nicht mehr und kann bei schmerzhaften Abwertungen und Beschimpfungen des anderen wenigstens zu mir selbst sagen: „Ja, das habe ich schon geahnt." Sein Verhalten bestätigt meine Vorahnung. Diese Bestätigung stärkt mich, während ich den Schmerz der Abwertung beobachte, der nicht meiner ist: Ich fühle in mir den Verlustschmerz des anderen. Ich habe Mitgefühl und achte es, wie es ist.

Jeder Kampf von uns, jede Abwehr zeigt, dass wir uns in einer Verpflichtung befinden, die wir nicht wollen. Da wir uns aber jede Verpflichtung selbst geben, fühlen wir uns erst frei, wenn wir uns auch selbst aus ihr vollständig entlassen konnten. Sagen wir uns erfolgreich: „Ich stehe dieser Verpflichtung nicht mehr zur Verfügung", entsteht eine Entlastung. Wir haben die Verpflichtungs-Rolle abgelegt. Der Kampf beendet sich. Wir können freundlich und offen sein. Ohne noch einmal in die Verpflichtung zu rutschen, können wir sogar liebevoll auf unser Gegenüber eingehen. Wir haben jederzeit die Wahl.

Deshalb ist dieser Satz „Ich stehe nicht mehr zur Verfügung" Liebe pur. Er öffnet uns für liebevolle Verhaltensweisen und Gefühle, die ganz aus uns selbst kommen, wenn wir nicht mehr fremden Ungleichgewichten zur Verfügung stehen müssen. Wir stehen nur uns selbst und unserer liebevollen und mitfühlenden Seite zur Verfügung.

Liebevoll zu jemandem zu sein und liebevoll zu handeln heißt nicht, sich gleichzeitig zu binden. Viele verwechseln das und entwickeln zusätzlich Bindungs- und Verpflichtungsgefühle. Werden sie diese Gefühle nicht mehr los und fühlen sich dann eingeengt, dann beginnen sie, gegen diese Bindung zu kämpfen. Die Entscheidung „Ich stehe dem Bindungsgefühl nicht mehr zur Verfügung" bringt sie zurück zu ihrer liebevollen Seite und öffnet sie.

Dieser Satz macht mich so beweglich und glücklich, wie ich es brauche. Wenn ich ihn gezielt und achtungsvoll einsetze, habe ich immer die Wahl, wann, wie oft und wie lange ich mich zur Verfügung stelle. Probieren Sie es auch noch mit dem folgenden Satz: „Ich stehe deinen Veränderungswünschen nicht weiter zur Verfügung.“ Wie fühlt es sich an, nachdem Sie ihn formuliert haben?

Es kann auf der anderen Seite wichtig sein, eine Zeit lang jemandem für seine Veränderungswünsche zur Verfügung zu stehen, ihn zu unterstützen, ihm eine verständnisvolle zwischenmenschliche Beziehung zu bieten. Denn dadurch kann tatsächlich eine Änderung erreicht werden. Dann war es gut, den resonierenden Empfindungen zu folgen, mit ihrer Hilfe etwas zu klären und somit ein gemeinsames Happy End zu erleben.

Sie haben immer die Wahl.

Glück entsteht, wenn wir einen Wunsch nach Veränderung haben, ihn ausleben und erfolgreich eine Veränderung erreichen konnten.

Glück entsteht, wenn wir etwas oder jemanden so anerkennen und achten können, wie es oder er ist, nichts mehr verändern wollen und uns erleichtert fühlen.

Leiden entsteht, wenn wir etwas verändern wollen, was sich nicht verändern lässt – und wir können unseren Wunsch nach Veränderung einfach nicht loslassen, können den momentanen Zustand nicht anerkennen (vielleicht weil wir ihn noch nicht genug kennengelernt haben).

Leiden entsteht, wenn wir einen Wunsch nach Veränderung haben, aber nicht wissen, wie wir ihn erfüllen können (auch hier geht es ums Lernen).

Glück entsteht, wenn wir zum rechten Zeitpunkt gelernt haben, uns unseren Wunsch nach Veränderung selbst zu erfüllen, zum rechten Zeitpunkt von einem Wunsch loslassen können und es anerkennen, wie es ist, uns zur rechten Zeit wieder einen neuen Wunsch erfüllen, zur rechten Zeit wieder von einem Wunsch loslassen … und dabei immer wissen: Alles geschieht zur rechten Zeit.

Manchmal entsteht Leiden, weil wir etwas nicht gelernt haben. Manchmal entsteht Leiden, weil wir etwas nicht losgelassen und gewürdigt haben. Lernen und lösen wir daraufhin etwas, so gelangen wir in ein besseres Gleichgewicht und erfahren Glück.

Das absolute Glück ist, um alle diese Zusammenhänge zu wissen und sich in jeder Situation sagen zu können:

„... und auch das gehört dazu."

Selbst in der tiefsten Krise und im tiefsten Schmerz weiß ich: Auch das gehört dazu, ist ein Teil meines Lebens, zeigt mir den ewigen Wandel und das perfekte Universum. Dieses Wissen und dieses Vertrauen gegenüber dem Universum empfinde ich – trotz aller Schmerzen – als absolutes Glück.

Immer wieder begegnen mir Menschen, die die Entscheidung, sich für etwas Bestimmtes nicht mehr zur Verfügung zu stellen, als "puren Egoismus" bezeichnen. So werten sie dann auch dieses Buch. Sie betrachten es kritisch als "Lehrbuch für rücksichtslosen Egoismus". Früher habe ich diesen Abwertungen noch zur Verfügung gestanden und fühlte den damit verbundenen Ausschlussschmerz als resonierende Empfindung in mir. Dementsprechend war es mir unangenehm, solche Wertungen zu lesen oder zu hören. Das lag an meinem Wunsch nach einer grundlegenden Veränderung in unserer Gesellschaft: Ich wollte jeden Menschen mit Hilfe dieses Buches erreichen und ihm die tollen Möglichkeiten bewusst machen, die wir in unserem Leben haben. Durch diesen Wunsch nach Veränderung stand ich automatisch solchen Abwertungen zur Verfügung.

Inzwischen habe ich gelernt, diesen Wunsch loszulassen. Ich will nicht mehr die gesamte Gesellschaft verändern. Dadurch bin ich freier und kann noch klarer sehen, dass jeder Mensch innerhalb seiner eigenen Realität mit seinen eigenen Wünschen und Bedürfnissen lebt. Jeder bewertet seinen Bedürfnissen entsprechend das, was er wahrnimmt, auf seine ganz individuelle Weise. Und so lerne ich den Wertenden genauer kennen. Ich sehe die Wertungen des anderen und kann Rückschlüsse auf seine dahinter stehenden Bedürfnisse und Ziele ziehen. Durch seine Wertungen lerne ich ihn besser kennen. Wird eine Wertung besonders schmerzvoll formuliert, dann sehe ich, dass bei diesem Menschen die

Bedürfnisse mit unverarbeiteten Schmerzerlebnissen verknüpft sind. Dieser seelische Schmerz drückt sich zusammen mit seiner Wertung aus. Daher nehme ich es nicht persönlich, denn ich kann sehen, dass sein seelischer Schmerz nichts mit mir zu tun hat.

Bewertet eine Person das Nicht-zur-Verfügung-Stehen als negativen Egoismus, dann kann ich deuten: Diejenige hat das Bedürfnis, dass andere Menschen sich um sie kümmern, wenn sie sich in Not befindet. Und sie leidet grundsätzlich darunter, wenn sie allein gelassen wird. Dementsprechend wertet sie die Menschen, die sich ihr nicht zur Verfügung stellen und eigenen Zielen folgen, als "egoistisch". Sie ist in einer eigenen Notsituation nicht in der Lage, anderen Menschen die Freiheit zu lassen, ob sie unterstützen und helfen wollen oder nicht. In einer Notsituation empfindet sie sich selbst in der Opferrolle, wenn sie nicht unterstützt wird.

Einige mögen jetzt denken: "Aber das ist doch normal. In jeder Notsituation benötigt man Hilfe". Ja, natürlich benötigt man Hilfe. Es gibt jedoch die Möglichkeit, zwischen zwei inneren Haltungen zu wählen: Man bittet oder ruft in eigenen Notsituationen um Hilfe oder man fordert Hilfe ein. Wer Hilfe einfordert, macht auch Vorwürfe, wenn er diese Hilfe nicht bekommt, teilweise sogar mit Wut, Abwertungen und Aggressionen verknüpft. Wer um Hilfe bittet/ruft, kann dort, wo er sie nicht bekommt, loslassen und sucht woanders nach der Hilfe, die er benötigt - bis er sie gefunden hat.

Ich verstehe diejenigen, die das Nicht-zur-Verfügung-Stehen als Egoismus empfinden, und fühle mich mit ihnen verbunden. Gleichzeitig nehme ich ihre Wertung nicht persönlich und habe auch kein schlechtes Gewissen. Denn ich weiß immer: Ich gebe zu jedem Zeitpunkt mein Bestes - für andere und für mich. Wenn ich in einer bestimmten Situation einmal nicht zur Verfügung stehen kann oder nicht zur Verfügung stehen möchte, dann gehört auch das dazu. Weil ich dabei ein gutes Gewissen habe und mich weiterhin in Verbindung mit meinem Gegenüber fühle, kann ich gleichzeitig in meiner Kraft bleiben. Diese innere Haltung lässt mich frei und unabhängig fühlen. Ich bleibe frei in der Wahl, wem ich wobei zur Verfügung stehe und wem nicht.

Befinde ich mich auf der anderen Seite, benötige also selbst Unterstützung, bitte einen Menschen um Hilfe, doch er steht mir nicht zur Verfügung, dann kann ich loslassen und woanders suchen. Finde ich im schlimmsten Fall keine andere Hilfe, dann kann ich mich in die Hände des Universums begeben und die Haltung einnehmen, dass auch das aus irgendeinem Grund dazugehören soll. Ich mache niemandem einen Vorwurf dafür, dass er mir nicht helfen kann oder nicht helfen will. Denn ich weiß tief in meinem Gefühl, dass es für seine Absage sinnvolle Gründe gibt. Außerdem tut mir ein eigenes Vorwurfsgefühl nicht gut. Da bin ich ganz egoistisch und stehe eigenen Vorwurfsgefühlen, Empörungen und Ärgergefühlen nicht zur Verfügung - mit gutem Gewissen und tiefem Verständnis für mich selbst.

Vertiefungen

Gunther Schmidt weist darauf hin: „Sie können sagen: ‚Weil du dich so verhalten hast, musste ich so reagieren.‘ Ob das jedoch der Fall ist, lässt sich bezweifeln. In jedem Fall schafft eine solche Reaktion eine besondere Form der Innigkeit." Abwehr bindet.

„Da man keine Kontrolle hinsichtlich des Wohlergehens eines anderen hat, sollte man auch nicht die Verantwortung hierfür übernehmen. Wenn man das doch tut, erwachsen einem angemaßte Schuldgefühle", hat Klaus Mücke beobachtet.

„Mitleid erniedrigt den anderen für das, was er trägt." (Bert Hellinger)

„Wenn man eine Beziehung, d. h. ein Zugehörigkeitssystem, verlässt, reagiert man unvermeidlich mit Schuldgefühlen", schreibt Klaus Mücke. Er begründet es mit folgender Sichtweise: „Das Gewissen des Menschen kann als systemisches Sinnesorgan aufgefasst werden, das die Aufgabe hat, sich schmerzhaft bemerkbar zu machen, wenn jemand durch sein Handeln gegen die Regeln eines seiner sozialen Zugehörigkeitssysteme verstößt."

Manche Menschen entwickeln sich nur wenig, weil sie nicht ihr Zugehörigkeitssystem verraten oder verletzen wollen.

Zugehörigkeit und Zur-Verfügung-Stehen sind zweierlei. Ich kann als Therapeut einem fremden System zur Verfügung stehen, ohne dass ich dazugehöre. Dort habe ich kein schlechtes Gewissen, wenn ich mich nicht mehr zur Verfügung stelle. Wenn ich aber zu einem System dazugehöre (meine eigene Familie), so fühle ich ein schlechtes Gewissen, wenn ich mich nicht mehr zur Verfügung stelle. Möchte ich das lösen, muss ich zustimmend davon ausgehen, dass das System eventuell verletzt ist, wenn ich mich ohne schlechtes Gewissen zurückziehe, und diese Verletzung achten, wie sie ist. Auch wenn ich in meiner Familie kein Zugehörigkeitsgefühl mehr habe, gehöre ich natürlicherweise doch immer dazu.

Es gibt eine weitere Zugehörigkeit, die wir nie verlieren: unsere universelle Verbundenheit. Sehen wir uns auf der universellen Ebene in ständiger Verbindung, verschwindet unser schlechtes Gewissen vollständig und ein liebevolles Gefühl erhält Raum. Wir wissen: „Ich kann euch nie wirklich verlassen. Ich kann nur gehen – doch wir bleiben auf der Ebene unserer Gefühle immer in Verbindung und gehören zusammen."

Wenn wir wissen, dass wir auf der Ebene der Gefühle immer in Verbindung bleiben, weil sowieso alles miteinander verbunden ist, gibt es auf dieser Ebene auch keine Trennung und keinen Verlust. Wir brauchen dort keine Furcht zu haben – und kein schlechtes Gewissen.

„Auf die Frage: ‚Was ist Freiheit?' antwortete ein Weiser: Ein gutes Gewissen." (Theodor Gottlieb von Hippel, Staatsmann und Schriftsteller im 18. Jh.)

Können wir die Ebene der totalen Verbindung für uns realisieren und erkennen, dass wir dort immer dazugehören, sind wir frei.

Wir erleben Unglück und wollen Glück.
Der Friede liegt in der Sichtweise,
dass das Unglück ein schmerzhafter Teil
des absoluten – immer vorhandenen – Glücks ist.

„Ich stehe nicht mehr zur Verfügung“

Sebastian singt in einem Chor. Die Chorleiterin ist ein ungeduldiger Charakter und geht ab und zu barsch und unhöflich mit den Sänger*innen um. Sebastian fühlt sich dabei nicht wohl, denn durch seine Anwesenheit steht er der gesamten Situation zur Verfügung und nimmt die Ungleichgewichte wahr, fühlt sie selbst in Form von Stress. Wie kann er die Situation so verändern, dass es ihm besser geht?

Christiane und Harald sind ein Paar. Immer wieder gibt es Momente, in denen Christiane eine Unruhe in sich fühlt. Sie weiß, dass diese Unruhe mit Harald zusammenhängt, denn Harald verhält sich gerade auf eine Weise, wie es Christiane nicht gefällt. Sie weiß aber auch, dass sie nicht ständig an ihm herumkritisieren möchte. Wie kann sie es so verändern, dass sie gelassen auf sein Verhalten schauen kann, ohne dabei unruhig zu werden?

Meine Frau und ich organisieren wöchentlich einen Gruppenabend mit Aufstellungen, an dem Menschen uns als Berater für Lösungen ihrer persönlichen Ungleichgewichte nutzen. Manchmal erläutere ich jemandem meine Sichtweisen und fühle, dass mein Gegenüber es nicht nachvollziehen kann. Dann reagiere ich zunächst mit einer inneren Unruhe und erkläre noch länger und ausführlicher. Ich fange an, mich unzufrieden zu fühlen. Beim Erklären stehe ich dem anderen zur Verfügung und es könnte sein, dass ich den Stress des anderen wahrnehme. Denn er fühlt sich möglicherweise gestresst oder verwirrt, weil er mir gerade nicht mehr folgen kann, sich selbst dabei für „dumm“ hält und sich nicht traut, nachzufragen. Wie kann ich es verändern, so dass ich seinen Stress nicht mehr wahrnehme, sondern in mir auch dann eine Ausgeglichenheit fühle, wenn jemand anders mich nicht versteht?

Immer wieder streiten Paare miteinander. Meistens sind sie sich gar nicht bewusst, dass ein Großteil der Auseinandersetzungen nur zustande kommt, weil der eine dem anderen zur Verfügung steht und dabei Ungleichgewichte in Form von resonierenden Empfindungen fühlt. Da man sich aber gegen diese unangenehmen Gefühle wehrt und sie loswerden möchte, beginnt man den anderen zu kritisieren, denn er ist ja der Auslöser dieser Gefühle. Man sieht die Verantwortung beim anderen, nicht bei sich selbst. Nur wenige haben bisher erkennen können, dass ihre eigenen Veränderungswünsche und das „Zur-Verfügung-Stehen“ in ihnen diese resonierenden Empfindungen möglich machen.

Wie können wir all diese Situationen für uns lösend beeinflussen? Ich habe sechs Möglichkeiten für bessere Gleichgewichte entdeckt:

1) Ich wehre mich nicht mehr gegen meine Gefühle und stimme vollständig zu, dass ich jetzt gerade zur Verfügung stehe und so fühle.

Das ist nicht immer einfach, denn trotz unserer Zustimmung bleiben die Gefühle bestehen. Warum? Weil wir mit unseren resonierenden Empfindungen die Situation *wahrnehmen.* Je länger wir auf etwas schauen, desto länger sehen wir es auch. Wenn ich meine Augen auf die Farbe Rot richte, sehe ich rot – und zwar so lange, wie ich darauf schaue. Genauso ist es mit unseren Empfindungen. Solange ich einer Situation zur Verfügung stehe und sie dadurch wahrnehme, fühle ich auch die gleichen Empfindungen.

Manchmal werden diese resonierenden Empfindungen durch unsere Abwehr noch verstärkt, denn wir haben einen Wunsch nach Veränderung und nehmen dadurch die Ungleichgewichte noch intensiver wahr. Wenn wir dann unsere Abwehr aufgeben und der Situation zustimmen, kann es uns deshalb etwas besser gehen. Doch unsere resonierende Empfindung bleibt. Vielleicht wird sie manchmal sogar noch klarer. Ich habe ab und zu die Erfahrung gemacht, dass ich mit mir ein Problem löste, eine innere Abwehr aufgab und anschließend das unangenehme Gefühl stärker und klarer wurde, anstatt zu verschwinden oder geringer zu werden. Gleichzeitig wurde mir aber auch bewusst, was ich denn da eigentlich wahrnehme, und ich konnte es formulieren und direkt darauf reagieren. Es war kein „Problem“ mehr, sondern hatte sich in eine Erkenntnis transformiert, mit der ich gut umgehen konnte. Durch das Lösen eines eigenen Ungleichgewichtes wurde ich offener für diese resonierende Empfindung und konnte mich damit der Situation bzw. dem anderen nützlich und erfolgreich für eine Weiterentwicklung zur Verfügung stellen.

Probieren Sie auch aus, was sich ändert, wenn Sie laut oder unhörbar innerlich den Satz aussprechen: „Ich fühle dieses Gefühl für dich“ (im Sinne von: „Ich tue es für dich“).

Fons Delnooz schlägt in seinem Buch *Energetischer Schutz* vor, seine Körperteile anzulächeln. Vielleicht machen Sie sich bewusst, wo in Ihrem Körper gerade das unangenehme Gefühl am stärksten zum Vorschein kommt, lächeln innerlich diesen Teil Ihres Körpers liebevoll an und begrüßen damit das Gefühl.

Also: Auch bei einer inneren Zustimmung bleiben die resonierenden Empfindungen bestehen, solange wir nicht eine der folgenden Möglichkeiten wählen.

2) Ich stelle mich nicht mehr zur Verfügung, lasse es jetzt so und ziehe mich achtungsvoll zurück.

Wenn wir uns aus der Situation zurückziehen, hört damit automatisch unsere resonierende Empfindung auf. Wichtig dabei ist, dass wir uns selbst deutlich machen, dass wir durch unser Weggehen nun nicht mehr zur Verfügung stehen. Wir können dazu innerlich den Satz aussprechen: „Ich stehe jetzt dafür nicht mehr zur Verfügung und konzentriere mich nun auf mein eigenes Ziel." Manchmal gehen wir jedoch in der Hoffnung, dass der andere durch unser Weggehen Schmerz erfährt und sein Verhalten verändert. Oder wir wollen uns mit unserer Distanzierung beim anderen rächen und einen Ausgleich für den eigenen Schmerz herbeiführen. Wir gehen mit innerer Härte, vielleicht schwingt in unserem Gefühl sogar noch ein „Du kannst mich mal ...!" mit. Oder wir haben dabei Angst und befürchten die ganze Zeit, dass der andere uns hinterherkommt. Wir wehren uns stark gegen das Erlebte. Oder wir könnten befürchten, dass uns unser Gehen vielleicht gar nicht befreien wird. In all diesen Fällen ist unser Weggehen kein wirkliches Weggehen. Wir stehen mit unseren Ungleichgewichten dem anderen und der Situation immer noch zur Verfügung, denn wir wollen beim Weggehen unbedingt etwas verändern. Unser Ziel ist immer noch auf den anderen bezogen, anstatt dass wir ein komplett unabhängiges neues Ziel verfolgen. Auf diese Weise bleiben unsere unangenehmen resonierenden Empfindungen bestehen oder kommen nach kurzer Zeit wieder.

Ein Weggehen, das uns von resonierenden Empfindungen vollständig befreien soll, muss ein Weggehen sein, bei dem wir gleichzeitig die Situation achtungsvoll annehmen und sie nicht mehr verändern wollen. Wir müssen unseren Veränderungswunsch vollständig loslassen – und das gelingt nur durch Würdigen und „Achten, wie es ist". Wir geben der Situation keine negative Bewertung, sondern gehen einfach weg und sagen zu uns selbst innerlich (ausgeglichen, liebevoll, achtend, anerkennend, sich verneigend): „Ich achte es, wie es ist, und stehe damit nicht weiter zur Verfügung. Ich lasse die Ungleichgewichte so, wie sie sind. Sie haben einen Platz in meinem Herzen. Nun konzentriere ich mich auf etwas Neues." Manchmal hilft mir der folgende Vergleich: Das „Anerkennen, was ist" ist wie ein nicht vollständig geübtes Klavierstück oder nur halb gelerntes Gedicht, das ich jetzt so im Ungleichgewicht stehen lasse.

Wenn in einer Partnerschaft der andere unseren emotionalen Rückzug in einem bestimmten Bereich wahrnimmt und nicht damit umgehen kann, reagiert er meistens mit einer inneren Distanz. Er ist verletzt oder denkt, sich von uns ebenfalls ein wenig „trennen" zu müssen. So etwas können wir auf der Gefühlsebene wahrnehmen. Es zeigt sich darin, dass wir uns zwar liebevoll zurückziehen, anschließend aber ein Distanzgefühl zwischen uns und dem anderen spüren – und ein schlechtes Gewissen. Oft bin ich dann wieder auf denjenigen zugegangen und habe ihn gefragt, wie er gerade mit der Situation umgeht. Er bestätigte dann seine innere Distanz, und ich konnte klären, dass ich mich nicht distanziere, sondern mich nur für etwas Bestimmtes nicht mehr zur Verfügung stelle, gleichzeitig aber seiner Person gegenüber achtungsvoll offen bleibe. Wenn der andere diese Erklärung weiterhin nicht versteht, müssen wir auch seine Distanzierung und unser Distanzgefühl so achten, wie sie sind. Kann er es nachvollziehen und öffnet sich wieder, dann fühlt sich unser Rückzug angenehmer an. Es geschieht in beiderseitigem Einverständnis, ohne innere Distanzierung, sondern mit gegenseitiger liebevoller Offenheit.

Sobald wir aber im Groll gehen oder mit Verletzungs-Absichten o. ä., werden die unangenehmen resonierenden Empfindungen bestehen bleiben, denn wir sind immer noch im Kontakt und stehen zur Verfügung. Wir kämpfen. Vielleicht geschieht dies, damit wir irgendetwas durch die Situation genauer **kennenlernen** oder üben können. Irgendein Teil von uns hält daran fest oder sucht nach etwas. Wir haben immer noch Veränderungs- und Verbesserungswünsche und können nicht wirklich loslassen. Deshalb stehen wir der Situation innerlich noch zur Verfügung und fühlen die entsprechenden Gefühle.

Vielleicht kann in dem Fall folgender Satz helfen: "Ich sehe deine Heilungshierarchie, nehme sie komplett ernst, habe Mitgefühl und stehe dafür jetzt nicht weiter zur Verfügung. Ich wünsche dir von Herzen viel Unterstützung von anderen Menschen und vom Universum." Was genau eine Heilungshierarchie ist, erläutere ich im nächsten Abschnitt ab Seite 131: *Sich von Heilungshierarchien befreien*.

3) Ich bleibe in der Situation und spreche meine Gefühle aus. Dadurch verändere ich die Situation – und dementsprechend auch meine Gefühle.

Ein Beispiel: Ich stehe jemandem für ein Experiment als Stellvertreter zur Verfügung. Der Betreffende wünscht, dass ich ihn wie in einer Familienaufstellung selbst vertrete und mich in ihn einfühlen soll. Ich berichte ihm von meinen Gefühlen. Der andere fühlt sich verstanden und ist deshalb so sehr berührt, dass er in Tränen ausbricht. Nach einer Phase des Weinens kann er wieder befreit durchatmen. Ich fühle mich als sein Stellvertreter ebenso freier. Meine Gefühle haben sich dadurch verändert, dass ich sie ausgesprochen habe und meine Worte zu einer Veränderung der Person bzw. Situation geführt haben.

Oder: Gustav wird in seinem Job von seiner Chefin eher nebensächlich behandelt. Gustav fühlt sich dabei übersehen. Als er der Chefin einfach sein Gefühl beschreibt („Ich fühle mich von Ihnen übersehen"), wird der Chefin etwas bewusst. Es tut ihr leid, sie verändert ihr Verhalten Gustav gegenüber und Gustav fühlt sich von ihr integriert.

Oder: Beate fühlt im Kontakt mit ihrem Partner Holger ein Ungleichgewicht. Sie beginnt es in Worte zu fassen. Holger denkt darüber nach und kommt für sich zu einer neuen Erkenntnis. Daraufhin fühlt sich Beate automatisch besser.

Wenn wir unsere Gefühle liebevoll mitteilen und es gleichzeitig dem anderen Menschen überlassen, wie er darauf reagieren möchte (um ihn nicht unter Druck zu setzen oder ihm Vorwürfe zu machen), können wir so manches positive Veränderungswunder bei ihm erleben. Vielleicht war sich unser Gegenüber nur einfach nicht bewusst, dass sein Verhalten auf andere so unangenehm wirkt – und wir haben mit unserer Mitteilung bei ihm Raum für ein neues Bewusstsein geschaffen.

Leider erleben wir öfter auch, dass unsere Umwelt auf solche Gefühlsmitteilungen eher mit Widerstand, Rechtfertigung, Distanzierung oder sogar Strafe reagiert. Schauen Sie, ob dieser Widerstand eine

Reaktion auf Ihren vielleicht strengen, dogmatischen oder einfach nur unachtsamen Tonfall sein könnte. Möglicherweise hat Ihr Gegenüber eine Erwartung oder Be-Haupt-ung in Ihnen gespürt und wehrt sich nun dagegen, fühlt einen Widerstand. Achten Sie darauf, dass Sie Ihre Mitteilung sehr achtungsvoll ausdrücken, als Informationsangebot für den anderen. Dann besteht eher die Chance, dass Ihr Gegenüber für eine Einsicht bereit ist.

Lösen Sie jedoch trotzdem im anderen einen Widerstand aus oder können sich nicht anders als „streng" oder „dogmatisch" verhalten, dann könnte das vielleicht dazugehören. Möglicherweise ist gerade die nun folgende Auseinandersetzung der Weg zu einem besseren Gleichgewicht. Lassen Sie den Streit eine Weile zu und beobachten Sie, in welche Richtung er sich entwickelt. Vielleicht gibt es ja später tatsächlich ein Happy End und Ihnen ist im Streit ein passender Satz eingefallen, der den anderen unerwartet verändert hat? Folgen Sie Ihren Gefühlen und beobachten Sie gleichzeitig, ob Sie bestimmte Zusammenhänge entdecken können.

Sollte sich nach einer gewissen Weile im Außen nichts verändern, dann können Sie eine der anderen Möglichkeiten wählen, um Ihr Gefühl zu lösen.

4) Ich lenke ab, drehe den Spieß um und bitte aktiv mein Gegenüber, mir zur Verfügung zu stehen.

Ich lag neulich auf der Terrasse in der Sonne, hatte die Augen geschlossen und wollte ein kleines Mittagsschläfchen halten. Zwei Kinder spielten im angrenzenden Garten des Nachbarn. Sie entdeckten mich und fingen an, in meine Richtung Geräusche zu machen. Wahrscheinlich wollten sie schauen, ob ich reagiere. Ich hörte ein „Psssst" – nach einer Pause noch einmal „Pssssssst!" – anscheinend wollten sie, dass ich die Augen aufmache und mich nach ihnen umschaue – dann hätten sie sich möglicherweise schnell versteckt (meine Vorahnung). Ich reagierte nicht, war aber mit meiner inneren Aufmerksamkeit an diese Kinder gebunden. Ich stand den Kindern zur Verfügung. Dann hörte ich ein leises Stimmchen: „Aufwachen." Ich sagte mir innerlich, dass ich nun den Kindern nicht mehr zur Verfügung stehe und probierte aus, wie sich diese Einstellung anfühlt. „Aufwachen!" war nun etwas lauter zu hören und meine Aufmerksamkeit war sofort wieder bei den Kindern, denn ihre Aufmerksamkeit war auch intensiv auf mich gerichtet. Es war mir nicht möglich, *innerhalb* der Situation nicht zur Verfügung zu stehen. Aber ins Haus gehen wollte ich auch nicht – da hätte ich zwar auf jeden Fall meine Ruhe gehabt, jedoch keine Sonne mehr. Ich beschloss, etwas zu sagen, öffnete meine Augen, stand langsam auf und drehte mich um – es waren keine Kinder zu sehen (Bestätigung meiner Vorahnung). Ich ging ein paar Schritte in die Richtung, aus der vorher die Stimmen gekommen waren, und sagte deutlich: „Könnt ihr mich bitte in Ruhe schlafen lassen?" Keine Antwort. Nach kurzem Warten drehte ich mich wieder zurück und ging zu meiner Liege. Bevor ich mich hinlegte, schaute ich jedoch noch einmal in die Richtung der Kinder – und sah einen kleinen Kopf um die Ecke gucken. Ich wollte noch eine Bestätigung und sagte: „Ja?" Das Kind reagierte mit einem Stimmchen, das auf einmal schüchtern klang: „Ja." Und ab da hatte ich meine Ruhe. Die Kinder spielten zwar laut drüben im Garten, hatten jedoch ihre Aufmerksamkeit nicht mehr so gezielt auf mich gerichtet. Ich konnte allmählich abschalten und meinen Gedanken um den Kinderlärm herum freien Lauf lassen.

Später wurde mir klar, was ich gemacht hatte: Zuerst stand ich in meinem scheinbar schlafenden Zustand den Kindern zur Verfügung. Nach meiner klaren Bitte standen die Kinder mir zur Verfügung. Ein banaler Rollentausch, den wir aber gezielt für andere Situationen anwenden können.

Fragen Sie sich, wo und wie Sie in der aktuellen unangenehmen Situation die Rollen tauschen können, so dass Sie nicht mehr Ihrem Umfeld zur Verfügung stehen, sondern Ihr Umfeld Ihnen zur Verfügung steht. Diesen Rollentausch können Sie einleiten, indem Sie eigene Wünsche und Ziele ins Spiel bringen. Bisher haben Sie den Wünschen und Zielen Ihres Umfeldes zur Verfügung gestanden und resonierende Empfindungen in sich gespürt. Äußern Sie nun eigene Wünsche und Ziele und bringen sie verstärkt in den Fokus, vielleicht sogar mit einem gewissen Leidensdruck, dann können Sie dadurch einen Rollenwechsel anregen und Ihr Umfeld beginnt eventuell, Ihnen zur Verfügung zu stehen. Schon alleine wenn Sie Ihre Bedürfnisse in Worte fassen und Ihr Gegenüber hört Ihnen zu, ist ein Rollenwechsel passiert.

5) Ich drehe den Spieß *innerlich* um: Nicht ich stehe der Situation zur Verfügung, sondern die gesamte Situation steht ab sofort mir zur Verfügung.

Diese Möglichkeit möchte ich Ihnen ganz besonders ans Herz legen, weil ich selbst mit ihr die wirkungsvollsten und besten Erfahrungen mache:

Wir können uns dazu entscheiden, unsere Umwelt heimlich als „Stellvertreter" zu betrachten. Wir sagen uns, dass wir allen beteiligten Personen innerlich eine Rolle zuweisen, und beobachten, wie sie sich uns gegenüber verhalten und was es uns zu sagen hat. Ich fühle die größte Erlösung, wenn ich den Personen um mich herum allen die gleiche Rolle gebe: „das weise Universum". Jeder Mensch ist Stellvertreter für das weise Universum, das mich darin unterstützt, in meinem Leben optimal dazuzulernen. Dies ist ein Rollenwechsel im großen Stil. Nicht mehr ich stehe in einer Rolle meinem Umfeld zur Verfügung, sondern ich gebe meinem gesamten Umfeld Rollen, die nun mir für meine Weiterentwicklung dienen.

Auf einmal schaue ich ganz anders auf die Menschen und beobachte, was für ein Theaterstück mir das weise Universum vorspielt und was es mir damit sagen möchte. Ich kämpfe nicht mehr. Ich gehe davon aus, dass dieses Problem mir irgendeinen Nutzen bringt. Ich schaue, welche Lernmöglichkeiten für mich in dieser Situation vorhanden sind, und stimme daher allen Verhaltensweisen aller Beteiligten zu. Auch meinen eigenen Verhaltensweisen und Reaktionen. Ich vertraue sogar darauf, dass das Verhalten aller Beteiligten irgendwie einen sinnvollen Zusammenhang hat, den ich im Moment nur noch nicht erkennen kann. Ich kann mich darauf verlassen, dass die beteiligten Personen für sich selbst sorgen und nur Hilfe von mir brauchen, wenn sie mich konkret darum bitten. Ich fühle, dass das Richtige von selbst passieren wird. Ab und zu habe ich bereits etwas erlebt, was ich aus einer Situation mit meinen Eltern kannte. Nun konnte ich die Chance nutzen und mich aufs Neue fragen, wie ich sowohl die gegenwärtige als auch die vergangene Situation besser verstehe. Dann zeigte sich mir in der Gegenwart eine Lösung, die damals noch nicht möglich war, und ich fühlte mich tief berührt.

Oft geben wir unbewusst unserer Umwelt die Rolle „das, was verändert werden soll" oder „das, was Hilfe braucht". Wie anders fühlen wir uns, wenn wir allem um uns herum die Rolle „das weise Universum" geben. Da existiert etwas, das mehr weiß als ich: das Universum. Und es steuert alles perfekt (inklusive mich) mit dem passenden Gespür und Hintergrundwissen, in das ich keinen Einblick haben kann. Doch ich kann lernen.

Wenn ich also meinem Gegenüber diese neue Rolle gebe, bin ich sofort meine unangenehmen Gefühle los! Vielleicht entdecke ich sogar, was mir das Verhalten des anderen Menschen an Neuem mitteilen will.

Manchmal erlebe ich – da ich nun mit einer ganz anderen Haltung beobachte –, dass meine Umwelt sich plötzlich verändert und auch ganz anders auf mich reagiert. In dem Moment erkenne ich, dass ja tatsächlich meine Umwelt mir zur Verfügung gestanden und meine Haltung gespiegelt hat. Sie erinnern sich: Durch die Art unserer Beobachtung beeinflussen wir das, was wir beobachten.

6) Ich sehe einen Sinn in dem, wie es gerade ist, und kann es deshalb vollständig achten und anerkennen. Es ist perfekt, wie es ist. Es spielt keine Rolle, ob ich zur Verfügung stehe.

Zu dieser sechsten Möglichkeit fallen mir keine Erläuterungen ein. Es ist perfekt, wie es ist. In dieser Erkenntnis liegt die Freiheit.

„Hier und Jetzt sind du und die Welt perfekt!" (Frank Arjava Petter)

„ Der Weise stimmt der Welt zu, so wie sie ist, ohne Angst und ohne Absicht." (Bert Hellinger)

„Wenn man diesen Augenblick in seiner Ganzheit versteht, dann gibt es nichts mehr zu tun und nichts mehr zu erreichen." (Tsunetomo Yamamoto)

„Es ist, wie es ist", sagt die Liebe – und lächelt ...

Ich komme zurück zu den Beispielen, die ich am Anfang offengelassen hatte.

Wie kann Sebastian sein Problem gegenüber seiner Chorleiterin mit Hilfe dieser sechs Möglichkeiten lösen?

1) Er fühlt weiterhin die Ungleichgewichte – doch ohne sich dagegen zu wehren. Er steht einfach mit seinem Gefühl zur Verfügung und überlässt den Rest den anderen.

2) Er geht aus dem Chor weg und kann sich innerlich sagen: „Ich achte es, wie es ist, und stehe damit nicht mehr zur Verfügung."

3) Er führt ein Gespräch mit der Chorleiterin, teilt ihr sein Gefühl mit und macht ihr auf diese Weise bewusst, was ihre Chormitglieder fühlen. Sollte die Leiterin sich daraufhin in ihrem Verhalten verändern, ist Sebastian seine unangenehmen Gefühle los.

4) Er ist ganz mutig, erzählt öffentlich von seinen Gefühlen und bittet die Chorleiterin und die betreffenden Chormitglieder darum, auf ihn Rücksicht zu nehmen und solche Unstimmigkeiten in Zukunft freundlicher zu lösen. Oder er erschafft absichtlich ein neues Problem, das von den bisherigen Unstimmigkeiten ablenkt.

5) Er stellt sich innerlich vor, dass die Chorleiterin und auch die übrigen Chormitglieder für ihn „das weise Universum" darstellen. Dann beobachtet er, ob er in dem Verhalten der anderen gewisse Botschaften erkennen kann, die ihm dabei helfen, die Gesamtsituation und auch seine eigenen Gefühle besser zu verstehen.

6) Er erkennt, dass alles perfekt ist - so wie es ist. Er fühlt viele stimmige Zusammenhänge, er fühlt, wie alles zusammenpasst, er fühlt, wer was durch die Situation lernen kann, er fühlt, dass er selbst für eine Veränderung nicht unbedingt gebraucht wird. Es spielt keine Rolle, ob er zur Verfügung steht oder nicht. Er ist einfach Sänger – und das mit Leib und Seele. Würde er gefragt und um Hilfe gebeten, wäre er selbstverständlich bereit, dafür zur Verfügung zu stehen.

Wie kann Christiane ihre Ungleichgewichte mit Harald lösen?

1) Sie fühlt weiterhin die Ungleichgewichte – doch ohne sich dagegen zu wehren. Sie steht einfach mit ihrem Gefühl zur Verfügung und überlässt Harald den Rest.

2) Immer wenn sie sich im Kontakt mit Harald unwohl fühlt, zieht sie sich liebevoll zurück, achtet es, wie es ist, steht damit nicht mehr zur Verfügung und kümmert sich um etwas anderes.

3) Sie spricht Harald an und redet mit ihm über das, was sie fühlt. Vielleicht hat er dadurch eine Erkenntnis, es kann sich bei ihm etwas lösen, er verändert sich – und gleichzeitig ändern sich Christianes resonierende Empfindungen.

4) Sie bittet Harald um einen Gefallen. In dem Moment steht er ihr zur Verfügung – und der Spieß ist umgedreht.

5) Christiane stellt sich innerlich vor, Harald sei für sie ein Stellvertreter für „das weise Universum". Anschließend beobachtet sie sein Verhalten. Gibt es dort vielleicht etwas, das ihr bei ihren momentanen eigenen Problemen weiterhelfen kann? Kann sie durch sein Verhalten zu einer Erkenntnis über ein eigenes Problem gelangen?

6) Sie erkennt, dass alles perfekt ist, so wie es ist. Sie fühlt viele stimmige Zusammenhänge, sie fühlt, wie alles zusammenpasst, sie fühlt, was Harald durch die Situation lernen kann, sie fühlt, dass sie selbst für eine Veränderung nicht unbedingt gebraucht wird. Es spielt keine Rolle, ob sie zur Verfügung steht oder nicht. Sie ist einfach „nur" Partnerin – und das mit Leib und Seele. Würde sie gefragt und um Hilfe gebeten, wäre sie bereit, dafür zur Verfügung zu stehen.

Wie kann ich mit Gruppenteilnehmer*innen umgehen, die meine Erklärungen nicht sofort nachvollziehen können?

1) Ich fühle weiterhin die Ungleichgewichte – doch ohne mich dagegen zu wehren. Ich stehe einfach mit meinem Gefühl zur Verfügung und überlasse den Rest den anderen.

2) Immer wenn ich mich beim Erklären unwohl zu fühlen beginne, beende ich sofort meine Erklärung, ziehe mich innerlich liebevoll zurück, achte es, wie es ist, stehe damit für diese Frage nicht mehr zur Verfügung und warte, bis ich eine Aufforderung zum Weiterreden oder eine neue Frage erhalte.

3) Ich erzähle der Teilnehmerin von meinem Unwohlgefühl und frage sie, ob es da vielleicht einen Zusammenhang gibt. Fühlt sie sich gerade genauso unwohl? Hat sie etwas nicht nachvollziehen können? Soll ich es noch einmal anders erklären? Vielleicht gewinnt mein Gegenüber dadurch eine Erkenntnis oder bekommt Mut, nachzufragen, und ich fühle mich beim weiteren Erklären entlasteter.

4) Ich tue so, als ob ich den roten Faden verloren habe und bitte die Teilnehmerin, mir mitzuteilen, was sie bisher verstanden hat. In dem Moment beginnt sie, mir etwas zu erklären. Der Spieß ist umgedreht. Vielleicht kann ich dann durch die Art und Weise, wie die Teilnehmerin etwas erklärt, Rückschlüsse auf meine Gefühle ziehen, die ich beim

Erklären spürte? Oder ich lerne, welches Erklärungsmuster sie benutzt, und wende es dann umgekehrt ihr gegenüber auch an, so dass sie mich möglicherweise besser verstehen kann.

5) Ich stelle mir innerlich vor, die Teilnehmerin sei für mich eine Stellvertreterin für „das weise Universum“ und beobachte ihr weiteres Verhalten und/oder meine Gefühle, während ich ihr etwas erkläre. Kann ich vielleicht etwas erkennen, das mir hilft, meine Erklärungen noch genauer auf den Punkt zu bringen? Erhalte ich dadurch neue Ideen?

6) Ich erkenne, dass alles perfekt ist, so wie es ist. Ich fühle den Zusammenhang, ich fühle, wie es passt, ich fühle, was die Teilnehmerin durch mein Erklären und ihren Stress sonst noch lernen könnte, ich fühle, dass ich selbst für eine Veränderung nicht unbedingt gebraucht werde. Es spielt keine Rolle, ob ich zur Verfügung stehe oder nicht. Ich bin einfach „nur“ erklärender Berater – und das mit Leib und Seele. Würde ich neu gefragt und um Hilfe gebeten, wäre ich bereit, für eine weitere Erklärung zur Verfügung zu stehen.

Ich habe mir diese sechs Möglichkeiten groß auf ein Blatt Papier geschrieben und an die Wand gehängt. Trotzdem vergesse ich sie manchmal und bleibe für eine Weile in unangenehmen Gefühlen stecken. Hinterher stelle ich fest: Ich habe dadurch gerade intensiv etwas lernen können. Mein Vergessen hat auch dazugehört. Und ich lächle mir selbst zu.

Um sich diese sechs Möglichkeiten gut merken zu können, biete ich Ihnen sechs Körperanker für Ihr Gedächtnis an. Verknüpfen Sie diese Möglichkeiten mit ihrer Hand:

1) Ich wehre mich nicht mehr gegen meine Gefühle und stimme vollständig zu, dass ich jetzt gerade zur Verfügung stehe und so fühle.

Körperanker: Ringfinger. Am Ringfinger tragen wir oft einen Freundschafts- oder Ehering. Er symbolisiert eine Verbindung. Hier bedeutet es: Ich bleibe mit der Situation in Verbindung, ich bleibe mit ihr "verheiratet", stehe zur Verfügung und stimme dem zu - inklusive meiner resonierenden Empfindungen.

2) Ich stelle mich nicht mehr zur Verfügung, lasse es jetzt so und ziehe mich achtungsvoll zurück.

Körperanker: Der Mittelfinger als Stinkefinger ("Du kannst mich mal und ich ziehe mich jetzt zurück!") - allerdings nicht so achtungslos, sondern auf achtungsvolle Weise. Wir beugen den Mittelfinger und betrachten diese Beugung als "Verbeugung". Wir verbeugen uns vor der Situation und den daran beteiligten Menschen, bevor wir uns dann zurückziehen.

3) Ich bleibe in der Situation und spreche meine Gefühle aus. Dadurch verändere ich die Situation – und dementsprechend auch meine Gefühle.

Körperanker: Zeigefinger. Ich zeige mit dem Zeigefinger auf mich selbst, auf meine Gefühle, darauf, wie es mir selbst geht, und erzähle von mir.

4) Ich lenke ab, drehe den Spieß um und bitte aktiv mein Gegenüber, mir zur Verfügung zu stehen.

Körperanker: Kleiner Finger. Der kleine Finger ist am schwächsten und benötigt selbst Hilfe. Er braucht andere, die ihm zur Verfügung stehen. Deshalb dreht er den Spieß um und bittet um Hilfe.

5) Ich drehe den Spieß innerlich um: Nicht ich stehe der Situation zur Verfügung, sondern die gesamte Situation steht ab sofort mir zur Verfügung.

Körperanker: Die Handinnenfläche mit ihren Handlinien. In den Handlinien suchen wir danach, was sie bedeuten, was sie über uns selbst auszusagen haben. Ich frage mich, was diese Situation für mich zu bedeuten hat, auf welche Weise sie mir zur Verfügung stehen kann, für welche Ziele sie mir dient. Dafür betrachte ich alles und jeden als "weises mir Antwort gebendes Universum".

6) Ich sehe einen Sinn in dem, wie es gerade ist, und kann es deshalb vollständig achten und anerkennen. Es ist perfekt, wie es ist. Es spielt keine Rolle, ob ich zur Verfügung stehe.

Körperanker: Der Daumen. "Daumen hoch" bedeutet: "Es ist perfekt, wie es ist!"

Ich wiederhole noch einmal diese Verknüpfungen in der Reihenfolge der Finger. Welche Möglichkeiten haben wir, die Wirkung einer Situation zu verändern?

Daumen hoch: Es ist perfekt, wie es ist.

Zeigefinger deutet auf mich selbst: Ich spreche aus, wie es mir gerade geht.

Mittelfinger, der sich beugt: Ich verlasse achtungsvoll die Situation.

Ringfinger: Ich bleibe mit der Situation in Verbindung, stimme meinen resonierenden Empfindungen zu und beobachte weiter.

Kleiner Finger: Ich sorge dafür, dass andere mir zur Verfügung zu stehen, mich unterstützen oder mir helfen.

Handlinien: Ich frage mich, was diese Situation, die mir "das weise Universum" zur Verfügung stellt, zu bedeuten hat. Was spiegelt sie mir? Wie hilft sie mir? Was kann ich dazulernen?

Im vierten Kapitel ergänze ich diese sechs Möglichkeiten mit einer siebten und schreibe sie Ihnen hier bereits auf, damit Sie alle Möglichkeiten dicht beieinander versammelt haben.

Handfläche auf Brustbein legen: Es hat mit mir zu tun. Welcher unverarbeitete Verlustschmerz aus meiner Vergangenheit steckt hinter dieser unangenehmen Situation und meinen Gefühlen?

Vertiefungen

Wenn ich auf eine äußere Veränderung warte, binde ich mich und bin nicht mehr ganz frei.

Zu 1) (Ringfinger)

Die Sichtweise von Ariel & Shya Kane ergänzt dazu: „Je mehr du bereit bist, ganz hier zu sein und deine Vergangenheit, deine Geschichte loszulassen, desto mehr kann sich das Leben im gegenwärtigen Augenblick entfalten.“

„Manchmal können lösbare Probleme erst dann gelöst werden, wenn sie als unlösbar betrachtet werden und wie Restriktionen [Beschränkungen] behandelt werden. Im Umgang mit dem Problem als Restriktion liegt dann oft die Lösung.“ (Klaus Mücke)

„Trage muntern Herzens deine Last, und übe fleißig dich im Lachen! Wenn du an dir nicht Freude hast, die Welt wird dir nicht Freude machen.“ (Paul von Heyse, Schriftsteller, 1910 Nobelpreis für Literatur)

„Die Ablösung gelingt, indem man die Bindung anerkennt.“ (Bert Hellinger)

Zu 2) (Mittelfinger)

Die ersten zwei Zitate beziehen sich auf das Problem, das entsteht, wenn man sich *nicht* achtungsvoll zurückzieht, sondern mit Abwehrgefühlen:

„Jemanden vergessen wollen heißt, an ihn denken.“ (Jean de La Bruyère, französischer Schriftsteller im 17. Jh.)

„Symmetrische Eskalationen absorbieren die Aufmerksamkeit häufig so stark, dass man auch dann noch mit dem Partner mental verbunden bleibt, wenn man im Moment gerade nicht bei ihm ist. Sie sorgen so – ob man will oder nicht – für Nähe.“ (Gunther Schmidt)

„Kein Mensch kann unter veränderten Kontextbedingungen der gleiche bleiben. Häufig kann man durch eine bloße Ortsveränderung seine Probleme loswerden bzw. lösen – von wegen, dass man seine Probleme immer mitnähme.“ (Klaus Mücke)

Zu 3) (Zeigefinger)

Diese Möglichkeit ist etwas, das wir bisher oft nutzen, wenn auch nicht gerade freundlich, sondern oft mit Vorwürfen verknüpft.

„Ich kann nicht nicht verändern. Allein durch meine Anwesenheit verändere ich,“ heißt es bei Arnold Retzer & Hans Rudi Fischer. Des Weiteren schreiben sie: „Oft reicht allein das Sprechen über die Kultur einer Organisation, um eine Kultur zu verändern.“

„Der Konflikt ist der Vater aller Dinge.“ (Heraklit, griechischer Philosoph, um 500 v. Chr.)

Zu 4) (Kleiner Finger)

„Ein und derselbe Aphorismus kann als todbringendes Schwert, als heilender Balsam oder als nutzloses Werkzeug gebraucht werden. Es kommt darauf an, in welchem Kontext und für welchen Zweck er verwendet wird.“ (Klaus Mücke)

Wir drehen den Spieß um, indem wir einer Aussage einen anderen Kontext geben. Kind zur Mutter: „Du bist doof!“ Mutter lächelnd: „Ich hab’ dich auch lieb.“

Zu 5) (Handlinien)

Den Wind kann man nicht verbieten, aber man kann Mühlen bauen. (Sprichwort aus Holland)

Zu 6) (Daumen)

„Dein Leben wahrzunehmen oder neutral zu beobachten ohne den Versuch, es zu beeinflussen oder das, was du siehst, zu verändern, ist tatsächlich die Essenz oder der Schlüsselbegriff der Transformation“, lehren die Kanes.

Wer nun diese sechs Möglichkeiten kennengelernt hat, wird niemand anderem mehr die Verantwortung (Schuld) für sein eigenes Leiden geben können. Jeder ist selbst verantwortlich, wenn er eine der aufgeführten Verhaltensmöglichkeiten nicht nutzt, um sich selbst zu entlasten. Das gesamte 4. Kapitel zeigt noch eine siebte Möglichkeit.

Es wird Zeit brauchen, diese Möglichkeiten zu verinnerlichen. Mit dem Ausspruch „Umwege erhöhen die Ortskenntnis“ legt Gunther Schmidt den zeitlichen Einsatz positiv aus.

„Mit Schwierigkeiten geht man um wie Kinder mit tiefem Wasser: Sie lernen schwimmen.“ (Bert Hellinger)

Sich von Heilungshierarchien befreien

Je mehr Sie verstehen, was eine Heilungshierarchie ist, und je klarer Sie Heilungshierarchien im Alltag entdecken, umso flexibler werden Sie im Umgang mit ihnen und können auch im Notfall der festgefahrenen Heilungshierarchie eines anderen Menschen nicht weiter zur Verfügung stehen. Was genau ist eine Heilungshierarchie?

Wenn wir schmerzhafte Situationen im Leben genau beobachten, können wir feststellen, dass es einen klaren Zusammenhang gibt: Sobald wir einen Schmerz erleben, richtet sich unsere Aufmerksamkeit auf diesen Schmerz. Der Schmerz bekommt dadurch einen "Vorrang" vor allem anderen. Schneiden wir uns mit dem Messer in den Finger, dann kümmern wir uns sofort um die Wunde - um nichts anderes mehr. Wir wollen sie versorgen, damit sie optimal heilen kann. Ein Krankenwagen, der sich um Verletzte kümmern will, erhält im Straßenverkehr Vorrang vor allen anderen und muss keinen Verkehrsregeln zur Verfügung stehen. Die Hauptsache ist, er kommt so schnell wie möglich bei den Verletzten an und kann sie so schnell wie möglich versorgen und ins Krankenhaus bringen. Wenn es einer Person in einer Gruppe schlecht geht, kümmern sich sofort alle um sie. Sie erhält die ganze Aufmerksamkeit. Wenn ein Kind wegen eines körperlichen oder seelischen Schmerzes weint, dann kümmern sich die Erwachsenen sofort um das Kind.

Diese Rangfolge, in der eine Verletzung oder ein verletzter Mensch Vorrang erhält, habe ich *Heilungshierarchie* genannt. Eine Heilungshierarchie hat den Zweck, die Verletzung sofort zu schützen, damit sie nicht noch schlimmer wird, und die Verletzung optimal zu versorgen, damit sie wieder heilen kann. Gerade in der Corona-Pandemie wird/wurde diese Heilungshierarchie durch Maßnahmen der Regierungen in unserer Gesellschaft besonders sichtbar.

Der erste Aspekt der Heilungshierarchie lautet:

1. Dort, wo bei uns ein Schmerz auftaucht, will dieser Schmerz Aufmerksamkeit, damit wir optimalen Schutz erfahren und optimal heilen können. Diesem Heilungswunsch ordnen wir alles andere unter.

Außerdem entsteht eine Heilungshierarchie noch in einem anderen Zusammenhang und hat demnach einen zweiten Aspekt:

2. Dort, wo wir einen Schmerz als *zukünftige Möglichkeit* projizieren oder wir die Befürchtung vor der Wiederholung eines Schmerzerlebnisses haben, will diese Gefahr sofortige Aufmerksamkeit. Dadurch soll rechtzeitig ein schützendes Verhalten aktiviert werden. Diesem Wunsch nach Schutz vor einer Gefahr ordnen wir alles unter.

Dieser zweite Aspekt kommt in den Momenten zum Vorschein, in denen wir bereits eine schmerzhafte Erfahrung erlebt haben, sie kennengelernt haben und uns ab da vor einer Wiederholung schützen. Immer wenn uns eine gegenwärtige Situation an diese Erfahrung erinnert und die Gefahr besteht, dass sich die Verletzung wiederholt, sind wir besonders aufmerksam und schützen uns. Dieser Schutz vor einer erneuten Verletzung bekommt ebenso Vorrang vor allem anderen und lässt in dem Moment eine Heilungshierarchie entstehen.

Überall dort, wo es in unserem Alltag um Schmerz und Verletzung geht, nicht nur auf körperlicher Ebene, sondern auch im seelischen Bereich, können wir erkennen, dass eine Hierarchie entsteht. Derjenige, der besonders stark leidet oder etwas stark befürchtet, erhält Vorrang. Die anderen stehen ihm für die Aufmerksamkeit auf seinen Schmerz oder seine Befürchtung zur Verfügung - freiwillig oder erzwungen ("Du *musst* mir helfen!"). Manchmal wird sogar um diesen Vorrang gekämpft, wenn mindestens zwei Menschen stark leiden.

Bei Kindern können wir gut miterleben, wie eine Heilungshierarchie tatsächlich zur Heilung führt. Das Kind erlebt einen Schmerz und beginnt zu weinen. Wenn es dann einen geborgenen Rahmen erhält, in welchem es viel Verständnis für seinen Schmerz erfährt und in Ruhe seinen Schmerz ausweinen darf, kann es nach einer gewissen Zeit das Weinen beenden. Das Erlebnis ist emotional vollständig verarbeitet. Das Kind hat eine neue Energie und konzentriert sich auf sein nächstes Spiel. Es ist keine Heilungshierarchie mehr nötig.

Bekommt das Kind den Rahmen aber nicht, d. h. kann es keine äußere Heilungshierarchie erleben, in welcher das Umfeld sich dem Schmerz des Kindes begleitend und verständnisvoll zur Verfügung stellt, dann kämpft es erst einmal um Aufmerksamkeit, um Verständnis, um Anerkennung seines Schmerzes, um Nähe, um den ersten Platz in der Rangfolge. Es versucht, im Außen die Heilungshierarchie aufzubauen, die es benötigt, um seinen Schmerz innerhalb eines geborgenen Rahmens heilen zu können. Die Erwachsenen sollen dem Kind und seinem Schmerz verständnisvoll zur Verfügung stehen. Dann kann der Schmerz heilen.

Die dreijährige Anna muss immer weinen, wenn ihre Mama (Jonna) das Haus verlässt. Sie rennt ihr hinterher und macht ein riesiges "Drama". Jonna denkt, dass Anna doch allmählich groß genug sein müsste. Außerdem ist sie gut versorgt, denn der Papa ist zu Hause und kümmert sich um Anna. Sie erzählt mir im Coaching: Eigentlich seien Annas Tränen gar nicht nötig.

Ich teile Jonna meinen Eindruck mit, dass sie die Tränen ihrer Tochter nicht wirklich anerkennt. Die Mutter stellt sich dem Schmerz ihrer Tochter nicht vollständig zur Verfügung. Dementsprechend kämpft die kleine Anna bei der Mama um die Anerkennung ihres Verlustschmerzes. Sie fühlt, dass die Mama ihrer Heilungshierarchie nicht zur Verfügung steht, benötigt aber das Verständnis und die Fürsorge ihrer Mama für ihre Schmerzverarbeitung.

Ich biete ihr an, die Tränen ihrer Tochter als einen wichtigen Verarbeitungsprozess innerhalb einer Heilungshierarchie anzuerkennen. Das kann sie dadurch begleiten, indem sie sich vor dem Gehen ungefähr eine halbe Stunde Zeit für den tränenreichen Abschied ihrer Tochter nimmt.

Nach dem Coaching redet Jonna zu Hause mit Anna: "Ich habe nicht gewusst, dass dein Abschiedsschmerz so wichtig ist. In Zukunft darfst du immer kräftig weinen, wenn ich gehen muss. Ich plane beim Gehen genügend Zeit ein, damit ich dir für deine Tränen auch eine Weile zur Verfügung stehen kann." Die kleine Anna reagiert sehr entspannt auf die Worte ihrer Mama.

Beim nächsten Abschied flossen nur noch wenige Tränen. Als die Mama sich den ganzen Raum nimmt und den Schmerz ihrer Tochter innerhalb einer Heilungshierarchie ganz nach oben stellt, sich dem Prozess der Schmerzverarbeitung fürsorglich zur Verfügung stellt, ist die Tochter schnell beruhigt und kann die Mama nach kurzer Zeit entspannt und fröhlich gehen lassen.

In unserer Gesellschaft wird das Weinen über schmerzhafte Erlebnisse hauptsächlich Kindern zugeschrieben. Erwachsene werden als "hysterisch", als Weicheier oder "zu nah am Wasser gebaut" bewertet, wenn sie viel weinen. Es herrscht eine Verunsicherung im Kontakt mit Tränen. Ich kann aus meiner eigenen jahrzehntelangen Erfahrung berichten, dass Tränen eine effektive positive Wirkung auf die Emotionen haben und ungelöste Gefühle erlösen können (siehe mein Buch *Der Mann, der sich glücklich weinte - Tränen befreien das Gehirn, das Menschsein und die Gesellschaft*). Auch meine Frau kann seit ihrem Schlaganfall viel besser weinen als vorher und verarbeitet Schritt für Schritt, was durch die Folgen des Schlaganfalls an Gefühlen bei ihr zum Vorschein kommen. Dadurch leidet sie kaum unter den Folgen (gelähmte rechte Körperseite), sondern befreit mit Hilfe der Tränen ihre Motivation und ihre Energie, um sich zu trainieren und die Funktionen der rechten Körperhälfte allmählich zurückzugewinnen bzw. neu aufzubauen.

Hochinteressant bei den Tränenprozessen meiner Frau und bei mir ist: Haben wir über einen bestimmten schmerzvollen Gedanken oder ein Gefühl ausgiebig geweint, dann ist nie mehr eine Träne zu diesem Thema nötig. Der Schmerz darüber wiederholt sich nicht mehr. Wir können an das Thema denken und fühlen uns gut und ausgeglichen dabei. Das Thema ist vollständig verarbeitet und "geheilt". Die Heilungshierarchie dazu hat sich aufgelöst.

Ich behaupte: Zu dieser vollständigen Heilung möchte uns eine natürliche Heilungshierarchie führen. Wir Menschen geben uns selbst den Raum und bekommen von außen den passenden geborgenen Rahmen und das Verständnis, damit wir einen Schmerz emotional vollkommen verarbeiten können, bis es uns wieder gut geht, bis wir uns wieder geheilt fühlen. Dann ist die entsprechende Heilungshierarchie nicht mehr nötig und verschwindet.

Doch weil in unserer Gesellschaft dieser natürliche Heilungsprozess "vergessen" und nicht aus der Kindheit in das Erwachsensein mitgenommen wurde, sind sehr viele Menschen in Heilungsprozessen stecken geblieben. Sie haben Schmerzvolles erlebt und wünschen sich auf unbewusster Ebene immer noch einen stimmigen Rahmen, eine Geborgenheit, eine Art "Heimat" für die nachträgliche Heilung (siehe auch das Buch: *Das Kind in dir muss Heimat finden* - Stefanie Stahl). Viele Menschen kämpfen seit Jahren um Aufmerksamkeit für ihr Leid - haben aber inzwischen vergessen, worum es eigentlich geht. Wenn sie dann die Aufmerksamkeit erhalten, wenn der geborgene Rahmen da ist, dann sind sie "nur" zufrieden, gehen aber den Weg der Heilung nicht bis zur vollständigen Verarbeitung weiter. Das bedeutet letztendlich: Man bleibt in einer Heilungshierarchie stecken und benötigt sie permanent. Die Heilungshierarchie wird chronisch.

Auf diese Weise entwickeln sich ganz bestimmte rücksichtslose Verhaltensmuster. Eigentlich müssten Menschen einen Rahmen für die vollständige Schmerzverarbeitung suchen. Stattdessen ringen sie im Alltag aber immer wieder in den unterschiedlichsten Situationen um Aufmerksamkeit und Verständnis, erobern sich durch hartes und strenges Verhalten den ersten Platz oder streben nach beruflicher Aufmerksamkeit und wollen die Karriereleiter nach oben steigen. Oben angekommen geht die Suche weiter, indem sie unaufhörlich und rücksichtslos Geld scheffeln, um unbewusst eine innere Geborgenheit zu erreichen.

Andere Menschen haben als Kind Eltern gehabt, die durch viele Befürchtungen und ungelöste Probleme ihre chronische Heilungshierarchie über die ihres Kindes gestellt haben. Es entstand in dem Kind das Muster, sich anderen Menschen unterzuordnen, anstatt der eigenen Heilungshierarchie Raum zu geben. Später als Erwachsener hat man sich inzwischen daran gewöhnt, anderen Raum zu geben und sich selbst dabei hintanzustellen. Auch hier bleibt man in den wichtigen Heilungsprozessen stecken.

In den meisten Fällen führt eine Heilungshierarchie also heutzutage nicht mehr zu einer vollständigen Heilung. Ein Mensch fühlt sich seelisch verletzt, man schenkt ihm Aufmerksamkeit, aber diese Aufmerksamkeit führt nicht dazu, dass derjenige seinen Schmerz auch wirklich heilen kann. Beziehungen zwischen Menschen bleiben in Heilungshierarchien stecken: Der eine ist seelisch verletzt und benötigt die Aufmerksamkeit des anderen Menschen. Der andere Mensch steht zur Verfügung - aber die Verletzung heilt dadurch nicht. Der Zustand wird chronisch.

Ein Beispiel: Heike braucht Nähe und Aufmerksamkeit, Viktor steht dafür immer wieder zur Verfügung (H = Heilungshierarchie, V = Verfügung). Wenn Viktor die Nähe und Aufmerksamkeit auf Heike verringert oder sich zurückzieht und sich auf eigene Ziele konzentriert, leidet Heike verstärkt und macht Viktor Vorwürfe. Die in ihrem Unterbewusstsein wirkende Heilungshierarchie kommt wieder an die Oberfläche und wird sichtbar. Heike kämpft um Aufmerksamkeit. Das ist der Grund, warum Viktor sich nicht frei fühlt und es ihm so schwer fällt, Heike allein zu lassen, oder warum er manchmal mit einem Gefühl des Widerstandes erst recht geht. Dabei taucht meistens ein schlechtes Gewissen auf - oder im schlimmsten Fall ein Abwehrgefühl gegen die ungelöste Heilungshierarchie von Heike. Die lösende Haltung für ihn könnte demnach der Satz sein: "Ich sehe deine Heilungshierarchie, nehme sie komplett ernst, habe Mitgefühl und stehe dafür jetzt nicht weiter zur Verfügung. Ich wünsche dir von Herzen viel Unterstützung von anderen Menschen und vom Universum."

Wenn ein Mensch in einem bestimmten Heilungsprozess stecken bleibt und seine seelische Verletzung nicht vollständig ausheilen konnte, befindet er sich in einem Zustand, den ich "Kriegs-Trance" genannt habe. In einer Kriegs-Trance hat man sein Mitgefühl für andere Menschen abgestellt, weil man selbst chronisch seelisch verletzt ist. Man benötigt Aufmerksamkeit und kann umgekehrt kaum Aufmerksamkeit und Verständnis für andere zur Verfügung stellen. Man hat innerlich keinen Freiraum, Mitgefühl für andere Menschen zu entfalten, weil man selbst ganz viel Mitgefühl benötigt. Man kämpft um Verständnis und Mitgefühl und manchmal sogar um Gehorsam von anderen Menschen und ist sich kaum bewusst, dass man bei diesem Kampf oft die anderen verletzt. An diesen Zustand hat man sich im Laufe der Zeit gewöhnt, so dass er unbewusst wurde. Sehr viele Menschen können ihren Kriegs-Trance-Zustand, ihre Unfähigkeit zu Mitgefühl, nicht wahrnehmen, weil der Zustand chronisch geworden ist. Im Gleichgewicht verschwindet die Wahrnehmung.

Meiner Einschätzung nach befindet sich der Großteil unserer Gesellschaft in so einer Kriegs-Trance, da viele Menschen die seelischen Verletzungen, die sie in ihrer Kindheit erfahren haben, nicht mehr aufgearbeitet, verarbeitet und damit geheilt haben. Sie benötigen als Erwachsene verstärkt Aufmerksamkeit (für die eigentliche Heilung, die nicht stattfindet). Es entsteht eine Hierarchie im Kontakt mit dem zur Verfügung stehenden Umfeld. Die anderen Menschen fühlen sich im Kontakt zu den Verletzten nicht wirklich frei, weil sie spüren, wie sie für die Verletzten zur Verfügung stehen "müssen" - und es aus Mitgefühl oft auch wollen. Doch wenn man erlebt, dass dadurch keine wirkliche Heilung stattfindet, dann wird dieser Zustand zur Belastung und die Zur-Verfügung-Stehenden ziehen sich zurück und wollen nicht mehr weiter zur Verfügung stehen. In diesem Fall hilft der achtungsvolle Satz, den ich hier noch einmal wiederhole: "Ich sehe deine Heilungshierarchie, nehme sie komplett ernst, habe Mitgefühl und stehe dafür jetzt nicht weiter zur Verfügung. Ich wünsche dir von Herzen viel Unterstützung von anderen Menschen und vom Universum."

Begegnen sich zwei Menschen, die beide in einer Heilungshierarchie stecken geblieben sind, dann streiten sie sehr oft um Aufmerksamkeit. Jeder will vom anderen zuerst verstanden werden. Im Streit kommen die Verletzungen von beiden wieder vollständig zum Vorschein. Sie spüren die alten schon lange bestehenden Verletzungen, die permanent als Heilungshierarchie wirken und die genau zu diesem Kampf um Verständnis und Vorrang geführt haben. Gleichzeitig verletzen sie sich in der Gegenwart gegenseitig neu und es entstehen neue Heilungshierarchien. Keiner kann dem anderen fürsorglich für seine Heilungshierarchie vollständig zur Verfügung stehen.

Wie wir eine steckengebliebene Heilungshierarchie wieder in Fluss bringen können, beschreibe ich in Kapitel vier ausführlicher. Außerdem finden Sie viele neue Sichtweisen und Lösungsansätze in meinem Buch *Die Kriegs-Trance und das Mitgefühl - Warum wir fast alle betroffen sind und wie wir daraus aufwachen.*

Vertiefung

Prof. Franz Ruppert: "Wer bin Ich in einer traumatisierten Gesellschaft?"

Wer sich intensiver mit den Heilungshierarchien auseinandersetzen möchte, dem empfehle ich mein kleines kostenloses E-Book *Heilungshierarchien - Wie durch Schmerz Hierarchien entstehen, die alle in ihren Bann ziehen.* Sie finden es auf der Website www.olaf-jacobsen-verlag.de und können es dort als PDF-Datei frei herunterladen.

Der tiefe Sinn des Wörtchens „nicht“

Ein Freund mit NLP-Ausbildung hörte davon, dass ich an einem Buch mit dem Titel "Ich stehe nicht mehr zur Verfügung" arbeitete. Er teilte mir mit, dass unser Gehirn das Wort „nicht“ oft ausblendet. Wenn ich jemandem mitteile, er solle jetzt bitte *nicht* an eine Pfeife denken, dann würde er in dem Moment, in dem er meine Mitteilung hört, natürlich *doch* an die Pfeife denken, damit er mich überhaupt verstehen kann. Er kann also meine Anweisung nicht umsetzen. Dazu habe ich eine Geschichte gelesen (ich weiß nicht mehr, wo), die ungefähr folgenden Inhalt hatte:

Ein Mann hörte, dass die Dorfbewohner von einem Weisen in den Bergen erzählen. Dieser Weise wüsste, wie man Steine in Gold verwandelt. Also zog der Mann los, den Weisen zu suchen. Als er ihn gefunden hatte, fragte er ihn, ob er ihm erklären könne, wie man Steine in Gold verwandelt. Der Weise erklärte, dass man nachts bei klarem Vollmond ein Lagerfeuer auf einer Lichtung im Wald anzünden, die Steine in dieses Feuer legen und zwei Stunden um dieses Feuer tanzen müsse. Glücklich, diese Information erhalten zu haben, ging der Mann wieder zurück. Doch auf dem Heimweg dachte er bei sich, dass das zu einfach sei und nicht alles sein könne. Der Weise habe ihm bestimmt etwas verschwiegen. Er kehrte um und fragte den Weisen, ob er ihm etwas verschwiegen hätte. Der Weise antwortete: „Ja, du darfst während des gesamten Rituals *nicht* ein einziges Mal an einen Bären denken.“

Die Idee meines Freundes war, den Satz „Ich stehe *nicht* mehr zur Verfügung“ so zu verändern, dass er „konstruktiv“ wirken könne. Man könnte sich z. B. überlegen, *wofür* man stattdessen zur Verfügung steht und dieses Ziel äußern.

Ich dachte darüber nach und kam zu folgendem Schluss: Die Wirkung des Wortes „nicht“ ist *nicht* immer von Nachteil. Wir brauchen es oft, um bestimmte Zusammenhänge zu klären. Fragt mich jemand, ob ich mit ihm ins Schwimmbad gehe, und ich habe keine Lust, dann kann ich ihm am besten klar mit einem „Nein, ich gehe *nicht* mit“ antworten. Nach dieser Aussage bleibe ich frei und habe die Wahl, was ich stattdessen tue.

Wenn die Deutsche Bundesbahn nicht will, dass in einem Zugabteil geraucht wird, dann bringt es nichts, den Reisenden vorzuschlagen, was sie alles stattdessen tun könnten. Der direkteste Weg ist, ein Schild aufzuhängen, auf dem eine Zigarette zu sehen ist, und durch dieses Bild einen roten Strich zu ziehen: „Bitte *nicht* rauchen!“ Jeder weiß sofort, was damit gemeint ist.

Außerdem funktioniert das Gehirn auch noch anders. Es blendet nicht automatisch das Wörtchen "nicht" aus. Das ist nur der Fall, wenn es um Imaginationen geht. Halte ich aber einen Bleistift in der Hand und spreche laut aus: "Ich lasse diesen Bleistift *nicht* fallen!", dann öffnet sich *nicht* automatisch meine Hand und lässt den Bleistift fallen, weil das Gehirn das Wort "nicht" ignoriert. Sondern im Gehirn werden Neuronen aktiviert, die dafür sorgen, dass ich tatsächlich die Hand *nicht* öffne, sondern sie geschlossen halte. Das Wort "nicht" wirkt als Befehl im Gehirn, etwas zu verhindern und tatsächlich nicht geschehen zu lassen.

Wenn wir sagen „Ich stehe für XYZ nicht mehr zur Verfügung“, dann passieren dabei gleichzeitig mehrere Dinge:

1) Wir nehmen (in)direkt das Weltbild an, dass wir alle miteinander in Verbindung stehen und dass es möglich ist, sich gegenseitig auf energetischer Resonanzebene zur Verfügung zu stehen.

2) Wir machen uns bewusst, dass wir soeben für XYZ zur Verfügung standen. Dabei kann es wichtig sein, XYZ exakt zu benennen (wofür genau stehen wir nicht mehr zur Verfügung?). Auf diese Weise haben wir unser Ungleichgewicht, unseren „Fehler intensiv **kennengelernt**“ und ihn durch unsere Aufmerksamkeit gewürdigt. Wir können klarer zwischen XYZ und uns selbst unterscheiden. Wir erschaffen einen Unterschied und lösen so unsere Identifikationen auf. Wir haben nun die Wahl.

3) Wir entscheiden uns *gegen* das Bisherige, stehen dadurch auf einer neuen Position, fühlen uns daher bereits anders und sind frei für den nächsten Schritt.

4) Wir konzentrieren uns auf ein neues Ziel.

5) Als zukünftige Aufgabe geht es darum, **die Folgen** unserer Entscheidung zu erfahren und das Neue nun genau kennenzulernen (siehe dazu den zweiten Band *Ich stehe nicht mehr zur Verfügung 2 – Die Kritik von anderen hat nichts mit mir zu tun*).

Ich stimme der jetzigen Form des Satzes „Ich stehe nicht mehr zur Verfügung“ zu, wie sie ist. Es besteht zusätzlich die Möglichkeit, beide Sichtweisen mit Hilfe des Wortes „stattdessen“ zu kombinieren. Ein Beispiel: „Ich stehe für die Rolle, in der ich dich gerade abwerte, *nicht* weiter zur Verfügung. *Stattdessen* stehe ich gerne als Berater/begleitender Lehrer/Regisseur/Trainer oder ... nur noch mir selbst zur Verfügung.“ Ich gab einmal einer Seminarteilnehmerin einen kleinen Zettel. Auf die eine Seite hatte ich geschrieben: „Ich stehe meinem inneren Saboteur nicht weiter zur Verfügung.“ Drehte sie den Zettel um, stand dort: „Ich stehe meinen erfolgreichen Lernprozessen zur Verfügung.“ Sie hat bei diesem Zettel die Wahl, welche Seite sie gerade lesen möchte.

Vertiefungen

Das Wörtchen „nicht“ kann Konzepte auflösen, z. B.: „Das ist *nicht* wahr.“

„Man kann nicht nicht manipulieren.“ (Frank Farrelly)

Die befreiende Verneinung lautet: „Ihn, den völlig Erwachten, den besten aller Lehrer, verehre ich, der die beglückende, alle Konzeptualisierung auflösende Lehre vom abhängigen Entstehen verkündete, die bedeutet: Nichtvergehen, Nichtentstehen, Nichtabbrechen, Nichtandauern, Nichteinheit, Nichtvielheit, Nicht-zur-Erscheinung-Kommen, Nicht-aus-ihr-Verschwinden.“ (Nagarjuna, zitiert bei Christian Thomas Kohl)

An anderer Stelle erläutert Kohl dazu: „[...] die hauptsächliche Funktion einer metaphysischen Erkenntnis besteht weniger darin, eine eigene Denktradition zu schaffen, die dann in einem Lehrbuch verbreitet werden kann, als vielmehr darin, [...] Konzepte aufzudecken und zu pulverisieren.“

Manchmal ist die Wirkung des „nicht“ eine Bindung, manchmal eine Pulverisierung, manchmal beides und manchmal keines von beidem – und manchmal nichts von alledem, und auch dieses nicht ...

Was passiert anschließend, wenn wir nicht mehr zur Verfügung stehen?

Heute beim Mittagessen traf ich einen Freund, der Körpertherapeut ist. Er klagte über Kopf- und Rückenschmerzen und fühlte sich ziemlich energielos. Er hatte am Vormittag sehr ausführlich einen Patienten behandelt. Ich fragte ihn, was für einen Eindruck sein Patient denn auf ihn gemacht habe. Antwort: Er sei während der Sitzung ziemlich energielos gewesen.

Ich machte ihm den Vorschlag, zu sich selbst innerlich zu sagen: „Lieber Patient, ich stehe dir heute nicht mehr zur Verfügung." Prompt waren die Kopfschmerzen weg, und er fühlte auch mehr Energie. Seine Ausstrahlung änderte sich für mich deutlich, denn er wurde klarer in seinem Auftreten und Reden. Doch die Rückenschmerzen waren immer noch da. „Die hatte ich schon heute Morgen, bevor mein Patient kam." Ich fragte ihn, welcher seiner Elternteile öfter Rückenschmerzen habe. Er antwortete, dass er das von seinem Vater kennen würde. Dann machte ich ihm wieder den Vorschlag, innerlich zu seinem Vater zu sagen: „Lieber Papa, für die Rückenschmerzen stehe ich dir jetzt nicht mehr zur Verfügung", ... und auch die Rückenschmerzen verschwanden. Wir waren beide über dieses deutliche Ergebnis absolut verblüfft.

Am Anfang eines Gruppenabends hatte ich gegen eine Frau Abwehrgefühle. Aus diesen Abwehrgefühlen heraus begann ich, provozierende und verletzende Bemerkungen in ihre Richtung auszusprechen. Tief in mir fühlte ich mich dabei aber unangenehm. Ich wollte diese Rolle nicht. Also sagte ich innerlich in meiner Vorstellung zu ihr den Satz: „Für diese Abwertungen stehe ich dir nun nicht mehr zur Verfügung." Plötzlich waren meine gesamten Abwehrgefühle wie weggeblasen, und ich konnte mich ihr gegenüber offen und liebevoll verhalten. Am Ende der Gruppenstunde öffnete sich diese Frau und erzählte mit Tränen in den Augen, in welchem Problem sie gerade stecke. Sie war am Nachmittag in eine Situation geraten, in der sie sich von anderen Menschen gehänselt und abgewertet gefühlt hatte. Diese Situation habe sie an ihre Schulzeit erinnert, in der sie eine schmerzhafte Opferrolle zu spielen hatte. Ich erkannte den Zusammenhang mit meinen anfänglichen Gefühlen. Meine Abwehr stellte tatsächlich eine resonierende Empfindung dar, ich war in eine zu ihrem Problem passende Rolle gerutscht – und konnte mich den resonierenden Empfindungen dadurch entziehen, dass ich mich ihr achtungsvoll nicht mehr zur Verfügung stellte.

Rita erzählte mir, dass sie mit ihrem Chef in ständigen Auseinandersetzungen stecke. Ich schlug ihr vor, sich innerlich ihren Chef vorzustellen und ihm zu sagen: „Für diesen Kampf stehe ich Ihnen nun nicht mehr zur Verfügung." Sie atmete erleichtert durch.

Wir hatten vorher eine Systemische Aufstellung durchgeführt. Die von den Stellvertreter*innen geäußerten Gefühle deuteten darauf hin, dass der Chef scheinbar eine Person braucht, mit der er sich immer wieder auseinandersetzen kann. Möglicherweise ist er in seiner Kindheit im Kontakt mit seiner Mutter in einer Heilungshierarchie stecken geblieben, weil er nicht genügend Aufmerksamkeit und Raum für seine Heilungsprozesse erhielt. Dadurch entstand in ihm das Muster "Kampf um Aufmerksamkeit", das er als Erwachsener weiterführt. Gleichzeitig fühlen seine Mitmenschen eine resonierende Empfindung zu ihm und beginnen ihm gegenüber ebenfalls um Aufmerksamkeit zu kämpfen. Er zieht seitdem unbewusst immer wieder Menschen in sein Leben, die sich mit ihm auseinanderzusetzen beginnen. Nach dieser Erkenntnis konnte Rita achtungsvoll diese Rolle ablegen, die sie unabsichtlich gespielt hatte. Bis heute hat sie die Rolle nicht mehr angenommen und kann mit ihrem Chef auf einer gelösten Ebene kommunizieren.

Yvonne rief mich an und erzählte mir von ihrem schlechten Gewissen, weil sie jemanden verletzt habe. Ohne weiter nachzufragen, wen sie verletzt hat, schlug ich ihr vor, sich ihre Mutter innerlich vorzustellen und zu ihr zu sagen: „Für dieses schlechte Gewissen stehe ich dir nun nicht mehr zur Verfügung." Ich kannte ihre Eltern und wusste, dass ihre Mutter sich oft intensiv Gedanken machte und häufig von schlechtem Gewissen sprach. Der Vorschlag wirkte bei Yvonne nicht. Sie stellte keine Veränderungen in ihrem Gefühl fest. Dann bot ich ihr an, es einmal gegenüber ihrem Vater zu versuchen. Doch auch hier fühlte sie nichts Besonderes. Ich schloss daraus, dass ihr Unwohlgefühl wohl doch direkt mit der Situation zu tun haben müsse. Also fragte ich sie, in welchem Zusammenhang sie denn ein schlechtes Gewissen hätte. Sie erzählte mir, dass sie ihren Partner verletzt habe. Sie fühlte sich ganz schlecht dabei – jedoch ihr Partner schien gar nicht so verletzt zu sein. Sie beobachtete, dass ihr schlechtes Gewissen wesentlich stärker war als das Verletzungsgefühl ihres Partners. Ich spürte einen Moment in mich hinein und stellte ihr noch eine Frage: „Verletzt dich dein Partner auch ab und zu?“ „Ja“, war die Antwort. Nun bot ich ihr folgende Deutung an: „Es könnte sein, dass dein Partner dieses gegenseitige Verletzungsspiel gewohnt ist. Vielleicht kennt er es aus seiner Herkunftsfamilie und du stehst ihm für dieses Spiel nun zur Verfügung. Da du selbst es aber weniger gewohnt bist, andere Menschen zu verletzen, fühlst du dich wahrscheinlich bei deinen Aktionen viel unwohler. Und er reagiert nicht so verletzt, weil er es schon lange kennt. Wie wäre es, wenn du ihm innerlich sagst: ‚Für diese gegenseitigen Verletzungen stehe ich dir nun nicht mehr zur Verfügung‘?“ – Schweigen am anderen Ende der Telefonleitung. Dann auf einmal: „Cool!“ Es hatte sich in Yvonnes Gefühlen sofort etwas verändert. Sie fühlte sich klar und viel besser.

Maria hatte ungewöhnlich starke Angst vor Gewitter. Immer wenn dunkle Wolken aufkamen, schickte sie ihren Mann und ihre Kinder ins Haus und schloss alle Fenster und Türen. Während des Gewitters hatte sie ängstliche Gefühle und konnte nicht aus dem Fenster schauen. Sie erzählte mir, dass sie in ihrer Kindheit auch immer vor Gewitter beschützt wurde. Ihre Mutter und ihre Großmutter hatten ebenfalls diese Angst und verhielten sich damals genauso panisch.

Ich schlug ihr vor, sich innerlich diese zwei Frauen vorzustellen und zu ihnen zu sagen: „Ich achte eure Angst und lasse sie ganz bei euch. Ich stehe der Angst vor Gewitter nicht weiter zur Verfügung.“ Als sie diesen Satz ausgesprochen hatte, kamen ihr Tränen vor Rührung. Sie fühlte sofort eine innere Erlösung.

Anja hatte sich vor kurzem von ihrem Freund getrennt. Dabei fühlte sie sowohl Abschiedsschmerz als auch ein starkes Gefühl von Alleinsein. Sie meinte, dass dieses Gefühl ein großes Problem für sie sei. Ich sagte ihr, dass ich das nach einer Trennung als normal ansähe. Doch sie erwiderte, dass sie das gleiche Gefühl von Alleinsein auch schon aus ihrer Kindheit kenne. Ich hielt dies ebenfalls für normal, aber sie ließ nicht locker. Für sie war es unnormal. Ich nahm sie allmählich ernst, achtete ihre „Realität“ und begab mich gemeinsam mit ihr auf die Suche, um dieses Ungleichgewicht genauer kennenzulernen. Wir machten eine Aufstellung. Anja suchte aus der Gruppe drei Personen aus, die ihre Eltern und sie selbst darstellten. Die Stellvertreterin der Mutter hielt sich distanziert. Anja bestätigte, dass die Stellvertreterin ihre Mutter passend darstellte. So konnte ich mir erklären, dass Anja in ihrer Kindheit unter der Distanz der Mutter litt und sich allein fühlte. Gleichzeitig dachte ich mir, dass Anjas Gefühl von Alleinsein wahrscheinlich eine resonierende Empfindung zur Mutter war. Die Mutter würde sich bestimmt ebenso allein fühlen. Ich fragte Anja, ob die Mutter jemanden verloren hätte. Ja, ihren Bruder. Also stellte Anja noch einen Stellvertreter für den verstorbenen Bruder der Mutter (Onkel von Anja) in die Aufstellung. Die Stellvertreterin der Mutter drehte sich sofort weg und konnte den Stellvertreter des Bruders nicht anschauen. Ihre Distanz wurde also noch größer. So bestätigte sich, dass das Distanzgefühl der Mutter möglicherweise mit dem verstorbenen Bruder zusammenhing. Interessanterweise stellte sich die Stellvertreterin von Anja sofort neben den Onkel. Meine Deutung (und die Deutung vieler anderer Familiensteller) dazu ist: Wenn ein Familienmitglied ein anderes Familienmitglied ausblendet (hier blendete die Mutter ihren verstorbenen Bruder aus und konnte den Verlust nicht integrieren), dann beginnt ein Kind, diese Person zu repräsentieren. Es sagt damit: „Hier ist noch jemand, der auch dazugehört." Die Mutter konnte den Bruder nicht integrieren, weil sie wahrscheinlich den Abschiedsschmerz nicht vollständig durchlebt hatte – sie hatte vielleicht nicht genügend über den Tod des Bruders getrauert.

Aus dieser Verstrickung heraus erschien es mir nun logisch, dass Anja mit ihrem Gefühl von Alleinsein ein Problem hatte, es für unnormal hielt und es verändern wollte. Jetzt erst konnte ich ihr ganz zustimmen.

Zuerst schlug ich vor, dass die Stellvertreterin von Anja zur Stellvertreterin der Mutter sagte: „Für deinen Abschiedsschmerz stehe ich nicht weiter zur Verfügung." Doch das veränderte nicht sehr viel. Die Stellvertreterin von Anja sagte anschließend, dass sie den Onkel doch lieb habe und sie gerne neben ihm stehen bleiben wolle. Auf einmal kam mir eine Idee. Ich erkannte dieses Liebesgefühl der Tochter ebenso als eine resonierende Empfindung zur Mutter. Deshalb schlug ich vor, zur Mutter zu sagen: „Für *deine* Liebe zu deinem Bruder stehe ich nicht weiter zur Verfügung und lasse sie ganz bei dir." Und nun löste sich alles. In der Aufstellung konnte sich die Mutter öffnen, die Tochter konnte zu ihren Eltern gehen, der verstorbene Bruder fühlte sich gut an seinem einsamen Platz, und die Tochter weinte vor Erlösung an den Schultern der Eltern. Auch Anja hatte Tränen in den Augen, während sie diesen Lösungsprozess beobachtete.

Im Nachhinein erkannte ich, dass mein Unglaube gegenüber Anja am Anfang auch eine Art Distanzierung war. Ich zweifelte ja daran, dass man dieses Gefühl von Alleinsein lösen könne, und hielt es für ein „normales" Gefühl. Es wäre also möglich, dass meine Skepsis eine resonierende Empfindung war und deshalb ein Gleichgewicht zu Anjas Schicksal darstellte und dass sich in meinem distanzierten Verhalten ein wenig die damalige Distanz ihrer Mutter widerspiegelte.

Jacqueline spielte mit ihrem Sohn Maximilian ein Kartenspiel. Er gewann ein Spiel nach dem anderen. Als sie sich fragte, wieso sie immer verlieren würde, wurde ihr bewusst, dass sie seinen Ärger beim Verlieren fürchtete. Sie sagte sich daraufhin innerlich: „Für deine Siege stehe ich nicht weiter zur Verfügung" und stellte sich auf seinen Ärger ein, stimmte zu, dass er bei Verlust toben würde. Die nächsten sechs Spiele gewann sie, doch Maximilian tobte nicht. Im Nachhinein wurde ihr bewusst, dass sein Ärger früher deshalb aufgetaucht war, weil er damit ihrer Befürchtung zur Verfügung gestanden hatte. Jacqueline kannte es aus ihrer eigenen Kindheit, dass jemand tobte, wenn er verlor, und hatte schon damals eine Befürchtung dagegen aufgebaut. Ihr jetziges Zustimmen befreite ihren Sohn davon, das Toben spiegeln zu müssen – und gleichzeitig vermied sie nicht mehr ihre eigenen Siege.

Clemens Kuby erzählte in einem Interview mit Sandra Heim (geführt für das Magazin „bewusster leben") eine wunderschöne Geschichte: „Eine Frau kam zu mir, die sagte, sie sei eigentlich gesund, aber sie mache sich wahnsinnige Sorgen um ihre Tochter. Denn die hätte einen OP-Termin für nächsten Mittwoch. Wegen Nierensteinen, die nach langen Schmerzphasen jetzt endlich raus operiert werden müssten. Sie fragte mich, ob man denn auch Kontakt mit der Seele eines anderen aufnehmen könne. ‚Klar', antwortete ich. ‚Schreiben Sie der Seele Ihrer Tochter einen Brief!' Sie kontaktierte diese Seele und stellte in der Nacht plötzlich fest: ‚Mensch, Kindchen, die Nieren, das sind ja immer zwei. Das ist ja die Beziehung deiner Eltern. Und diese Beziehung ist versteinert. Und das sind die Steine in deiner Niere. Aber die gehören nicht zu dir, sondern zu mir und meinem Ex-Mann. Mensch, Kindchen, gib mir die Steine zurück.' Und sie sagt, sie hat so intensiv dafür gebetet, dass sie schließlich völlig ermattet einschlief mit dem Gefühl, es hat sich etwas gelöst. Dienstags erhält sie einen Anruf von ihrer Tochter: ‚Mami, ich musste jetzt noch mal zur Voruntersuchung wegen der OP morgen. Soll ich dir sagen, was los ist? Die Steine sind weg!' "

Aus meiner Sicht formuliert: Die Mutter teilte der Tochter auf der seelischen Ebene mit, dass sie ihren Eltern für die versteinerte Dynamik ihrer Beziehung nicht weiter zur Verfügung zu stehen braucht.

Florian, 35 Jahre alt, litt immer mal wieder unter leichten Panikgefühlen. Irgendwann begegnete er dem Satz „Ich stehe nicht mehr zur Verfügung“ und wendete ihn sofort gegenüber seiner Mutter an, da er wusste, dass sie öfter mit Panik reagiert. Doch es löste sich nichts in seinen Gefühlen. „Vielleicht ist ja mein Vater die Quelle meines Problems“, dachte er bei sich. Er sagte den Satz innerlich zu seinem Vater, doch auch hier löste sich nichts. Dann wurde ihm bewusst, dass beide Eltern eine gewisse Panik leben. Er sah, dass die Panik ein Bestandteil der Beziehung seiner Eltern war. Nun stellte er sich beide gleichzeitig vor und sagte innerlich zu ihnen: „Liebe Eltern, für eure Panik stehe ich euch jetzt nicht weiter zur Verfügung. Ich achte sie als eure.“ Was er jetzt fühlte, hatte er nicht erwartet. Auf einmal war er so allein ... Es fühlte sich für ihn wie völliges Neuland an, als wenn er das erste Mal in seinem Leben allein den Fuß aus der Tür seines Elternhauses setzen würde. Trauer stieg in ihm auf. Er ließ es zu. Im Supermarkt beobachtete er andere Menschen und sah überall Panik in ihren Handlungen. Der eine ordnete sich der Panik unter, der andere lebte sie in gewisser Weise aus. In Gesichtszügen, Handlungen und Kommunikationen anderer wurden ihm Panik, Druck und Sorgen bewusst – und er wusste, dass er das jetzt wahrnehmen konnte, weil er selbst damit nicht mehr im gewohnten Gleichgewicht war. Es hatte sich etwas in ihm verändert, seine eigene Panik hatte sich erlöst. Allmählich verwandelte sich sein Gefühl von Alleinsein in ein erwachsenes Gefühl. Er fühlte sich selbstsicherer.

Jacqueline hatte einen Schmerz in der rechten Hüfte. Sie spürte sich ein und fühlte, dass er durch die Verspannung eines Muskels verursacht wurde. Ihr war klar: Verspannung hat mit Stress und einer Schutzhaltung zu tun. Sie dachte an ihre Eltern und daran, was für Sichtweisen oder Realitäten sie haben. Auf einmal formte sich in ihr der Satz „Ich stehe euren Realitäten nicht mehr zur Verfügung.“ Sie stellte sich innerlich ihre Eltern vor, sprach diesen Satz zu ihnen, fühlte das Bedürfnis, sich tief und achtungsvoll vor ihren Eltern zu verneigen – und der Schmerz verschwand. Seitdem fühlt sie sich befreit und sehr energievoll. Sie denkt immer mal wieder an diesen Satz und ihre achtungsvolle Haltung.

Doris hatte Angst vor Einbrechern. Als sie eines Nachts wieder durch das Haus gehen musste, sagte sie sich, dass sie der Ursache dieser Angst nicht weiter zur Verfügung stünde – und fühlte sich besser.

Als Linda zu sich selbst sagte: „Ich stehe der Ursache meiner Migräne nicht mehr zur Verfügung“, ging es ihr während des Migräneanfalls phasenweise besser. Man muss nicht wissen, was die Ursache ist. Es kann trotzdem funktionieren.

Kerstin schrieb meiner Frau: „Und Du hast absolut recht. Dieser Satz ‚Ich stehe nicht (mehr) zur Verfügung‘ passt erstaunlich oft und es lebt sich damit langfristig sehr viel besser. Vor allem im Job habe ich davon in den letzten Wochen sehr häufig Gebrauch gemacht/machen müssen und siehe da, plötzlich hat sich die Lage total entspannt.“

Vertiefung

Wenn wir den Satz aussprechen: „Ich stehe für ...... nicht mehr zur Verfügung“, dann teilen wir uns und (in)direkt unserer Umwelt mit, welche „Rolle“ wir nun nicht mehr übernehmen. Wir haben achtungsvoll eine Entscheidung gefällt und legen damit die Aufgabe ab, ein bestimmtes Gefühl oder Verhalten zu spiegeln. In dem Moment beendet sich auch automatisch das entsprechende Rollengefühl und Rollenverhalten. Die resonierende Empfindung verschwindet.

Vorsicht: Schnelle und umfassende Veränderungen können gefährlich sein

Viele Heilpraktiker*innen und Naturheilkundler beklagen sich darüber, dass die Schulmedizin energetische Heilmethoden wie z. B. aus der Traditionellen Chinesischen Medizin nicht in ihr Weltbild integriert. Auch der Zellbiologe Bruce H. Lipton klagt über konventionelle Wissenschaftler: „Leider neigen die Wissenschaftler dazu, Ausnahmen (wie Spontanheilungen) eher zu leugnen als zu nutzen.“ An anderer Stelle schreibt er: „ ... die biologische Quantenrevolution ist nahe. Die Schulmedizin wird nicht darum herumkommen, auch wenn sie sich noch so verzweifelt wehrt.“

Ich lese in anderen Zusammenhängen immer wieder von Menschen, die mit ihren genialen Erkenntnissen in ihrer Umwelt auf Widerstand stießen. Leiter*innen von Familienaufstellungen sind manchmal verzweifelt, wenn der Klient eine in der Aufstellung gefundene Lösung nicht nachvollziehen, integrieren oder annehmen kann. In meinem eigenen Alltag erlebe ich öfter, dass ich eine geniale Erkenntnis hatte und sie mit anderen Menschen teilen möchte. Doch diese reagieren nur mit einem großen Fragezeichen auf der Stirn. Eigentlich habe ich nur sehr selten erlebt, dass einem anderen Menschen genauso ein Licht aufging wie mir, als ich ihm von meiner Idee erzählte. Natürlich habe ich mich eine Zeit lang auch darüber beklagt. Doch irgendwann setzte ich mich hin und dachte genau darüber nach. Was will ich hier nicht sehen? Wieso ist es überhaupt so, dass ein Mensch die geniale Idee eines anderen Menschen nicht ebenso genial findet?

Mir ist ein schönes Beispiel eingefallen:

Stellen Sie sich vor, Sie merken eines Tages, dass es Ihnen dort, wo Sie leben, nicht mehr gefällt. Sie machen sich auf die Suche nach einem schöneren Ort. Nach vielen Reisen ins In- und Ausland haben Sie endlich die Idylle gefunden, die Sie begeistert. Sie packen Ihre Siebensachen und ziehen dorthin. In Ihrem Paradies breiten Sie sich aus und genießen Ihre neue Wohnung oder Ihr neues Haus und die schöne Umgebung. Wie fühlt sich diese Vorstellung für Sie an?

Jetzt stellen Sie sich vor, Sie haben diese Idylle nicht gesucht und leben noch an Ihrem ersten gewohnten Ort. Eines Tages werden Sie überfallen. Mitten in Ihrer Arbeit werden Sie von mehreren Männern ergriffen, ihnen wird eine schwarze Stofftasche über den Kopf gestülpt, Sie werden in ein Auto gesteckt und zu dieser Idylle gefahren. Dort angekommen, wird Ihnen die Tasche vom Kopf gezogen und Sie werden in dieser neuen Wohnung wieder allein gelassen. Wie fühlt sich diese Vorstellung für Sie an?

Wenn ein Mensch eine Erkenntnis hatte und es entwickelt sich daraus eine neue, erweiterte Weltsicht, mit der er sich besser fühlen kann, dann ist er dorthin gewachsen. Er ist zu seiner neuen Realität herangereift. Dabei hat er zunächst Leid in der alten Realität erfahren, ist auf die Suche nach einer Erkenntnis gegangen, hat viele Wege ausprobiert und schließlich eine Antwort gefunden, die für ihn passt. Nun richtet er sein Leben nach dieser neuen Realität aus. Er „zieht ein“ in seine erweiterte Weltsicht.

In dem Moment, in dem ich mir von einem anderen Menschen wünsche, dass er meine Erkenntnis und meine Realität versteht, wünsche ich mir gleichzeitig, dass er bereits einen ähnlichen Prozess durchlebt hat wie ich und mich daher verstehen kann. Ich vergesse dabei, dass der andere sich erst einmal an seinem bisherigen Ort unwohl fühlen, auf Suche gehen und etwas finden muss, das für ihn passt. Doch erst dann, wenn sein neuer Ort mit meinem Ort übereinstimmt, finden wir eine Wellenlänge des Verständnisses. Mir bleibt also nichts anderes übrig, als mich dort, wo ich nun wohne, umzuschauen und zu suchen, welche Menschen bereits in meiner Nähe wohnen. Mit ihnen kann ich mich dann über diesen wundervollen Ort unterhalten.

Was passiert, wenn ein Mensch zu seinem Glück von außen „gezwungen" wird? Es funktioniert nicht. Er wird damit nicht wirklich glücklich. Wenn ihm die schwarze Tasche vom Kopf genommen wird, muss sich dieser Mensch in der neuen Umgebung erst einmal orientieren. Er weiß nicht, wo er ist, er weiß nicht, auf welchem Weg er hierhergekommen ist, und hat daher keine Verbindung mehr zu seinen Wurzeln. Und er weiß nicht, wie er die Dinge, die er an seinem früheren Ort erledigen wollte, jetzt noch nachholen kann. Dies führt zu Verwirrung, Unsicherheit, Orientierungslosigkeit und vielen Veränderungswünschen, mit denen er nicht zurechtkommt und sich daher existenziell bedroht fühlt. Um sich nun zu schützen, baut er einen Widerstand gegen alles Neue auf.

Das ist der Grund, warum Menschen wie Bruce H. Lipton mit ihren Erkenntnissen und Erfahrungen bei vielen anderen Menschen, Wissenschaftlern, Schulmedizinern auf Widerstand stoßen. Sie begegnen Menschen, die sich vor zu schnellen Veränderungen schützen und das Neue erst einmal leugnen müssen, um ihre bisherigen Sicherheiten aufrechterhalten zu können. Oder diese Menschen können es nicht „nachvollziehen", weil ihnen die entsprechenden Erfahrungen fehlen.

Die Lösung: Ich erkenne an, dass sich jeder Mensch vor zu schnellen Veränderungen schützt und an seiner eigenen Baustelle arbeitet. Erlebe ich, dass sich jemand schützt, so kann ich ihn achten, weil ich nun den Hintergrund kenne. Ich lasse los und schaue mich nach den Menschen um, die sich mit ihren Sichtweisen und Erfahrungen auf einer ähnlichen Ebene befinden wie ich. Hier finde ich die von mir gewünschte Resonanz.

Eine unerwartet plötzliche und große Erlösung eines Konfliktes, den ein Mensch schon lange mit sich herumträgt und sein Leben und seine Ziele daran orientiert hat, führt zunächst zu Energielosigkeit. Warum? Weil die bisherige Zielbildung im Zusammenhang mit dem Konflikt stand. Ist das Ungleichgewicht verschwunden, so sind auch das Ziel und die Orientierung daran nicht mehr vorhanden. Die Folge: Es fehlt die Motivation, denn es ist noch kein neues Ziel in Sicht.

Angenommen, ein Mensch sucht sein Leben lang nach Anerkennung und erhält sie plötzlich in großem Maße, dann bricht für ihn eine Welt zusammen – und zwar eben die Welt, in der er immer nach Anerkennung gesucht hat. Ehemalige DDR-Bürger waren zwar in dem Moment des Mauerfalls 1989 sehr euphorisch, doch danach entstand bei vielen die Frage: „Und nun?" Die Gemeinschaftsgefühle, die man unter der Gefängnissituation entwickelt hatte, lösten sich auf. Es war mehr Eigenverantwortung gefragt, so dass man sich gegenseitig weniger half. Wer noch zu DDR-Zeiten etwas studiert hatte (z. B. Polytechnik), das später in Gesamtdeutschland keine Rolle mehr spielen würde (der Studiengang wurde ein Jahr nach der Grenzöffnung eingestellt), hat seine Energie scheinbar umsonst dort hineingesteckt und muss sich nach einem neuen Ziel umschauen. So etwas kann auch passieren, wenn ich einem Veränderungswunsch in mir nicht mehr zur Verfügung stehen will, der mein gesamtes bisheriges Leben geprägt hat. Ich erlebe zunächst eine Befreiung, anschließend eine intensive Energielosigkeit. So gesehen kann Lösendes und Neues auch unangenehm für einen Menschen sein, weil es zerstörende Nebenwirkungen hat. Kann jemand das Neue nicht als eine Befreiung identifizieren, dann hat er Angst davor und schützt sich zunächst. Das ist vollkommen natürlich.

Hinzu kommt der große Schmerz, der in uns aufsteigt, wenn wir plötzlich durch eine neue Sichtweise erkennen mussten, welche schlimmen Folgen unsere Taten in der Vergangenheit hatten. Eltern erkennen, dass ihr Verhalten möglicherweise zum Krebs-Tod des eigenen Kindes geführt hat. Soldaten müssen erkennen, welchem totalitären Staat sie gedient und für welches Ziel sie getötet haben. Ärzte mussten im 18. Jahrhundert erkennen, dass die Anwendung hoher Dosen von Quecksilber- und Arsenverbindungen gegen die Syphilis zu Vergiftungen geführt hat. Und wie ist es mit den Medikamenten bei HIV? ...

Heutige Ärzt*innen werden sich allmählich bewusst, dass sie mit ihren niederschmetternden Diagnosen die Krankheit ihres Patienten verschlimmern können: Ein Patient starb entsprechend der Voraussage des Arztes an unheilbarem Speiseröhrenkrebs. Als man ihn obduzierte, stellte man fest, dass der Krebs nur sehr gering war und nicht zum Tod geführt haben kann. Eine andere Todesursache fand man nicht. Starb der Patient, weil er daran glaubte, dass er sterben müsse? ... Und jetzt überlegen Sie, wie sich wohl der Arzt gefühlt hat, als ihm diese Möglichkeit bewusst wurde.

Wenn wir uns klarmachen, wie Gefühle zwischen uns Menschen wirken, weil wir uns gegenseitig zur Verfügung stehen, und wie wir in Stellvertreterrollen hineinrutschen, resonierende Empfindungen spüren und aus diesen heraus handeln, müssen wir noch größere Zusammenhänge in unser Weltbild integrieren. Wir müssen erkennen, welche Folgen ungelöste seelische Ungleichgewichte und feste Überzeugungen für uns, für die uns zur Verfügung stehenden Kinder, für die uns zur Verfügung stehenden Angestellten und allgemein für unsere Umwelt haben können. Wer plötzlich solchen Erkenntnissen über die Folgen des eigenen Verhaltens ausgeliefert ist, wird manchmal mit einem überwältigenden Schmerz konfrontiert. Viele müssen sich davor schützen und können deshalb zunächst nicht hinschauen, mögen diese Zusammenhänge nicht wahrhaben. Das ist vollkommen natürlich.

Der Weg ist: Sich des entsprechenden Ungleichgewichtes ganz allmählich bewusst werden (es **kennenlernen**) und ihm dann die Chance geben, sich vorsichtig selbst zu wandeln. Langsam und Schritt für Schritt vorgehen. Eine Zwiebelschale nach der anderen abziehen. Geduld mit seiner eigenen Entwicklung und mit der Entwicklung anderer Menschen fühlen und um die Gefahr der schnellen Veränderung wissen. Spontanheilungen oder schnelle Veränderungen sind dort möglich, wo ein Mensch sich dies auf irgendeiner Ebene selbst gewünscht hat, bis zu diesem Punkt hingewachsen ist und es keinen anderen Wunsch mehr gibt, der sich dadurch bedroht fühlt. So kann es sich vollkommen entfalten.

Vertiefungen

„Der Körper lässt immer nur ein bestimmtes Maß an Veränderung zu. Ist dieses erreicht, verschließt er sich weiteren Schritten“, schreibt der Reconnective-Therapeut Herwig Schön.

Unser Körper braucht seine Zeit, um sich in einem neuen Paradigma selbst umzuorganisieren und neu zu orientieren.

Schnelle Veränderungen sind nicht planbar. „Deshalb ist Vorsicht geboten bei allen Gurus und Trainern, die den Teilnehmern in ein paar Wochenendkursen völlig neue Persönlichkeiten verschaffen wollen. Kein seriöser Anbieter von Persönlichkeitsseminaren verspricht deshalb, neue Menschen zu schmieden. ‚Wir können nur an Details arbeiten', betont Sabine Siegl, Coach für Topmanager und Vorsitzende der Sektion Arbeits-, Betriebs- und Organisationspsychologie im Psychologenberufsverband BDP“, schreiben Siefer & Weber.

Grundgesetz der Bundesrepublik Deutschland Artikel 1, Absatz 1, 1. Satz: „Die Würde des Menschen ist unantastbar.“ – Wie oft wird gegen dieses Grundgesetz verstoßen, nur weil jemand meint, es besser zu wissen? Ich nehme mich da nicht aus.

Eine Konfliktlösung kann zunächst zu einem Ungleichgewicht führen, zu einer Art „Erstverschlimmerung“ – ein in der Homöopathie bekannter Begriff. Daher ist es sinnvoll, eine Heilung, die eine solche Verschlimmerung hervorrufen sollte, stark zu verlangsamen und ihr viel Zeit zu geben.

„Wenn ein Konflikt schon sehr lange besteht, ist Vorsicht bei zu schneller Veränderung geboten, da der Konflikt funktional ist.“ (Arnold Retzer & Hans Rudi Fischer)

„Alles, was erwünschte Wirkungen hat, hat auch unerwünschte (Neben-)Wirkungen.“ (Klaus Mücke) „Ohne Preis gibt es keine Lösung: Was muss man für die Lösung eines Problems in Kauf nehmen? Welche Vorteile hat die Nicht-Veränderung? Welche Nachteile die Veränderung?“

Können wir klarer sehen, tut uns manchmal das leid, was wir in der Vergangenheit getan haben. Dieser Schmerz kann uns zunächst noch eine Weile vom klaren Sehen abhalten.

Langsames Wachstum ist möglich, indem man das Alte würdigt und das Neue kennenlernt, wie der Baum nicht gegen seine Baumringe kämpft, sondern sie würdigt und seine Blätter immer wieder nach dem Licht ausrichtet.

Habe ich nach einer Erkenntnis oder einem Lösungsprozess eine Phase der Energielosigkeit, stelle ich mir nach ein paar Tagen die Frage: „Wie baue ich auf dem Erreichten auf?" Das motiviert mich neu.

Mehr Klarheit durch das NeuroSonanz®-Modell

Im Jahr 2014 habe ich das NeuroSonanz®-Modell entwickelt. Im Grunde ist es ganz einfach und logisch - und gleichzeitig revolutionär. Es kann helfen, die Hintergründe von resonierenden Empfindungen noch klarer darzustellen. Mich selbst versetzt es in die Lage, schnell überblicken zu können, was in einem zwischenmenschlichen Kontakt schief läuft, warum es schief läuft und wie der gelöste Zustand erreicht werden kann - in Unternehmen, in der Schule, an Universitäten, in Vereinen, in Familien, in Partnerschaften, in der Politik usw. Ohne mich in die Thematik eines Systems eingearbeitet zu haben, erhalte ich allein schon durch die Anwendung dieses Modells mehr Klarheit. Ich habe beispielsweise erfahren, dass es darin unterstützen kann, Unternehmen in Bezug auf zwischenmenschliche Themen zu beraten. Ebenso kann man auf ganz einfache und logische Weise Schulen, Familien und Einzelpersonen darin beraten, wie wir Menschen empathisch und klar miteinander umgehen können.

Das NeuroSonanz®-Modell empfinde ich als revolutionär, weil es auf ganz leichte und einfache Weise aufzeigt, wo Probleme *in der Gegenwart* entstehen – durch unstimmiges Verhalten und durch Missverständnisse. Viele Menschen glauben in Problemsituationen regelmäßig, dass mit dem Gegenüber oder mit ihnen selbst etwas nicht stimme, weil man noch etwas aus der Kindheit nicht bewältigt habe. Unerlöste Heilungshierarchien aus der Vergangenheit würden in die Gegenwart hineinwirken und zu Konflikten führen. Auf der einen Seite ist das richtig. Auf der anderen Seite wird dabei oft vergessen, dass auch in unserer gegenwärtigen Gesellschaft immer noch zwischenmenschliche Zusammenhänge durcheinandergebracht werden und Rangfolgenverwechslungen Probleme auslösen. Kaum jemand hat bisher gelernt oder entdeckt, wie der "natürliche und würdevolle Umgang miteinander" logisch funktioniert.

Das liegt daran, dass wir mit diesen unstimmigen und entwürdigenden Verhaltensweisen bereits aufgewachsen sind und sie als Erwachsene für "normal" halten. Wir können als Erwachsene nicht identifizieren, dass ein bestimmtes Verhalten entwürdigend ist und automatisch unglücklich macht, denn wir haben keinen Vergleich. Wir haben kein Bild, wie es eigentlich logisch korrekt und würdevoll wäre. Das NeuroSonanz®-Modell liefert eine einfache und klare Orientierung.

Ich werde Ihnen hier nur eine Mini-Einführung geben, aber Sie werden damit schon sehr viel anfangen können. Wenn Sie mehr darüber erfahren wollen, finden Sie mein kostenfreies E-Book *Das NeuroSonanz®-Modell* auf der Website www.olaf-jacobsen-verlag.de. Außerdem gibt es Videos auf www.youtube.com (Kanal „Olaf Jacobsen“) und mein Buch „Das Erwachsene in dir muss Klarheit finden“ – für den Alltag.

Mini-Einführung:

Das NeuroSonanz®-Modell hat folgendes Paradigma als Grundlage: "Jedes Element hat den Wunsch nach Gleichgewicht" (siehe dazu mein allererstes Buch *So, jetzt ist aber genug - Die Geburt einer Weltformel*). Ich gehe davon aus, dass wir überall und immer Ziele verfolgen. Wir haben mindestens das Ziel, am Leben zu bleiben. Diejenigen, die Suizid verüben, haben dabei das Ziel, sich von einem unsäglichen Leid im Leben zu befreien. Auch die Absicht, einen ziellosen Zustand oder eine Entspannung oder ein Nichts-Tun zu erreichen, ist ein Ziel. Beobachten Sie Ihren Alltag. Bei allem, was Sie tun, verfolgen Sie ein Ziel, haben einen Wunsch, spüren ein Bedürfnis oder eine Sehnsucht, möchten ein neues Gleichgewicht erreichen, ein gewohntes Gleichgewicht aufrechterhalten oder ein Ungleichgewicht verhindern.

Beim Zieleverfolgen gibt es vier grundlegende Verhaltensmuster:

1. Wir verfolgen unser eigenes Ziel. Diesen Zustand nenne ich die "Spieler-Rolle".

2. Wir unterstützen einen anderen Menschen, sein Ziel zu erreichen. Diesen Zustand nenne ich die "Mitspieler-Rolle".
3. Wir entscheiden uns, ein bisher verfolgtes Ziel *nicht* mehr weiter zu verfolgen. Entweder lassen wir von einem eigenen Ziel los oder wir stehen einem anderen Menschen für sein Ziel nicht mehr zur Verfügung. Es kann auch die Entscheidung sein, einem Ziel grundsätzlich nicht zur Verfügung zu stehen. Diesen Moment der Entscheidung nenne ich die "Nicht-Spieler-Rolle". Sie ist unsere Fähigkeit zur Abgrenzung und Unterscheidung. Genauso gut können wir unabsichtlich in die Nicht-Spieler-Rolle gelangen, wenn ein anderer Mensch entscheidet, uns bei seinem Ziel nicht mitspielen zu lassen.
4. Wir wechseln auf eine Meta-Ebene und stimmen allem zu, was jetzt gerade passiert. Wir integrieren die Gegenwart durch die innere Haltung: "... und auch das gehört jetzt dazu." Dabei können wir ebenso zustimmen, dass wir gerade nicht zustimmen wollen. "Es gehört auch dazu, dass ich jetzt gerade nicht will, dass xyz dazugehört." In jeder Gegenwart können wir auf alles, was gerade passiert oder passieren will, reagieren mit der inneren Haltung, dass auch das jetzt dazugehört. Diese innere Haltung nenne ich die "Alles-Spieler-Rolle". Sie ist unsere Fähigkeit zur Integration und Verbindung.

Zusammenfassung (siehe dazu auch die Abbildung auf Seite 156):

Spieler: Wir verfolgen ein eigenes Ziel.

Mitspieler: Wir helfen einem Menschen bei seiner Zielerreichung.

Nicht-Spieler: Wir machen bei einer Zielerreichung nicht mit.

Alles-Spieler: Wir erkennen etwas als dazugehörig an.

Mit Hilfe dieses Modells kann ich einige bisher im Buch beschriebenen Zusammenhänge nun klarer beschreiben: Wenn wir eine resonierende Empfindung im Kontakt zu einem anderen Menschen haben, dann liegt das daran, dass wir uns in die Mitspieler-Rolle begeben haben. Als Mitspieler befinden wir uns in Resonanz zu dem anderen, der ein bestimmtes Ziel verfolgt, der sich also momentan in der "Spieler-Rolle" befindet. Entscheiden wir uns anschließend, dem Spieler für sein Ziel nicht mehr zur Verfügung zu stehen, dann wechseln wir von der Mitspieler-Rolle in die Nicht-Spieler-Rolle.

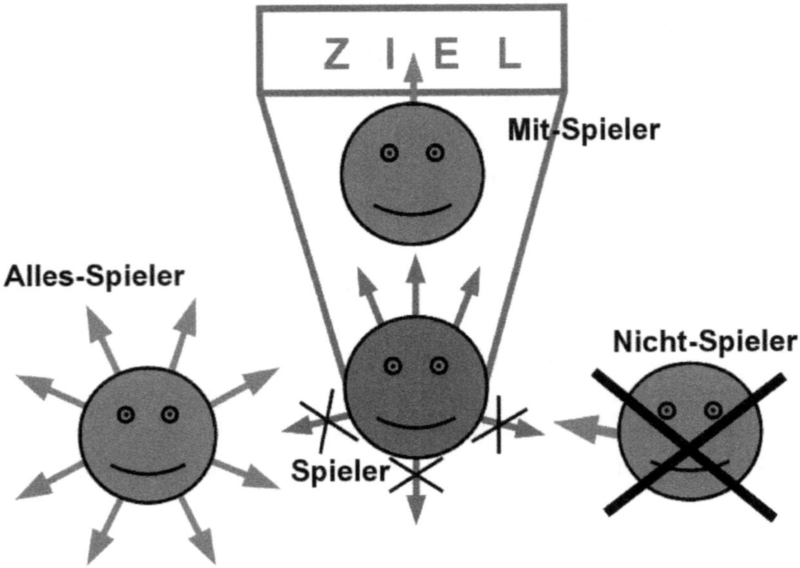

Abbildung 1: Das NeuroSonanz®-Modell

Konzentrieren wir uns auf ein eigenes Ziel, dann begeben wir uns dadurch selbst in die Spieler-Rolle. Hier verschwinden die resonierenden Empfindungen komplett, denn wir benötigen ab jetzt die Empfindungen, die mit unserem eigenen Ziel zusammenhängen - und nicht mehr mit dem Ziel eines anderen. Machen wir uns aber darüber Gedanken, wie es jetzt dem anderen geht, nachdem wir nicht mehr zur Verfügung stehen (und denken dadurch wieder über die Ziele/Bedürfnisse des anderen nach), dann befinden wir uns wieder in der Mitspieler-Rolle und fühlen resonierende Empfindungen zum anderen.

Wollen wir uns von resonierenden Empfindungen klar befreien, dann ist es also wichtig, unsere Aufmerksamkeit letzten Endes vollkommen auf unsere Spieler-Rolle zu konzentrieren und uns zu erlauben, eigenen Zielen zu folgen. Dann verschwinden für diese Zeit alle resonierenden Empfindungen zu anderen Menschen. Die Frage an sich selbst: „Was will ***ich*** in dieser Situation?“, kann bei dem Wechsel in die Spieler-Rolle helfen.

Natürlich können wir auch wieder fürsorglich und mitfühlend in die Mitspieler-Rolle wechseln, wenn es dem anderen Menschen durch unsere Entscheidung nicht gut geht. Wir können probieren, ob wir ihn bei der Verarbeitung unserer Entscheidung unterstützen können. Das ist durchaus nicht ausgeschlossen. Der Wechsel von der Mitspieler-Rolle über die Nicht-Spieler-Rolle in die Spieler-Rolle muss nicht "rücksichtslos" geschehen. Es soll in diesem Buch nicht darum gehen, ein schmerzhaft egoistisches Handeln zu unterstützen. Sondern es geht darum, für seine Entscheidungen mehr Klarheit zu haben und genau zu wissen, welche Rolle zu welchen Konsequenzen führt. Man kann klarer und mit gutem Gewissen schauen, ob man das so möchte oder es doch anders gestalten will. Die Klarheit über diese Rollen als auch die Fähigkeit, frei zwischen allen Rollen wechseln zu können, erhöhen unsere Wahlmöglichkeiten und schenken uns mehr Energie und Übersicht über das, was in unserem Leben gerade vor sich geht.

Ich schrieb oben, dass alle resonierenden Empfindungen verschwinden, wenn wir uns vollkommen auf unsere Spieler-Rolle und damit auf unsere eigenen Ziele konzentrieren. Dabei gibt es zwei Ausnahmen:

1. Wir benötigen für das Erreichen der eigenen Ziele unterstützende Mitspieler. In der Beziehung zu diesen Mitspielern gehen wir ab und zu in Resonanz zum Gegenüber. Hier spielen resonierende Empfindungen zu den Mitspielern wieder eine Rolle.
2. Das Ziel, das wir verfolgen, hat generell mit der Beziehung zu anderen Menschen zu tun. Beispielsweise haben wir das Ziel, das Verhalten eines anderen Menschen zu verändern. In dem Fall treten auch resonierende Empfindungen auf, die mit diesem Menschen zusammenhängen, da wir beim Verfolgen dieses Ziels unsere Aufmerksamkeit auf den anderen richten.

Wenn wir nach der grundsätzlichen Funktion eines Spielers und eines Mitspielers fragen, dann kommen wir zu klaren logischen Antworten. Sie verraten uns viel darüber, was in unserer heutigen Gesellschaft schief läuft und wie es richtig sein müsste, damit wir miteinander glücklich leben und reifen können. Ich beschreibe zunächst den gelösten Zustand, wie es logisch und stimmig ist:

Der Spieler hat das Ziel. Niemand anderes kennt sein Ziel, seine Vision, sein Bedürfnis so gut, wie er. Nur er kann fühlen und wissen, wann sein Ziel erreicht ist und wann noch nicht. Dementsprechend kann er auch wahrnehmen, was ihn bei der Erreichung seines Ziels unterstützt, was ihn seinem Ziel näher bringt. Er kann entscheiden, was zu seinem Zielbereich dazugehört (siehe Abb. 1: Pfeile Richtung Ziel) und was nicht (durchkreuzte Pfeile). Er wertet, was hilft und was nicht.

Bei jedem wertenden Menschen können wir sofort erkennen: Er ist gerade Spieler und verfolgt bewusst oder unbewusst ein bestimmtes Ziel. Wäre das nicht so, dann würde er nicht werten. Jede Wertung ist also immer an ein bestimmtes Ziel (Gewohnheit, Vision, Vorstellung, Wunsch, Bedürfnis) gekoppelt. Jeder wertende Mensch befindet sich im Moment seiner Wertung in der Spieler-Rolle.

Weil der Spieler die meiste Klarheit über sein Ziel hat, kann er auch am besten sein Ziel an andere vermitteln. Niemand anders kann genau wissen, wie das Ziel des Spielers aussieht. Wenn jemand anders sich anmaßt zu behaupten, was das Ziel des Spielers sei, dann kann nur der Spieler entscheiden, ob der andere richtig liegt, ob er ins Schwarze getroffen hat oder nicht. Denn nur der Spieler kennt das Ziel wirklich.

Auch wenn dem Spieler sein Ziel nicht (mehr) wirklich bewusst sein sollte, entscheidet doch das Stimmigkeitsgefühl des Spielers, was für ihn passt und was nicht. Wenn er auch das nicht fühlen kann, dann probiert er eine Richtung aus, sammelt eine Erfahrung und kann spüren, ob diese Erfahrung ihm gut getan hat oder ob sie eher unangenehm war. Niemand anders kann das für ihn spüren.

Der Spieler geht auf sein Ziel zu und lernt dabei, wie er das Ziel immer stimmiger erreichen kann. Braucht der Spieler Unterstützung, dann sucht er sich Mitspieler. Die Aufgabe des Spielers ist dabei, den Mitspielern geduldig immer wieder sein Ziel zu vermitteln, bis die Mitspieler das Ziel so verstanden haben, dass sie dem Spieler auch wirklich eine Hilfe sind. Hier findet weiterhin die klare Wertung des Spielers statt. Er vermittelt den Mitspielern, was zu seinem Ziel dazugehört und was nicht. Das ist ein ganz normaler Kennenlernprozess für die Mitspieler.

Gleichzeitig lernt der Spieler durch die Feedbacks der Mitspieler, wie er sein Ziel so stimmig kommunizieren kann, dass die Mitspieler es optimal verstehen. Hier steht der Spieler den Mitspielern zur Verfügung und übt sich darin, die für die Mitspieler optimale Sprache zu sprechen, um sein Ziel zu vermitteln. Er befindet sich in engerem Kontakt zu seinen Mitspielern und spürt entsprechende resonierende Empfindungen zu den jeweiligen Personen.

Machen die Mitspieler dem Spieler Angebote, wie er sein Ziel besser erreichen kann, oder sie tun etwas Hilfreiches, damit der Spieler sein Ziel erreicht, dann kann nur der Spieler durch eine Wertung vermitteln, was geholfen hat und was nicht. Der Spieler nimmt die für ihn stimmigen Angebote vom Mitspieler an und setzt sie für sein Ziel um.

Natürlich kann der Mitspieler auch Angebote dafür machen, das Ziel des Spielers zu erweitern oder zu verändern. Dabei kann wieder nur der Spieler entscheiden, ob so eine Zielveränderung für ihn Sinn macht und ob er es umsetzen möchte. Mit Hilfe seiner eigenen Erfahrungen als auch durch die Vorschläge der Mitspieler angeregt, gestaltet der Spieler sein Ziel immer stimmiger.

Außerdem kennt der Spieler am besten sein Tempo. Durch Überforderungsgefühle kann er genau wahrnehmen, welche vom Mitspieler angebotenen Schritte zu groß, zu schnell oder zu früh sind. Umgekehrt kann er auch spüren, wann er sich durch zu kleine Schritte unterfordert und gelangweilt fühlt. Dies kann der Spieler dem Mitspieler mitteilen, so dass der Mitspieler seine Hilfe korrigieren und auf das Tempo des Spielers abstimmen kann.

Natürlich ist der Spieler im gelösten Zustand fähig, die wirklich hilfreichen Aktionen und die Hingabe der Mitspieler vollständig anzunehmen. Der Spieler ist dankbar dafür, dass Mitspieler ihm so gut wie möglich zur Verfügung stehen und ihn unterstützen.

Der Mitspieler steht für das Ziel eines anderen Menschen (Spieler) zur Verfügung. Um optimal dem Spieler helfen zu können, muss der Mitspieler das Ziel des Spielers ausführlich kennenlernen. Dieses Kennenlernen findet auf zwei Ebenen statt: auf der Verstandesebene (***Neuro***nen im Gehirn) und auf der Gefühlsebene (Re***sonanz*** im Gefühl = *NeuroSonanz*). Der Spieler kommuniziert sein Ziel, er beschreibt und erklärt es, bis der Mitspieler das Ziel verstanden hat. Dabei ist die Aufgabe des Mitspielers, selbst dafür zu sorgen, dass er das Ziel versteht. Er stellt so lange Fragen über das Ziel, bis der Spieler bestätigen kann, dass der Mitspieler das Ziel und den Weg dorthin (einigermaßen) verstanden hat.

Erklärt der Spieler sein Ziel so, dass es der Mitspieler nicht versteht, dann gibt der Mitspieler dem Spieler das Feedback, wo er seine Kommunikation noch verbessern kann. Vielleicht erklärt der Spieler das Ziel noch einmal anders. Durch diese Feedbacks kann der Mitspieler den Spieler unterstützen, das Ziel so zu erklären, dass es der Mitspieler sehr gut versteht.

Wenn beim Spieler das Erklären mit schmerzhaften Erfahrungen kombiniert ist, dann drückt sich das beispielsweise so aus, dass der Spieler ungeduldig wird und über die vielen Fragen des Mitspielers schimpft oder Missverständnisse und Fehler schmerzvoll abwertet. Hier kann der Mitspieler ebenso das Feedback geben, dass er eine freundlichere Kommunikation benötigt, damit er das Ziel möglichst stressfrei kennenlernen und dann auch optimal helfen kann. Dies geschieht alles auf der Verstandesebene.

Auf der Gefühlsebene passiert etwas anderes: Der Mitspieler passt sich an. Diese Anpassung ist eine Art Gleichstellung zum anderen, ein Gleichgewicht. Auf ganz natürliche Weise fühlt sich der Mitspieler dadurch in den Spieler und sein Ziel ein. Er geht im Gefühl in eine Resonanz zum Spieler und es entwickeln sich resonierende Empfindungen. Dadurch kann der Mitspieler den Spieler und sein Ziel nicht nur im Verstand, sondern auch gefühlsmäßig besser nachvollziehen.

Es gibt allerdings keinen Punkt, an dem der Mitspieler das Ziel des Spielers wirklich vollständig verstanden hat. Niemand kann sich zu hundert Prozent an einen anderen Menschen anpassen, weder im Verstand noch im Gefühl. Man bleibt als Mitspieler immer man selbst. Jeder Mitspieler hat ein anderes Gehirn und ein anderes Gefühl als der Spieler und repräsentiert das Ziel des Spielers immer nur auf seine individuelle Weise in seinem Gehirn und Gefühl.

Das bedeutet: Der Mitspieler muss immer wieder neu überprüfen, ob er das Ziel richtig verstanden hat und ob seine Hilfe gerade wirklich hilft. Es geht darum, den Spieler immer besser zu verstehen, ihn immer besser nachvollziehen zu können. Dieser Prozess des Kennenlernens hört nie auf. Der Mitspieler beobachtet deshalb während seiner Hilfe immer weiter die Reaktionen des Spielers. Hilft es?

Sobald auf dem gemeinsamen Weg zum Ziel Ungleichgewichte auftauchen, stellt er wieder Fragen, ob noch alles richtig verläuft, ob er sich noch im Zielbereich des Spielers aufhält oder wie es noch besser und stimmiger verlaufen könnte. Und der Spieler beantwortet gerne alle diese Fragen. Dieser permanente Wachstums- und Reifungsprozess zwischen Spieler und Mitspieler ist entscheidend für die energievolle und glückliche Zusammenarbeit in Bezug auf die Zielerreichung des Spielers. Ich habe diese Zusammenarbeit die „Glückszelle“ genannt.

Während der Mitspieler zur Verfügung steht, das Ziel immer besser kennenlernt und den Spieler unterstützt, sein Ziel zu erreichen, kann er natürlich auch sein eigenes Wissen, seine Erfahrungen und seine Kreativität einsetzen und dem Spieler anbieten. Er kann dem Spieler neue Möglichkeiten zeigen und er kann dem Spieler Ideen anbieten, wie man das Ziel vielleicht positiv verändern kann. Der Spieler wiederum entscheidet, was für ihn dazugehört und was nicht.

Reagiert der Spieler mit der Entscheidung, dass ein Angebot des Mitspielers nicht passt, dann befindet sich der Mitspieler durch diese Mitteilung kurz in der Rolle des **Nicht-Spielers**. Denn das, was er gerade angeboten hatte, hat für den Spieler *nicht* dazugehört. In der Mitspieler-Rolle muss man also in der Lage sein, ganz leicht von seiner Mitspieler-Rolle loszulassen und sich durch die Wertung des Spielers in der Nicht-Spieler-Rolle wiederzufinden. Dort kann man dazulernen ("Aha - das hat also nicht dazugehört") und kann erneut Fragen stellen, wie es denn stimmiger wäre und dadurch das Ziel des Spielers noch besser kennenlernen. "Fehler machen" gehört unbedingt zu dem permanenten Lernprozess des Mitspielers dazu ("... und auch das gehört dazu" = **Alles-Spieler-Rolle**) und sollte so stressfrei wie möglich ablaufen. Das bedeutet, dass der Spieler seine Wertung freundlich und klar verständlich kommuniziert. Er sollte seine Wertung nicht mit einem Schmerz kombinieren und dadurch den Fehler des Mitspielers abwerten. Der Spieler muss in der Lage sein, Fehler als Teil des wichtigen Lernprozesses seines Mitspielers zu erkennen.

Man muss in der Mitspieler-Rolle von ihr nicht nur ganz leicht loslassen und in die Nicht-Spieler-Rolle wechseln können, wenn der Spieler etwas als nicht-dazugehörig gewertet hat. Sondern man sollte auch das Bewusstsein haben, dass man jederzeit frei ist, sich dem Ziel des anderen nicht weiter zur Verfügung zu stellen und selbst in die Nicht-Spieler-Rolle zu wechseln. Diese Freiheit, "nein" sagen zu können, unterstützt darin, in der Mitspieler-Rolle auch ganz "ja" zu der Anpassung an das Ziel des anderen zu sagen. Denn man weiß während der Anpassung, dass man jederzeit aus der Mitspieler-Rolle wieder aussteigen kann, wenn es sich unstimmig anzufühlen beginnt. Mit dieser Sicherheit kann man tief in die Mitspieler-Rolle einsteigen und sich ohne Angst intensiv dem anderen zur Verfügung stellen (wenn man fähig ist, ganz frei "nein" zu sagen, kann man auch ganz offen "ja" sagen).

Das Loslassen von der Mitspieler-Rolle kann mit Hilfe der Alles-Spieler-Rolle gelingen, falls der Wechsel durch die Wertung des Spielers weh tun sollte oder falls man gegenüber dem Spieler ein schlechtes Gewissen hat. Wenn man sich nicht mehr in der Mitspieler-Rolle zur Verfügung stellt, in die Nicht-Spieler-Rolle wechselt und der Spieler hat damit ein Problem, dann geht man entweder in die Mitspieler-Rolle zurück, um dem Spieler weiter zu helfen, oder man sagt: "... und auch das Problem des Spielers gehört jetzt dazu" (was der Spieler in seinem Schmerz verständlicherweise als "egoistisch" abwerten wird, weil er den Mitspieler nicht freilassen kann). Mit Hilfe der Alles-Spieler-Rolle bleibt man frei in der Wahl und man bleibt liebevoll.

Wenn für Sie diese Beschreibungen von der Spieler-Rolle und der Mitspieler-Rolle stimmig sind und Sie sie ebenso logisch finden wie ich, dann können Sie nun den nächsten Schritt gehen. Sie können ganz leicht erkennen, was in unserer Gesellschaft grundsätzlich schief läuft und wie es eigentlich richtig sein müsste. Nehmen Sie dafür meine Beschreibungen des Spielers und Mitspielers als "Schablone". Setzen Sie in diese Schablone Verschiedenes aus unserer Gesellschaft ein - und Sie erkennen sofort die Unstimmigkeiten.

Ein Kind will etwas lernen und beherrschen können. Es verfolgt also ein Ziel und ist dadurch in der Spieler-Rolle. Die Lehrerin ist die Mitspielerin und unterstützt das Kind darin, das Ziel zu erreichen. Und nun lesen sie meine Beschreibungen oben noch einmal durch und setzen an die Stelle von "Spieler" das Kind und an die Stelle von "Mitspieler" die Lehrerin. So, wie ich es oben beschrieben habe, wäre es optimal. Wie läuft es aber in unserer Gesellschaft ab? Kinder müssen in die Schule gehen und begegnen dort einem Lehrplan. Es ist das Ziel unserer Gesellschaft, dass die Kinder nach diesem Lehrplan lernen. Dementsprechend sind diejenigen, die den Lehrplan erstellen, die wertenden Spieler und die Kinder sind die Mitspieler. Jeder Mensch, der in seinem Leben in eine Schule gehen musste, hat hauptsächlich seine Mitspieler-Rolle trainiert. Keiner bekam die Freiheit, sich in der Spieler-Rolle seinen Lehrplan selbst zusammenzustellen. Daher ist es kein Wunder, wenn es sehr viele Menschen als Erwachsene schwer haben, frei in die wertende

Spieler-Rolle zu wechseln. Sie rutschen immer wieder in die Mitspieler-Rolle, in der sie zur Verfügung stehen (müssen), weil sie es so gelernt haben. Das ist auch der Grund, warum viele Menschen den Satz "Ich stehe dafür nicht mehr zur Verfügung" als Befreiung empfinden. Für sie ist die Mitspieler-Rolle und das Zur-Verfügung-Stehen mit vielen unangenehmen Erfahrungen und mit einem Zwang verknüpft.

Ich greife noch eine weitere Situation aus unserem "normalen" Leben heraus: Wir machen eine Ausbildung und wollen dabei etwas lernen. Das ist unser Gesamtziel. Am Ende wollen wir eine Fähigkeit oder ein Wissen erlernt haben, um es im Alltag anwenden zu können. Zum Abschluss unserer Ausbildung werden wir geprüft. Da wir diejenigen sind, die etwas lernen wollen, sind wir in der Spieler-Rolle und die Lehrenden als auch die Prüfer*innen sind "eigentlich" in der Mitspieler-Rolle. Im gelösten Zustand müsste also eine Prüfung so ablaufen, dass wir als Prüfling (Spieler) in der Prüfung das Bestmögliche demonstrieren. Anschließend unterstützen uns die Prüfer*innen (Mitspieler) darin, unser Ziel zu erreichen. Und zwar nicht das Ziel, die Prüfung zu bestehen, sondern das Ziel, die Fähigkeit oder das Wissen optimal zu beherrschen. Die Prüfer*innen geben uns ein Feedback und ein Angebot, wie wir unser Ziel vielleicht noch besser erreichen können. Wir als Spieler sind diejenigen, die dann entscheiden, ob das Angebot der Prüfer*innen uns bei unserem Ziel unterstützt oder nicht. Wir entscheiden, ob wir weiter üben, weiter lernen, unsere Fähigkeiten weiter ausbauen wollen und die Prüfung (neues Feedback und neue Angebote der Prüfer*innen) später wiederholen, oder ob wir genug gelernt haben und nun mit unserem aktuellen Wissen und unseren Fähigkeiten hinaus in die Welt gehen (Prüfung bestanden). Bei so einer Rollenverteilung fühlt man keinen Stress mehr, sondern viel eher Begeisterung und Freude.

In unserer aktuellen Gesellschaft wird uns immer wieder die Spieler-Rolle abgenommen und wir werden zum Mitspieler, weil andere Menschen über uns werten. Diejenigen, die werten, sind die Spieler, denn sie haben das Ziel vor Augen und sagen, was dazugehört und was nicht. Wir müssen uns diesem Ziel anpassen - anstatt dass wir selbst ein Ziel verfolgen und die Prüfer*innen als Unterstützer*innen nutzen. Es ist kein Wunder, dass wir in Prüfungen das Gefühl von Nervosität entwickeln. Dieses Gefühl ist die Folge der verkehrten Rollenverteilung in unserer Gesellschaft. Es ist die Spannung zwischen unserem natürlichen

Wunsch, selbst in der Spieler-Rolle sein zu wollen, und der Spieler-Rolle der Prüfer*innen. Es ist die Angst davor, dass sich ein schmerzvoller Konflikt entwickelt, wenn man selbst seinem Ziel folgt und dieses Ziel nicht zu dem Ziel des Umfeldes passt. Hier begegnen sich zwei Spieler (Prüfling und Prüfer*in), die sich für ihre jeweilige Zielerreichung gegenseitig im Weg stehen. Der Konflikt ist vorprogrammiert, wenn man als Prüfling nicht in die sich anpassende Mitspieler-Rolle wechselt. Die Nervosität vor einer Prüfung ist also berechtigt und logisch. Sie kann zusätzlich noch verstärkt werden, wenn man in der Mitspieler-Rolle befürchten muss, von den Prüfer*innen auf schmerzvolle und abwertende Weise in die Nicht-Spieler-Rolle gesteckt zu werden (Beispiel: Dieter Bohlen als Jury-Mitglied bei der Fernsehsendung *Deutschland sucht den Superstar*). Denn auf so eine Art und Weise von einem Spieler bewertet zu werden, löst eine schmerzvolle resonierende Empfindung in den jeweiligen Mitspielern aus.

Ein drittes Beispiel: Schauen Sie auf Unternehmen, Firmen oder Organisationen. Diejenige, die das Unternehmen leitet, ist die Spielerin. Denn sie hat das Ziel, das Unternehmen zum Erfolg zu führen. Sie weiß, was zum Unternehmensziel dazugehört und was nicht. Alle Angestellten im Unternehmen sind die Mitspieler*innen. Auch Teamleiter*innen sind Mitspieler*innen, die immer wieder im Gespräch mit der Spielerin (Geschäftsführerin) überprüfen müssen, ob sie das Unternehmensziel noch richtig verstehen und an andere Mitspieler*innen korrekt weitergeben. Wenn Sie mit dieser Einteilung nun oben meinen Text zum Spieler und Mitspieler noch einmal durchlesen und es mit ihren Erfahrungen im Job vergleichen, werden Sie sofort erkennen, was heutzutage an Arbeitsstellen verkehrt läuft und zu logischen Konflikten führt.

Weitere Beispiele:

Patientin (Spieler) - Ärztin (Mitspieler)

Kind (Spieler) - Eltern (Mitspieler)

Eltern (Spieler) - Kind (Mitspieler)

Deutsches Volk (Spieler) - dem Volk dienende Politiker*innen (Mitspieler*innen)

Setzen Sie diese Paare oben in meine Beschreibung für den Spieler und den Mitspieler ein, lesen die Beschreibungen noch einmal durch und beobachten, was Sie dadurch an Stimmigkeiten und Unstimmigkeiten in unserer Gesellschaft erkennen.

Die folgenden Zusammenhänge werden nun mit Hilfe des NeuroSonanz®-Modells auch ganz klar:

Wenn wir uns als Spieler nicht trauen, etwas zu werten, weil wir Angst vor Konflikten haben oder das natürliche Werten mit Schmerz verknüpft haben, dann werden wir es schwer haben, klar unsere Ziele zu erreichen. Wir werden durch das, was für uns nicht dazugehört, abgelenkt und können es nicht klar begrenzen. Wir können die Spieler-Rolle nicht voll ausfüllen. Sobald uns etwas Unstimmiges begegnet, vermeiden wir das Werten. Stattdessen rutschen wir in die Mitspieler-Rolle und stehen dem Unstimmigen / der Störung zur Verfügung, wenn auch widerwillig. Unser Umfeld nutzt das manchmal aus.

Wenn wir als Mitspieler die (hoffentlich freundlich ausgesprochenen) Wertungen anderer Menschen trotzdem persönlich nehmen und uns trotz Freundlichkeit schmerzvoll ausgegrenzt fühlen, dann haben wir es in der Mitspieler-Rolle schwer. Denn wir haben permanent Angst davor, etwas "falsch" zu machen und durch die Wertung des Spielers für eine kurze Zeit zum Nicht-Spieler zu werden. Scheuen wir grundsätzlich die Nicht-Spieler-Rolle, dann haben wir es schwer, durch eigene Fehler energievoll und positiv dazuzulernen. Wir freuen uns nicht über unseren Lernprozess, sondern er ist für uns anstrengend und belastend.

Erinnern Sie sich an den letzten Abschnitt *Vorsicht! Schnelle und umfassende Veränderungen können gefährlich sein*, in dem ich darüber geschrieben hatte, wie es wäre, wenn Sie von mehreren Männern in eine schöne Idylle entführt werden. Nun kann ich es noch einmal wie folgt beschreiben:

Wenn man die Idylle selbst gesucht und gefunden hat, war man die ganze Zeit in der Spieler-Rolle. Wurde man aber dorthin entführt, dann befand man sich dabei in der Mitspieler-Rolle. Wenn ich eine tolle Erkenntnis habe, war ich dabei in der Spieler-Rolle. Wenn ich andere Menschen daran teilhaben lassen möchte, bin ich immer noch in der Spieler-Rolle und die anderen sind in der Mitspieler-Rolle. Kommen die anderen aber auf mich zu und wollen meine Erkenntnis hören, dann haben sie selbst ein Ziel, befinden sich in der Spieler-Rolle und ich stehe gerne als Mitspieler zur Verfügung und erzähle von meiner Erkenntnis.

Als Mitspieler kann ich dem Spieler nur Angebote machen, die ihm dort weiterhelfen, wo er auch Hilfe benötigt. Ich kann ihm nicht meine Idylle überstülpen, die ich bereits erreicht habe. Er muss als Spieler den

Weg in seine eigene Idylle finden (mit oder ohne meine Hilfe). Jede Abwehr eines Menschen gegen die neue Erkenntnis eines anderen Menschen ist nichts anderes als die Botschaft: "Ich stehe dir gerade für *deine* Erkenntnis nicht zur Verfügung, denn ich verfolge zurzeit noch meine eigenen Ziele. Ob und wann ich dir jemals dafür zur Verfügung stehe, hängt von meinen Zielen ab und wird sich auf meinem Weg zeigen."

Meine Frau schrieb zwei Geburtstagsgrußkarten. Die erste Karte für die liebevolle Person A ließ sich leicht schreiben. Bei der zweiten Karte an die etwas "schwierige" Person B spürte sie, wie ihr die Worte fehlten. Ihr fiel es wesentlich schwerer, diese zweite Karte fertigzustellen. Da ich beide Personen kannte, vermutete ich, dass sie sich beim Schreiben in einer resonierenden Empfindung zu der jeweiligen Person befand, und bot ihr an, aus der Mitspieler-Rolle in die Spieler-Rolle zu wechseln. Tatsächlich gelang es ihr ein bisschen besser, die zweite Karte zu formulieren. Doch viel freier war es noch nicht. Als ich später darüber nachdachte, kam mir die Erkenntnis: Allein das Schreiben einer Geburtstagskarte an jemanden ist eine Mitspieler-Rolle, denn man möchte dem anderen eine Freude machen. Mit diesem Ziel geht man automatisch in Resonanz zum Gegenüber, um zu spüren, was denjenigen freuen würde. Ein Wechsel in die Spieler-Rolle wäre gewesen, wenn sie die Karte mit einer vollkommen anderen Absicht schreiben würde, z. B. als Einladungskarte an den anderen für die eigene Geburtstagsfeier. Hier würde man ein eigenes Ziel verfolgen: das Feiern des eigenen Geburtstags. Nur dann wäre sie beim Schreiben auch wirklich in der Spieler-Rolle.

Achten Sie immer darauf, ob ein Rollenwechsel bei dem, was Sie gerade leben, überhaupt möglich ist oder ob Sie für einen Rollenwechsel Ihre aktuelle Absicht (übergeordnetes Ziel) komplett ändern müssten. In manchen Situationen wird man resonierende Empfindungen nicht los. Dies führe ich im kommenden Kapitel genauer aus.

Ich bin davon überzeugt, dass unsere Gefühle davon abhängen, welche Rolle wir einnehmen. Unsere Rollen beeinflussen unsere Gefühle. Wollen wir also ein unangenehmes Gefühl verändern, dann sollten wir nicht mehr gegen das Gefühl kämpfen, es therapieren wollen oder unser unangenehmes Umfeld verändern, sondern wir sollten schauen, wo ein Rollenwechsel möglich ist. In der Nicht-Spieler-Rolle stehen wir nicht mehr zur Verfügung - und unser Gefühl verändert sich.

Wechseln wir die Rolle, dann haben wir andere Gefühle.

Kapitel 4

Die Befreiung

Wünsche nach Veränderung binden uns an andere

Was ist, wenn all diese in Kapitel 3 vorgeschlagenen Lösungswege nicht funktionieren?

Nicht immer gelingt es, achtungs- und liebevoll aus einer Situation herauszugehen und seine unangenehmen Gefühle loszuwerden. Nicht immer gelingt es, unser Gegenüber einfach nur als Stellvertreter*in des „weisen Universums“ zu sehen. Nicht immer gelingt es, die Gesamtsituation als „perfekt, so wie es ist“ zu erkennen. Nicht immer gelingt es, einfach zu sagen: „Ich stehe dafür nicht mehr zur Verfügung.“ Nicht immer gelingt es, frei zwischen Spieler-, Mitspieler-, Nicht-Spieler- und Alles-Spieler-Rolle hin und her zu wechseln. Manchmal bleiben unsere unangenehmen Gefühle hartnäckig bestehen, oder wir suchen uns anschließend Situationen, in denen sie zum wiederholten Male auftauchen.

Und das hat seinen Grund:

Wir wollen bewusst oder unbewusst einen anderen Menschen und seine Ziele (Gewohnheiten, Bedürfnisse, Denkweisen) verändern. Wir halten intensiv an einem Veränderungswunsch in der Beziehung zu einer Person fest und können den Wunsch einfach nicht loslassen. Vielleicht kennen wir unseren Wunsch sogar nicht mehr, weil er schon lange in uns besteht und unbewusst geworden ist. Irgendwo tief in uns gibt es eine Abwehr gegen „das, was ist“. Wir wollen es anders.

Deshalb stehen wir auch in der Gegenwart immer wieder ungewollt bestimmten Menschen zur Verfügung und rutschen in resonierende Empfindungen, die uns steuern und die wir einfach nicht loswerden. Erinnern Sie sich:

Der „Wunsch nach Veränderung“ hat zur Folge, sich mit etwas intensiver zu verbinden, es genauer wahrzunehmen, um es **kennenzulernen** und verändern zu können. Haben wir in der Spieler-Rolle das Ziel, eine ungelöste Situation mit einem anderen Menschen zu verändern, dann gehen wir in eine Resonanz zu diesem oder zu ähnlichen Menschen. Es entstehen resonierende Empfindungen in uns.

Das „Anerkennen was ist“ hat zur Folge, eine intensive Verbindung loszulassen (Alles-Spieler: „... und auch das gehört dazu"). Die Wahrnehmung dessen tritt mehr in den Hintergrund. Die damit verbundenen resonierenden Empfindungen verschwinden.

Es gibt eine Fortsetzung zu der Geschichte mit dem Körpertherapeuten und seinen Rückenschmerzen. Vorhin berichtete ich, dass er sich innerlich sagte: „Lieber Papa, für die Rückenschmerzen stehe ich dir jetzt nicht mehr zur Verfügung.“ Die Schmerzen verschwanden – jedoch nur für eine kurze Weile, dann kamen sie zurück. Jedes Mal, wenn er wieder den Satz sagte, verschwanden die Gefühle und tauchten nach kurzer Zeit wieder auf. Seine Unzufriedenheit und seine Abwehr gegen die Rückenschmerzen wurden immer stärker – und auf einmal wurde ihm die Abwehr gegen seinen Vater bewusst. Diese Abwehr war ein bisher unbewusster Wunsch nach Veränderung des Kontaktes mit seinem Vater, den er bisher nicht loslassen konnte. Er wünschte sich, dass sein Vater offener und verständnisvoller sei – und so rutschte er automatisch immer wieder in die Verbindung, stand der ungelösten Situation mit seinem Vater weiterhin zur Verfügung, fühlte immer wieder die Rückenschmerzen.

Durch diese Bewusstwerdung konnte er seinen Veränderungswunsch noch genauer analysieren und **kennenlernen**. Viele Tränen begleiteten diesen Prozess. Er lernte allmählich, die Situation mit seinem Vater vollständig anzunehmen, zu achten, dem zuzustimmen, und fühlt sich inzwischen wesentlich ausgeglichener. Die Rückenschmerzen haben sich verändert und sind wesentlich seltener geworden.

Werden wir bestimmte Gefühle nicht los, auch wenn wir bereits aus der auslösenden Situation herausgegangen sind, dann ist das ein wichtiges Zeichen: Wir haben einen unbewussten Wunsch nach Veränderung in einer bestimmten Beziehung. Wir wollen es nicht so, wie es ist – wir wollen es anders.

Uta war mit einer Reisegruppe in Indien. Unter den Teilnehmer*innen war eine Frau, deren dominierendes Verhalten sie nicht ausstehen konnte. Diese Frau wusste immer alles besser. Im Kontakt mit ihr fühlte sich Uta wie ein kleines „Dummchen“. Während der Reise entwickelte sie ein Vermeidungsverhalten: Vor den Gruppenmahlzeiten in den Hotels beobachtete sie, wohin sich diese Frau setzen würde – und setzte sich dann so weit entfernt wie möglich von ihr.

Als sie mir später von ihrer Reise und ihren Gefühlen erzählte, fragte ich sie, was sich in ihren Gefühlen verändert, wenn sie innerlich zu dieser Frau sagt: „Ich stehe dir nicht mehr zur Verfügung.“ Uta ging in sich, teilte dann aber mit, dass sich nichts lösen würde. Sie fühlt die Abwehr gegen die Frau auch jetzt noch, wenn sie zurückdenkt. Ich suchte weiter und fragte, ob sie so etwas aus der Beziehung zu ihren Eltern kennt, doch das konnte sie nicht bestätigen. Sie erzählte, dass es mit ihrer Mutter eher umgekehrt sei. Ihre Mutter sei immer die Schwache (das „Dummchen“) und sie selbst würde ihr immer zu helfen versuchen. Daraufhin fragte ich sie, ob sie innerlich zu ihrer Mutter sagen könnte, dass sie nun nicht mehr für diese Dynamik zur Verfügung stehe und ihr Schicksal ganz bei ihr lassen könne. Doch dann kam ein Widerspruch, denn sie wolle ihr doch zur Verfügung stehen. Sie wolle, dass ihre Mutter selbstsicherer werde (obwohl sie schon sehr alt war). Ihre Mutter sollte sich verändern und nicht mehr länger die Unterlegene sein.

Letztendlich konnte ich Uta damals nicht helfen. Heute kann ich ihr Problem wie folgt betrachten:

Ihr grundsätzlicher Veränderungswunsch trat immer dann auf, wenn sie oder ein anderer Mensch sich nicht selbstsicher fühlte. Ihr Bild war, dass "Selbstsicherheit" der normale Zustand eines Menschen wäre. Wer nicht selbstsicher auftritt, ist ein schwacher Mensch und benötigt Hilfe. Der Zustand von Unsicherheit aktivierte sofort in ihr den Veränderungswunsch, wieder Selbstsicherheit erreichen zu wollen. Unsicherheit war für sie eine grundsätzliche Schwäche, die vermieden werden muss. Entweder zog sie sich selbst aus Situationen zurück, in denen ihre Unsicherheit ausgelöst wurde und sie sich selbst als schwach (Dummchen) betrachtete, oder sie wollte anderen Menschen helfen, die unsicher und schwach waren. Sie zog durch ihren Veränderungswunsch also immer zwei unangenehme Situationen in ihr Leben:

1. Jemand tritt dominant auf - sie fühlt sich wie ein Dummchen - das muss vermieden werden, also zieht sie sich zurück und bewertet den anderen als "zu dominant".
2. Jemand strahlt Schwäche aus - sie muss demjenigen helfen, damit er wieder sicherer werden kann. Sie bewertet den anderen als "zu schwach".

Obwohl sich diese Situationen immer wiederholten, konnte sie daraus nicht lernen. Sie blieb durch ihren Veränderungswunsch in diesen Verhaltensmustern stecken, ohne zu erforschen, wo hier eine Möglichkeit der Weiterentwicklung besteht.

Wem es so ähnlich ergeht wie Uta, dem biete ich mit Hilfe des NeuroSonanz®-Modells folgende Weiterentwicklung an:

Eine dominant auftretende und wertende Person befindet sich in der Spielerin-Rolle und betrachtet ihr Umfeld als Mitspieler*innen. Ihre Spielerin-Rolle ist mit unverarbeiteten Schmerzerlebnissen verknüpft, die zu einer chronischen Heilungshierarchie geführt haben (in der leider keine Heilung stattfindet - siehe ab Seite 134). Sie hat ein Verhaltensmuster entwickelt, mit dem sie um den ersten Platz kämpft, ohne sich auf dem ersten Platz tatsächlich zu heilen. Deshalb drücken sich ihre Spielerin-Anweisungen und Wertungen in einem dominanten, strengen, harten, vorwurfsvollen, abwertenden oder überheblichen Tonfall aus.

Die ihr zur Verfügung stehenden Mitspieler*innen fühlen als resonierende Empfindung diesen unverarbeiteten Schmerz der Spielerin. Zu dieser Empfindung gehört auch das Gefühl von Ohnmacht. Die Ohnmachtsempfindung ist ebenfalls eine Resonanz zu der dominanten Ausstrahlung einer anderen Person. Denn warum muss diese Person eigentlich dominant auftreten? Weil sie sich aufgrund eines unverarbeiteten Schmerzerlebnisses grundsätzlich ohnmächtig fühlt (möglicherweise unbewusst) und als Gegenreaktion versucht, durch Dominanz diese Ohnmacht in den Griff zu bekommen.

Jedes dominante Auftreten eines Menschen enthält gleichzeitig eine Ohnmacht, die sich in den resonierenden Empfindungen von zur Verfügung stehenden Mitmenschen wiederspiegelt. So erklärt sich, warum die Dominanz eines Menschen zu Ohnmachtsempfindungen bei anderen Menschen führt.

Die anderen Menschen reagieren auf diese Ohnmachtsempfindung entweder mit Schwäche oder mit Widerstand. Entweder ordnen sie sich der Dominanz unter oder sie versuchen, selbst eine stärkere Dominanz dagegenzustellen. Kaum jemand geht einfach aus der Rolle, legt die resonierende Ohnmachtsempfindung ab, steht nicht weiter zur Verfügung, kümmert sich nicht weiter um die dominant auftretende Person (achtet sie und ihre Heilungshierarchie so, wie sie ist, und lässt sie weiter dominant auftreten) und wendet sich wieder den eigenen Zielen zu. Doch genau das wäre die Lösung.

Hat die Mitspielerin noch die Hoffnung, bei der dominanten Spielerin etwas verändern zu können, dann kann sie nur der Spielerin das fürsorgliche und einfühlsame Angebot machen, gemeinsam ihre grundlegende (unbewusste) Ohnmacht zu lösen. Die Mitspielerin kann der Spielerin eine Heilungshierarchie anbieten, in der sie sich fürsorglich dem Schmerz der Spielerin zur Verfügung stellt. Die Spielerin erhält den ganzen Raum und alles Verständnis, um ihren Schmerz nachträglich zu verarbeiten und zu heilen. Ist der Schmerz der Spielerin geheilt, dann wird sie nicht mehr dominant auftreten müssen. Außerdem wird niemand mehr im Kontakt mit ihr das Gefühl haben, ein "Dummchen" zu sein.

Nimmt die Spielerin das Angebot von der Mitspielerin aber nicht an, dann macht die Mitspielerin die Erfahrung, dass sie hier nichts ändern kann und gibt ihren Veränderungswunsch auf. Sie achtet die Spielerin mit ihren dominierenden Zielen so, wie sie ist ("Auch das gehört dazu"). Auf diese Weise kann man gut von seiner Mitspieler-Rolle loslassen und in die Nicht-Spieler-Rolle wechseln. Von dort aus wechselt man selbst in die Spieler-Rolle, indem man sich auf seine eigenen Ziele konzentriert, die mit dem Gegenüber nichts mehr zu tun haben.

Die Problemsituation wäre für Uta also wahrscheinlich gelöst, wenn sie innerlich die Freiheit erlangt, aus der Spielerin-Rolle (mit dem Ziel, die andere Spielerin zu verändern) oder aus der Mitspielerin-Rolle (der anderen Spielerin zur Verfügung stehen) in die Nicht-Spielerin-Rolle und anschließend (wieder) in die Spielerin-Rolle zu wechseln, mit der Haltung der Alles-Spielerin: "Das dominante Auftreten als auch die dazugehörige Ohnmachts- und Schwächeempfindung gehören dazu. Ich achte es, wie es ist, will es nicht mehr verändern und lasse meinen Veränderungswunsch los. Und jetzt konzentriere ich mich auf die Ziele, die mit der anderen Person nichts mehr zu tun haben. Das gehört auch dazu."

Wie man die blockierende Wirkung einer chronischen Heilungshierarchie, die hinter einem Ohnmachtsgefühl und der darauf reagierenden Dominanz steckt, lösen kann, zeige ich in den folgenden Abschnitten dieses Kapitels.

Vertiefungen

Wenn wir uns im Kontakt mit einem dominant auftretenden Menschen seine eigenen (dominant auftretenden) Eltern hinter ihm stehend vorstellen, wirkt seine Persönlichkeit und damit seine Dominanz anders auf uns. Wir erkennen zusätzlich seine Ohnmacht gegenüber seinen dominanten Eltern.

„Arroganz ist ein Schutz vor Verletzungen, der Verletzungen magisch anzieht“, schreibt Klaus Mücke.

„Was einem Energie nimmt, sind in der Regel die eigenen inneren Konflikte.“ (Gunther Schmidt)

Wenn ich das Ziel habe, alles so anzuerkennen, wie es ist, dann will ich alles das verändern, wo *keine* Anerkennung vorhanden ist. Ich nehme also verstärkt die Änderungswünsche, Abwehrmechanismen, Bewertungen, Nicht-Anerkennung von anderen und von mir selbst wahr. Viele Seminarleiter arbeiten auf diese Weise und mit diesem Ziel. Sie reagieren auf Abwehr, Ausschluss, Selbstabwertung und Änderungswünsche und geben Hinweise, um sie in eine Anerkennung und Achtung zu transformieren. Selbst *diesen* Veränderungswunsch kann ich aufgeben. Dann erkenne ich alle anderen Veränderungswünsche, Abwehrmechanismen und Bewertungen an, so wie sie sind. Auch hier haben wir die Wahl:

„Will ich einen Veränderungswunsch *verändern* und in ein ‚Anerkennen-was-ist‘ verwandeln? Oder will ich einen Veränderungswunsch *anerkennen* und ihn bestehen lassen?“

Nächste Stufe: „Erkenne ich meinen Veränderungswunsch an, Veränderungswünsche zu verändern, oder will ich ihn verändern?“

Die ewige Anerkennungsspirale: „... und auch das gehört dazu.“

Untersuchen wir unser Bindungsgefühl, so verändert sich etwas

Wir können resonierende Empfindungen nutzen, um bestimmte Dinge schneller zu lernen. Wir können uns in Vorbilder hineinversetzen und sie imitieren. Dadurch lernen wir und verändern uns – wir erfüllen uns unseren Veränderungswunsch.

Gefühle unangenehmer Art können wir analysieren. Wir können durch sie etwas Neues für unsere Weltsicht und unsere Menschenkenntnis lernen. Dazu müssen wir sie „nur" verstehen. Um sie verstehen zu können, müssen wir erst einmal unsere Abwehr gegen sie auflösen und sie für eine Weile zulassen, vielleicht sogar verstärken, damit wir genauer hinfühlen können.

Habe ich ein unangenehmes oder sogar verletztes Gefühl, dann reagiere ich nicht mehr als Erstes mit dem Wunsch, es sofort loswerden zu wollen, denn das würde „Kampf gegen einen unbekannten Feind" bedeuten. Kann ich den Feind nicht sehen, will aber nach ihm greifen, um ihn endlich hinauszubefördern, dann greife ich oft daneben. Wenn ich nicht weiß, wo er steht, und will ihm ausweichen, weiß aber nicht in welche Richtung, dann bin ich orientierungslos. Wie immer im Leben geht es darum, den „Fehler" genau kennenzulernen, ihn genau zu analysieren, eine klare Diagnose zu stellen, ihn zu beherrschen. Erst dann kann ich gezielt mit ihm umgehen und habe die Wahl.

Ich nehme also als Erstes das unangenehme (manchmal auch schmerzhafte) Gefühl an.

Der zweite Schritt ist: Ich beobachte, ob ich vielleicht böse auf jemanden bin und ihm innerlich einen Vorwurf mache („Er hätte sich auch anders verhalten können! – Warum musste das passieren?! – Er hat doch genau gewusst, dass …"). Wenn ja, dann gibt es mindestens zwei Möglichkeiten:

a) Mein dominierender Vorwurf ist ein sinnvoller Schutz für mich. Denn wenn ich einem anderen Menschen oder generell meiner Umwelt die Schuld an meinen verletzten Gefühlen gebe, muss ich mich nicht selbst damit auseinandersetzen. Ich habe einen offiziellen Grund, mich vom Auslöser zu distanzieren (doch in Wirklichkeit steckt die Ursache dafür in mir selbst).

b) Mein Vorwurf gehört zu einer „Rolle“, die ich gerade in dieser Situation spiele. Ich beobachte, ob sich mein Gegenüber eventuell schuldig fühlt, denn das könnte eine Bestätigung für mein Rollenspiel sein. Warum? Wenn sich einer schuldig fühlt und sich kleinmacht, rutscht oft ein anderer durch resonierende Empfindungen in das Gegenpol-Gefühl des „Böse-Seins“ hinein und spielt damit die passende vorwurfsvolle Rolle. Wie ein solches versehentliches Rollenspiel zustande kommt, erkläre ich später ausführlicher. Teste ich den Satz: „Für diese vorwurfsvolle Rolle stehe ich jetzt nicht weiter zur Verfügung“ und fühle mich danach leichter und offener – nicht mehr so streng –, dann ist das eine weitere Bestätigung dafür, dass ich gerade eine Rolle gespielt habe.

Vielleicht kann ich spüren, dass ich zwar Vorwürfe mache, es aber eigentlich – wenn ich ganz ehrlich in mich hineinfühle – gar nicht so meine. Ich fühle mich tief in meinem Herzen irgendwie „ausgeglichen“ oder gelassen; vielleicht grinse ich sogar innerlich vor mich hin, während ich meine Wut äußerlich so richtig auskoste. Dann weiß ich: Ich spiele eine Rolle.

Meine Frau und ich hatten abends eine kleine Auseinandersetzung. Ich machte im Spaß eine Bemerkung und sie fühlte sich dadurch plötzlich verletzt. Sie verstummte und ich fühlte mich nun verärgert. Wir konnten eine Weile nicht mehr offen miteinander reden. Als ich mich in mein Arbeitszimmer zurückzog, sagte ich mir innerlich: „Ich stehe dir für diese Auseinandersetzung nun nicht weiter zur Verfügung.“ Doch mein Ärger blieb. Ich fragte mich, was mir der Ärger zeigen will, was ich selbst daraus lernen könne, und fand keine Antwort darauf. Dann fragte ich mich – zielorientiert –, wie denn der gelöste Zustand aussehen würde. Allerdings wurde mein Ärger nach dieser Frage sogar noch stärker. Deshalb war ich davon überzeugt, dass er mir doch etwas über mich mitteilen wollte, was ich gerade übersah. Ich überlegte lange, auch schriftlich, und erhielt immer noch keine Erkenntnis. Wieder hatte ich den Impuls, mich zu fragen, wie es sei, wenn das Ganze gelöst wäre. Mein Ärger wurde stärker. Jetzt erst erkannte ich, dass der gelöste Zustand bedeutet: Lasse deinen Ärger vollständig zu, gebe ihm Raum. Ich ließ das Gefühl stärker werden und schrieb die Sätze auf, die meine Wut innerlich zu meiner Frau sagen wollte. Dann beschloss ich, mit meinen Notizen zu meiner Frau zu gehen, die sich inzwischen ins Schlafzimmer gelegt hatte, um sie zu fragen, ob sie sich weiter mit mir auseinandersetzen würde. Ich machte leise und vorsichtig die Tür auf und fragte flüsternd: „Schläfst du schon?“ Sie gab einen lauten Schrei von sich, da sie sich total erschrocken hatte. Anschließend brach sie in Tränen aus. Sie erzählte später, dass sie sich gerade, als ich zur Tür hereinkam, innerlich in einen Teil von sich selbst hineinversetzt hatte, der immer wieder unter Schock steht (zu dieser Technik siehe weiter unten im Abschnitt *Ich verstehe mich selbst besser, als andere mich verstehen*). In dem Moment kam ich herein, sie erschrak sich – ihrem Schock entsprechend – und konnte anschließend diesen Schockzustand in Tränen ausdrücken und dadurch auflösen. Es war für sie sehr passend, dass ich genau zu diesem Zeitpunkt den Schreck auslöste. Bei mir dagegen war das Gefühl von Ärger wie weggeblasen. Jetzt wurde mir klar: Während meine Frau sich in einen Anteil versetzt hatte, der unter Schock stand, fühlte ich parallel dazu in meinem Arbeitszimmer einen starken Ärger. Als ich den Impulsen, die aus dem Ärger heraus entstanden, folgte, konnte sich eine Situation ergeben, die alles löste. Es war eine resonierende Empfindung im Kontakt mit meiner Frau gewesen. Zusätzlich hatte ich noch vom Universum die Aufgabe, ihr als Auslöser für einen Erlösungsprozess zur Verfügung zu stehen.

Was mit einem harmlosen Spaß begann, war vom Universum perfekt geplant gewesen. Als ich mir dann nach dieser Erkenntnis noch konkreter sagen konnte: „Ich stehe für deinen Schock/für deinen Trancezustand nicht weiter zur Verfügung“, war ich endgültig erleichtert – und auch der Ärger kam nicht mehr wieder.

Heftig ausgelebter Ärger und Wut lösen bei anderen Menschen oft Angst und Schockzustände aus und umgekehrt: Steht ein Mensch seit seiner Kindheit unter einem bestimmten (inzwischen unbewussten) Schock und ist in einer Heilungshierarchie stecken geblieben, dann könnte sein Verhalten bei einem anderen Menschen Aggressionsgefühle auslösen. Beide Pole, Wut und Schock, gehören zum gleichen ungelösten Ungleichgewicht, sie sind die beiden Seiten derselben Medaille.

Ich komme zurück zu meinem unangenehmen oder schmerzhaften Gefühl, das ich genauer untersuche. Habe ich außerhalb von mir alles getestet, um mein Gefühl zu lösen, bleibe aber trotzdem vorwurfsvoll oder wütend oder tief verletzt, dann muss ich davon ausgehen, dass ich hier keine Rolle spiele, sondern Möglichkeit a) gegeben ist: Es gibt irgendwo einen versteckten Änderungswunsch in mir selbst. In diesem Fall ist mein Vorwurf an meine Umwelt tatsächlich ein Schutz für mich, damit ich mir meines eigenen Veränderungswunsches nicht so sehr bewusst werden muss.

Warum? Was steckt dahinter?

Meistens ein Schmerz ...

... ein ungelöster Schmerz, der in meiner Vergangenheit begonnen und zu einer chronischen Heilungshierarchie in mir geführt hat ...

Vertiefung

„Wenn der Organismus stärker als das Ich ist, dann wäre es besser, sich mit ihm zu verbünden, als gegen ihn zu kämpfen." (Gunther Schmidt)

Wir befreien unser Gefühl, wenn wir unbewussten Stress erlösen

Jeder emotionale Schmerz will anerkannt, verstanden und körperlich durchlebt werden. So machen es bereits die Kleinsten – unsere Babys.

Oliver und Maria lieben sich sehr und sind glücklich miteinander. Sie empfinden ihre Beziehung als eine Oase der Liebe, in der sie gegenseitiges Vertrauen und Sicherheit erleben. Sie können körperlich frei, offen und ungehemmt miteinander umgehen. Auch gibt es in Krisenzeiten viel Verständnis auf beiden Seiten, so dass sie immer wieder eine gemeinsame Lösung finden können. Plötzlich kommt Maria bei einem Autounfall ums Leben. Ein Lastwagenfahrer war unaufmerksam und hat den Unfall verursacht. Maria war unschuldig. Als Oliver die Nachricht erhält, kommt zuerst der Schock und der Schmerz. Der Schmerz ist so heftig, dass er es kaum aushält. Als Schutz vor diesem Schmerz steigt in ihm eine Leugnung auf. Sie erscheint als eine Sichtweise, mit der er auf die plötzliche Veränderung schaut: „Das kann gar nicht wahr sein. Es hätte nicht passieren dürfen! Es hätte verhindert werden können!!" und als Reaktion auf diese Sichtweise die Wut auf den LKW-Fahrer.

Diese Wut ersetzt zunächst scheinbar den Schmerz, doch dadurch kann Oliver den Verlust nicht verarbeiten. Der Verlustschmerz und damit auch der Veränderungswunsch, Maria möge noch leben, bleiben unbewusst bestehen. Die Wut auf den LKW-Fahrer bleibt ebenfalls. Immer wenn Oliver an den Tod von Maria denkt, wird er ohnmächtig wütend. Er ist nicht mehr fähig, eine neue Beziehung einzugehen, weil ihn jede Nähe zu einem lieben Menschen wieder an seinen Veränderungswunsch, seine Wut und den Schmerz erinnert. Dem möchte er aber ausweichen.

Weil es sich nicht löst, gibt es immer wieder Situationen, die ihn an diesen Verlust (nach einer Weile unbewusst) erinnern und dadurch in ihm das unangenehme Gefühl auslösen, manchmal sogar wieder die Wut. Das sieht wie folgt aus: Oliver nimmt seine Umwelt wahr durch ein 1. Gefühl. Dieses Gefühl erinnert ihn unbewusst an den Verlust von Maria. Er deutet, dass es „nicht sein darf“. Somit ist ein zweites Gefühl vorhanden, eine Abwehr gegen das, was er gerade wahrgenommen hat. Deshalb bleibt Oliver seiner Umwelt gegenüber distanziert und gewöhnt sich daran.

Veränderungsmöglichkeit: Oliver wird sich seines seelischen Problems bewusst. Ihm wird schmerzhaft klar, dass er schon länger keine Partnerin mehr gehabt hat – oder dass seine Partnerschaften alle unbefriedigend verlaufen und er seine Partnerinnen ständig kritisiert. Ihm fällt auf, dass er vieles abwertet und ausschließt. Er wird öfter wütend als früher. Vor allem macht er sich immer wieder große Sorgen, wenn seine Partnerinnen allein mit dem Auto unterwegs sind. Seine Partnerinnen halten die von ihm gesetzten Grenzen nicht lange aus und trennen sich von ihm. Dadurch wiederholt sich die Situation, dass er einen lieben Menschen verliert.

Nach langem Hin und Her beginnt er, über sich selbst nachzudenken und seine Gefühle zu analysieren. Ihm wird wieder bewusst, dass er abwertet, vieles nicht gelten lässt und verändern will: „Es darf nicht sein.“ Ihm wird bewusst, dass er oft überreagiert und irgendetwas mit ihm nicht stimmt. Deshalb lässt er in einer nächsten Situation seine Abwehr vollkommen zu und beginnt, sie zu untersuchen. Er fragt sich, wogegen er sich eigentlich wehrt und was er denn genau verändern möchte. Was würde seinem Gefühl nach Schlimmes passieren, wenn er seine Abwehr aufgeben würde? Als Antwort auf diese Frage steigt in ihm die Erinnerung an Maria und der Schmerz wieder auf. Er gesteht sich ein, dass er sich immer noch nach ihr sehnt, und bricht in Tränen aus. Endlich beginnt der lange Verabschiedungsprozess von Maria - und damit die Heilung.

Wenn Oliver sich bewusst gewesen wäre, dass Tränen einen wertvollen inneren Verarbeitungsprozess unterstützen, wäre die ganze Entwicklung möglicherweise anders verlaufen. Wir drehen die Zeit zurück:

Er erfährt von dem Tod von Maria und erlebt einen Schock. Seine erste Schutzreaktion aufgrund der heftigen Veränderung in seinem Leben ist zunächst die Leugnung. Doch schon bald sagt er sich, dass es wichtig sei, sich ausführlich von Maria zu verabschieden und seinen Verlustschmerz zu heilen. Er nimmt sich ganz viel Raum und Zeit, ändert seine Sichtweise und formuliert das, was gerade Wirklichkeit ist: „Es ist so schlimm! Es tut so weh, dich zu verlieren!" Er weint über seinen Schmerz ... lange Zeit ...

... denkt an viele schöne Zeiten mit Maria und weint ...

„Ich vermisse dich und alles Schöne, was wir gemeinsam erlebt haben!"

... und er fühlt, dass er alle Zukunftspläne aufgeben muss – „Es wäre so schön gewesen, mit dir noch einiges zu erleben", und weint...

... immer wieder ...

... bis sich der Schmerz langsam verringert ...

... und schließlich nach vielen Monaten vollständig aufgelöst ist.

Nach diesem Prozess kann er gerne an die gesamte Zeit mit Maria zurückdenken und fühlt dabei keinen Wunsch nach Veränderung der Situation, keine Wut und keinen Schmerz mehr. Seine dazugehörige Heilungshierarchie konnte sich auflösen, denn sein ungelöster Schmerz ist geheilt und verschwunden. Der Schmerz benötigt keine Aufmerksamkeit und keinen Raum mehr. Oliver hat Maria für immer einen Platz in seinem Herzen gegeben und ihren Tod vollständig angenommen. Auf diese Weise findet er eine neue Partnerin, mit der er nun sein Leben teilt. Außerdem kann er wieder besser seine gegenwärtige Umwelt „erfühlen". Es steht keine blockierende Heilungshierarchie mehr zwischen ihm und seiner Gefühls-Wahrnehmung.

Solange er jedoch dem Abschiedsschmerz nicht zustimmt und in sich die Überzeugung trägt „Ich will diesen Abschied nicht" und den Prozess nicht wirklich durchlebt, bleibt ein unbewusster Veränderungswunsch in ihm. Dieser Wunsch bezieht sich auf das Ende der Beziehung mit Maria. Wenn man etwas verändern will, fühlt man es umso intensiver und lernt es genauer kennen, um es dann auch verändern zu können. Er zieht also Ähnliches in sein Leben hinein.

Meine Erfahrung ist: Wir können jeden Abschied, den wir nicht vollständig betrauert haben, beim nächsten gegenwärtigen Abschied nachholen. Wir haben bei jeder auslösenden Situation die Wahl: Entweder wir müssen einmal Energie aufwenden und Zeit investieren, um uns den passenden Rahmen zu geben und uns dem unverarbeiteten Abschied zu stellen. Wir integrieren einen Verlust emotional und fühlen uns anschließend dauerhaft ausgeglichen und freier. Oder wir müssen ständig (Abwehr-)Energie aufwenden (kämpfen), um einen Abschied immer wieder hinauszuschieben. Die Abwehr wird uns im Laufe der Zeit unbewusst, bleibt aber in Form von „Stress“ und "Leugnungen" bestehen. Im Alltag begegnen wir Situationen, die in uns diesen Stress und den dazugehörigen Kampf auslösen, doch wir ordnen ihn schon lange nicht mehr dem vergangenen Erlebnis zu. Wir denken, dass die auslösende Situation schuld an unserem Stress sei. Dieser Stress ist ständig vorhanden und führt auch zu Beeinträchtigungen in unserem Gehirn. Professor Joachim Bauer, Facharzt für psychotherapeutische Medizin, merkt dazu an: „Angst, Gefahrensituationen und der damit einhergehende seelische Stress führen im Gehirn zur Aktivierung einer ‚Familie‘ von Stressgenen. Die Produkte dieser Stressgene haben körperliche Reaktionen zur Folge. […] Darüber hinaus haben die Produkte aktivierter Stressgene in nachhaltiger Weise Rückwirkungen auf das Organ, welches die Stressgen-Kette aktiviert: das Gehirn. Hier zeigen zahlreiche Studien, dass Stress- und Belastungserlebnisse eine nachhaltige schädigende Wirkung auf Nervenzell-Strukturen ausüben können.“

Wenn Sie schon sehr lange (z. B. seit Ihrer Kindheit) einen Veränderungswunsch in sich haben und seitdem eine bestimmte Abwehr leben, und wenn Sie diese Abwehr plötzlich erkennen, aufgeben und die dazugehörige Trauer durchleben, und wenn Sie dann merken, dass sich in Ihnen etwas öffnet, was lange verschlossen war, dann gibt es noch einen weiteren Schmerz, der auftauchen wird: Sie erkennen, was Sie aufgrund Ihrer Abwehr in der langen Zeit alles versäumt haben. Es schmerzt, plötzlich sehen zu können, was alles möglich gewesen wäre, wenn Sie damals den Schmerz nicht erfahren hätten. Wie wäre es nur gewesen, wenn Sie den Veränderungswunsch schon damals erfüllt bekommen oder vollständig verabschiedet hätten?! Sie erkennen, wie eingeschränkt Sie in Ihrem Leben waren – nur wegen dieses ständig präsenten Veränderungswunsches. Vielleicht taucht auch der Satz in Ihnen auf: „Wenn ich mich damals anders entschieden hätte oder wenn etwas anderes passiert wäre, wäre mein Leben ganz anders verlaufen". Stimmen Sie diesem Versäumnis zu und geben Ihren Veränderungswunsch auf.

Wenn Sie über diesen Schmerz ebenso ausgiebig trauern und ihn ausdrücken, wird irgendwann wie von selbst die heilende Sichtweise in Ihnen auftauchen, dass alles so stimmig war, wie es war. Es hätte sich gar nicht anders entwickeln können. Im vollständig gelösten Zustand können Sie in der Gegenwart Ihrer gesamten Vergangenheit zustimmen – inklusive der Blockaden, die Sie nun letztendlich haben lösen dürfen. Es gibt keine Veränderungswünsche in Richtung Vergangenheit mehr. Sie fühlen Dankbarkeit und Frieden gegenüber Ihrem Leben. Gleichzeitig befreien Sie dadurch Ihr Gehirn von Stressblockaden, werden offener in Ihren Sichtweisen und damit wieder lernfähiger.

Manchmal sage ich innerlich „Ich stehe jetzt nicht mehr zur Verfügung" und fühle anschließend keine Erleichterung sondern einen Druck in meiner Brust. Zusätzlich steigen Erinnerungen an meine Kindheit in mir auf, an die Momente, in denen ich Grenzen erlebt und wie ich mich dabei eigentlich gefühlt habe. Wenn ich mir dann einen Rahmen gebe, in dem ich nicht gestört werde, kommen Tränen und ich weine nachträglich mit einem erlösenden Trauergefühl über die Spannungen, die ich bisher habe leben müssen und nun endlich loslassen darf. Der Druck löst sich auf.

Anna hat ein Problem mit ihrer Mutter. Die Mutter pflegt immer noch einen freundschaftlichen Kontakt zu Annas Exfreund Torsten, obwohl Anna die Beziehung schon seit über einem Jahr beendet hat. Anna hat den Wunsch, dass die Mutter die Trennung von Torsten anerkennt, indem sie auch den Kontakt zu ihm beendet oder zumindest einschränkt. Die Mutter sagt dazu, dass Anna es doch irgendwann einmal lernen müsse, wieder mit Torsten an einem Tisch sitzen zu können – auch wenn sie getrennt sind. Anna hat das Gefühl, dass ihre Mutter nicht hinter ihr steht, sondern sich auf die Seite ihres Exfreundes gestellt hat. Es tut ihr sehr weh, dies immer wieder von ihrer Mutter erleben zu müssen. Frank ist der gegenwärtige Partner von Anna. Er hört das Problem und macht Anna engagiert einige Veränderungsvorschläge, was sie ihrer Mutter sagen oder wie sie sich in Zukunft gegenüber ihrer Mutter verhalten könne. Anna ist dankbar für Franks Anregungen – doch Frank leidet. Er drängt darauf, dass Anna dieses Problem sobald wie möglich klären solle. Irgendwann hat er das Gefühl, genug Ratschläge gegeben zu haben, und beschließt, sich für diese Problematik nicht weiter zur Verfügung zu stellen. Doch seine Veränderungswünsche wurden dadurch nicht weniger, sondern stärker. Er fühlte nach seinem Rückzug eine starke Wut. Als er in sich selbst dieses Gefühl fragte, woher er es kennt, wurde ihm bewusst, dass er früher als Kind auch darunter gelitten hatte. Seine Mutter stand nicht zu ihm, sondern stellte sich immer auf die Seite anderer fremder Kinder. Ist er z. B. von einem Jungen verprügelt worden, dann hat seine Mutter reagiert mit: „Du hast ihn bestimmt geärgert und hast daher selbst Schuld“. Als er sich eingestand, dass das Unverständnis seiner Mutter ihm damals sehr weh getan hat, kamen ihm die Tränen. Er weinte über den Schmerz von damals, den er bisher nie wirklich realisiert hatte. „Es tut so weh zu fühlen, dass du nicht hinter mir gestanden bist“, sagte er innerlich zu seiner Mutter – und weinte. Allmählich löste sich seine Wut auf. Irgendwann konnte er ohne Wut und Tränen an die Situation mit seiner Mutter denken. Am Abend erzählte er Anna davon und sie sagte: „Schön, dass du mich verstehst.“ Sie umarmten sich und weinten beide ... bis der Tränenfluss von selbst versiegte. Dann sah Frank innerlich seine Mutter an und konnte auf einmal ihre eigenen unerlösten Veränderungswünsche erkennen, aus denen heraus sie damals so handeln musste – und er verstand. Gegenüber Annas Problem konnte er nun loslassen und musste sich nicht mehr einmischen.

Es gibt nicht nur äußere Verlusterfahrungen, die wir mit Tränen durchleben, sondern auch innere. Es kann für uns z. B. auch einen Verlust darstellen, wenn ein Mensch, den wir eigentlich sehr lieb haben, nicht mehr offen uns gegenüber ist und sich innerlich distanziert, hart wird, abweisend wirkt. Dieser Rückzug des anderen kann bei uns selbst zu einem Schock führen. Die für uns lösende Reaktion könnte sein: „Das tut sehr weh! Doch auch wenn es weh tut, stimme ich deinem Rückzug zu.“

Schmerz, Abschied und Trauer – so lange, bis wir uns ausgeglichen und in Frieden fühlen. Dadurch lassen wir den anderen gehen und passen uns seinem Wunsch an, sich innerlich zurückzuziehen. Haben wir unsere Trauer vollständig durchlebt, dann schmerzt es uns nicht mehr, wenn sich dieser Mensch weiterhin innerlich distanziert verhält. Wir haben unseren Wunsch nach Veränderung losgelassen.

Manche Menschen kämpfen ihr ganzes Leben lang scheinbar darum, dass sich ihre Eltern ihnen gegenüber (wieder) öffnen und Anerkennung und Liebe zeigen. Sie wünschen eine Veränderung im Außen. In Wirklichkeit kämpfen sie darum, ihren eigenen Abschiedsschmerz nicht fühlen und durchleben zu müssen. Sie wünschen sich, dass sich ihr (inzwischen unbewusster) Schmerz verändert. „Der einfachste Weg ins Verborgene Königreich führt durch das Tor der Anerkennung."

Die folgende Form von Schockauflösung gehört auch dazu: Ich habe im Alter von 27 Jahren meine erste Magenspiegelung erlebt. Man muss einen langen Schlauch schlucken, durch den der Arzt den Magen inspiziert. Bei vielen Menschen ist der dabei auftretende Würgereiz recht heftig – so auch bei mir. Ich habe während der zehnminütigen Prozedur heftig gelitten. Dieses Leid hat meine gesamte Aufmerksamkeit gefordert und es entstand eine Heilungshierarchie. Als es vorbei war, bin ich meinem Heilungswunsch gefolgt, bin aus der Arztpraxis gegangen und im Hausflur die Treppe bis ganz nach oben gelaufen, bis ich vor dem Eingang zum Dachboden ankam, habe mich dort hingesetzt, wo mich jetzt keiner stören würde, und habe meine Gefühle heftig ausgeweint. Während des Weinens dachte ich noch einmal intensiv an die gesamte Magenspiegelung. Nach ca. 15 Minuten beendete sich der Tränenfluss von selbst. Ich konnte an die Magenspiegelung denken, ohne noch ein unangenehmes Gefühl zu haben. Die Heilungshierarchie hatte sich aufgelöst. Das Leiden war verarbeitet und ich wusste, dass ich vor der nächsten Magenspiegelung keine Angst mehr fühlen würde. So war es dann auch. Beim nächsten Mal konnte ich mich selbstsicher und klar der ganzen Prozedur zur Verfügung stellen. Schließlich hatte ich ja jetzt bereits eine Erfahrung gesammelt und wusste, wie es funktioniert.

Hätte ich meine Tränen nicht fließen lassen, wäre mein Körper in der Abwehrhaltung (dem Veränderungswunsch) gegen dieses Erlebnis „stecken" geblieben. Mein Schock hätte sich manifestiert und meine Heilungshierarchie wäre chronisch geworden. Das wäre dadurch sichtbar geworden, indem ich mich gegen die nächsten Magenspiegelungen heftig gewehrt hätte. Meine Angst davor hätte etwas „verändern wollen" und damit verstärkt die Aufmerksamkeit meines Umfeldes auf mich gezogen, das mir für mein Leid zur Verfügung hätte stehen müssen.

Mein Klient Peter, ein Berufsmusiker, erzählte mir seine Erfahrung als Student mit seiner früheren Partnerin Steffi und hat mir erlaubt, die Geschichte mit abgewandelten Namen zu veröffentlichen. Die Beziehung zwischen Steffi und Peter war zwiespältig. Auf der einen Seite liebten sie sich leidenschaftlich, auf der anderen Seite verletzten sie sich auch immer wieder, z. B. durch gelegentliche Seitensprünge. Nach drei Jahren Liebe und Schmerz zog Steffi in eine andere Stadt, weil sie dort einen besseren Studienplatz erhalten hatte. Zwei Monate hielt die Beziehung noch. Weil aber der Kontakt wesentlich geringer wurde und die Verletzungen nicht aufhörten, entschied sich Peter zur Trennung und schrieb einen Abschiedsbrief. Es fiel ihm nicht leicht, weil es viele Dinge gab, die ihn mit Steffi verbanden. Er hatte sie immer noch unendlich lieb, doch auf der anderen Seite konnte es so nicht mehr weitergehen. Der Trennungsstrich war für ihn endgültig. Auch ein nächtlicher Traum bestätigte ihn darin.

In den darauffolgenden Wochen erlebte Peter ein Tief nach dem anderen. Der Verlustschmerz war groß, doch ein Zurück gab es nicht. Zu der Zeit hörte er im Radio die „Symphonie fantastique" von dem französischen Komponisten Hector Berlioz. Gleich während des ersten Satzes dieser Sinfonie ging seine Fantasie mit ihm durch und er malte sich passend zur Musik eine Geschichte aus: Er lebte schon länger auf einem großen Schloss. Dieses Schloss gehörte ihm ganz allein. Doch auf einmal gab es ein Erdbeben und das Schloss brach in sich zusammen. Rechtzeitig schaffte er noch den Weg nach draußen und sah aus sicherem Abstand, wie das Schloss in sich zusammensackte. Danach erhob sich aus den Trümmern eine große schöne Blume mit einer riesigen verschlossenen Blüte. Als sich die Blüte allmählich öffnete, sah er Steffi darin. Sie hatte Flügel wie eine kleine Fee, schaute ganz liebevoll zu ihm hinüber, winkte ihm noch einmal zu, lächelte und flog davon. An dieser Stelle der Geschichte brach Peter heftig in Tränen aus. Das Ende dieser Fantasie war: Nachdem Steffi weggeflogen war und das Schloss sich aufgelöst hatte, drehte er sich langsam um und begann seine Wanderschaft in die Fremde.

Peter kaufte sich eine CD mit dieser Musik und hörte sie sich jeden Tag aufs Neue an. Dabei ließ er jedes Mal seinen Tränen freien Lauf. Immer wieder nutzte er die Musik, sah sich seinen inneren Film an und weinte beim Abschied von der lieben Fee Steffi. Nach drei Monaten ließ der Schmerz nach. Peter konnte die Musik hören und die inneren Bilder wahrnehmen, der Fee liebevoll zum Abschied winken, ohne dass er mehr weinen musste. Er hatte seinen Trennungsschmerz verarbeitet.

Vier Monate nach der Trennung begegneten sich Peter und Steffi wieder. Peter war offen und freute sich, es gab kein wehmütiges Gefühl und keinen Schmerz mehr. Er konnte Steffi sehr liebevoll begegnen, ohne den Wunsch nach einer Fortsetzung der Beziehung zu fühlen. Er verhielt sich sogar so offen, dass Steffi den Impuls hatte, erneuten Sex einzuleiten. Peter signalisierte, dass er sich darüber freue, doch die Beziehung sei trotzdem beendet. Steffi ließ sich dadurch nicht beirren. Sie glaubte ihm nicht und projizierte immer noch in die Situation, dass sie ihn irgendwie herumkriegen könnte. Peter ging davon aus, dass sich Steffi bewusst war, was sie da tat – und so kam es zum Sex. Hinterher erlebte er tatsächlich, dass der Sex keine weiteren partnerschaftlichen Bindungsgefühle in ihm mehr weckte. Er spürte: Ich habe sie gern, doch die Partnerschaft mit ihr ist zu Ende. Steffi allerdings war verwirrt in ihren Gefühlen, denn sie hatte gehofft, dass die Beziehung sich fortsetzen lässt. Möglicherweise hatte sie sich in den vergangenen Monaten nicht so intensiv und tränenreich von Peter verabschiedet und hing daher emotional immer noch an ihm. Sie fragte, wie Peter mit ihr schlafen konnte und die Partnerschaft trotzdem beendet sei. Ihre Hoffnung auf eine Fortsetzung war durch seine Offenheit geweckt worden. Nun wurde sie mit der Realität konfrontiert, dass es keine Fortsetzung gab, was Peter sehr leidtat. Trotzdem war es für ihn ganz klar zu Ende, ohne dass er eine Abwehr fühlte. Er konnte gerne an die drei Jahre zurückdenken und fühlte sich Steffi gegenüber liebevoll und frei. Nach diesem Treffen begegneten sie sich nicht wieder.

Fünf Jahre später nahm Peter noch einmal brieflich Kontakt zu Steffi auf, freundschaftlich und offen. Doch er erhielt von ihr einen harten, vorwurfsvollen und abweisenden Brief zurück. Es schien so zu sein, als ob sie die Trennung und ihren Schmerz nicht verarbeitet hätte. Sie war in einer schmerzlichen Abwehr stecken geblieben und konnte nicht liebevoll an die gemeinsame Zeit zurückdenken.

Wahrscheinlich steuert Steffis unerlöster Veränderungswunsch ihr Leben. Überall dort, wo sie etwas erlebt, was sie unbewusst an die Beziehung zu Peter erinnert, fühlt sie möglicherweise eine Abwehr und eine innere Grenze – ein unangenehmes Gefühl oder eine Wertung gegenüber ihrer Umwelt.

Oft ist es so, dass wir in unseren Partnerschaften gewisse Muster von der vorhergehenden Partnerschaft wiederholen. Haben wir uns von einem Partner getrennt, entdecken wir später in der nächsten Partnerschaft, dass sie ganz ähnlich verläuft und ähnliche Problemmuster vorhanden sind. Das hängt meistens damit zusammen, dass wir uns von unserem vorigen Partner emotional nicht vollständig verabschieden konnten und nicht alle unsere Veränderungswünsche aufgegeben haben. Dadurch hängen wir noch an dem Alten und ziehen es automatisch wieder in unser Leben hinein.

Barbara hat sich nach zehn Jahren von ihrem ersten Partner getrennt. Inzwischen lebt sie mit ihrem neuen Freund Christian zusammen. Der Sex mit ihm verläuft viel offener als Barbara es von ihrer vorigen Partnerschaft kennt. Früher gab es immer wieder Spannungen und Frust. Mit Christian fließt es einfach. Fast jedes Mal, wenn sie wieder einen ihrer schönen Orgasmen hatte, brach sie anschließend in Tränen aus. Dabei musste sie an die früheren Spannungen mit ihrem ersten Partner denken. Dies ging über mehrere Monate. Doch irgendwann hörten ihre Tränenausbrüche auf. Sie konnte den Sex mit Christian nun noch mehr genießen und dachte dabei nicht mehr an früher. Sie hatte durch die Tränen alles aufgearbeitet und die stressreichen Erinnerungen in sich entlastet. Hätte sie ihren tränenreichen Lösungsprozess abgewertet und unterdrückt, oder hätte Christian nicht mit ihren Tränen umgehen können und sie ständig versucht zu trösten, so wären die unangenehmen Erinnerungen machtvoll geblieben. Barbara hätte bestimmte Dinge vermieden, die sie immer noch an früher erinnern, und der Sex hätte nicht so frei ablaufen können.

Wenn ich im Alltag auf eine Blockade in mir stoße oder auf einen Widerstand, eine Hemmung, eine Abwertung, eine Verletzung, dann setze ich mich damit auseinander und male mir das Schlimmste aus, was passieren könnte. Dem gebe ich mich innerlich hin und lasse alle Gefühle zu, gebe meine Veränderungswünsche auf, schaue, was in meinen Gedanken passieren will, wenn ich mich nicht mehr wehre. So erforsche ich es genau. Was würde geschehen, wenn ich mich dieser Situation ausliefere? Und wie fühle ich mich, wenn ich immer wieder zu allem, was auftaucht, integrierend sage: „... und auch das gehört dazu“?

Dale Carnegie berichtet von Willis Carriers Rezept: „Fragen Sie sich, was als Schlimmstes passieren könnte. Seien Sie bereit, dies notfalls zu akzeptieren. Dann machen Sie sich in aller Ruhe daran, es nach besten Kräften zu ändern.“

Oft entstehen in uns Probleme, wenn Gefühle, Ängste, Sorgen in uns auftauchen und wir sie zusätzlich werten und denken, sie seien nicht in Ordnung. Wir können sie stattdessen erforschen, kennenlernen und beobachten, ob sie uns eine lösende Erkenntnis bringen.

„Wie wäre es eigentlich, wenn es gelöst wäre? Woran erkenne ich die Lösung?“ Und wir beobachten, wie wir uns fühlen, wenn wir sagen:

„... und auch das gehört dazu.“

Vertiefungen

„Intensive oder länger dauernde Schmerzerfahrungen lassen im Körper eine ‚Inschrift‘ (ein Engramm) zurück, das als ‚Schmerzgedächtnis‘ bezeichnet wird. Schmerzen werden nicht nur als Signale des Berührungs- und Schmerzsinnes (im sensiblen Cortex) gespeichert, sondern zusätzlich auch in einem *emotionalen* Schmerzgedächtnis (im Gyrus cinguli, der zum limbischen System, dem ‚Zentrum für emotionale Intelligenz‘, gehört). Körperlich selbst erlittene Schmerzen hinterlassen in beiden Orten des Schmerzgedächtnisses eine Spur. Gesehene beziehungsweise direkt miterlebte Schmerzereignisse, die sich bei einem anderen Menschen abgespielt haben, hinterlassen ihre Spur ‚nur‘ im *emotionalen* Schmerzgedächtnis des Gyrus cinguli. In früherer Zeit durchgemachte Schmerzerfahrungen können – auch nach vielen Jahren – in seelischen Belastungssituationen reaktiviert werden und dann chronische Schmerzen ‚ohne Befund‘ hervorrufen.“ (Joachim Bauer in *Das Gedächtnis des Körpers*)

Ein Mensch behält nach einem Schockerlebnis eine erhöhte Empfindlichkeit zurück. „Sowohl die Seele als auch ihr emotionaler Gedächtnisspeicher, die Amygdala, reagieren auf Alltagssituationen von nun an viel empfindlicher als zuvor. Manchmal reagieren sie sogar dann, wenn in der äußeren Situation des Betroffenen scheinbar gar nichts Gefährliches vorhanden ist.“ (Joachim Bauer)

An anderer Stelle ergänzt Joachim Bauer: „Auch Schmerzen, wie sie im Rahmen chirurgischer oder zahnärztlicher Eingriffe auftreten können, haben sich als eine häufige Ursache späterer Schmerzerkrankungen herausgestellt. Die Neurobiologen Manfred Zimmermann aus Heidelberg und der Münchner Max-Planck-Forscher Walter Zieglgänsberger entdeckten, dass nicht nur das Gehirn über ein Schmerzgedächtnis verfügt, sondern dass Schmerzen auch in Nervenzellen des Rückenmarks die Aktivität verschiedener Gene und die Verschaltungen (Synapsen) von Nervenzellen verändern. Auch im Rückenmark hinterlassen Schmerzen also eine ‚Inschrift‘ (ein Engramm).“

Den Lösungsprozess erlebe ich immer wie folgt:

1) Bewusstwerden seelischer Zusammenhänge und Ursachen von meinem Stress
2) Ausgiebiges Weinen (Schreien) über das Schmerzvolle, das geschehen ist
3) Ausgiebiges Weinen (Schreien) über das Schöne, das vorbei ist oder das hätte sein können
4) Gelöster Zustand: An beides denken und sich dabei wohl fühlen können

Ein Herz, das die Trauer nicht kennt, ist kalt und bleibt der Freude fremd. (Sprichwort aus Finnland)

„Im Abschied ist die Geburt der Erinnerung.“ (Salvador Dali, spanischer Maler und Grafiker im 20. Jh.)

„Beim Abschied wird die Zuneigung zu den Sachen, die uns lieb sind, immer ein wenig wärmer.“ (Michel Eyquem de Montaigne, französischer Schriftsteller und Philosoph im 16. Jh.)

Im dritten Kapitel im Abschnitt *"Ich stehe nicht mehr zur Verfügung"* hatte ich Ihnen sechs Körperanker zur Verfügung gestellt, an die Sie sechs Möglichkeiten verknüpfen können, wie Sie auf Problemsituationen reagieren. Die emotionale Arbeit an sich selbst ist die siebte Möglichkeit. Der dazugehörige Körperanker, den ich Ihnen dafür anbiete:

7) **Es hat mit mir zu tun. Welcher unverarbeitete Verlustschmerz in meiner Vergangenheit steckt hinter dieser unangenehmen Situation und meinen Gefühlen?**

Legen Sie Ihre Hand auf das eigene Brustbein.

Verständnis bietet den Rahmen, in dem sich seelische Ungleichgewichte auflösen

Jacqueline C. Lair entschied sich, mit ihren psychischen Problemen für zwei oder drei Monate in die psychosomatische Klinik in Bad Herrenalb zu gehen. Chefarzt war Dr. Walter H. Lechler (vgl. das Buch von Lair und Lechner: *Von mir aus nennt es Wahnsinn*). Als sie mit ihren Ängsten dort ankam, die freundliche und verständnisvolle Atmosphäre fühlte und merkte, dass sie hier aufgehoben war, brach sie in Tränen aus. Sie hatte das Gefühl, „zu Hause angekommen" zu sein. Hier versteht man sie und steht zu ihr. Der Tränenfluss setzte sich über mehrere Tage fort. Es waren schmerzliche und erlösende Tränen, die immer wieder fließen konnten, weil nun endlich die Geborgenheit und das Verständnis für sie da waren. Dabei trauerte sie nachträglich über die Distanzierungen, die sie in ihrem Leben erlebt und die so weh getan hatten. Ein Wunsch nach Veränderung hatte sich für sie erfüllt: Sie wurde endlich verstanden. So konnte sie ihre Sehnsucht nach Verständnis befreien und die mit dem Wunsch verbundenen Schmerzen durch ihre Tränen erlösen.

Der zehnjährige Martin hat Probleme mit seinen Schulkameraden. Es gibt immer mal wieder Auseinandersetzungen. Oft wird Martin von seiner Lehrerin als der Schuldige abgestempelt. Deswegen hat die Schule gegenüber seinen Eltern darauf gedrängt, dass er eine Therapie macht. Als es wieder in der Schule zu einer Auseinandersetzung kam, wusste sich die Lehrerin nicht anders zu helfen, als den Therapeuten von Martin anzurufen. Der Therapeut bittet darum, mit Martin sprechen zu dürfen, und fragt am Telefon mitfühlend: „Was ist mit dir?", und Martin beginnt bitterlich zu weinen. Von seinem Therapeuten fühlt er sich verstanden. Durch dieses Verständnis existiert für ihn ein Geborgenheit gebender Rahmen, um nun endlich seine Sehnsucht nach diesem Verständnis zu erlösen und über seine erlebten Distanzgefühle heilend zu trauern.

Wenn wir jahrelang in Spannungen leben, in einem Umfeld, in dem Spannungen und Veränderungswünsche üblich sind, dann sind sie uns irgendwann nicht mehr bewusst – doch sie existieren in Form von unbewussten Wünschen. Sie sind ein Teil unseres Lebens und beeinflussen uns, lassen uns viele spannungsvolle resonierende Empfindungen spüren. Gelangen wir dann in ein neues Umfeld, in dem diese Spannungen integriert, verstanden und gelöst sind, dann brechen wir als Erstes in Tränen aus. Warum?

Weil sich unser Veränderungswunsch erfüllt hat und die Spannungsgefühle verschwinden. Wir fühlen uns erleichtert und beginnen dann zu weinen, um nachträglich über die erlebten Differenzen zu trauern. Unser Körper löst durch die Tränen seine seelischen Schockzustände und bewegt sich in neue Gleichgewichte. Es geschieht endlich Heilung von der Spannung. Anschließend können wir zukünftige Spannungen und Differenzen anders wahrnehmen und auch gezielter damit umgehen.

Aus diesem Grund passieren öfter Trennungen, wenn von einem Ehepaar ein Partner in eine psychosomatische Klinik geht, dort seine emotionalen Ungleichgewichte löst und anschließend nicht mehr in diese spannungsvolle Beziehung zurück möchte. Denn der andere Partner, der zu Hause geblieben ist, hat in Wirklichkeit immer einen Anteil an den gemeinsamen Spannungen. Löst also der eine seine Ungleichgewichte, der andere aber nicht, so wird der Unterschied zwischen beiden größer. Der eine wird freier und bewusster in seiner Gefühlswahrnehmung, der andere bleibt in den gewohnten Spannungen und Distanzhaltungen befangen. Die Folge davon ist oft eine Trennung („Ich stehe den Spannungen nicht mehr zur Verfügung“).

Ideal ist, wenn beide gleichzeitig ihre emotionalen Ungleichgewichte lösen oder sich den Spannungen nicht mehr zur Verfügung stellen. Dann können sie sich auch gemeinsam zu neuen Ebenen des Verständnisses und der Harmonie bewegen.

Friedrich hat als Kind darunter gelitten, dass seine Mutter ihn nicht verstand und seine Impulse abwertete oder verurteilte. Sein Veränderungswunsch war, dass seine Mutter ihn verstehen würde. Natürlich tat es weh, doch er hatte nicht den Raum, darüber zu trauern, denn auch das wurde von seiner Mutter verurteilt. So wuchs er in einem abwertenden Umfeld auf. Im Alter von 20 zog er zu Hause aus. Inzwischen hatten sich seine Eltern getrennt, seine Mutter war in dieser Zeit intensiv mit sich selbst beschäftigt und löste durch Klinikaufenthalte und verschiedene Therapien oder Selbsterfahrungsseminare viele ihrer Ungleichgewichte. Als der erwachsene Friedrich wieder einmal bei seiner Mutter zu Besuch ist, entwickelt sich ein Gespräch zwischen beiden. Sie zeigt sich einsichtig und liebevoll und teilt ihm mit, wie leid es ihr tut, dass sie früher so hart war. Friedrich bricht augenblicklich in Tränen aus. Er erlebt auf einmal Verständnis von seiner Mutter und sein unverarbeiteter Schmerz beginnt sich zu lösen.

Wenn ein Gesangslehrer daran arbeitet, dass die Stimme seines Schülers sich öffnet, damit sie natürlicher klingen kann, bricht mancher Schüler unverhofft in Tränen aus. Warum? Weil er auf dem Weg zur Offenheit auf die emotionale Blockade stößt, die für den gehemmten Stimmausdruck verantwortlich ist. Das gemeinsame Ziel der stimmlichen Offenheit und das Verständnis des Lehrers bieten einen Rahmen, in dem nun die Tränen an die Oberfläche kommen, die Blockade verflüssigen und allmählich zum Verschwinden bringen. Nach tiefem Weinen fühlt sich der Gesangsschüler freier und hat eine offenere Stimme.

Ich habe es auch öfter erlebt, dass ich einen Veränderungswunsch aufgeben konnte und beinahe erlösend in Tränen ausbrach, doch ich konnte nicht frei weinen. Später wurde mir bewusst, dass der Rahmen dazu fehlte. Entweder es war nicht genügend Zeit dafür, oder ich entdeckte, dass mein Gegenüber oder die Leute um mich herum mit Tränen nicht umgehen konnten und durch mein Weinen selbst in ein Ungleichgewicht geraten wären.

Weitere Zusammenhänge, Hintergründe und Tipps über erlösenden Tränenprozesse (ich habe es "Tränen-Yoga" genannt) finden Sie in meinem Buch ***Der Mann, der sich glücklich weinte*** - *Tränen befreien das Gehirn, das Menschsein und die Gesellschaft.*

Vertiefungen

Wenn Hans Selye, als österreichisch-kanadischer Mediziner einer der Urväter der Stressforschung, gefragt wurde, was man gegen Stress tun könne, dann antwortete er: „Erwirb die Liebe deines Nächsten!" Haben wir tatsächlich erfolgreich die Liebe unseres Nächsten erworben, dann haben wir damit einen verständnisvollen Rahmen in unserer Umwelt erschaffen, in dem wir uns wohler fühlen und weniger Stress haben müssen. Dies ist oft eines unserer Hauptziele, wenn wir beim anderen um Verständnis ringen. Wir suchen nach einem verständnisvollen Rahmen, der uns unterstützt, unsere eigenen Ungleichgewichte zu erlösen.

„Die Stimme der Freundschaft in der Not zu vernehmen, ist das Göttlichste, was dem Menschen widerfahren kann." (Friedrich von Schiller)

„Nicht da ist man daheim, wo man seinen Wohnsitz hat, sondern wo man verstanden wird." (Christian Morgenstern)

Joachim Bauer weiß um die Zusammenhänge, dass eine Form von „liebevoller Bemutterung" Stress abbaut, und führt in seinem Buch *Das Gedächtnis des Körpers* viele wissenschaftliche Untersuchungen auf, bevor er den zusammenfassenden Satz schreibt: „Soziale Unterstützung und zwischenmenschliche Beziehungen bleiben das ganze Leben hindurch der entscheidende Schutzfaktor gegenüber übersteigerten und potenziell gesundheitsgefährdenden Folgen der Stressreaktionen."

„So zeigen wissenschaftliche Studien durch die Bank, dass krebskranke Patienten in Selbsthilfegruppen länger leben als solche ohne entsprechende kulturelle Unterstützung." (Ken Wilber)

Ariel & Shya Kane massierten liebevoll eine Frau. Diese Frau erinnerte sich dabei schmerzvoll an eine frühere Stresssituation und weinte intensiv und lange. Sie erzählte anschließend über ihr Gefühl: „Ich fühle mich dankbar und ich fühle mich auf eine merkwürdige Weise leer." Die Kanes berichteten: „Wir beide nickten. Diesen Zustand kannten wir gut. Es ist so, als habe ein tief innen verborgener Ort ein Stück Vergangenheit festgehalten, und wenn dieses alte Relikt endlich ausgeräumt ist, schafft es offenen Raum in deinem Herzen, um das Leben neu zu erfahren."

Joachim Bauer berichtet: „Wie hier ausführlich dargestellte Ergebnisse neuerer Studien zeigen, wirkt Psychotherapie nicht nur auf die Seele, sondern auch auf neurobiologische Strukturen. Psychotherapie kann dazu führen, dass sich neurobiologische Veränderungen, die sich begleitend zu einer seelischen Gesundheitsstörung entwickelt haben, zurückbilden. So gesehen ist Psychotherapie eine Heilmethode, die nicht nur die Seele, sondern auch den Körper erreicht."

Aus eigener Erfahrung kann ich berichten, dass es neben der traditionellen Psychotherapie auch andere Wege gibt, neurobiologische Ungleichgewichte zu heilen. Einer dieser Wege ist, seine eigenen Ungleichgewichte selbstständig zu analysieren, Verständnis für sie zu erlangen (s. u.) und durch Erkenntnisse und Ausdruck von Gefühlen den Stress und seine neurobiologischen Auswirkungen zu entlasten und zu erlösen. Ein weiterer Weg ist, Selbsthilfegruppen zu finden, in denen man sich wohlfühlt, die den stimmigen Rahmen bieten.

Im Endeffekt nützt Hilfe nichts, wenn wir selbst nicht bereit sind zu lösen. „Psychotherapie ist eine Verfahrensweise zur Herstellung von Lösungen durch das System selbst.“ (Arnold Retzer)

Ken Wilber nennt ein Spektrum von Praktiken, die wir zu unserer Weiterentwicklung einsetzen können: „körperliche Übungen (Gewichtheben, Diät, Joggen, Yoga), emotionale Übungen (Selbsthilfegruppen, Psychotherapie), mentale Übungen (Affirmation, Visualisation) und spirituelle Übungen (Meditation, kontemplatives Gebet)“.

Ich verstehe mich selbst besser, als andere mich verstehen

Den verständnisvollen Rahmen zur Auflösung von Stresszuständen können wir uns auch selbst geben. Wie?

Ich reiße im Folgenden ein paar Möglichkeiten nur an. Ausführlichkeit würde die Grenzen des Buches sprengen.

Schreiben:

Wenn ich mich mit meinen Veränderungswünschen und Abwehrhaltungen auseinandersetze und mir selbst darüber Fragen stelle, versuche ich genau zu verstehen, was dahinter steckt. Zuerst schreibe ich exakt auf, was mein Problem ist. Manchmal kommen allein dadurch lösende Tränen, dass ich Formulierungen finde. Dann stelle ich mir selbst Fragen, schreibe sie auf und fühle, was ich darauf antworten möchte. Welchen unbewussten Wunsch habe ich? Was will ich nicht so, wie es ist?

Erst wenn mir mein Wunsch bewusst geworden ist, kann ich neu entscheiden, ob ich ihn noch brauche. Verstehe ich, dass ich ihn loslassen kann, dann fühle ich Erleichterung, manchmal begleitet von lösenden Tränen. Mein Verständnis gibt mir selbst den Rahmen, meinen Veränderungswunsch loszulassen und – wenn nötig – nachträglich über die erlebten Schmerzen, Distanzierungen und Versäumnisse zu trauern. Das geht so lange, bis der Tränenfluss versiegt – oder bis ein neues Problem in meinem Gefühl oder meinen Gedanken auftaucht, mit dem ich mich anschließend auseinandersetzen kann.

Faszinierend ist für mich immer: Wenn ich eine Erkenntnis über meine Veränderungswünsche habe, sie dadurch loslassen konnte, von heftigen Tränen begleitet, dann erkenne ich am nächsten Tag in meiner Umwelt lauter neue Zusammenhänge. Ich habe immer wieder das Gefühl, ich würde nun mit offeneren Augen durch die Welt laufen und plötzlich Dinge sehen und verstehen, die ich zuvor bewusst noch gar nicht registriert hatte. Kein Wunder – meine Energie, die ich aus jahrelanger Gewöhnung in meine Veränderungswünsche steckte, hat mich blind gehalten. Sie stand mir nicht für neue Lern- oder Erkenntnisprozesse zur Verfügung. Auf biologischer Ebene würde ich es so ausdrücken: Bestimmte Gehirnverbindungen waren intensiv an diese Veränderungswünsche gebunden. Gebe ich die Wünsche erfolgreich auf und löse den dazugehörigen Stress, sind meine Neuronen frei und flexibel für neue Verbindungen.

Fragen stellen:

Meine Empfehlung lautet: Wenn Sie ein Ungleichgewicht in sich spüren und sind sich sicher, dass es tatsächlich ein eigenes Ungleichgewicht ist, dann stellen Sie sich u. a. folgende Fragen:

- Wie wäre es, wenn es gelöst wäre? Was wäre anders?
- Wogegen wehre ich mich genau? Was will ich anders?
- Und was wäre, wenn ich mich nicht mehr dagegen wehren würde? Wenn ich vollkommen zustimme?

Welcher Gedanke erlöst? Suchen Sie nach ihrem unbewussten Veränderungswunsch, der hinter allem steckt. Vielleicht fällt Ihnen selbst etwas ein oder Sie finden einen Text in einem Buch, der Ihnen weiterhilft.

Welche äußere Situation erlöst? Suchen Sie sich Menschen, die Sie vielleicht verstehen können. Erzählen Sie ihnen von Ihrem Ungleichgewicht und beobachten Sie, wie es Ihnen dabei geht.

Suchen Sie nach Positionsänderungen im Inneren (bisherige Überzeugung in eine integrierende verständnisvolle Sichtweise verändern) oder im Außen (Suche nach einem verständnisvollen Umfeld). Beobachten Sie, ob Sie dadurch eine Erlösung von einem immer noch vorhandenen Stresszustand erfahren dürfen und sich selbst damit einen Schritt näher kommen.

Jeder Stress entsteht oder entstand durch eine Distanzerfahrung im Außen (Verlust) und wird oder wurde als solche verinnerlicht. Wenn man bereit ist, kann man diesen Stresszustand durch Geborgenheit, Nähe und Verständnis wieder an die Oberfläche und ins Bewusstsein kommen lassen und nachträglich verarbeiten – durch Abschied, Trauer und Tränen. Das Ergebnis ist Erlösung, Erleichterung, Öffnung, bessere Wahrnehmung von Zusammenhängen. Außerdem kann man sich bewusst werden, dass man schon immer in resonierenden Empfindungen lebt.

Antworten:

Wenn ich mir selbst eine Frage gestellt und aufgeschrieben habe, fühle ich oft danach auch die Antwort in mir. Finde ich keine Antwort, so ändere ich die Frage.

Es gibt noch weitere Möglichkeiten, Antworten aus sich herauszulocken. Einige davon habe ich dem Buch *Energetischer Schutz* von Fons Delnooz entnommen und mit seinen Initialen F.D. gekennzeichnet.

- Ich stelle mir vor, ich bin mein eigener Therapeut. Was würde ich dem Klienten, der mir solch eine Frage gestellt hat, antworten? Oder welche Gegenfrage würde ich stellen?
- Ich stelle mir innerlich eine Ampel vor. Rot = „Nein“, Grün = „Ja“, Gelb = „weiß ich nicht“. Dann formuliere ich die Frage und schaue, was mir meine Fantasie-Ampel zeigen will. (F.D.)
- Geht es um die Beziehung zu einem Menschen, dann befrage ich wieder meine Fantasie. Angenommen, dieser Mensch steht direkt vor mir. An welchen Körperteilen sind wir miteinander verbunden? Erkenne ich Fäden, die von einem meiner Körperteile (z. B. dem Bauchnabel) zu einem Körperteil meines Gegenübers (z. B. der Stirn) gespannt sind? Welche Aufgaben haben die Fäden? Diese

Aufgabe könnte klarer werden, wenn ich testweise einen Faden durchschneide und beobachte, was dann fehlt. Kann ich das Fehlende auch anders ersetzen? Oder ist der Faden weiterhin wichtig? Wenn ich weiter mit den Fäden experimentiere, ändert sich dann etwas oder kommen mir Ideen darüber? (F.D.)

- Stellen Sie sich einen weisen Spiegel vor, der Ihnen Ihren Körper vollständig zeigen kann. Sehen Sie in Ihrer Fantasie schwarze Stellen an Ihrem Körper? Wo? Was sagen diese Stellen über Ihr Problem oder über Ihre Frage aus? (F.D.)
- Reden Sie mit Ihrem Schutzengel, mit verstorbenen Personen, mit erleuchteten Meistern (Buddha, Jesus, Sai Baba usw.), und schauen Sie, ob diese Wesen Ihnen in Ihrer Fantasie Antworten geben. (F.D.)
- Testen Sie die Reaktion Ihres Körpers. Stellen Sie sich mit geschlossenen Augen gerade hin und fragen Sie nach etwas. Wenn Ihr Körper tendenziell nach vorne schwankt, heißt es „Ja“. Wenn er eher nach hinten schwankt, bedeutet es „Nein“.

Beobachten Sie immer: Was hilft mir? Welche Frage oder welche Methode bringt mich weiter? Suchen Sie sich die Methode aus, die zu Ihrem Überzeugungssystem passt – oder erfinden Sie weitere Methoden.

Erleben:

Es gibt noch mehr Möglichkeiten, einen bestimmten Rahmen zu nutzen, um seinen unverarbeiteten Schmerz nachträglich auszuleben: Kinofilme oder Romane, die an die eigene Geschichte erinnern und ein Happy End aufzeigen; Lebenshilfebücher mit Beispielen und neuen Sichtweisen, aus denen heraus man sich selbst und seine Gefühle plötzlich besser verstehen kann; Träume, die ein lösendes Gefühl in uns anregen; verschiedene therapeutische Verfahren; Freie Systemische Aufstellungen; Lebenshilfe-Seminare; neue verständnisvolle Freunde; schöne Erinnerungen oder Fantasien über die eigene Kindheit, in der die Eltern sich liebevoll mit uns beschäftigten …

Fantasie:

Sie müssen allerdings Ihr Ungleichgewicht nicht immer analysieren, um es in ein besseres Gleichgewicht zu bewegen. Sie können genauso gut symbolisch arbeiten, mit Ihrer Fantasie.

Wenn ich keine Lösung finde, schließe ich die Augen und male mir aus, was für eine Form mein Ungleichgewicht haben könnte. Welche Farbe hat es? Wie fühlt es sich an, wenn ich es mit meinen Händen berühre? Sitzt es vielleicht irgendwo im Körper? Wo? Oder ist es ein großer dunkler oder farbiger Raum, in dem ich mich selbst befinde? Gibt es irgendwo eine Tür? Wo führt sie hin?

Dann stelle ich mir vor, dass eine weise Zauberin des Universums auftaucht. Sie steht mir für die vollständige Integration meines Ungleichgewichtes zur Verfügung. Ich frage sie, was ich tun kann, oder bitte sie, etwas zu tun, das löst. Dann beobachte ich, welchen Verlauf meine Fantasie nimmt. Antwortet sie mir? Tut sie etwas? Führt oder begleitet sie mich? Und was ändert sich nach der Integration in meinem Gefühl? Muss ich weinen? Fühle ich mich erleichtert? Manchmal passiert auch etwas im Außen, das mich vielleicht zunächst stört und alles nur noch schlimmer macht, doch irgendwann erkenne ich den lösenden Zusammenhang.

Ken Wilber bestätigt: „Es hat sich gezeigt, dass Visualisierungen, Affirmationen und der bewusste Einsatz bildlicher Vorstellungen bei der Behandlung der meisten Krankheiten eine bedeutende Rolle spielen können. Und es ist erwiesen, dass die Ergebnisse von emotionalen Zuständen und mentalen Zielsetzungen abhängen."

Folgende Visualisierung löst in mir regelmäßig eine besonders intensive Entspannung und ein Befreiungsgefühl aus:

Ich mache mir mit geschlossenen Augen meinen Körper bewusst. Dann stelle ich mir vor, wie aus meinem Körper aus den unterschiedlichsten Stellen (Kopf, Mund, Hals, Herz, Bauchregion, Intimbereich, Beine, Füße etc.) "unverarbeiteter Schmerz" in Form von schwarzem Rauch oder einer schwarzen Flüssigkeit herausströmt. Es fließt alles zurück zu den Situationen in der Vergangenheit, die diesen Schmerz verursacht haben. Dabei stelle ich mir keine Menschen vor, sondern viele verschiedene Punkte im Raum um mich herum. Diese Punkte sind "Schwarze Löcher" in Miniaturausführung, die die schwarze Strömung aus meinem Körper komplett aufnehmen und verschwinden lassen. Sie repräsentieren alle schmerzvollen Situationen in der Vergangenheit - nicht nur in meiner eigenen Vergangenheit, sondern auch in der Vergangenheit meiner Familie und der Gesellschaft allgemein. Der gesamte in mir gespeicherte Schmerz strömt aus mir heraus und fließt in die ursächlichen Situationen der Vergangenheit zurück. Wenn mir dabei Menschen in die Gedanken kommen, dann stelle ich mir vor, wie auch aus ihnen Schmerz in Form von schwarzen Flüssigkeiten heraus in die Vergangenheit fließt - zu all den Katastrophen, die damals passiert sind.

Gleichzeitig oder anschließend stelle ich mir vor, wie alle meine eigenen Anteile, die ich damals in schmerzhaften Situationen in mir abgespalten habe, wieder als goldene Flüssigkeit oder goldenes Licht zu mir zurückfließen, in mich hinein, und sich dort wieder frei voller Energie entfalten.

Diese Vorstellungen mache ich mir nicht nur im Bett liegend oder entspannt auf einem Stuhl sitzend, sondern auch beim Duschen, vor dem Computer arbeitend, beim Einkaufen usw. Ich verknüpfe alle alltäglichen Situationen, die ich gerade erlebe, mit diesen Vorstellungen, lasse den Schmerz aus mir herausfließen - dorthin, wohin er eigentlich gehört. Gleichzeitig fließen alle meine abgespaltenen Anteile wieder in mich zurück und entfalten sich vollkommen.

Beobachten:

Es gibt eine passive Möglichkeit, mich mit meinem Ungleichgewicht auseinanderzusetzen. Ich beobachte es, stimme ihm zu, beobachte, was durch meine Zustimmung passiert, und stimme auch dem zu. Die Kanes beschreiben, was passieren kann: „Wir sahen den Schmerz von Augenblick zu Augenblick an, um seine Wahrheit in jedem Augenblick zu betrachten und zu erkennen, dass der Schmerz nur so sein konnte, wie er war. Indem wir den Schmerz tatsächlich so sein ließen, wie er war, vollendete er sich selbst und verschwand."

NeuroSonanz®-Modell:

Stellen Sie sich das Bild des NeuroSonanz®-Modells (siehe Abbildung 1 auf Seite 156) vor Ihrem geistigen Auge vor. Im gelösten Zustand lächeln alle vier Gesichter. Beobachten Sie, ob Ihnen Ihr Unbewusstes ein anderes Bild liefert: Gibt es ein Gesicht, das traurig wirkt? Dann könnten Sie in dem entsprechenden Bereich aktuell einen ungelösten Schmerz / eine Heilungshierarchie aktiviert haben. Schaut der Spieler traurig, dann gibt es gerade ein Problem beim Verfolgen eines bestimmten Ziels. Schaut der Mitspieler traurig, dann gibt es ein Problem beim Zur-Verfügung-Stehen im Kontakt mit anderen Menschen. Schaut der Nicht-

Spieler traurig, dann haben Sie aktuell ein Problem mit Ausschluss oder Ausgrenzung. Schaut der Alles-Spieler traurig, dann fällt Ihnen momentan das Integrieren schwer, weil in dem Bereich ein ungelöster Schmerz aktiviert ist.

Was passiert, wenn Sie nun dieses traurige Gesicht des NeuroSonanz®-Modells in Ihrer Fantasie lächeln lassen? Was verändert sich oder was wird Ihnen dadurch bewusst? Was für ein Gefühl steigt in Ihnen auf?

Vielleicht probieren Sie auch aus, den Schmerz aus diesem Gesicht in Form von einer schwarzen Flüssigkeit herausfließen zu lassen - dorthin wohin er eigentlich gehört. Anschließend strömt die Heilung und Ihr inneres Potenzial in Form von goldenem Licht wieder herein.

Innere Anteile kennenlernen:

Eine weitere hochspannende Möglichkeit besteht mit der Inner-Voice-Dialogue-Methode. Ich habe sie über das Buch *Die Intelligenz der Psyche* von Artho S. Wittemann kennengelernt und sofort für mich selbst angewandt. Auch meine Frau ist davon begeistert. Wir können uns seitdem noch gezielter mit eigenen Ungleichgewichten auseinandersetzen und sie sehr direkt kennenlernen. Normalerweise wird die Technik mit Hilfe eines Therapeuten ausgeführt. Sie kann uns unmittelbar mit ungelösten inneren Anteilen konfrontieren, und so ist eine fachliche Begleitung unterstützend und auch ratsam. Wer sich jedoch selbstsicher und eigenverantwortlich seinen Themen stellen möchte, kann es auch allein im eigenen Zimmer ausprobieren. Hier ein Tagebuchauszug von Jacqueline:

„26.10.06, 8.20 Uhr

Mir wurde heute einmal wieder mehr bewusst, dass ich meine wirklichen Wünsche gar nicht kenne – geschweige denn, sie ausdrücken kann. Ich stelle mir die Frage: *Wenn der Teil in mir, der meine Wünsche kennt, aber nicht ausdrückt, nicht in mir wäre, wo wäre er dann hier in diesem Raum?*

In mir formt sich das Bild, dass vor mir eine große Kiste steht, worin der Teil von mir liegt, der meine Wünsche kennt und sie ausdrücken könnte. Doch davor steht ein riesiger Wächter. Ich nehme seinen Platz ein und schlüpfe in seine Rolle, die ja auch ein Teil von mir ist. In der

Rolle des Wächters vor der Kiste fühle ich mich sehr groß. Meine eigene Person, die vor dem Wächter steht, ist gerade mal so klein wie ein Spatz. Er (ich) hat die Hände in die Hüften gestemmt und ist sehr hart und streng. ‚Da darfst Du nicht ran!' sagt er streng zu mir. Ich bleibe eine Weile in dem Gefühl, wie der Wächter streng und hart auf meine spatzkleine Person herunterschaut. Je länger es dauert, desto weicher wird der Wächter. Er fängt an mir zu erklären, dass er mich doch eigentlich nur schützen möchte und dass ich mich ganz schlimm verletze, wenn ich die Kiste öffne. Er fängt an, bitterlich zu weinen und nimmt mich ganz vorsichtig wie einen Spatz in seine riesigen Hände und setzt sich. Er will nicht, dass ich mich selbst verletze – das würde ihm entsetzlich weh tun, weshalb er nicht so ganz begreifen kann, warum ich gerne in die Kiste schauen möchte. Nach einer Weile sind der Schmerz und die Tränen vergangen und der Wächter ist auf eine normale Größe zusammengeschrumpft. Er verbietet mir immer noch, die Kiste zu öffnen, stattdessen öffnet er sie. Darin ein Baby – ein Neugeborenes in Watte gelegt. Es hat die Augen zu. Ich schaue mit den Augen des Wächters in die Kiste. Doch das, was ich als Wächter sehe, hinterlässt in mir nicht das friedliche Gefühl, das ich sonst beim Betrachten von friedlich schlafenden Babys habe. Der Wächter fühlt Angst: Ist das Baby schon tot? Habe ich es zu lange in der Kiste versteckt gehalten? Er weint bitterlich – eine ganze Weile lang. Als er wieder in die Kiste blickt, macht das Baby die Augen auf – ganz traurige Augen, die den Wächter wieder zu Tränen rühren. Er will das Baby herausholen – doch er kommt nicht heran und er ist ganz verzweifelt und weint wieder. Irgendwann steht das Baby von selbst auf, hält sich am Kistenrand fest und lacht. Erschöpft legt sich der Wächter vor die Kiste. Er verspricht mir, dass das Baby jetzt zu mir darf, wenn es will, und dass er jederzeit wieder auf das Baby aufpassen wird, wenn ich es ihm bringe. Der Wächter teilt mir noch mit, dass das Baby von selbst zu mir kommen wird, wenn die Zeit reif ist (und das Baby groß genug ist). Im Moment ist es noch nicht möglich – der Wächter kann es nicht beeinflussen – es wird von selbst passieren.

23.55 Uhr

Ich liege gerade im Bett und merke, dass ich mich mit dem Wächter der Kiste unterhalte. Auf einmal wird mir bewusst, dass ich mich schon als Kind mit dieser Instanz in mir unterhalten habe. Der Wächter gab mir Trost, Schutz, und manchmal den Rahmen, in dem meine Schmerzen

Raum hatten und ich weinen konnte. Einen kleinen Teil meiner kindlichen Schmerzen habe ich in diesem Raum verarbeiten können – durch diese Instanz in mir. In Gedanken kuschle ich mich in die Arme des Wächters – ja, so hat sich das damals als Kind auch angefühlt. Ich habe das Gefühl, dass ich etwas sehr Kraftvolles von mir wiedergefunden habe: einen Rahmen, in dem ich meine alten, unverarbeiteten Schmerzen endlich verarbeiten kann und diesen Rahmen gebe ich mir selbst – ohne Therapeut.

Kein Rahmen kann so offen sein, weil niemand mich so gut verstehen kann wie ich mich selbst. So ist dieser von mir selbst gegebene Rahmen von unschätzbarem Wert.

28.10.06, ca. 23 Uhr

Ich habe heute sehr bewusst erlebt, wie ich Menschen Vorwürfe mache, und ich bin mir bewusst, dass ich das schon sehr lange so mache. Mir ist eingefallen, mich einmal genau um diesen Teil zu kümmern, der anderen Vorwürfe macht, und stelle mir die Frage:

Wenn der Teil in mir, der anderen Vorwürfe macht, nicht in mir wäre, wo wäre er dann hier in diesem Raum?

Der Teil, der anderen Vorwürfe macht, sitzt oder steht immer ganz exakt vor mir – mit dem Rücken zu mir. Ich nehme seinen Platz ein und schlüpfe in die Rolle. Es ist ein Ritter mit einer ledernen Rüstung, übergroß und stark mit einem Speer in der rechten Hand. Der Ritter sagt: ‚Ich schütze Dich vor jedem, der Dich verletzen will.' Ich fühle, wie der Ritter allzeit bereit ist – bereit zum Zustechen. Ich bleibe eine kleine Weile in den Gefühlen, die ich jetzt in der Rolle des Ritters (der Teil, der anderen Vorwürfe macht) habe. Auf einmal wird mir bewusst, dass dieser Ritter die anderen Menschen verletzt. Ich warte eine Weile und plötzlich ist die Frage im Kopf: Warum muss der Ritter andere Menschen verletzen? Und woher kommt denn der Speer? Sofort ist die Antwort in Form eines Bildes in mir: Der Ritter ist von vorne über und über mit Speeren angeschossen, die alle noch die lederne Rüstung durchstoßen und sich tief ins Fleisch gebohrt haben. Und jedes Mal, wenn mir (und dem Ritter) jemand zu nahe kommt, stößt derjenige gegen die Speer-Enden und stößt den Speer noch tiefer hinein. Damit verletzt mich der andere noch mehr. Dann zieht der Ritter einen anderen Speer aus dem Körper, sticht zu und steckt ihn wieder zurück in seinen Körper. Ich lasse das Bild wirken – ich, der Ritter, weine viele Tränen über die unzähligen tiefen

Wunden und Verletzungen – aber auch über die unzähligen Opfer, die ich schon niedergestochen habe, was ich eigentlich nie gewollt habe, sondern nur der Verteidigung diente, damit der Schmerz nicht noch schlimmer wird. Mir wird klar, wie gut das Bild passt: Irgendwann wurde ich verletzt – aber nur ein bestimmter Teil von mir – mein Inneres blieb unverletzt, dank des Teiles, das ich jetzt Ritter nenne. Habe ich Kontakt zu anderen Menschen, dann kann es passieren, dass sie mir zu nahe kommen und die alten Verletzungen wieder berühren und aufflammen lassen. Das ist natürlich sehr schmerzhaft, weshalb sich der Ritter mit einem Speer wehrt und zusticht. Doch er steckt den Speer in die alte Wunde zurück und verletzt sich damit wieder selbst. Ich sehe das auch so, wenn ich anderen Menschen Vorwürfe mache, verletze ich im Grunde wieder nur mich selbst. Wichtig wäre, meine alten Wunden zu heilen. Immer wieder schaue ich am Körper hinunter und weine: all die vielen Verletzungen, die schon so lange bestehen. Zeit, die Speere herauszuziehen und die Verletzungen zu heilen. Langsam ziehe ich Speer für Speer raus und bedecke die Wunden und Löcher mit meinen Händen und Tränen. Es dauert eine ganze Weile, bis ich (als Ritter) alle Speere herausgezogen habe, was mit vielen Tränen begleitet wird. Mit jedem Speer, den ich ziehe, schrumpft der Ritter auf die normale Größe, bis vor mir ein ganzer Berg Speere liegt und der Ritter normal groß ist. Nach einer Weile rutscht der Ritter an die linke Seite von mir selbst und sagt, dass er immer für mich da ist, wenn ich ihn brauche. Anschließend habe ich das Gefühl, dass der Ritter und ich wieder zu einer Person verschmelzen.

Bis jetzt (drei Tage danach) hole ich mir jeden Abend wieder das Bild des Ritters vor mein inneres Auge und kümmere mich um die Heilung der vielen Wunden und Löcher."

Jacqueline teilte mir mit: „Das Interessante an dieser Technik ist für mich, dass ich endlich entspannen kann: Ich brauche mich nicht mehr anzustrengen, um mich zu verändern. Ich muss mich nur selbst verstehen, dann passieren die Veränderungen ganz allein."

Wie können Sie es selbst anwenden? Geben Sie Ihrem Ungleichgewicht einen Namen, z. B. der Teil von mir, der sich ängstlich fühlt; der Teil, der Wut fühlt; der Teil, der keinen Kontakt will; der Teil, der zweifelt; der Teil, der im Schockzustand ist usw. Dann stellen Sie sich selbst laut die Frage: *„Wenn der Teil in mir, der … (z. B. Wut fühlt), nicht in mir wäre, wo wäre er dann hier in diesem Raum?“* Anschließend achten Sie darauf, was für eine Reaktion zu dieser Frage in Ihrer Fantasie entsteht. Haben Sie den Platz im Raum bestimmen können, dann lernen Sie diesen Teil kennen, indem Sie sich jetzt aktiv in diesem Raum genau an diese Stelle stellen, möglichst in der gleichen Haltung, in der Sie ihn dort haben stehen, sitzen oder liegen sehen. Fühlen Sie sich ein, lassen Sie sich viel Zeit und beschreiben laut Ihre Gefühle. Sie können es auch flüstern. Entscheidend ist auf jeden Fall, dass Sie es für sich formulieren, so als ob Sie es jemandem erzählen. Dann ist der Resonanzeffekt mit sich selbst besonders klar. Die inneren Anteile können auf das Formulierte deutlicher antworten. Wenn Sie erst einmal lange beobachten, wie Sie sich darin fühlen, steigen vielleicht wie von selbst Fragen und Dialoge in Ihnen auf. Es braucht eine ruhige Wasseroberfläche, um sich selbst im Spiegel sehen zu können – nehmen Sie sich die Zeit, die Oberfläche sich glätten zu lassen.

Sie können sich auch bewusst Fragen stellen, z. B. warum die Gefühle da sind, wo sie herkommen, in welchem Zusammenhang sie stehen, und dann fühlen, welche Antworten Sie sich in der Rolle dieses Teiles selbst geben wollen. Manchmal kann das Gefühl vorhanden sein, dass es noch einen weiteren Teil in diesem Raum gibt, der beteiligt ist. Fühlen Sie sich auch in diesen ein und beobachten Sie, was sich für Sie entwickelt und was Sie dadurch kennenlernen können. Wenn Sie Verbesserungen wünschen, visualisieren Sie sich helfende oder lösende Anteile. Allerdings muss es nicht immer eine perfekte Lösung geben. Es genügt oft, wenn Ihnen über sich selbst neue Erkenntnisse gekommen sind, die Ihnen einen Schritt weiterhelfen konnten. Sie können auch das ungelöste Ungleichgewicht mit in den Alltag nehmen und dort weitere Zusammenhänge oder fehlende Informationen erfahren, die Ihnen für eine Lösung dienen.

Ich halte die Inner-Voice-Dialogue-Methode in der Selbstanwendung für ein optimales Werkzeug, um sich selbst besser deuten und verstehen zu lernen. Es ist eine Art Eigenaufstellung mit inneren Anteilen ohne therapeutische Begleitung. Das Buch von Artho S. Wittemann kann Ihnen dabei gute Unterstützung bieten.

Eine Moderator*in-Position einnehmen:

Probieren Sie es aus, wie es sich anfühlt, wenn Sie, nachdem Sie Ihre Anteile kennengelernt haben, wieder auf Ihren „eigenen“ Platz setzen. Betrachten Sie all die Teile, in die Sie sich eingefühlt hatten, einmal von außen. Dies kann oft ein entscheidender Schritt und eine wichtige Erfahrung sein. Man erlebt sich plötzlich als unabhängige(r) Moderator*in seiner inneren Anteile. Für viele ist dies eine völlig neue Erfahrung. Lassen Sie es in sich wirken. In der Fachwelt nennt man das „Dissoziieren“.

Manchmal hilft es, aus dieser Position heraus den Teilen Fragen zu stellen, was sie brauchen, damit es ihnen besser geht.

Würdigung:

Anschließend können Sie sich bei diesen Teilen bedanken und sie würdigen. „Denke an das, was dir am meisten Leid zufügt, und verbeuge dich davor. Danke diesem Etwas aus vollem Herzen“, schreibt der Reiki-Meister Frank Arjava Petter. Er berichtet über seine ihn wochenlang plagende Arthritis-Attacke: „Ich hatte Tag und Nacht starke Schmerzen und machte diese Übung mit der Gruppe zusammen mit. Ich verbeugte mich vor meinem Leid, spürte das Pochen und den Schmerz in meinem Fuß und bemerkte auf einmal, wie sich der Schmerz in ein ekstatisches Gefühl transformierte. Dieses ekstatische Gefühl zog nun von meinem Fuß in die Waden, von dort aus hoch zum Knie, bis es meinen ganzen Körper erfüllt hatte. Nach einer Woche bemerkte ich, dass meine Schmerzen ganz verschwunden waren …“.

Perspektivenwechsel:

Walter Lübeck beschreibt in seinem *Handbuch des spirituellen NLP* die Eins-Zwei-Drei-Übung. Er schlägt vor, im Raum nach Gefühl drei Papierblätter mit den Ziffern 1, 2 und 3 auf dem Boden zu verteilen. Ziffer 1 steht für „assoziiert“. Hier stellen Sie sich hin und fühlen sich selbst mit Ihrem Ungleichgewicht. Ziffer 2 steht für „dissoziiert“. Hier stellen Sie sich in die Position eines anderen Menschen, der Sie mit Ihrem Ungleichgewicht (1) von außen betrachtet. Meistens ist dies auch die Person, durch die Sie in dieses Ungleichgewicht geraten sind, mit der Sie gerade eine unangenehme Auseinandersetzung führen. Auf Platz 2 lernen Sie also die Perspektive des anderen kennen. Ziffer 3 steht für

„Beobachter“. Da Sie auf dieser Position die Rolle des unabhängigen Beobachters einnehmen, haben Sie mit den Ungleichgewichten der Personen 1 und 2 nichts zu tun. Wie fühlt es sich auf Position 3 an? Sie können auf dieser unabhängigen Position auch überlegen, was die beiden anderen Personen jeweils brauchen könnten, damit es ihnen besser geht (wobei ich hier ergänzen möchte, dass dadurch ein Veränderungswunsch entsteht und daher entsprechende resonierende Empfindungen in Ihnen entstehen können – ganz so unabhängig ist diese Position dann nicht mehr). Suchen Sie sich Symbole dafür und bringen jedem die Unterstützung. Legen Sie die Symbole zu den jeweiligen Zetteln. Wenn Sie wollen, können Sie sich noch einmal auf Position 1 oder 2 stellen und schauen, ob sich durch diese Hilfe im Gefühl etwas verändert hat.

Ich ergänze noch die Ziffer 4. Sie ist nicht unabhängig, sondern mit allem verbunden und steht für „absolute Anerkennung“ (Alles-Spieler). Legen Sie im Raum noch einen Zettel für diese 4. Position auf den Boden und fühlen sich dort ein. Hier steht eine Person, die keinen Wunsch nach Veränderung hat und die gesamte Situation als „absolut perfekt“ erkennen kann. Sie sieht, dass Person 1, Person 2 und Person 3 jeweils genau das Richtige fühlen und stimmig handeln. Lernen Sie diese Position einfach nur kennen.

Sie können diese vier Positionen als Möglichkeiten im Alltag nutzen. Von welcher Position aus wollen Sie ein Ungleichgewicht betrachten?

Freie Systemische Aufstellungen mit Bodenankern:

Diese eben beschriebene Technik, beschriftete Zettel an verschiedene Stellen auf den Boden zu legen, sich in die jeweiligen Positionen einzufühlen, von dort auf die anderen Zettel zu schauen und dabei Ihre Gefühle und Gedanken zu beobachten, können Sie ganz kreativ einsetzen.

Überlegen Sie sich, welche Fragestellung Sie haben, welchen Wunsch oder welches Ziel Sie haben und welche Personen oder Elemente oder Aspekte dabei eine Rolle spielen. Dann beschriften Sie die Zettel, indem Sie auf jeden Zettel den Namen einer Person oder eines Elements oder eines Aspekts notieren. Anschließend verteilen Sie diese Zettel auf dem Boden. Lassen Sie sich von Ihrer Intuition leiten, wohin Sie die Zettel legen. Sie stellen sich nacheinander auf jede Position und beobachten, welche Gedanken und Empfindungen in Ihnen angeregt werden und was Sie dadurch erkennen können. Die Zettel können auch verschoben werden. Wie fühlt sich eine Umsortierung der Zettel an? Wie wäre eine bessere und angenehmere Ordnung der Zettel? Wie sollten sie positioniert werden, so dass es sich gut anfühlt? Was für Erkenntnisse über Ihre Fragestellung bringt Ihnen diese neue Ordnung?

Wichtig ist: Es nützt nichts, sich hier beim Lesen nur "vorzustellen", ob diese Methode Ihnen weiterhilft. Der Unterschied ist gravierend, wenn Sie es konkret einmal ausprobieren. Ich erlebe regelmäßig, dass ich auf den Zetteln stehend andere Gefühle und Erkenntnisse habe, als wenn ich nur so über meine Fragestellung nachdenke. Ich habe es "mehrdimensionales Fühlen" genannt, weil wir Gefühle auf verschiedenen Positionen im dreidimensionalen Raum beobachten und dabei die Erfahrung machen, dass irgendwie noch eine weitere Dimension eine Rolle spielt. Manchmal ist es für mich richtig unheimlich, was mir für stimmige Einfälle auf unterschiedlichen Plätzen kommen.

Wenn Sie Freie Systemische Aufstellungen mit Hilfe von Bodenankern selbstständig nutzen möchten, empfehle ich Ihnen zusätzlich mein Buch *Freie Systemaufstellung: Das fühlt sich richtig gut an!* Dort finden Sie im ersten Kapitel eine ausführliche Anleitung zum Allein-Aufstellen. Falls Sie Schwierigkeiten haben, sich in auf dem Boden liegende Zettel einzufühlen, gibt es dort eine Reihe von Hinweisen, wie Sie das erlernen. Im zweiten Kapitel steht eine Anleitung, wie Sie zu zweit aufstellen können. Wollen Sie vielleicht im kleinen Freundeskreis Aufstellungen nutzen, bietet Ihnen das dritte Kapitel Informationen darüber, wie das funktioniert. Das letzte Kapitel beschreibt, wie Sie das Freie Aufstellen offiziell für größere Gruppen organisieren. Außerdem können Sie jedes Kapitel als Anregung für neue Ideen nutzen, was Sie mit Aufstellungen alles weiterentwickeln und auch lösen können. Als Ideengeber und Unterstützung stehen die *Impulskarten für Freie Systemische Aufstellungen* zur Verfügung. Sie enthalten verschiedene Einzelbegriffe, die einen Impuls bei den unterschiedlichsten Fragestellungen liefern können. Man kann z. B. einen Begriff nutzen, ihn in seiner Aufstellung auf einen weiteren Zettel schreiben, den Zettel in die Aufstellung legen und dann beobachten, was man auf dieser Position denkt oder welche resonierenden Empfindungen man in sich zu spüren beginnt.

Eltern:

In der Systemischen Therapie wird häufig entdeckt, dass eigene Ungleichgewichte mit der Beziehung zu den Eltern in Verbindung stehen. Wenn wir unsere Eltern aus einer neuen Perspektive betrachten, kann sich das auf unser Problem auswirken. Klaus Mücke schlägt in seinem Buch *Wo aber Gefahr ist, wächst das Rettende auch* die Übung vor, sich seine Eltern vor sich stehend vorzustellen, „... hinter denen wiederum deren Eltern stehen. Nun kann man sich fragen:

- Was haben die Eltern von ihren Eltern nicht bekommen, dass sie sich so verhalten haben?
- Was hätten sie gebraucht, um sich anders verhalten zu können?
- Angenommen, sie hätten das bekommen, was hätte man dann selbst von den eigenen Eltern (mehr) bekommen?
- Was könnte man sich nachträglich selbst geben?“

Weitere Informationen finden Sie in meinem Buch *Meine Eltern sind schuld - Was unsere Eltern falsch gemacht haben und immer noch falsch machen.*

Problemhaltung – Lösungshaltung:

Klaus Mücke macht in seinem Buch einen weiteren Lösungsvorschlag, den ich hier mit seiner Erlaubnis übernehme. Stellen Sie sich intensiv Ihr Problem vor. Überlegen Sie, welche Körperhaltung dazu passen würde. Welche Körperhaltung drückt dieses Problem optimal aus? Nehmen Sie diese Haltung ein, schauen Sie auch, welche Atmung Sie dabei haben und was für innere Sätze Ihnen kommen. Dann überlegen Sie, welche Körperhaltung Sie einnehmen würden, wenn das Problem – wie durch ein Wunder – vollständig gelöst wäre. Nehmen Sie auch diese Körperhaltung ein und lernen die freie, tiefe Atmung und die angenehmen inneren Sätze kennen. Anschließend gehen Sie wieder in die Problemhaltung, bleiben eine Weile dabei und bewegen sich von dort langsam in die Lösungshaltung. Wiederholen Sie diesen Vorgang mehrmals. Gehen Sie in die Problemhaltung und bewegen sich von dort langsam in die Lösungshaltung. Sollten lösende Tränen in Ihnen aufsteigen, lassen Sie es so weit zu, wie es für Sie passt. Trainieren Sie diesen Bewegungsablauf und speichern ihn dadurch in Ihrem Körper. Diese Erfahrung führt dazu, dass Ihr Körper später im Alltag – wenn das Problem wieder auftaucht – sich auch gleichzeitig an die Lösung erinnert und Sie dadurch leichter in den Lösungszustand wechseln können.

Glück-Schmerz-Glück-Training (GSG-Training):

Dies ist ein von mir entwickeltes Training, in welchem gezielt Netzwerke im Gehirn neu miteinander verknüpft werden. Ich habe vor einiger Zeit bei mir festgestellt, dass mein Gehirn – wenn es mehr Wahlmöglichkeiten hat – die angenehmere Variante wählt. Vielleicht ist das bei Ihnen auch so? Probieren Sie es selbst aus:

Erinnern Sie sich zunächst an eine schmerzhafte Situation in Ihrer Vergangenheit, die mit anderen Menschen zu tun hatte. Fühlen Sie die dazugehörigen Gefühle.

Nun malen Sie sich aus, wie diese damalige Situation besonders angenehm verlaufen wäre, mit gelösten offenen Menschen. Wie wäre es optimal gewesen? Stellen Sie sich diese gelöste Situation so intensiv vor, dass Sie die dazugehörigen angenehmen Gefühle spüren können.

Dann erinnern Sie sich wieder an die schmerzvolle Situation und fühlen die unangenehmen Gefühle. Und anschließend denken Sie wieder an die optimale Wunsch-Situation mit den angenehmen Gefühlen. Wechseln Sie zehn Mal hin und her.

Normalerweise dürfte allmählich die unangenehme Wirkung der schmerzvollen Erinnerung weniger werden und an Einfluss auf Sie verlieren. Es könnten aber auch Tränen kommen. Lassen Sie die Tränen so lange zu, wie es für Sie passt, und machen dann anschließend mit dem Training weiter. Wenn es Ihnen so ergeht, wie mir und einigen meiner Klientinnen, denen ich dieses Training angeboten habe, dann wird es Ihnen mit der schmerzvollen Situation immer besser gehen. Sie wird unwichtiger und verliert dadurch den negativen Einfluss auf Ihr Erleben in der Gegenwart.

Sie können diese Übung steigern. Die etwas schwierigere Variante geht so: Erinnern Sie sich an eine Situation, in der Sie von einem anderen Menschen schmerzvoll behandelt wurden. Versetzen Sie sich zurück. Sie fühlen sich dabei wahrscheinlich in einer Opfer-Rolle.

Als nächstes stellen Sie sich wieder unverändert diesen anderen Menschen vor, wie er Sie schmerzvoll behandelt hat. Sie selbst wechseln aber in eine andere Rolle. Sie nehmen die gelöste Fürsorge-Rolle ein, in der sie sich ganz sicher sind, dass sie mit dem schmerzvollen Verhalten des anderen Menschen überhaupt nichts zu tun haben. Um optimal diese Fürsorge-Rolle fühlen zu können, nehmen Sie als Unterstützung die Vorstellung, wie es wäre, wenn ein anderer Mensch sich selbst verletzt hat und nun aus seinem Schmerz heraus laut und klagend die ganze Welt anschreit. Sie haben mit seiner Selbstverletzung nichts zu tun. Das ist so ähnlich, wie wenn Ihr eigenes Kind sich verletzt hat und nun schreit vor Schmerz. Dann gehen Sie sofort in die Fürsorge-Rolle und stehen einfühlsam Ihrem Kind zur Verfügung, um Trost und Hilfe bei der Heilung anzubieten. Diese Fürsorge-Rolle visualisieren Sie auch bei der Erinnerung an den Menschen, der sie schmerzvoll behandelt hat. Sie sehen sein schmerzvolles Verhalten, das mit Ihnen nichts zu tun hat, und haben fürsorgliches Mitgefühl. Sie fühlen Betroffenheit mit seinem Zustand und Betroffenheit darüber, dass er so verschlossen sein und sich so verhalten muss. Nehmen Sie die Haltung ein, dass Sie ihm gerne zur Verfügung stehen, wenn er dieses schmerzvolle Verhalten "lösen" und weiterentwickeln möchte und dafür Hilfe braucht.

Nun wechseln Sie zehn Mal zwischen diesen beiden Rollen hin und her. Zuerst die Opfer-Rolle, in der Sie sich klein und vielleicht auch schuldig fühlen. Dann die Fürsorge-Rolle, in der Sie genau wissen, dass Sie nichts mit dem Verhalten des anderen zu tun haben und fürsorglich für ihn da sind, wenn er Sie braucht. Dann wieder die Opfer-Rolle ...

Ich habe noch eine dritte Variante erfunden: Hier geht es um Ihre Projektion auf die Zukunft. Sicherlich malen Sie sich ab und zu aus, was in der Zukunft auf Sie zukommen könnte. Da wir die Zukunft nicht kennen, ist sie eine weiße Leinwand oder eine leere Bühne. Auf die Leinwand oder Bühne können Sie verschiedene Szenarien projizieren. Meistens sind es negative, schmerzvolle Szenarien, die Ihnen Angst machen. Schauen Sie sich also an, welche Szene Ihr Inneres auf diese Leinwand/Bühne projiziert. Was ist das Schlimmste, was Sie dort sehen?

Dann tauschen Sie die innere Filmrolle und malen sich aus, wie Ihr innerer Projektor einen Film voller Happy Ends und schöner Situationen auf die Zukunftsleinwand/-bühne projiziert.

Anschließend legen Sie wieder den Angstfilm ein, dann wieder den Glücksfilm - und auch hier wechseln Sie ungefähr zehn Mal oder öfter.

Wie ändern sich Ihre Gefühle und Ihr Erleben, wenn Sie dieses Training ein paar Tage durchführen? Erforschen Sie sich selbst.

Sollten Sie sich in einem emotionalen Lösungsprozess befinden, bleiben Sie am Ball und geben Sie sich viel Zeit. Ich habe für meinen ersten tiefen Lösungsprozess mehrere tränenreiche Jahre durchlebt. Es begann ein halbes Jahr, nachdem ich aus meinem Elternhaus ausgezogen war. Ich löste Schritt für Schritt mit Hilfe meiner Partnerschaften die Veränderungswünsche, die ich aus meinem Elternhaus mitgenommen hatte. Der Prozess verlief über drei Jahre sehr intensiv und zeitaufwendig und integrierte sich dann allmählich in meinen Alltag als permanenter Wachstumsprozess. Bis heute erlebe ich, dass immer mal wieder Themen auftauchen und mit Hilfe von Tränen-Yoga gelöst werden können. Es kann also sein, wenn Sie gerade beginnen, mit Hilfe „neuer Rahmen" Ihre eigenen inneren Veränderungswünsche zu erlösen, dass es noch einige Zeit dauern wird, bis Sie die ersten Erfolge verspüren – was nicht heißt, dass es auch schneller gehen kann. Seien Sie geduldig mit sich selbst. Geben Sie sich viel Zeit, um allmählich einen inneren Frieden zu entfalten.

Die deutlichste Weiterentwicklung erlebe ich, wenn ich mein Ungleichgewicht so analysiere und erkenne, dass ich es in eine neue Sichtweise einordnen und integrieren kann. Ich schaue immer, wo ich etwas in meinen Sichtweisen ausschließe, mich dagegen wehre, es verändern will. Dann erweitere ich meine Sichtweise durch die Haltung: „... und auch das gehört dazu". Jeden dann auftauchenden Widerstand in mir integriere ich auf die gleiche Weise. Wenn durch die Integration erlösende Tränen in mir aufsteigen, sind sie heilsam, und ich gebe ihnen viel Raum.

Ich suche so lange nach der stimmigen Integration, bis ich mich wirklich erleichtert fühle. Manchmal muss ich auch meinen Widerstand integrieren, indem ich erkenne, wie wichtig und passend er gerade ist. Auch der Widerstand, die Abwehr und mein Veränderungswunsch gehören dazu – und dann fühle ich tief in mir einen Frieden.

Vertiefungen

Ken Wilber schreibt in *Ganzheitlich handeln:* „In seinem bemerkenswerten Buch *Laws of Form* sagt G. Spencer Brown, dass neues Wissen sich von selbst einstellt, wenn man nur im Bewusstsein behält, dass man wissen möchte. Habe das Problem stets vor Augen, und es wird sich lösen lassen – die Geschichte der Menschheit bezeugt, dass dies eine Tatsache ist. Jemand stößt auf ein Problem und ist davon einfach besessen, bis er/sie es gelöst hat. Und das Komische daran ist: Das Problem wird stets gelöst. Früher oder später lässt es sich knacken. Es mag eine Woche dauern, einen Monat, ein Jahr, ein Jahrzehnt, hundert oder tausend Jahre. Doch scheint der Kosmos so konstruiert zu sein, dass Lösungen *immer* erfolgen."

„Alle Dinge kommen zu dem, der zu warten versteht." (Henry Wadsworth Longfellow, amerikanischer Dichter im 19. Jh.)

„Unlösbare Probleme entstehen durch Generalisierung, Tilgung und Verzerrung. Damit sie gelöst werden können, muss man sie spezifizieren, vervollständigen bzw. konkretisieren." (Richard Bandler & John Grinder, Entwickler des NLP)

„Wenn Kinder von ihren Eltern sehr schlecht behandelt wurden, dann kann es sein, dass sie ihre Eltern erst dadurch würdigen, dass sie ihnen für das, was sie ihnen angetan haben, nicht verzeihen. Kinder erleben es oft als Anmaßung, ihren Eltern zu verzeihen. Durch dieses Verzeihen stellen sie sich nämlich über ihre Eltern." (Klaus Mücke)

Ich betrachte diesen Zusammenhang durch die Brille des NeuroSonanz®-Modells: Behandeln Eltern ihre Kinder schlecht, dann befinden sich die Eltern in einer mit Schmerz verknüpften Spielerrolle. Die Kinder sind die Mitspieler, die den Schmerz der Eltern erfahren. Würden Kinder nun den Eltern verzeihen, dann würden sie sich während dieser Geste in der Spielerrolle befinden und die Eltern wären dabei die Mitspieler. Das ist ein verkehrter Rollentausch und führt bei den Kindern zu dem Gefühl der Anmaßung. Was wären die Lösungsmöglichkeiten?

1. Die Eltern erkennen, was sie dem Kind angetan haben, sehen den Schmerz des Kindes und die nun vorhandene Heilungshierarchie im Kind. Sie teilen mit, wie sehr es ihnen leid tut und dass es nicht mehr vorkommt. Dann geben sie dem Kind den Verständnisrahmen, den das Kind benötigt, um den erlebten Schmerz zu verarbeiten und zu heilen. Danach kann sich die Heilungshierarchie auflösen. Eltern und Kind haben dazugelernt und arbeiten gemeinsam daran, dass sich so eine Situation nicht mehr wiederholt.

2. Können die Eltern dem Kind diesen Rahmen nicht geben, dann sucht sich das Kind später woanders einen entsprechenden Rahmen, in welchem die Heilungshierarchie den vollen Raum erhält und das Kind den erlebten Schmerz verarbeiten kann. Ist der Schmerz vollkommen verarbeitet, dann kann das Kind rückblickend den Schmerz der Eltern erkennen, aus dem sie gehandelt haben. Außerdem kann es sich in Zukunft vor solchen Situationen schützen - ohne Angst und mit viel Klarheit. Es ist kein "Verzeihen" nötig, weil kein Groll mehr da ist.

„Erinnern Sie sich bewusst an jene Kindheitserfahrungen, die Sie stärkten, von denen Sie profitierten und die Ihnen das Gefühl vermittelten, angenommen und geliebt zu werden. Selbst wenn es nur Sekunden waren, können Sie aus ihnen Jahre machen, wenn Sie sich jahrelang daran erinnern.“ (Klaus Mücke)

Erforschen Sie sich beweglich: „Jedes Kind ist gewissermaßen ein Genie, und jedes Genie gewissermaßen ein Kind.“ (Arthur Schopenhauer, deutscher Philosoph, 18./19. Jh.)

Ist mein Stress gar nicht mein eigener?

Bisher habe ich beschrieben, wie wir unseren Stress, unseren nicht integrierten Schmerz erlösen können. Allerdings gilt auch für solche Stresszustände, dass sie manchmal resonierende Empfindungen sein können.

Renate ging mit einer Gruppe von zehn Frauen in ein Restaurant. Selbstbewusst stellten sie die Tische zusammen, um alle miteinander an einem großen Tisch sitzen zu können. Der Gastwirt reagierte wütend, als er das sah, denn diese Tische versperrten nun den Weg zur Toilette. Er tobte und wies die Frauen an, die Tische anders zu ordnen. Renate fühlte sich schockiert und zog sich zurück. Als der Gastwirt gegangen war, alle einen Platz gefunden hatten und die Frauenrunde allmählich wieder lockerer wurde, blieb Renate jedoch blass und schweigsam. Maria, die neben ihr saß und sah, was los war, sprach Renate an: „Kannst du aus deiner Rolle wieder herausgehen?“ Renate reagierte verdutzt, denn ihr war nicht bewusst, dass ihr Gefühl auch eine resonierende Empfindung gewesen sein könnte. Ihr fiel es relativ leicht, sich dem Gastwirt und seinem Wutanfall nicht mehr zur Verfügung zu stellen. Nach wenigen Minuten war sie wieder offener und scherzte mit den anderen am Tisch herum. Nur ein kleiner Rest blieb noch.

Wie war diese Verbesserung möglich? Der Gastwirt war schockiert. Sein Schock drückte sich in Form von Wutanfällen aus. Renate ging dazu ein Gleichgewicht ein und fühlte ebenso einen Schock. Doch sie identifizierte sich damit und „glaubte", dass es ihr eigenes Gefühl war. Das Bewusstsein, dass sie die Gefühle des Gastwirts wahrgenommen hatte, befreite sie von ihrem Stressgefühl. Das, was ungelöst blieb, deutete auf ein eigenes Ungleichgewicht, warum sie sich überhaupt mit dem Schock identifizierte – und sie kann es nutzen, um daraus zu lernen.

Allein das Bewusstwerden, dass man eine resonierende Empfindung zu einem anderen Menschen hatte, kann einen sofort – wenn die Situation vorbei ist – von dem Gefühl befreien. Deshalb ist es so einfach und deshalb kann der Satz „Ich stehe dafür nicht mehr zur Verfügung" eine verblüffend schnelle Wirkung haben. Ein nächster Schritt könnte sein, sich selbst zu fragen: „Wenn ich mich diesem Menschen, der mir Grenzen setzt, intensiv zur Verfügung stelle (Mitspieler-Rolle), kann ich dann vielleicht auch wahrnehmen, was die Ursache seiner eigenen Grenze(n) ist? Was sagt mir meine Intuition?" Haben Sie eine innere Antwort gefunden, dann suchen Sie anschließend nach Bestätigungen dafür. Auf diese Weise können Sie Ihre Menschenkenntnis ausbauen.

Überprüfen Sie immer wieder, ob Ihr Gefühl die Folge Ihrer „Mitspieler-Rolle" mit den ungelösten Veränderungswünschen eines anderen Menschen ist oder ob Sie selbst einen ungelösten Veränderungswunsch haben. Um dies herauszubekommen, können Sie zunächst versuchen, auf die bisher genannten Weisen nicht mehr zur Verfügung zu stehen: „Ich achte es, wie es ist, lasse es so und stehe damit nicht mehr zur Verfügung" (Wechsel von der Mitspieler-Rolle in die Nicht-Spieler-Rolle und anschließend in die Spieler-Rolle, wenn Sie ein eigenes Ziel verfolgen). Wenn es aber nicht gelingt und Sie irgendwo stecken bleiben, dann fragen Sie sich, was es mit Ihnen selbst zu tun hat. Finden Sie zunächst Ihren Veränderungswunsch (Ihr unbewusstes Ziel in der Spieler-Rolle) heraus, indem Sie sich fragen, wogegen Sie sich wehren, was sie anders haben wollen. Sie fragen sich, was passieren würde, wenn

Sie Ihren Wunsch aufgeben und in eine zustimmende, vielleicht sogar liebevolle Haltung wechseln (Alles-Spieler-Rolle). Sie suchen nach innerem oder äußerem Verständnis für Ihr Gefühl.

Es könnte aber auch Folgendes passieren: Sie denken zunächst, dass Sie gerade mit einem eigenen Veränderungswunsch konfrontiert wurden. Dabei kann es sein, dass Sie trotz langen Nachdenkens und In-sich-Hineinspürens für dieses Problem kein Verständnis, keine bessere Sichtweise, keine Lösung finden. In diesem Fall überprüfen Sie, ob Sie nicht doch einfach nur etwas Äußeres wahrgenommen haben und unbewusst in die Mitspieler-Rolle gerutscht sind. Wenn Sie ein äußeres Ungleichgewicht spüren, dann können Sie tun, was Sie wollen – lösen werden Sie es jedoch nicht, denn es ist ja nicht *Ihr* Ungleichgewicht. Lösen kann dieses Ungleichgewicht nur derjenige, der es auch wirklich in sich hat. Nur der Spieler kann sein Ziel erreichen. Stehen Sie als Mitspieler zu einem Spieler in Resonanz, dann können Sie nur Ihre Position ändern, aus der Rolle gehen und achtungsvoll sagen: „Ich stehe nun nicht mehr zur Verfügung." Wenn Ihr Aussteigen und dieser Satz Sie schließlich erleichtern, war es eindeutig eine resonierende Empfindung.

Pete A. Sanders berichtet von einer hübschen Frau, die ihre Schönheit immer versteckte und sich dafür schämte. Sie stand mit diesem Verhalten ihrer älteren Schwester zur Verfügung, die ihr früher oft verboten hatte, sich schön zu machen. Als sich die Frau in ihre Schwester einfühlte und innerlich nach der Ursache dieser Grenzen fragte, kam intuitiv die Antwort: „Der Vater hat sie früher missbraucht." Sie sprach mit ihrer Schwester, und unter Tränen erzählte diese von den Ereignissen mit dem Vater. Danach konnte die Frau ihrer Schönheit volle Geltung geben.

Der Psychotherapeut Joachim Bauer schreibt über einen Patienten, der aufgrund von Herzschmerzen in seine Praxis kam. Es stellte sich heraus, dass der Patient als 17-Jähriger den Tod seines Vaters miterleben musste, der beim gemeinsamen Joggen im Wald einen Herzinfarkt erlitt und vor den Augen seines Sohnes starb. Der Patient war inzwischen 44 Jahre alt. Vor kurzem starb auch seine Mutter. Dieser Tod löste in ihm ein emotionales Ungleichgewicht aus, das sich in Form von Herzschmerzen zeigte. Durch die Verarbeitung der beiden Verluste konnte der Patient die Herzschmerzen lösen und sich dem mit dem Vater zusammenhängenden Symptom nicht weiter zur Verfügung stellen. Es verschwand.

Verspüren Sie körperliche Ungleichgewichte, dann schauen Sie in Ihrer Fantasie in einen inneren „weisen Spiegel", betrachten Ihre entsprechende Körperstelle und beobachten, ob Sie sich auf dieser Körperstelle ein Gesicht vorstellen können. Wem gehört das Gesicht? Wem stehen Sie mit diesem Ungleichgewicht gerade zur Verfügung? Dann formulieren Sie den Satz: „Liebe(r) ...., ich stehe dir für dieses körperliche Ungleichgewicht nicht weiter zur Verfügung. Ich erkenne es vollständig als deines und achte es, wie es ist/war." Bleibt es trotzdem, dann suchen Sie danach, was das körperliche Ungleichgewicht konkret mit Ihnen zu tun hat. Werkzeuge dafür haben Sie bereits kennengelernt. Ziehen Sie auch nach wie vor in Betracht, im Notfall zur Ärztin zu gehen und sie mit ihren Möglichkeiten als Mitspielerin für Ihr Gesundungsziel einzusetzen.

Finde ich öfter heraus, dass meine Ungleichgewichte gar nicht meine eigenen waren und ich nur dafür zur Verfügung gestanden habe, dann neige ich manchmal dazu, meine Umwelt als „Übeltäter" einzustufen. Meine Umwelt ist mit ihren Ungleichgewichten schuld daran, dass ich immer wieder Probleme spüre. In dem Buch *Energetischer Schutz* von Fons Delnooz bin ich dieser Sichtweise sehr intensiv begegnet. Er redet von energetischem Schmutz und Unreinheit, davon, dass man sich vor schlechten Energien anderer Menschen schützen und seine Aura oder seine Räume reinigen muss. In dieser Sichtweise ist eine Wertung enthalten und damit auch ein intensiver Wunsch nach Veränderung. Wenn wir denken, dass Menschen mit negativen Energien unsere Aura oder unsere Räume verschmutzen können, wird es uns wahrscheinlich schwerfallen, diese Verschmutzungen endgültig loszuwerden. Sie tauchen immer wieder auf – so wie ich regelmäßig Staub in meiner Wohnung wischen muss. Wir müssen ständig reinigen oder nach Seelen Ausschau halten, die uns vielleicht besetzt haben. Wir hängen an der Vorstellung von einer Welt, in der überall Gefahren lauern. Wenn wir diese Gefahren sehen, haben wir auch ständige Veränderungswünsche. Diese Wünsche führen zu Verbindungen. Wir ziehen genau das an, was wir verändern wollen. Das bedeutet also, dass wir tatsächlich immer wieder von Menschen energetisch verunreinigt und belastet werden – und entsprechend unglückliche Seelen halten genau nach uns Ausschau, um uns zu besetzen.

Ich habe eine ganze Weile allein leben müssen, bis ich erkannt habe, dass der Staub in meiner Wohnung auch mal liegen bleiben darf, ohne dass ich mich dabei schlecht fühlen muss. Schmutz ist nur Schmutz, weil wir Menschen ihn zu Schmutz gemacht haben, weil wir ihn *nicht* wollen. Der Staub ist ein natürlicher Bestandteil unseres Lebens. Kinder spielen in der Sandkiste, dort ist der Sand wunderbar. Sobald die Kinder aber mit ihren sandigen Klamotten in die Wohnung kommen, verwandelt sich der Sand plötzlich in unerwünschten Dreck. Fazit: In Wirklichkeit erschafft unsere eigene Perspektive den Schmutz – andere Menschen sind unschuldig daran. Wenn wir verschmutzte Energie wahrnehmen, aus welcher Perspektive schauen wir dann auf diese Energie? Was für eigene Wünsche und Ziele stecken dahinter, die dann diese Wertung hervorbringen?

Jeder Mensch hat seine Energieform. Wir können jede Energieform so achten, wie sie ist. Das heißt nicht, dass wir sie zu unserer eigenen Energieform machen müssen, denn wir dürfen auch „Nein" dazu sagen. Wir müssen dafür nicht zur Verfügung stehen. Werten wir die Energieform jedoch ab, befürchten wir den Kontakt, kämpfen ohne Achtung dagegen an, wollen sie vollständig verbannen, vielleicht sogar andere Menschen davor beschützen, so haben wir einen Veränderungswunsch. Der sorgt dafür, dass wir diese Energieform ganz genau kennenlernen dürfen, um dabei zu üben, wie man achtungsvoll mit ihr umgehen kann. In diesem Fall ist das Universum wirklich erbarmungslos – Gott sei Dank!

Angenommen, wir könnten jeden Schmutz als „natürlich" achten und integrieren (Alles-Spieler: "... und auch das gehört dazu"), dann haben wir die Wahl, selbst unter den für uns wildesten und „unzivilisiertesten" Naturvölkern zu leben. Diese Wahlmöglichkeit befreit uns von vielen körperlichen Abwehrreaktionen und stellt einen natürlichen Fluss in unserem Körper her. „Der einfachste Weg ins Verborgene Königreich führt durch das Tor der Anerkennung." Was folgt, ist innerer Frieden.

Es gibt oft auch eine versteckte Abwertung in uns, die wir kaum als Wertung wahrnehmen. Wenn wir meinen, über die Entfernung einem anderen Menschen Liebe oder positive Energie schicken zu müssen, dann gehen wir von dem Bild aus, dass der Betreffende es nötig hat – und das ist ein schwächendes, ein anmaßendes Bild. Es könnte sein, dass der andere diese Anmaßung spürt, wenn er an uns denkt und dadurch eine resonierende Empfindung hat. Das bedeutet, er fühlt ein Ungleichgewicht. Er fühlt sich im Kontakt mit uns eher in der Mitspieler-

Rolle, weniger in der Spieler-Rolle. Eine Ausnahme ist, wenn er uns (in der Spieler-Rolle) um positive Energie gebeten hat, denn das stellt eine völlig andere Voraussetzung dar. In dem Fall stehen wir als Mitspieler zur Verfügung und unterstützen den Betreffenden auf seinem Weg. Hat der andere aber nicht darum gebeten, dann empfehle ich, ihm „nur" die Information als Angebot zu schicken: „Wenn du mich brauchst, bin ich jederzeit für dich da!" Das stärkt.

Fühlen wir also einen Stress und meinen, dass der Stress eine resonierende Empfindung zu jemand anderem ist, dann ist die von mir empfohlene Haltung *nicht,* dem Betreffenden bei der Bewältigung von seinem Stress positive Gedanken zu schicken oder Hilfsimpulse zu geben oder sich Sorgen zu machen und für ihn zu beten. Sondern ich empfehle folgende innere Haltung: „Ich spüre deinen Stress und achte ihn, wie er ist. Ich achte, was du trägst. Und wenn du mich brauchst, bin ich jederzeit für dich da. Ich habe dich sehr gern und vertraue darauf, dass das Universum ebenso jederzeit für dich da ist."

Dieser Satz setzt voraus, dass wir auch tatsächlich ein Vertrauen besitzen, dass das Universum für jeden Menschen da ist und die passenden Impulse schicken wird – sofern die Person es braucht, angefordert hat und offen für die entsprechend helfende Resonanz ist. Wenn dann der andere Mensch an uns denkt, könnte er in Form von angenehmen Resonanzgefühlen unsere Einstellung spüren. Er fühlt indirekt, dass wir ihn gern haben, offen sind und Vertrauen haben. Diese Resonanz bietet ihm die Möglichkeit, in sich selbst Sympathie, Offenheit und Vertrauen wahrzunehmen.

Und manchmal – wenn er es braucht – kommt er dann in der Spieler-Rolle auf uns zu und bittet uns, ihm in der Mitspieler-Rolle zur Verfügung zu stehen.

Vertiefungen

„Immer wieder gilt es zu fragen: ‚Was genau nehme ich wahr? Was davon ist real in der äußeren Welt, was kreiere ich als Wirklichkeit in mir selbst?' " schreibt Michael Czaykowski in *Die menschliche Matrix.*

„Neue Probleme können entstehen, wenn man Probleme in einem System zu lösen versucht, zu dem sie nicht gehören." (Klaus Mücke)

Missbrauch ist nichts anderes als das Wasser eines Flusses, das sich durch einen gebrochenen Deich den Weg in das Hinterland sucht und damit dieses Land überflutet und „missbraucht“. Niemand macht dem Wasser einen Vorwurf. Jeder sieht: Es folgt nur seinem Bedürfnis nach Ausgleich. Natürlich wird darum gekämpft, dass dieser Missbrauch aufhört, doch nicht, indem man das Wasser beschimpft, sich davon emotional distanziert und hart wird, vom Wasser gar Konsequenzen fordert, sondern indem man versucht, den Deich an der Stelle wieder zu reparieren, durch die das Wasser fließen konnte. Mit den Folgen des Deichbruches muss man leben. Die Konsequenzen zieht man selbst: Man lernt daraus und verstärkt den Deich. (Olaf Jacobsen in *Praxis der Systemaufstellung,* Heft 2/2002)

„Wer davon lebt, einen Feind zu bekämpfen, hat ein Interesse daran, dass er am Leben bleibt.“ (Friedrich Nietzsche, Altphilologe und Philosoph im 19. Jh.)

Wie fühlen Sie sich selbst, wenn ein anderer Mensch Ihre Energie oder Ihr Verhalten als unangenehm empfindet und daher als „schmutzig“ einstuft? Sie können sagen: „Ich achte deine Wertung, lasse sie so, wie sie ist, und stehe ihr damit nicht zur Verfügung.“

„Man kann eine Umweltverschmutzung für den anderen sein, aber auch Kompost.“ (Gunther Schmidt)

Eine negative (Be-)Wertung ist eine Form von Ausschluss. Achten wir, dass jemand uns ausschließt und uns dadurch in die Nicht-Spieler-Rolle bringt, dann können wir sagen: „Ja, ich gehöre nicht zu dir – und werde (bald) gehen.“ Wollen wir jedoch bleiben und integriert werden, müssen wir uns für die Mitspieler-Rolle bewerben, uns der Wertung des Spielers zur Verfügung stellen, die entsprechenden resonierenden Empfindungen zulassen und schauen, ob wir die negative Wertung für uns in einen Lernprozess verwandeln können.

Wir können den Spieß umdrehen, indem wir in der Alles-Spieler-Rolle den anderen in unsere Energie einladen und ihm damit demonstrieren, dass wir seine Energie zu integrieren bereit sind.

Wertungen entstehen in uns immer genau dann, wenn wir in der Spieler-Rolle ein bestimmtes Ziel verfolgen (etwas erreichen oder aufrechterhalten wollen, einen Veränderungswunsch haben). Das, was zu unserem Ziel passt, ist „richtig"; das, was uns hindert oder stört, ist „falsch". Sobald wir ein Ziel aufgeben, verschwindet auch die damit verbundene Wertung – und wir können Dinge oder Situationen leichter annehmen.

Wertet jemand etwas, dann können wir daran ablesen, was für ein Ziel er hat. Einem „Wertesystem" liegen immer Veränderungswünsche und Ziele zugrunde.

Auf der Ebene des „Seins" gehört alles dazu, denn „alles ist". Hier gibt es keine Wertungen.

Wenn wir uns trotzdem unbedingt vor Schmutz und schlechten Energien schützen wollen ... dann gehört auch das dazu.

Ein unerlöster Veränderungswunsch beeinflusst alle Beteiligten

Ein emotionaler Schmerz will sich auflösen – durch Tränen. Das ist der Weg der Natur. Beobachten Sie nur einmal Kinder. Bei ihnen ist es selbstverständlich, dass ein Schmerz von Trauer, Weinen und Schreien begleitet ist. Wenn ein Schmerz sich auflösen (heilen) will, dann bedeutet es: Er will sich **verändern**. Wenn ein solcher Wunsch nach Veränderung in uns ist, gehen wir in eine intensive Resonanz mit dem, was verändert werden soll. Wie schon weiter vorne im Buch erwähnt, habe ich das "Heilungshierarchie" genannt. Der Schmerz steht ganz oben an erster Stelle und will geheilt werden. Wir richten unsere gesamte Aufmerksamkeit auf den Schmerz, denn er drängt uns immer in die Richtung, ihn lösen, verändern und heilen zu wollen. Diese Änderung unserer Aufmerksamkeit ist bereits eine Veränderung in uns und kann erste heilende Wirkungen hervorrufen. Die Energie folgt der Aufmerksamkeit. Verändern wir also unsere Aufmerksamkeit und beobachten unseren Schmerz (lernen ihn genauer kennen), so verändert sich auch der Energiefluss in unserem Körper. Das ist bereits der erste Schritt zur Heilung.

Vielleicht erkennen wir dabei die Ursache unseres Schmerzes und können sofort etwas verändern, z. B. unsere Hand von der heißen Herdplatte wegziehen, damit wir uns nicht noch weiter verbrennen.

Schockierende Verlusterfahrungen können folgende sein:

- Ich verliere einen lieben Menschen (Eltern, Partner, Geschwister, Freundin, Arbeitskollege, ...).
- Ich verliere eine angenehme Situation oder Umgebung (Ende eines schönen Urlaubs, Verlust des eigenen Hauses durch eine Umweltkatastrophe, Verlust der Heimat, sportliche Niederlage, ...).
- Ich verliere eine Sache, ein Ding, das mir sehr am Herzen liegt.
- Ich erfahre einen Schmerz für meinen Körper (Auto-, Fahrradunfall, heiße Herdplatte, Treppensturz, Magenspiegelung, Operation, Vergewaltigung, ...) = Verlust des körperlichen Gleichgewichtes.
- Ich werde von anderen Menschen abwertend, hart, verachtend behandelt oder beschimpft = Verlust des seelischen Gleichgewichtes.

Die natürlichen Reaktionen darauf sind Stress, Schmerz, Trauergefühle und Tränen. Beim Weinen verändert sich der Körper. Er passt sich dieser äußerlich erlebten Veränderung innerlich an. Er löst sich von der bisherigen und integriert die neue Situation. Ist der innere Veränderungsprozess abgeschlossen, dann können wir ohne Heilungswünsche und ohne Schmerz auf diese Verlusterfahrung zurückschauen. Die Erinnerung daran ist uns nicht mehr unangenehm. Sie ist integriert, der Schock ist erlöst. Wir fühlen keinen Stress mehr und sind offen für die neue Gegenwart. Ein neuer Stress oder Schmerz entsteht, wenn es in der neuen Gegenwart eine aktuelle Quelle gibt, die eine neue (nicht projizierte) Bedrohung für uns darstellt, oder wenn wir eine neue Verlusterfahrung erleben.

Um so einen inneren Veränderungsprozess durchleben zu können, müssen wir uns in einem Zustand befinden, in dem wir uns der Heilung ganz hingeben können. Wenn die Heilungshierarchie auch wirklich zur Heilung führen soll, brauchen wir einen inneren oder äußeren Rahmen, der sich unseren Bedürfnissen anpasst, sich unserer Heilung fürsorglich "unterordnet" und uns Geborgenheit und Verständnis gibt. Können wir einen solchen Rahmen nicht finden, so können wir uns der schmerzvollen Verlusterfahrung auf der emotionalen Ebene nicht anpassen. Wir können uns nicht fallen lassen, können den Verlust nicht integrieren und bleiben in der Heilungshierarchie stecken. Es bleibt ein Ungleichgewicht bestehen. Unser Verstand weiß zwar um die Verlusterfahrung, doch unser Gefühl hat die Verarbeitung noch nicht „nachvollziehen“ dürfen. Geschieht so etwas immer wieder und bekommt das Gefühl nie die Chance, Verlust durch Trauer nachzuvollziehen, entsteht auf diese Weise allmählich eine Trennung zwischen unserem Verstand und unserem Gefühl, zwischen Kopf und Herz. Diese Trennung ist in Kulturen oder Familiensystemen mit geringer Trauerkultur weit verbreitet.

Dort, wo traditionell viel getrauert wird, sind die Herzen der Menschen offener. Man erlebt Menschen mit mehr Vertrauen ins Leben und einer intensiven „Herzlichkeit“.

Auch wenn eine Verlusterfahrung längst vorbei ist und wir uns in unserem Wissen (Verstand) schon lange an die neue Situation gewöhnt haben, möchte unser Gefühl jedoch immer noch die nicht erlösten Verlustgefühle aus der Vergangenheit nachholen und die innere Trennung wieder auflösen. Der Heilungswunsch existiert in unserem Gefühl nach wie vor und beeinflusst unser Leben. Das erkennen wir daran, dass unser ungelöstes Gefühl immer wieder durch bestimmte Situationen angeregt wird. Es taucht als Befürchtung, Abwehr, innere Distanz oder Ausschluss in unserem Leben auf. Entweder erfahren wir den Ausschluss von anderen, oder wir schließen selbst aus. Inzwischen kann unser Verstand aber nicht mehr nachvollziehen, warum wir jetzt so fühlen. Unser Verstand kann *unser Gefühl nicht mehr richtig verstehen.* Wir denken, es sei „normal“, da wir diese Befürchtungen und Abwehrhaltungen auch bei anderen Menschen wahrnehmen, uns selbst inzwischen daran gewöhnt haben und es nicht mehr anders kennen. Manchmal manifestieren sich emotional ungelöste Schmerzen in körperlichen Symptomen oder Krankheiten, denn: „Unsere Überzeugungen steuern unsere Biologie“ (Lipton). Diese Ungleichgewichte „zwingen“ uns dann dazu, uns mit uns selbst auseinanderzusetzen und z. B. das, was wir bisher für normal halten, in Frage zu stellen.

Im ungelösten Zustand mag unser Gefühl die Gegenwart nicht so, wie sie ist, denn immer wieder gibt es Situationen, die in uns die alten Abwehrgefühle auslösen. Jedes Abwehr-, Stress- oder Panikgefühl in uns deutet auf eine nicht verarbeitete Verlusterfahrung hin – entweder haben wir diese Abwehr von unseren Eltern übernommen, durch resonierende Empfindungen, und imitieren sie aus Gewohnheit, oder wir haben die

Abwehr durch einen eigenen Verlust selbst aufgebaut. In dieser Abwehr wünschen wir uns unbewusst, dass die Gegenwart wieder so wäre, wie sie vor dem Verlust war. Wir wollen im Gefühl eigentlich die Zeit wieder zurückdrehen und den Verlust rückgängig machen. Wir wünschen uns ständig unbewusst, etwas wäre nicht geschehen (Beispiel mit Oliver, der sich wünscht, dass Marias Unfall nicht gewesen wäre, siehe Seite 176). Und was passiert, wenn wir etwas verändern wollen? Wir gehen dazu in intensive Resonanz. Immer wenn wir in der Gegenwart etwas erleben, das uns (unbewusst) an eine (nicht erlöste) Verlusterfahrung erinnert, taucht unser Heilungswunsch auf. Wir stellen uns damit wieder der damaligen Verlusterfahrung **zur Verfügung** und fühlen die entsprechenden Gefühle.

Jetzt haben wir die Wahl: Entweder wir machen uns wieder bewusst, was wir eigentlich verändern/heilen wollen und beginnen dadurch, uns selbst zu verstehen, uns einen verständnisvollen Rahmen zu geben. Wir erlösen unseren Schmerz nachträglich, indem wir uns dem damaligen Verlust und diesem Schmerz vollständig hingeben, den Verlust integrieren und dem, was passiert ist, zustimmen können („... und auch das gehört für immer zu meinem Leben. Ich gebe dem einen Platz in meinem Herzen"). Oder wir mobilisieren weiter unsere Abwehr, wehren uns wie immer gegen die auslösende Situation, kämpfen gegen sie und vermeiden sie. Damit bleiben der Veränderungswunsch, sein Einfluss und unsere Abwehr weiter bestehen.

Wie reagieren nun unsere Mitmenschen auf uns und unseren unerlösten Veränderungswunsch? Auf unsere innere Heilungshierarchie? Wenn sie zu uns einen Kontakt eingehen und sich uns als Mitspieler vollkommen zur Verfügung stellen, dann spüren sie resonierende Empfindungen zu unserem (uns unbewussten) Wunsch. Sie spüren die Gefühle, die mit unserer unerlösten Verlusterfahrung zusammenhängen, und beginnen aus diesen Gefühlen heraus zu handeln und zu reden. Das sind die automatischen Rollenspiele, die ich bereits ansprach.

Wozu sind sie gut? Es existiert tief in unserem Gefühl der Wunsch, dass ein Verlust nie geschehen wäre. Unser Leben und unsere Ausstrahlung bauen darauf auf. Die Menschen, die sich uns in irgendeinem Zusammenhang zur Verfügung stellen, fühlen unseren Wunsch, diesen Verlust zu verändern. Und wenn man etwas verändern will, dann stellt man eine intensive Resonanz her, um es genau kennenzulernen. Wir und alle Menschen um uns herum beginnen, die frühere Verlusterfahrung nachzuspielen, um daran anzudocken und sie letztendlich verändern und heilen zu können. Aus diesem Grund wiederholen sich in unserem Leben die Situationen, die wir unerlöst mit uns herumtragen. Sie sind eine Chance zum Verständnis und zur nachträglichen Heilung. Siefer & Weber berichten, dass Konfrontationstherapien bei Angststörungen in allen Studien mit die besten Erfolgsraten zeigen. Kein Wunder: Es handelt sich dabei um ein erfolgreiches Prinzip der Natur!

Haben wir uns beispielsweise von einem Partner getrennt, ohne uns gefühlsmäßig zu verabschieden, und halten wir eine innere Abwehr (Veränderungswunsch) gegen diesen Partner aufrecht, dann hilft uns unsere Umwelt, dass sich unser Wunsch erlösen kann. Das bedeutet, unsere nächste Partnerschaft spielt die Situation nach, konfrontiert uns damit und bewegt sich auf ein ähnliches Ende zu. Unser neuer Partner ist entweder dem Vorangegangenen ähnlich oder er fängt an, eine Rolle zu spielen, die dem Verhalten des früheren Partners entspricht. Er merkt es an dem Gefühl, im Kontakt mit uns „nicht mehr er selbst“ zu sein. Das Rollenspiel unseres Partners geschieht so lange, bis wir die entsprechende Verlusterfahrung vollständig integriert, verarbeitet und geheilt haben, d. h. unsere Abwehr und damit unseren Veränderungswunsch erlösen konnten; oder bis unser Partner diese Rolle nicht mehr aushält und sich dafür nicht mehr zur Verfügung stellt, sich sogar von uns trennt. Und schon erhalten wir dadurch wieder eine Verlusterfahrung, die uns die Chance gibt, unseren gesamten Trennungsschmerz nachträglich mitzuverarbeiten.

Haben wir eine Verlusterfahrung verarbeitet und erlöst, dann können wir es daran erkennen, dass wir dankbar zurückschauen und sehen, dass unsere schmerzvollen Erfahrungen wichtige Teile unseres Lebens sind und zu uns und unserem Leben dazugehören. Gleichzeitig hat sich unser Abwehrgefühl in der Gegenwart aufgelöst. Wir verhalten uns offener, freier und klar. Sowohl sind wir verständnisvoller gegenüber Menschen mit ungelösten Verlustschmerzen als auch unsere Mitmenschen offener uns gegenüber. Sie „müssen“ nicht mehr unangenehme Rollen spielen.

Carmen und Markus sind ein Paar und wohnen zusammen. Sie haben gemeinsam ein kleines Kind. Bei der Planung, wie sie Ostern verbringen wollen, hat Markus das Gefühl, seine weit entfernt wohnenden Eltern für eine Woche besuchen zu wollen – aber allein, ohne Carmen und das Kind. Als er sein Gefühl ausspricht, spürt er gleichzeitig auch eine innere Abwehr gegen Carmen. Sein Gefühl ist, lieber ohne Carmen seine Eltern zu besuchen. Dabei weiß er gleichzeitig, dass er eigentlich nichts gegen Carmen hat. Er vermutet, dass sein Gefühl eine Wahrnehmung eines ungelösten Schmerzes darstellen könnte. Carmen reagiert tatsächlich traurig und verletzt (Markus fühlt sich bestätigt – hier wird möglicherweise eine alte Verletzung in Carmen reaktiviert). Sie zieht sich zurück und denkt über die Situation nach. Beim Analysieren hat sie zunächst keinen Zugang mehr zu ihrem Gefühl; irgendwie hat sie das schmerzliche Gefühl „abgestellt". Sie denkt, dass sie eigentlich kein Problem damit hat, allein zu sein. Dies war sie bereits als Kind schon oft. Sie fühlte sich von ihren Eltern in vielen Situationen alleingelassen. Als Carmen sich beim Nachdenken jedoch vorstellt, dass alle Menschen miteinander verbunden sind (= Vorstellung eines verständnisvollen Rahmens) und sie ja auch mit ihren Eltern und mit Markus innerlich über das Gefühl verbunden ist, selbst wenn eine räumliche Distanz herrscht, steigt in ihr der Schmerz hoch und sie bricht in Tränen aus. Sie weint über den Schmerz des Verlassenwerdens, muss an früher denken, malt sich aus, über Ostern mit dem Kind allein zu sein, und weint. Als Kind hatte sie sich an das schmerzhafte Gefühl gewöhnt. Es war für sie zur „Normalität" geworden. Sie entwickelte damals ein grundsätzliches Weltbild des Getrenntseins, denn jeder Gedanke an „im Kontakt sein" hätte weh getan. Es hätte sie an den Verlustschmerz erinnert, den sie durch das Verhalten ihrer Eltern erfahren hat, und an ihren eigentlichen Wunsch nach Nähe. Als sie sich jedoch ein neues Weltbild bewusst macht und sich die universelle liebevolle Bindung zwischen allem vorstellt, kann dieser Schmerz nachträglich auftauchen und verarbeitet werden.

Nach einer Weile macht sich in ihr ein liebevolles Gefühl breit. Sie kann liebevoll auf ihre Eltern schauen und auch liebevoll auf Markus. Sie kann ihn gehen lassen, ohne diesen Schmerz mehr fühlen zu müssen. Als sie wieder zu Markus geht und ihm von ihrem Lösungsprozess berichtet, kann er gleichzeitig erzählen, dass sich in ihm sein Abwehrgefühl aufgelöst hat. Er spürt es nicht mehr. Das ist die Bestätigung dafür, dass sein Abwehrgefühl tatsächlich eine resonierende Empfindung zu Carmens ungelöstem Schmerz war. Markus kann ebenso liebevoll und mit freiem Gefühl daran denken, an Ostern seine Eltern allein zu besuchen. Beide haben jetzt das Gefühl, dass es wahrscheinlich gar nicht anders geht. Sie vermuten, ihr Gefühl sei eine Vorahnung mit der Information, dass sie für diese Zeit niemanden finden werden, der für eine Woche ihr Kind nehmen würde. Das Kind auf diese lange Reise mitzunehmen hätte sowieso nicht gepasst. Die Vorahnung bestätigte sich: Die Personen, die als Babysitter in Frage gekommen wären, waren in der Zeit alle selbst auf Reisen.

Im gelösten Zustand kann ich verletzendes Verhalten anderer Menschen verstehen, durchschauen, es achten, beziehe es nicht auf mich, kann mich selbst passend dazu verhalten und weiß, dass mein eventuelles Verletzungsgefühl eine resonierende Empfindung ist. Im ungelösten Zustand begegne ich „Rollenspielern“, die mich mit ihrem Verhalten verletzen, und ich selbst, als „Verletzter“, fühle dadurch einen alten unverarbeiteten Verlustschmerz reaktiviert. Nun kann ich mich fragen: Wieso fühle ich verletzt? Ich suche mir einen verständnisvollen Rahmen in mir selbst (= Erkenntnis) und erlöse meinen Schmerz und/oder finde eine angenehmere Sichtweise.

Ich werde selbst zum Rollenspieler, wenn ich einem Menschen mit einem ungelösten unbewussten Verlustschmerz begegne, der immer wieder aus diesem heraus handelt. Durch sein Agieren angeregt fühle ich als resonierende Empfindung eine innere Abwehr, Wertung, Distanz, Unruhe, Ungeduld oder ein Genervtsein und Stress in mir. Ich beginne, mich von dem anderen fernzuhalten oder provozierend verletzende Verhaltensweisen an den Tag zu legen. Dementsprechend berühre ich dadurch im anderen sein Ungleichgewicht und hole seinen Schmerz wieder an die Oberfläche. Mag ich mein Verhalten nicht oder merke ich, dass meine Provokationen im anderen zu keiner fruchtbaren Auseinandersetzung mit sich selbst führen, dann ziehe ich mich zurück und versuche, meine Wünsche an den Betreffenden zu reduzieren (stehe nicht zur Verfügung). Ich achte ihn, wie er ist.

Die Bestätigung für mein Rollenspiel erhalte ich durch folgenden Versuch: Ich lebe mein verletzendes Verhalten ein wenig aus und beobachte die Reaktion meines Gegenübers. Reagiert der andere tatsächlich verletzt und kann mit meinem Verhalten nicht umgehen, dann bin ich gerade ein „Schmerz reaktivierender Rollenspieler“ gewesen. Ich bin mit meinem Abwehrgefühl in Resonanz zu dem unverarbeiteten Verlustschmerz des anderen. Geht der andere mit meinem Verhalten besonnen um, reagiert fürsorglich und mit Mitgefühl auf mich, spielt vielleicht sogar mit oder kann den Spieß umdrehen, dann könnte meine Abwehr eher mit mir selbst zu tun haben.

Eine Bestätigung für mein Rollenspiel finde ich auch, wenn ich weggehe, mein Gegenüber dies kritisiert und ein Problem damit hat. Ist der Betreffende jedoch erleichtert und fühle ich mich nach meinem Weggehen immer noch unwohl, dann ist es wohl eher mein eigenes Ungleichgewicht.

Das Fazit dieser Ausführungen über Abschied und Trauer:

Die unangenehmen Gefühle, die wir nicht mit Hilfe unserer Zauberformel loswerden können, egal wohin wir uns wenden und niemandem mehr zur Verfügung stehen wollen, beeinflussen uns und unsere Umgebung und dienen auf diese Weise unserem eigenen Veränderungs- und Entwicklungsprozess. Wenn wir uns nicht mehr gegen sie wehren, sondern mit ihnen umzugehen verstehen, verlieren sie ihre unangenehme Macht. Wir erkennen, dass alles seinen Sinn und Zusammenhang hat. Unsere Ungleichgewichte sind immer eine Botschaft an uns selbst: „Hier kannst du etwas in dein Leben integrieren. Entweder du lernst gerade etwas Neues, oder du kannst einen Veränderungswunsch erlösen."

Ein befreundeter Therapeut erzählte mir folgende Begebenheit: „Ich habe mit meiner früheren Partnerin einen sehr interessanten Prozess erlebt. Wir hatten wunderschönen Sex. Doch auf einmal fühlte sie eine Übelkeit in sich aufsteigen. Sie wusste irgendwie, dass mein Verhalten nicht schuld war an ihrem Gefühl. Vielmehr war es für sie so schön, dass gerade dadurch dieses Übelkeitsgefühl auftauchte, welches sie wahrscheinlich von früher kannte. Sie rätselte, was es gerade jetzt zu bedeuten hat. Ich bot ihr an, ihr zur Lösung zur Verfügung zu stehen, denn ich fühlte in mir bereits ein bestimmtes Gefühl entstehen, das mein Verhalten leicht zu steuern begann. Ich kannte es nicht von mir – es fühlte sich in gewisser Weise fremd an. Deshalb vermutete ich, dass dieses ‚Rollengefühl' mit ihrer Übelkeit zusammenhing. Sie nahm mein Angebot an und ich begann, mich auf eine Weise zu verhalten, wie es diesem Gefühl in mir entsprach. Ich wurde rücksichtslos in meinen Bewegungen und folgte nur noch meinem Trieb, ohne dabei auf sie zu achten. Dadurch wurde ihre Übelkeit noch stärker und sie konnte das Gefühl genauer untersuchen und sich fragen, woher sie es kennt. Auf einmal wurde ihr bewusst, dass es damit zusammenhing, dass sie früher oft Menschen erlebt hatte, die sich genauso rücksichtslos verhalten haben und sie es über sich hat ergehen lassen. Während sie sich daran erinnerte und plötzlich Verständnis für ihr Gefühl hatte, brach sie in Tränen aus. Nach dem Weinen fand sie eine neue Sicht- und Handlungsweise: Ihre vergangenen Erfahrungen gehören für immer zu ihrem Leben. Wenn sich in Zukunft jemand rücksichtslos ihr gegenüber verhält, hat sie nun die Möglichkeit, es zuzulassen oder es achtungsvoll anzusprechen und damit zu stoppen oder sich davon zurückzuziehen. Nun waren ihre Abwehrgefühle erlöst und sie hatte die Wahl. Unser schöner Sex setzte sich auf einer neuen Ebene fort, denn das Übelkeitsgefühl war verschwunden."

So ist es immer: Zuerst befinden wir uns in einem neuen Rahmen, in einer neuen Situation, begegnen einem neuen Menschen, der Verständnis hat. Wenn dieses Neue schöner und freier ist als das, was wir bisher kannten, dann tauchen in uns manchmal bestimmte Blockaden auf, die endlich geheilt werden wollen. Wir fühlen uns gehemmt oder spüren, dass unser Verhalten sich unstimmig anfühlt, können aber nicht genau feststellen, woran das überhaupt liegt. Wenn diese Blockade in uns zum Vorschein kommt und andere Menschen gerade Kontakt mit uns haben, dann beginnen sie automatisch, uns mit ihrem Verhalten zur Verfügung zu stehen. Sie spüren mit Hilfe von resonierenden Empfindungen unser Ungleichgewicht und spielen Rollen, die unsere Blockade oft noch verstärken. Unser Umfeld konfrontiert oder provoziert uns und hilft uns intensiv dabei, unsere Blockade zum Vorschein zu bringen. Kinder können dies perfekt.

Wozu ist das gut? Dahinter steckt das Ziel, dass wir unsere Blockade genauer kennenlernen und uns ihr Hintergrund wieder bewusst werden kann. Wir fragen uns: Was ist der Sinn unserer Blockade? Warum haben wir uns dieses Verhalten irgendwann einmal antrainiert? Was für ein Wunsch nach Veränderung/Heilung steckt dahinter?

Wenn es uns bewusst geworden ist, dann sehen wir entweder, dass die Blockade nun nicht mehr nötig ist und wir sie loslassen dürfen, oder dass sie immer noch sinnvoll ist. In letzterem Fall erkennen wir unsere Blockade als wichtige Grenze, zu der wir nun klar und bewusst stehen können. Wir können achtungsvoll und selbstsicher mitteilen oder ausstrahlen: „Nein, dafür stehe ich nicht zur Verfügung“. Mit dieser neuen Klarheit fühlen wir uns frei und in Frieden.

Vertiefungen

„Aufmerksamkeit ist die Kraft, die heilende Energie in das verspannte Feld fließen lässt und damit die Entspannung einleitet – wie bei einer Massage“, schreibt Michael Czaykowski.

Haben wir einen zu starken Verlustschmerz erlitten, der eine momentane Verarbeitung unmöglich macht, entsteht ein großes trennendes Ungleichgewicht in uns. Auf der medizinischen Ebene beschreibt Joachim Bauer diesen Vorgang wie folgt: „Es geht um eine Art ‚Entfernung von sich selbst‘, mit dem Ziel, aus einer tatsächlichen, seelisch und körperlich unerträglich gewordenen Situation herauszukommen. Da es hier also um ein Sich-Entfernen eines Teils der Seele geht und da ‚Trennung‘ im Lateinischen ‚dissociatio‘ heißt, entstand der medizinische Fachausdruck der ‚Dissoziation‘. [...] Die Dissoziation ist ein psychischer und neurobiologischer Schutzmechanismus. Ziel der Dissoziation ist die Verminderung bzw. Ausschaltung von seelischem und körperlichem Schmerz. [...] Die Dissoziation ist ein Musterbeispiel dafür, wie äußere Situationen nicht nur seelisches und körperliches Erleben beeinflussen, sondern auch Körperfunktionen bis hin zur Regulation der Genaktivität steuern können.“

„Viel Kälte ist unter den Menschen, weil wir es nicht wagen, uns so herzlich zu geben, wie wir sind.“ (Albert Schweitzer, Theologe, Arzt, Philosoph und Musiker, 19./20. Jh.)

Nachdem ich den Schlaganfall meiner Frau Jacqueline und ihren Genesungsprozess miterleben durfte, kann ich diese Aussage von Albert Schweitzer anders betrachten. Direkt nach dem Schlaganfall konnte Jacqueline nicht realisieren, dass ihre rechte Körperhälfte komplett gelähmt war. Sie war davon überzeugt, dass sie problemlos aus dem Krankenbett aufstehen könne, und wunderte sich immer, warum das nicht ging und sie durch irgendetwas im Bett festgehalten werde. Ein Teil ihres Gehirns blendete die gesamte gelähmte rechte Körperhälfte aus. In der Neurologie nennt man das "Neglect".

Das kann ich auf alle Menschen übertragen. Dort, wo man im Gehirn verletzt ist, was auch durch ein traumatisches Erlebnis geschehen kann, blendet das Gehirn die Verletzung aus. Je öfter man verletzt wurde, umso mehr blendet das Gehirn aus. Dies kann zu einem Verhalten führen, das ich "Kriegs-Trance" genannt habe. In einer Kriegs-Trance haben wir unser Mitgefühl für andere Menschen ausgeblendet und legen stattdessen ein rücksichtsloses und teilweise verletzendes Verhalten an den Tag. Albert Schweitzer nennt dies "Kälte". Seine Sichtweise, dass wir es nicht "wagen", uns so herzlich zu geben, wie wir sind, übersetze ich jetzt mit: Wir *können* uns gar nicht so herzlich geben, wie wir sind, weil unser Gehirn durch unsere vielen unverarbeiteten Schmerzerlebnisse unsere natürliche Herzlichkeit, unsere Offenheit und unser Mitgefühl ausblendet. Wir sind in diesem Zustand einfach nicht zu wirklich offener Herzlichkeit in der Lage. Denn diese offene Herzlichkeit, die wir in unserer Kindheit einmal gelebt haben, wurde viel zu oft begrenzt, bestraft, bewertet und nicht von den Erwachsenen mit uns geteilt. Wie oft erlebe ich, dass ein Kind mit offenen Armen auf einen Erwachsenen zuläuft, dieser aber irgendwie gebremst und gehemmt darauf reagiert und nicht richtig weiß, wie er nun reagieren soll?! Selten können Erwachsene in der Öffentlichkeit mit ihren Kindern frei und fröhlich kuscheln.

Paul Whalen von der Universität in Wisconsin hat mit Trauma-Patienten folgenden Versuch gemacht: Er blendete ihnen auf einem Bildschirm Erinnerungsbilder an ihr Trauma ein, jedoch in einer so kurzen Zeitspanne (wenige Millisekunden), dass ihr Bewusstsein nicht sagen konnte, was sie gesehen hatten. Trotzdem lösten diese Bilder bei ihnen nicht nur eine volle Angst- und Panikreaktion aus, sondern auch eine massive Aktivierung der Amygdala im Gehirn. Andere Bilder bewirkten keine Reaktionen. Dies zeigt, wie unerlöster Stress unser Leben vor allem auf der unbewussten Ebene beeinflusst. Anhand unserer Stressreaktionen, verbunden mit einer intensiven Beobachtung unserer Umwelt, können wir uns allmählich wieder bewusst machen, welcher Veränderungswunsch in uns wirkt.

Manche meinen, sich in ihre Vergangenheit zurückversetzen zu müssen, um ihren Wunsch nach Veränderung zu finden und zu verstehen. Es genügt aber oft, wenn wir nur in der Gegenwart das integrieren lernen, was wir erleben – durch Kennenlernen, Zustimmung, Abschied, Anerkennung, Tränen, Verständnis, Achtung usw. Denn wenn wir unseren Veränderungswunsch mit Hilfe einer *gegenwärtigen* Krise auflösen können, ist er genauso verschwunden, als wenn wir uns an unsere *Vergangenheit* erinnern, in welcher Situation er begonnen hat oder wodurch wir damals Schmerz erfahren haben. Die Erinnerung an unsere Vergangenheit ist keine zwingende Voraussetzung für eine Lösung.

„Die gegenwärtige Situation eines Menschen ist das genaue Spiegelbild seiner Glaubenssätze." (Anthony Robbins, amerikanischer Persönlichkeitstrainer)

Unsere unangenehmen Gefühle und auch unsere schüchternen oder strengen Rollen sind immer die Folge von resonierenden Empfindungen zu anderen Menschen mit unerlösten Schmerzerfahrungen oder die Folge von eigenen unerlösten Schmerzerfahrungen. Wir nehmen entweder beim anderen oder bei uns selbst ein ungeklärtes Ungleichgewicht, einen unerlösten Wunsch nach Veränderung, eine unerlöste Heilungshierarchie wahr.

„Psychische Symptome verstärken problematische Verhaltens- oder Erlebnisweisen und weisen in der Regel auf das Gegenteil hin, machen also sichtbar, dass etwas – und auch was – falsch läuft." (Klaus Mücke)

Eva-Maria Zurhorst berichtet in ihrem Buch *Liebe dich selbst – und es ist egal, wen du heiratest,* wie ein früherer Partner von Katharina Witt über sein Rollengefühl erzählte: „Wenn du mit Katharina zusammen bist, kannst du als Mann machen, was du willst, da bleibst du doch immer der Kofferträger." Möglicherweise lebt Katharina Witt als erfolgsgewohnte Eiskunstläuferin mit unbewussten und gewohnten Sichtweisen, auf die ein Partner mit einem entsprechenden Rollenverhalten reagiert. Die Bestätigung dafür liefert ihre (vielleicht als ehemalige DDR-Bürgerin antrainierte?) Abwehr gegen Anpassung. Sie teilte mit, sie wolle auf gar keinen Fall mit jemandem zusammen sein, der sich ihr unterordne.

Mit Hilfe des NeuroSonanz®-Modells beschreibe ich es wie folgt: Katharina Witt hatte möglicherweise eine starke Abwehr gegen die Mitspielerin-Rolle. Dementsprechend befand sie sich selbst hauptsächlich in der Spielerin-Rolle, hatte daher als Sportlerin auch viel Erfolg (erfolgreich eigene Ziele verfolgen) und erlebte Menschen um sich herum, die sich im Kontakt mit ihr hauptsächlich als Mitspieler fühlten (siehe die Aussage ihres früheren Partners). Eine im Grunde unvermeidbare Situation, denn: Angenommen zwei Menschen, die sich beide in der Spieler-Rolle befinden und eine Abwehr gegen die Mitspieler-Rolle haben, gehen eine Partnerschaft ein. Sie werden sich unweigerlich streiten. Keiner gibt nach. Denn ein Nachgeben würde bedeuten, aus der Spieler-Rolle in die Mitspieler-Rolle oder Nicht-Spieler-Rolle wechseln zu müssen, was einem Gefühl von Selbstaufgabe gleich käme. Die Vorstellung, dass es einen Menschen gibt, der haargenau die gleichen Zielvorstellungen, Wünsche und Bedürfnisse hat wie man selbst (zwei Spieler im glücklichen Kontakt miteinander), ist eine Illusion. Menschen unterscheiden sich immer und *müssen* sich daher in der Spieler- und Mitspieler-Rolle abwechseln. Können sich tatsächlich beide sowohl in der Spieler-Rolle als auch in der Mitspieler-Rolle frei fühlen, dann sind beide beweglich und können flexibel auf jede neue Situation reagieren. So werden sie gemeinsam glücklich.

Für Leser*innen, die sich noch umfangreicher mit sich selbst auseinandersetzen wollen, empfehle ich den Band 2 von *Ich stehe nicht mehr zur Verfügung - Die Kritik von anderen hat nichts mit mir zu tun* als auch unser Buch *Der lebendige Spiegel im Menschen - In Resonanz lernen-lösen-leben-lieben*. In beiden Büchern finden Sie viele weitere Hintergründe und Strategien, um ungelösten Themen gezielt zu klären, eigene Gedanken- und Verhaltensmuster angenehmer zu gestalten – und sich dadurch auch angenehmer und freier zu fühlen.

Kapitel 5

Neue Verhaltensmuster

Unser natürlicher Lern- und Lösungsprozess

In diesem Kapitel versuche ich, die in den vorigen vier Kapiteln beschriebenen Zusammenhänge auf grundlegende Themen zu übertragen, die uns täglich begegnen. Vielleicht unterstützen meine Beschreibungen Sie dabei, mit sich selbst wunderbar umgehen zu können, um dadurch am Ende die Erde zu retten?

Ich beginne mit zwei grundlegenden Themen, die uns das gesamte Leben begleiten: das Lernen (Trainieren) und das Lösen (Unterscheiden). Beides führt uns jeweils in das nächst bessere Gleichgewicht.

Lernen = Trainieren

Wenn wir ein Verhalten an uns selbst nicht mögen, dann reagieren wir mit Wertung darauf: „So ein Mist!“ – „Das hätte nicht passieren dürfen.“ – „Das war blöd.“ – „Ich will das nicht mehr.“ – „Ich möchte davon wegkommen.“ Auch wenn wir beim Lernen oder Üben Fehler machen, reagieren wir oft mit solchen Sätzen. Wir reagieren auf Fehler nicht mit Interesse oder gar Freude: "Juchhu! Ich kann etwas Neues dazulernen!"

Woher kommen diese automatischen Abwertungen? Können wir mit so einer Reaktion unser Ungleichgewicht beseitigen? Sicherlich nicht. Sie ist ein Ausdruck unserer gegenwärtigen (vielleicht auch unbewussten) Spannung, in der wir uns befinden. Wir halten verstärkt an einem bestimmten Ziel fest, was meist zu einer Art Zeitdruck oder zu einem

Vermeidungsdruck führt. Kommt uns dann etwas in die Quere oder läuft es nicht so, wie wir es uns wünschen, dann platzt eine solche Abwertung aus uns heraus.

Viele von uns, besonders die ältere Generation, kennen das folgende Szenario aus der Kindheit: Passierte uns als Kind ein Fehler, dann haben sich die Eltern oder andere Erwachsene emotional distanziert. Sie haben sogar diese oben genannten Sätze ausgesprochen, denn sie befanden sich ebenso in einer Spannung. Uns tat so etwas weh. Wir haben nicht Unterstützung erfahren, sondern wurden stattdessen abgewertet und schmerzvoll in die Nicht-Spieler-Rolle katapultiert. Auch heute erleben wir, dass Fehler zu schmerzvollen Verlusterfahrungen führen können, und so bildet sich für uns der innere Zusammenhang: Fehler machen tut weh. Es herrscht in uns der Veränderungswunsch: Fehler vermeiden! Sich bremsen! Keinen Fehler riskieren! Abwerten! Rückzug! Dieses Verhaltensmuster nutzen wir, solange wir kein neues integrieren. Im Folgenden möchte ich Ihnen einen neuen Blickwinkel anbieten.

Wenn wir etwas lernen, dann läuft es immer so ab, dass wir etwas beobachten, uns zunächst als Mitspieler dem zu Lernenden zur Verfügung stellen und anschließend in der Spieler-Rolle durch Imitieren selbst probieren, es umzusetzen. Auf diese Weise lernt ein Kind das Sprechen. Oder wir probieren aktiv in der Spieler-Rolle etwas aus, erforschen uns selbst und beobachten die Wirkung unseres Tuns. „Beobachtung" ist hier das Zauberwort. Durch das Tun und das Beobachten der Auswirkungen entstehen in unserem Gehirn dazugehörige Nervenverbindungen. Die inneren Verschaltungen (Synapsen) unserer Nervenzell-Netzwerke verstärken und vermehren sich. Irgendwann hat sich in uns eine Fähigkeit gebildet und gefestigt. Wir beherrschen etwas "blind". Denken Sie z. B. an das Fahrrad- oder Autofahren. Musiker und Sportler wissen, wie man im Training bestimmte Bewegungsabläufe immer wieder neu ausführt und dabei genau beobachtet, ob man schon sein Ziel erreicht hat.

Viele denken, dass hier die Wiederholung und das Üben der gewünschten Fähigkeit die Hauptrolle spielt. Doch es gibt noch eine Art des Lernens, die gehirngerechter abläuft. Die Star-Geigerin Anne-Sophie Mutter berichtet in der Talkshow 3nach9 am 19.11.2019 über ihr Geigenspiel: "Als ich ein Kind war, fand ich es spannender als heutzutage. Ich bin relativ schnell frustriert und ungeduldig. Ich übe gar nicht mal wahnsinnig gerne. Auf der anderen Seite finde ich es aber auch wieder spannend. Was ich nicht mag, ist: wiederholen. Und ich glaube, der Schlüssel zum Erfolg des Lernens liegt nicht im Wiederholen eines Inhalts, sondern erstmal im Erfassen [...]. Das geht [dem Tennisspieler Roger] Federer wahrscheinlich auch nicht anders. Repetieren bringt nichts. Du musst analysieren, wo ist der Fehler im Bewegungsmuster, im Denkmuster. Und durch Analyse kommt man auch in der Musik sehr viel schneller ans Ziel. Und ich glaube, ich hab das sehr früh auch verinnerlicht und mir dadurch dieses sinnlose Wiederholen, dieses stundenlange Drillen, erspart. Und deshalb war das Üben für mich meistens Freude, weil es mehr um´s Entdecken ging als um´s Wiederholen."

Wenn wir eine Fähigkeit erlernt und im Gehirn die Netzwerke ausgebildet haben, können wir dann das Gelernte absichtlich wieder verlernen? Macht es Sinn, Fähigkeiten zu bekämpfen und abzuwerten, sich davon zu distanzieren und sie weghaben zu wollen? Ich kenne keine Übung, die dafür sorgt, dass man eine Fähigkeit sofort wieder verliert. Nur Gehirnschäden können dafür sorgen, dass wir zu unseren Fähigkeiten keinen Zugang mehr erhalten. Wie soll man dann also von Fehlern „wegkommen"? Wie soll man „falsches" Verhalten rückgängig machen? Wie sollen wir unsere unangenehmen Verhaltensmuster lösen? Wie soll der Baum seine Baumringe löschen?

Wissenschaftliche Studien zeigen, dass unser Gehirn in der Lage ist, den Zugang zu bestimmten Fähigkeiten zu blockieren. Wir kennen dies, wenn wir in einer Stresssituation plötzlich lauter Fehler machen oder uns nicht mehr an den gelernten Stoff erinnern können. Wir können auch absichtlich unsere Aufmerksamkeit auf etwas fokussieren und dadurch Unerwünschtes ausblenden. Doch trotz des blockierten Zugangs ist die gelernte Fähigkeit in uns vorhanden. Wir können Verhaltensmuster nicht auflösen. Gelernt ist gelernt.

Wenn wir uns selbst beim Fehlermachen genauer beobachten, dann entdecken wir: Jeder Fehler hängt mit einem antrainierten Verhaltensmuster zusammen, ist die Folge einer „Gewöhnung" oder einer „Blockade". Wir haben in einer bestimmten Situation mit einem bestimmten Ziel ein gelerntes Programm oder Verhaltensmuster benutzt, das aber gar nicht zu unserem Ziel passt. Deshalb sagen wir dazu „Fehler".

Kritik ist ebenso ein antrainiertes Verhaltensmuster, mit dem man auf Fehler üblicherweise reagiert. Doch sie führt nicht zu dem Ziel, den Fehler zum Verschwinden zu bringen. Kritik kann den Fehler schmerzlich bewusst machen und weckt eine Abwehr gegen ihn, einen Veränderungswunsch, eine weitere Blockade. Man hofft, dass aus dieser Abwehr die Korrektur erwächst. Die Korrektur kann aber besser geweckt werden, wenn wir – anstatt kritisch zu sein – ein neues Verhaltensmuster wählen:

Ich mache mir den Unterschied zwischen dem Richtigen und dem Falschen intensiv bewusst. Ich schaue mir das Richtige und das Falsche noch einmal genau an, damit ich es besser voneinander unterscheide. So kann ich das Richtige sehr gut imitieren und üben.

Ich übe am Klavier monatelang nur ein einziges Klavierstück von Chopin, bis ich es in- und auswendig beherrsche. Nun habe ich den Wunsch, nicht mehr dieses Stück zu spielen, sondern etwas Neues von J. S. Bach zu lernen. Wenn ich mich ans Klavier setze und erwarte, sofort das neue Stück spielen zu können, und ich spiele spontan los, dann beobachte ich, dass meine Finger wieder nur Chopin spielen. An dieser Stelle kämpfen viele Menschen gegen sich selbst und kritisieren sich, dass sie etwas „falsch" machen. Dabei war das Spielen von Chopin monatelang „richtig". Und nun auf einmal ist es falsch.

Was hat sich geändert? Nur der eigene Wunsch. Wir haben ein neues Ziel. Um dieses neue Ziel zu erreichen, müssen wir unsere Gehirnbahnen neu trainieren. **Der Weg zu einer Lösung führt immer darüber, dass wir ein *neues Verhaltensmuster lernen,* eine *neue Erfahrung machen,* einem *neuen Gedanken Raum geben.*** Ich muss das Stück von J. S. Bach ganz von vorne beginnen und neu üben. Dabei kann es immer wieder sein, dass meine Finger „aus Versehen" eine Passage spielen, die ich beim Chopinstück gelernt hatte und die hier nun nicht hineinpasst. Ich empfinde es als Fehler, doch dabei hatte ich nur unbewusst etwas verwechselt und bin in eine alte Fähigkeit hineingerutscht. Auf der anderen Seite kann es sein, dass ich bei Chopin eine Tonfolge gelernt habe, die auch hier bei Bach wieder auftaucht. Daher muss ich diese nicht mehr üben, weil ich sie bereits beherrsche.

Meine automatisierten Fähigkeiten stehen mir auf der einen Seite manchmal im Weg, und auf der anderen Seite können sie mich unterstützen. Ich muss das neue Ziel genau anschauen, kennenlernen und beobachten, ob ich eine alte Fähigkeit einsetzen kann oder mir eine neue Fähigkeit antrainieren möchte. So ist es mit allem. Wenn eine alte Fähigkeit auftaucht, können wir schauen, wo wir sie noch brauchen oder wo wir uns neu trainieren wollen. Dazu müssen wir genau beobachten, warum und in welchem Zusammenhang diese Fähigkeit in unserem Gehirn aufgerufen wurde. Was hat uns an sie erinnert? Wir lernen gezielt zu unterscheiden und haben nach diesem Unterscheidungsprozess mehr Wahlmöglichkeiten, welche Fähigkeit wir in Zukunft nutzen wollen.

Der Prozess ist: trainieren – unterscheiden – trainieren – unterscheiden – trainieren – unterscheiden ...

Unsere Fähigkeiten werden immer nur erweitert und flexibler gemacht. „Natürlich gibt es keinen Radiergummi, man kann nicht einfach löschen. So, wie man einen Muskel erst wieder aufbauen muss, wenn man wochenlang im Krankenbett gelegen hat, muss man auch für neue synaptische Bahnen üben“ (Klaus Grewe, Universität Bern). Das, was wir als „Vergessen“ erleben, ist nichts anderes als eine Folge des Neuprogrammierens. Das, was wir gerade neu trainieren, steht besonders im Vordergrund und ist in unserem Gehirn vorrangig aktiv. Das, was in der Gegenwart nicht (mehr) genutzt wird, tritt ein wenig in den Hintergrund, ist aber sehr schnell wieder präsent, wenn wir es neu trainieren.

Dementsprechend behalten wir alle unsere Verhaltensmuster, die wir seit unserer Kindheit gelernt haben. Dazu gehören auch die Abwehrreaktionen! Wir können sie nicht mehr verlernen – wir können nur unsere Ziele ändern, unsere Veränderungswünsche erneuern, variieren oder aufgeben. Je nach unserem Ziel benutzen wir die Fähigkeiten, die wir dafür benötigen. Es geht im Leben darum, uns unserer Wünsche klar zu werden, neue Verhaltensmuster dafür zu lernen und klar zu unterscheiden, was wir gerade an Verhaltensmustern brauchen und was nicht. In der Spieler-Rolle machen wir uns unser Ziel klar und entscheiden deutlich, was dazugehört und was nicht. Passiert ein Fehler, dann waren wir in einem Moment nicht klar genug. Darauf reagieren wir, indem wir noch deutlicher unterscheiden, was zu unserem Ziel dazugehört und was nicht. Das ist alles.

Wir können „Fehler“ auch übersetzen mit: „Es fehlt etwas für mein Ziel“. Entweder fehlt eine Fähigkeit oder eine Unterscheidung. Mit diesem Wissen können wir nun nach neuen sinnlichen Erfahrungen suchen, die in unserem Hirn neue synaptische Verbindungen bahnen.

Lösen = Unterscheiden

Ich lerne eine neue schöne Situation kennen oder erlerne eine Fähigkeit, die ich mir schon immer gewünscht habe. Auf einmal stoße ich an eine Hemmung. Ich komme nicht mehr weiter, ich fühle mich irgendwie verschlossen oder blockiert. In diesem Moment reagiert die mit mir über resonierende Empfindungen verbundene Umwelt, steht mir automatisch zur Verfügung (Menschen spielen als Mitspieler*innen Rollen) und verstärkt mein Problem. Es passieren Dinge, die alles nur noch verschlimmern. Dadurch wird mein Problem größer und ich habe die Chance, es genauer zu beleuchten und kennenzulernen. Ich kann erforschen:

- Woher kenne ich die Situation, die mir gerade begegnet?
- Welches alte Verhaltensmuster oder welcher unbewusste Wunsch nach Veränderung steht mir gerade im Weg?
- Wogegen wehre ich mich genau und was will ich anders haben?
- Kann ich mir den Wunsch eventuell erfüllen? Und wenn nicht: Was würde passieren, wenn ich meine Abwehr nun aufgeben und das Befürchtete zulassen würde? Kann ich mich davon verabschieden?

Diese Selbstanalyse können Sie durch die Techniken aus Kapitel 4 ab Seite 192 unterstützen.

Wenn ich mich selbst erfolgreich analysiert habe, dann bringt eine neue Erkenntnis oder ein Gefühl manchmal Bilder und Tränen zum Vorschein. Ich erinnere mich daran, welchen Sinn meine Hemmung bisher hatte. Ich erkenne, dass es eine alte Abwehr-Fähigkeit ist, die mir in der Gegenwart im Weg steht. Ich erkenne, dass diese Abwehr, dieser Änderungswunsch an einer bestimmten Stelle im Leben sehr wichtig war. Ich habe mir deshalb das dazugehörige Verhaltensmuster antrainiert und es wurde dadurch zum Automatismus (also unbewusst). Nun ist es aber nicht mehr nötig. Ich habe ein neues Ziel. Ich erkenne den Zusammenhang, unterscheide besser zwischen Vergangenheit und Gegenwart und habe nun die Wahl. Mit diesem neuen Verständnis gebe ich mir selbst auch einen neuen Rahmen, in dem ich eventuelle Spannungen der „alten Verbindung“ nachträglich erlösen und vollständig integrieren kann. Eine Fähigkeit wird nicht gelöscht. Ich kann nur immer besser wählen, ob ich sie einsetze oder nicht. Ich sage: „Dieser Fähigkeit oder diesem alten Ziel stehe ich nun nicht mehr zur Verfügung. Ich wähle/trainiere etwas Neues.“

… trainieren – unterscheiden – trainieren – unterscheiden …

Viele Menschen denken, dass sie „rückfällig" werden, wenn sie sich erfolgreich über Jahre hinweg ein neues Verhaltensmuster angewöhnt haben – und dann plötzlich wieder in das alte Problem-Verhaltensmuster hineinfallen. Rauchern geht es oft so. Sie wollen sich das Rauchen abgewöhnen und bleiben tatsächlich längere Zeit ohne Zigarette. Doch eines Tages halten sie wieder eine in der Hand, ziehen dran und haben das Gefühl, als ob sie wieder ganz und gar ins alte Verhaltensmuster zurückgerutscht sind. Sie denken, dass das Verhaltensmuster immer noch nicht verschwunden ist, also müssen sie auch immer noch in dem alten Problem stecken. Die neue Sichtweise dazu lautet: Jedes Problem ist allein dadurch gelöst, dass wir ***die Wahl*** haben und dass wir uns unserer unterschiedlichen Fähigkeiten bewusst sind. Unsere alten Verhaltensmuster verschwinden nicht. Sie werden automatisch in den dazu passenden Situationen aktiviert. Gelernt ist gelernt! Ein Raucher wird nie wieder zum Nichtraucher, denn seine Fähigkeit zum Rauchen bleibt ihm bis an sein Lebensende erhalten. Ein wahrer Nichtraucher müsste sich das Rauchen erst angewöhnen, der ehemalige Raucher kann es schon. Es geht für den Raucher also nicht darum, sich das Rauchen abzugewöhnen, sondern sich „als Raucher das Nichtrauchen anzugewöhnen". Das ist etwas völlig Neues, das selbst die Noch-nie-Raucher nicht können. Neuer Begriff: Nicht-Raucher ⇨ Raucher ⇨ Nicht-mehr-Raucher.

Die Lösung liegt immer darin, dass wir unser altes Verhaltensmuster akzeptieren und es dann erweitern durch die Entscheidung, nun ein neues, uns angenehmeres Verhaltensmuster einzusetzen. Eine Erweiterung wäre z. B. schon folgende Überlegung:

Vielleicht habe ich bei meinem scheinbaren „Rückfall" eine Rolle gegenüber einer anderen Person gespielt? Vielleicht habe ich nach langer Zeit wieder zur Zigarette gegriffen, weil ich mich damit meinen rauchenden Kollegen zur Verfügung gestellt habe, mich angepasst habe, in Resonanz gegangen bin? Manchmal können wir tatsächlich entdecken: Unser altes Verhaltensmuster ist aufgetaucht, nicht weil *wir* es benötigen, sondern weil wir *einem anderen Menschen* damit zur Verfügung stehen. In diesem Kontakt spielt unser Verhalten eine wichtige Rolle für den anderen – wir können ihm damit „dienen" und dadurch eine gewisse Nähe herstellen. Wollen wir jedoch diese Rolle nicht mehr spielen, können wir auch sagen: „Für dieses Verhalten stehe ich nicht zur Verfügung." Wir haben erkannt, unterschieden, gewählt und uns dadurch frei bewegt.

Marianne erzählte mir, wie sehr es sie immer wieder schmerzt, wenn sie mit ihrem Bruder Kontakt hat. Er sei immer so hart, würde lügen und sie abwertend behandeln. Es tut immer wieder weh. Sie wünscht sich, im Kontakt mit ihm keinen Schmerz mehr fühlen zu müssen. Früher habe sie im Ausland eine lange Therapie durchlebt und sich am Ende frei und erlöst gefühlt. Sie dachte, dass jetzt alles geklärt sei. Doch als sie nach Deutschland zurückkam und wieder Kontakt zu ihrem Bruder hatte, fühlte sie wieder diese Schmerzen und die Einengung. War es ein Rückfall? Sie bat mich, etwas dagegen zu unternehmen und sie mit Hilfe einer Aufstellung von den Schmerzen zu befreien. Ich fragte sie, ob sie sich für einen einfühlsamen und sensiblen Menschen halten würde. Das bejahte sie und betonte sogar, dass sie sich oft sensibler erlebe als viele andere Menschen. Ich konnte es ihr bestätigen: Ich erlebe sie als eine Person, die ihren Mitmenschen sehr offen und liebevoll begegnet und sich gut in diese einfühlen kann. Dann fragte ich sie, ob sie diese Sensibilität verlieren möchte. „Natürlich nicht!“ war ihre Antwort. Nun konnte ich es auf den Punkt bringen: „Wie willst du deine Sensibilität behalten und gleichzeitig den unerlösten Verlustschmerz deines Bruders nicht mehr als unangenehme resonierende Empfindung wahrnehmen?“

Unsere Gefühle sind resonierende Empfindungen. Je sensibler wir sind, desto bewusster können wir Ungleichgewichte spüren, wenn wir uns unseren Mitmenschen zur Verfügung stellen. Zu einer „erlösten“ Sensibilität gehört die Bereitschaft, mit schmerzlichen Gefühlen zu leben, sie nicht persönlich zu nehmen, sondern als Resonanz zum Umfeld zu identifizieren und mit ihnen umgehen zu können.

Geprägt durch Psychoanalyse oder Lebenshilfebücher (auch das vorliegende gehört dazu), denken viele Menschen über ihre Vergangenheit nach, sobald sie ein Problem in der Gegenwart wahrnehmen. Sie sind davon überzeugt, die Ursache dieses Problems in den Ungleichgewichten der eigenen Vergangenheit zu finden. Doch diese Suche ist nicht immer erfolgreich. Oft lenkt die Suche in der Vergangenheit von den gegenwärtigen Ereignissen und Gefühlen ab. Gerade die Gegenwart ist perfekt im Spiegeln. Denn resonierende Empfindungen führen zu unabsichtlichen Rollenspielen. Und diese Rollenspiele holen alle vorhandenen unerlösten Veränderungswünsche an die Oberfläche, die zwar in der Vergangenheit begonnen haben, doch immer noch in der Gegenwart präsent sind. Wir brauchen nur zu schauen, was *jetzt* unser Problem ist, was wir *jetzt* fühlen und wie wir es *jetzt* neu betrachten und neu damit umgehen können. Haben wir im Jetzt eine Lösung gefunden, dann können wir besser unterscheiden, haben mehr Klarheit und geben uns dadurch einen verständnisvollen Rahmen. Dann erst tauchen Erinnerungen an die unangenehme Vergangenheit auf und ungelöste Schmerzen erlösen sich nachträglich. Das ist die Reihenfolge, die ich meistens an mir selbst erlebe und auch bei den Teilnehmer*innen meiner Gruppen wiederentdecke (was ja noch nichts heißen muss – es kann ja auch sein, dass mir die Teilnehmer*innen zur Verfügung stehen und mit ihrem Verhalten meine Überzeugungen spiegeln).

Es stellt sich immer wieder die Frage: Nehme ich ein fremdes oder mein eigenes Ungleichgewicht wahr? Grundsätzlich gilt: Solange ich mich unsicher fühle oder ein Problem habe, dann habe ich selbst noch etwas nicht geklärt – und wenn es nur die Frage ist, wo gerade die Quelle meiner Empfindung liegt. Ich kann etwas kennenlernen und trainieren. Ich kann überprüfen, ob ich mit meinem Gefühl gerade eine „Rolle“ für jemand anderen spiele, ob es eine resonierende Empfindung ist. Dies erforsche ich, indem ich mich distanziere und z. B. weggehe. Fühle ich mich dann anders, erleichtert, mehr „ich selbst“, so habe ich einen Unterschied kennengelernt und kann ihn als Hinweis darauf nutzen, dass mein Gefühl tatsächlich eine resonierende Empfindung war. Ich kann es so achten, wie es ist, kann sagen: „Dafür stehe ich jetzt nicht mehr zur Verfügung“ und fühle mich dadurch freier.

Bleibt aber mein unangenehmes Gefühl bestehen oder taucht es immer wieder auf und „belästigt“ mich, so ist dies ein Hinweis darauf, dass in mir ein eigenes Ungleichgewicht aktiviert wurde. Ich kann danach suchen, was für eine Realität, Deutung oder Befürchtung, welcher Veränderungswunsch in mir jetzt dahinter steht. Ist es mir bewusst geworden, dann verändere ich es so, dass ich mich in Zukunft damit ausgeglichen fühle.

Vertiefungen

„Wenn du etwas wahrnimmst, was du irrtümlich getan oder gesagt hast, und es tatsächlich wahrnimmst, ohne dich zu verurteilen, dann hast du deine Lektion bereits gelernt. Es ändert nichts, wenn du dich deswegen bestrafst und dich schlecht fühlst.“ (Ariel & Shya Kane)

„Die Frage: ‚Mache ich das Richtige?‘ lohnt nicht. Viel hilfreicher ist es dagegen zu fragen: ‚Was kann ich aus Fehlern lernen?‘ “ (Arnold Retzer)

„Man muss verstehen, die Früchte seiner Niederlagen zu ernten.“ (Otto Stoeßl, österreichischer Dichter, 19./20. Jh.)

„Alle Fehler, die man hat, sind verzeihlicher als die Mittel, die man anwendet, um sie zu verbergen.“ (François VI., Herzog von La Rochefoucauld, Prince de Marcillac, französischer Schriftsteller, 17. Jh.)

„Wir wollen hier nicht sagen, dass unglückliche Ereignisse nicht passieren, sondern dass deine Lebensqualität völlig davon abhängt, wie du mit diesen Ereignissen umgehst.“ (Ariel & Shya Kane)

„Ein psychisches Symptom oder Problem ist da, um auf die Bedingungen hinzuweisen und sie anzuregen, die es braucht, um sich verabschieden zu können.“ (Klaus Mücke)

„In der Schule des Lebens bleibt man stets ein Schüler.“ (Christine, Königin von Schweden, 17. Jh.)

„Angenehm ist am Gegenwärtigen die Tätigkeit, am Künftigen die Hoffnung und am Vergangenen die Erinnerung.“ (Aristoteles, griechischer Philosoph, um 350 v. Chr.)

In das Hier und Jetzt gelangen wir, wenn wir unsere Aufmerksamkeit auf das Trainieren („Ich wiederhole es jetzt!“) und Unterscheiden („Was ist jetzt?“) konzentrieren. Mehr brauchen wir dazu nicht.

Hier ein paar von Walter Lübeck aufgeführte Grundregeln des NLP (Neurolinguistisches Programmieren):

- Jedes Verhalten ist in irgendeinem Zusammenhang wertvoll und nützlich.
- Je mehr Wahlmöglichkeiten ein Mensch für seine Lebensgestaltung nutzen kann, desto reibungsloser und befriedigender wird sein Leben funktionieren.
- Jeder hat bereits alles, was er braucht, um die Probleme seines Lebens bewältigen zu können – er muss es nur auf eine passende Weise benutzen lernen.
- Es gibt kein Versagen, nur Ergebnisse.

Manchmal ist die Lösung nur eine einfache Zustimmung zu dem, was jetzt gerade ist – keine jahrelange oder tief ins Gefühl gehende Analyse und kein ausführliches Trainieren oder Büffeln. Es genügt die nüchterne Feststellung: „Ja, das gehört auch dazu", und auf einmal können wir lächeln.

Ich habe zwei geniale Trainer in mir, denen ich die Namen „Freude" und „Angst" gegeben habe. Sie halten mich fit und wach.

Manchmal können wir ein Verhaltensmuster verändern, indem wir an das alte Muster ein neues anknüpfen: Ich stelle mir mehrmals vor, wenn in mir das Gefühl hochsteigt, meine Partnerin kritisieren zu wollen, dass ich ihr stattdessen einen Kuss gebe und sie lieb habe.

„Information ist das Herstellen von Unterschieden." (Gregory Bateson)

Je besser wir unterscheiden können und sehen, wie es ist, desto leichter können wir einen nicht erfüllbaren Veränderungswunsch als „nicht erfüllbar" erkennen und loslassen.

„Es geht nicht darum, etwas (ein Symptom oder Problem) ein für allemal wegzumachen, sondern darum, die Wahlfreiheit zu erhöhen." (Gunther Schmidt)

Nur wenn Hilfe gewünscht wird, können wir helfen

Wenn wir im Kontakt mit einem Menschen fühlen, dass wir eine „Rolle" spielen, dann haben wir auch manchmal die Möglichkeit, etwas zu verändern. Allerdings hängt dies davon ab, ob unser Gegenüber offen dafür ist. Ist der Betreffende „reif" für eine Veränderung, dann scheinen wir ihm innerhalb der Rolle helfen zu können.

Im folgenden Abschnitt „Wir haben die Wahl, welche Rolle wir einnehmen" (ab Seite 244) beschreibe ich mehrere Möglichkeiten, die wir zur Hilfe nutzen können. Sind uns diese Möglichkeiten bewusst, so sind wir auch offener dafür, dass uns eine Situation auf eine bestimmte Weise in den Dienst nimmt und wir so zum erfolgreichen Helfer werden. Ich schreibe bewusst nicht, dass wir etwas in unserem Rollenspiel absichtlich und gezielt verändern können, denn unsere Rolle wird nicht nur von uns allein beeinflusst. Sie hängt immer von der Gesamtsituation ab, besonders auch von unserem Gegenüber und unserem Umfeld. Wir können niemals einem Menschen gezielt helfen, wenn er nicht wirklich auf irgendeiner Ebene die Hilfe gewünscht hat und nicht wirklich offen dafür ist. Wir können uns jedoch für die möglichen Veränderungsmomente vorbereiten, um selbst zum richtigen Zeitpunkt offen zu sein und unsere Unterstützungsimpulse bewusst zuzulassen.

Bevor ich aber zu diesem Thema komme, möchte ich innerhalb dieses Abschnitt noch auf etwas Wichtiges hinweisen: Sollte unsere Hilfe beim anderen nicht ankommen und wir uns dabei unwohl oder unzufrieden fühlen, dann könnte das wieder ein Zeichen dafür sein, dass wir einen eigenen Veränderungswunsch mit in den Kontakt gebracht haben. Denn nun fühlen wir ein Problem – und das ist eindeutig unser eigenes Problem, mit dem wir uns selbst auseinandersetzen müssen. Oft wollen wir helfen, weil wir denken, wir haben den besseren Überblick und könnten dem anderen damit etwas Gutes tun. Wir bringen Ungleichgewichte des anderen zum Vorschein, sprechen sie an und hoffen, dass dadurch für den anderen eine Weiterentwicklung stattfinden kann. In Wirklichkeit hoffen wir, dass sich unser eigenes unangenehmes Gefühl verändert und löst. Wenn unsere Hilfe nicht wirkt, wir aber nicht loslassen können und uns energielos, frustriert oder sogar verletzt fühlen, dann besitzen wir eine Abwehr gegen unser wahrnehmendes Gefühl. Wir können es nicht annehmen, weil wir nicht die Wahl dazu haben.

Allerdings müssten wir das überprüfen, denn es könnte nämlich auch sein, dass unser Frust oder unsere Abwehr ebenso resonierende Empfindungen sind. Verschwindet das Gefühl, wenn wir uns nicht mehr zur Verfügung stellen, oder bleibt es?

Wenn wir mit uns selbst im Reinen wären, könnten wir ohne Schwierigkeiten von unseren Hilfsimpulsen loslassen, sobald wir merken, dass sie nicht erwünscht sind oder nicht wirken. Wir können die Situation so achten, wie sie ist. Wir behalten unsere Energie und können in innerer Ruhe auf unseren nächsten Impuls warten. Oder wir spüren innerlich eine Ausgeglichenheit, während wir frustriert tun, und ahnen, dass unser Frust und unsere Abwehr eher gespielt sind und zur Rolle gehören. Löst unser Verhalten im anderen eine Krise aus? Wenn ja, dann ist das die Bestätigung für unser Rollenspiel und dafür, dass wir eine resonierende Empfindung zum anderen haben. Könnte der andere nämlich im gelösten Zustand mit unserem Verhalten umgehen und entweder gelassen dazu lächeln oder klar und freundlich uns gegenüber eine Grenze setzen, dann hätte der andere kein Problem und unser Rollenspiel ist keins. In dem Fall haben unsere Gefühle mit uns selbst zu tun.

Manchmal sehe ich, dass ein Mensch sich in einem Irrtum befindet und es darin sehr schwer hat. Um mich zu entlasten, denke ich, dass der Irrtum vielleicht genau der Weg ist, den er gehen muss, um seinen Irrtum selbst zu lösen. Wenn ich ihm helfe, stehe ich ihm eigentlich nur im Weg. Also kann ich mir sagen:

„Ich helfe dir, indem ich nicht helfe."

Manchmal sehe ich, dass ich einem Menschen nicht helfen kann, kann aber nicht loslassen und rede immer wieder auf ihn ein oder versuche, ihm etwas klarzumachen. Dann frage ich mich, was ich hier eigentlich tue, folge aber weiter meinen Impulsen. Später erfahre ich, dass der andere doch etwas mit meinen Rückmeldungen anfangen konnte, obwohl er sich vorher heftig dagegen gewehrt hatte. Im Nachhinein erkenne ich, dass seine Abwehr für ihn notwendig war, um sein Gesicht und unsere Ebenbürtigkeit zu wahren, und dass der Betreffende trotzdem offen für Hilfe war. Das erklärt mir meine Aktivität, von der ich nicht loslassen konnte. Meine Hilfe war auf einer höheren Ebene erwünscht, doch das wurde erst durch die anschließende Mitteilung des anderen klar. Während meiner Aktion konnte ich das nicht wahrnehmen, also auch nicht wissen.

Vertiefungen

„Kein Mensch kann einen anderen Menschen verändern. Denn: Nur der-/diejenige, der/die sich verändert, verändert sich." (Klaus Mücke). Ziehen wir an einer Pflanze, dann wächst sie auch nicht schneller.

„Kein Mensch kann den anderen von seinem Leid befreien; aber er kann ihm Mut machen, das Leid zu tragen." (Selma Lagerlöf, schwedische Schriftstellerin, 19./20. Jh.)

Hebe mich nicht auf, ehe ich gefallen bin. (Schottisches Sprichwort)

„Jede Hilfe verdient ihre gerechte Strafe.“ (Peter E. Schumacher)

„Viel häufiger, als man denkt, ist die Verweigerung einer Hilfeleistung hilfreicher als ihre Gewährung.“ (Klaus Mücke)

„Junge Leute leiden weniger unter eigenen Fehlern als unter der Weisheit der Alten.“ (Luc de Clapiers, Marquis de Vauvenargues, französischer Schriftsteller, 18. Jh.)

Ein einziges Blättchen Erfahrung ist mehr Wert als ein Baum voller guter Ratschläge. (Sprichwort aus Litauen)

„Man muss erwachsenen Menschen nicht helfen, selbstverantwortlich zu handeln. Sie sind es bereits.“ (Klaus Mücke)

Eigenverantwortung: „Nur wenn man aus Fremdsuggestionen Eigensuggestionen macht, wirken sie.“ (Gunther Schmidt)

Wir haben die Wahl, welche Rolle wir einnehmen

Wenn unsere Hilfe gewünscht wird und wenn wir helfen können, dann spielen wir spontan eine Stellvertreterrolle im Kontakt mit dem anderen und spiegeln ihm das zu lösende Ungleichgewicht. Manchmal besteht dabei die Möglichkeit, die Rolle zu wechseln und sich einer anderen Rolle zur Verfügung zu stellen. Als mir früher dieses Rollenspiel noch nicht bewusst war, passierte in einer kurzen Beziehung mit einer Frau folgende Situation:

Es war ein Sonntagnachmittag. Ich erlebte meine damalige Partnerin gerade als sehr anhänglich. Sie fragte mich aus einer gewissen Unsicherheit heraus ständig verschiedene Sachen. Ich bot ihr einen verständnisvollen Rahmen und ging lange darauf ein. Doch irgendwann begann es mich zu nerven, denn ich konnte ihr liebevoll erklären, was ich wollte – sie gab sich einfach nicht zufrieden. Ich beschloss, nicht mehr zu reagieren, nahm mir ein Buch und begann zu lesen. Sie merkte, dass ich mich zurückzog, und stellte mir weiter Fragen. Ich schaute sie an und sagte, dass ich sie lieb habe und nun im Buch weiterlesen würde. Dann kümmerte ich mich wieder um das Buch und tat so, als wenn ich lesen würde. Sie wurde unsicherer und stellte weitere Fragen, auf die ich keine Antwort mehr gab. Ich reagierte einfach nicht mehr. Ihr Problem wurde nun immer größer und ich fragte mich, was ich denn eigentlich hier tue. Langsam näherte sie sich mir, immer noch Fragen stellend, doch ich reagierte weiterhin nicht – wohl wissend, dass mein Verhalten womöglich zu einer Krise führen würde. Dann griff sie irgendwann nach dem Buch, riss es mir aus der Hand und warf es zur Seite. Ich brauste auf und schrie, dass das doch nicht wahr sein dürfe! Ich ging zur Balkontür, stieß sie auf und stellte mich an die Brüstung, mehrere Meter nach unten schauend. Vorsichtig und irgendwie ängstlich oder unter Stress kam sie mir hinterher und traute sich fast gar nicht mehr, mich anzusprechen. Ich fragte mich innerlich weiterhin die ganze Zeit, was ich denn hier tue. Ich bat das Universum um Hilfe und hoffte, dass gerade die ganze Zeit das Richtige geschieht. Die Rolle war so stark, dass ich mich nicht anders verhalten konnte, aber gleichzeitig genau wusste, dass hier etwas „mit mir passiert", was ich nicht selbst steuerte. Auf einmal änderte sich etwas. Es fand ein Wechsel in eine neue „Rolle" statt. Ich entspannte mich, konnte mich liebevoll umdrehen, ging auf sie zu und nahm sie in den Arm (gab wieder einen verständnisvollen Rahmen – so wie am Anfang). In dem Moment brach sie in Tränen aus und weinte, wie ich es noch nie erlebt hatte. Ihr Ausbruch war sehr heftig und dauerte fast eine halbe Stunde. Dies war der Situation eigentlich gar nicht angemessen, denn so schlimm war mein Verhalten doch gar nicht gewesen. Es musste etwas anderes in ihr ausgelöst haben, das viel tiefer gewirkt hatte.

Ein paar Tage später lernte ich ihren Vater kennen. Ich erkannte bei ihm das Verhalten, das ich selbst in den Tagen zuvor in mir fühlte. Ich hatte mich wie ihr Vater verhalten, erst lange distanziert, dann plötzlich aufbrausend. Mein anschließender Wechsel zu einer liebevollen Umarmung und einem verständnisvollen Rahmen brachte dann den Schmerz zum Vorschein, der sich all die Jahre im Kontakt zu ihrem ablehnenden Vater in ihr aufgebaut hatte und den sie bisher nicht verarbeiten konnte.

Auf diese „natürlichen“ Rollenwechsel, wie ich eben einen beschrieben habe, können wir uns bewusst vorbereiten.

Die Ursache der Dynamik

Mit einer anderen Partnerin erlebte ich Folgendes: Sie kam in mein Zimmer und sagte mit verheulten Augen: „Ich kann nicht mehr.“ Sie war in den letzten Stunden intensiv im Kontakt mit einem bestimmten Schmerz in Verbindung mit einer Übelkeit gewesen und hatte sehr viel geweint. Das Gefühl war immer noch nicht erlöst, aber jetzt konnte sie einfach nicht mehr. Wir legten uns auf ein Bett und ich umarmte sie. Auf einmal kam mir die Idee, dass ich die Rolle übernehmen könnte für „Die Ursache ihrer schmerzhaften Dynamik“. Nach kurzer Zeit sagte sie mir, dass es ihr besser ginge. Ich antwortete: „Ist ja auch kein Wunder: Ich habe eben innerlich die Rolle für die ‚Ursache dieser Übelkeit‘ eingenommen.“ Sie brach noch einmal in Tränen aus, umarmte mich fest. Nach einer Weile war ihr jedoch wieder übel und sie musste sich von mir lösen. Sie distanzierte sich von mir – besser: von der Ursache der Übelkeit. Dann ging es ihr endgültig gut.

Diese Rolle hat einen bestimmten Hintergrund: Beim Familienstellen weisen Stellvertreter oft belastende Gefühle auf wie z. B. Kopfschmerzen, Schmerzen am Bein, Rückenschmerzen usw. Wenn man dann die aufstellende Person befragt, woran das liegen könnte, kommen erstaunliche Zusammenhänge zum Vorschein.

Hier einige Beispiele dafür: Ein Stellvertreter eines Vaters leidet in der rechten Kopfhälfte an heftigen Kopfschmerzen. Er teilt mit, dass sich der Kopf zerstört anfühlt. Die aufstellende Person berichtet, dass der Großvater im Krieg durch einen Kopfschuss getötet wurde. Als man dann einen Stellvertreter für den Großvater (die Ursache) dazustellte, fühlte sich der Kopf des Vaters besser an.

Eine Stellvertreterin für ein Mädchen zeigte eine große Scheu vor Männern. Die aufstellende Person berichtete, dass die Großmutter vergewaltigt worden sei. Als man eine Stellvertreterin für die Großmutter (die Ursache) dazustellte, fühlte sich das Mädchen plötzlich frei.

Ein anderer Stellvertreter lag am Boden und krümmte sich vor Bauchweh. Als die aufstellende Person gefragt wurde, ob es in der Vergangenheit ein schweres Schicksal gab, wusste sie keine Antwort. Irgendwann fiel ihr ein, dass zwei Generationen vorher mehrere Familienmitglieder an einer Pilzvergiftung gestorben waren. Als man diese Pilzvergiftung (Ursache) mit hineinstellte, ging es dem am Boden liegenden Stellvertreter allmählich besser.

Aus vielen Erfahrungen heraus kann ich Folgendes mitteilen: Wenn ein Mensch ein ganz bestimmtes Verhalten an den Tag legt, das ihn belastet, und er weiß nicht, woher es kommt und wie er es lösen könnte, dann gibt es manchmal die Möglichkeit, dass wir uns im Kontakt mit diesem Menschen selbst die Rolle „Die Ursache seiner/ihrer Dynamik" geben – ohne zu wissen, was diese Ursache ist. In einer Systemischen Aufstellung ist es günstig, wenn der Stellvertreter der Ursache sich zunächst dicht zu dem leidenden Menschen stellt, in möglichst gleicher Körperhaltung, fast wie ein Double. Meistens beginnt sich dann der Leidende zu dieser Ursache hingezogen zu fühlen. Es könnte eine intensive Umarmung stattfinden oder auch nur ein intensives Verständnisgefühl auftauchen. Nach einer Weile kann sich der Leidende von der Ursache lösen und erlöst seinen eigenen Weg weitergehen – unabhängig von der Ursache. Meistens fühlt er sich dann wesentlich freier und das ursprüngliche Problemgefühl ist verschwunden. Die Ursache kann entlassen werden.

In diesem Prozess können wir wieder Folgendes entdecken: Zunächst entsteht eine intensive Verbindung zu der Ursache eines Problems, sie wird genau erfühlt (im Gefühl kennengelernt). Nach einer Weile ist man frei, sich für etwas Neues zu entscheiden, und kann von dieser Ursache weggehen und das Neue wählen (Unterscheidung).

Wenn wir uns also im Alltag selbst die Rolle der Ursache einer Dynamik geben, sollten wir damit rechnen, dass der andere zunächst eine intensivere Verbindung zu uns eingeht, um sich dann nach einer Weile von uns zu distanzieren. Dies funktioniert nicht immer. Es ist lediglich eine Möglichkeit, die Ihnen zur Verfügung steht und Ihnen wahrscheinlich nur in den Momenten einfällt, in denen es passen könnte. Denn manchmal ist es ebenso wichtig, die Ursache genau zu erkennen, sie ausführlich kennenzulernen, um das Problem besser lösen zu können. In dem Fall genügt es nicht, einfach nur die abstrakte „Rolle der Ursache" darzustellen. Hier will die Ursache tatsächlich beim Namen genannt werden und man benötigt ein Wissen oder eine Erinnerung. Die Ursache will erforscht und genau verstanden werden. Meine Beobachtung ist: Liegt die Ursache eine oder mehrere Generationen zurück (siehe die

Beispiele oben), dann genügt einfach ein Stellvertreter, der diese unbekannte Ursache darstellt. Von ihr wird sich allmählich distanziert, es wird unterschieden. Liegt jedoch die Ursache eines Problems im eigenen Erleben begründet, d. h. hat man selbst einen Schock erlebt oder etwas zu verantworten, dann sollte man genau kennenlernen, was für ein eigener Wunsch nach Veränderung in der Gegenwart dahintersteckt, damit man es integrieren und erlösen kann.

Wir gehen in unserer Kindheit oft ein Gleichgewicht mit den Schicksalen unserer Eltern und unserer Vorfahren ein. Warum? Weil wir uns unseren Eltern und deren ungelöster Dynamik, deren Veränderungswünschen „zur Verfügung stellen", solange wir von ihnen aufgezogen werden und sie für uns verantwortlich sind. Auf diese Weise beginnen wir, resonierende Empfindungen zu entwickeln. Als Kind halten wir das für normal, identifizieren uns damit und gewöhnen uns daran. Kaum jemand ahnt, dass diese Gefühle und Verhaltensmuster allein durch das „Sich-zur-Verfügung-Stellen" und dessen resonierende Folgen geschieht. In Familienaufstellungen kann man dies erkennen, wenn das erwachsene Kind zu seinen Eltern sagt: „Ich achte euer Schicksal und lasse es ganz bei euch." Denn mit diesen Worten hört es auf, sich den Veränderungswünschen der Eltern zur Verfügung zu stellen, und die resonierenden – oft leidvollen – Empfindungen beenden sich. Das Kind ist entlastet und fühlt sich befreit.

Ich wiederhole: Solche Lösungen funktionieren nur, wenn die „Ursache" bei den Personen liegt, denen man sich zur Verfügung gestellt hat. Hat man selbst etwas getan oder erlebt, dann liegt die Ursache im eigenen Leben. Man trägt selbst die Verantwortung dafür und muss selbstständig das erfahrene oder anderen zugefügte Leid durchleben, verarbeiten und integrieren. Meiner Erfahrung nach wirkt der Satz „Ich stehe nicht mehr zur Verfügung" in diesem Fall nicht! Eher könnten die folgenden Sätze wirken: „Jetzt sehe ich es voll und ganz und integriere es in mein Leben. Es gehört für immer zu meinem Leben dazu."

Der Idealpartner

Oft kommen Personen in meine Workshops, die ein Problem mit Partnerschaften haben. Sie finden nicht den richtigen Partner. Immer läuft etwas schief und die Beziehung geht wieder auseinander. Das kann (mindestens) zwei Gründe haben:

a) Dem Betreffenden fehlt etwas: eine Lernerfahrung oder die Erlösung eines unbewussten Schmerzes, eines unerlösten Veränderungswunsches, der immer wieder blockierend in einer Partnerschaft wirkt.
b) Die Zeit ist einfach noch nicht reif.

Welcher der beiden Gründe hier eine Rolle spielt, kann man wunderbar mit Hilfe einer Aufstellung klären. Die betreffende Person sucht sich aus der Gruppe einen Stellvertreter für sich selbst und einen Stellvertreter für den Idealpartner. Die Rolle des „Idealpartners" ist lediglich ein Werkzeug für eine Aufstellung. Seine Definition: Er ist ein fiktiver erleuchteter Mensch, der mit seinen Ungleichgewichtsgefühlen perfekt umgehen kann. Er hat alle seine ungelösten Schmerzen erlöst und befindet sich mit dem Leben im Fluss. Auf diese Weise kann der Stellvertreter „Idealpartner" in einer Aufstellung perfekt „Resonanzen" fühlen. Denn alles, was er selbst an Ungleichgewichten in der Beziehung zeigt, hat nichts mit ihm selbst oder einem ungelösten eigenen Schicksal zu tun, sondern es spiegelt die Ungleichgewichte des Gegenübers.

Immer wieder machen die Teilnehmer*innen, welche die Rolle des Idealpartners übernehmen, die Erfahrung, dass sie in dieser Rolle zwar Gefühle von Ungleichgewichten fühlen und sich irgendwie seltsam verhalten, damit aber absolut kein Problem haben und sich tief in ihrem Inneren wohlfühlen. Das ist charakteristisch für diese Rolle. Eine Überprüfung zeigt: Geht der Stellvertreter der aufstellenden Person aus dem Raum, dann hören die unangenehmen Gefühle und das seltsame Verhalten des Idealpartners sofort auf. Er fühlt sich frei und ausgeglichen und muss keine Ungleichgewichte mehr spiegeln. Sobald aber der andere Stellvertreter wieder hereinkommt, beginnen im Idealpartner diese Gefühle wieder. Es sind resonierende Empfindungen gegenüber der aufstellenden Person, und diese können Hinweise geben, wo die aufstellende Person noch an sich arbeiten, unbewusste Grenzen erweitern und Veränderungswünsche erlösen kann.

Wenn der zweite Fall b) vorliegt und die Zeit einfach noch nicht reif aber alles andere im Gleichgewicht und erlöst ist, dann verhalten sich die beiden Stellvertreter offen zueinander. Sie können aufeinander zugehen und sich liebevoll umarmen. Hier gibt es keine inneren Ungleichgewichte, die dazwischen stehen. Dies ist auch auf den „Idealjob", die „Idealwohnung" usw. übertragbar. Wählen Sie eine Stellvertreterin für sich und eine Stellvertreterin für das Ideal. Beobachten Sie, ob die Rollenspieler*innen offen aufeinanderzugehen. Wenn nicht, welche Ungleichgewichte zeigen sich und was können Sie daran neu verstehen und integrieren?

Im Alltag können Sie dieses Phänomen wie folgt nutzen: Möchten Sie Ihren Kontakt zu einer anderen Person genauer erforschen, können Sie sich innerlich sagen: „Wie fühle ich mich, wenn ich mich derjenigen als Idealpartner*in zur Verfügung stelle?“ Beobachten Sie, was sich in Ihren Gefühlen daraufhin verändert. Versuchen Sie, es zu analysieren, Ihre Schlüsse daraus zu ziehen und überprüfen Sie Ihr Ergebnis immer wieder. Seien Sie vorsichtig mit Deutungen und machen Sie keine „Wahrheiten“ daraus. Je länger und öfter Sie ausprobieren, beobachten, zu deuten versuchen und nach Bestätigungen suchen, desto sicherer werden Sie in Ihrer Wahrnehmung. Doch die absolute Wahrheit ist: Es gibt keine absolute Wahrheit. Denken Sie daran: Sie sind immer wie ein Handy, das auf seine Weise klingelt. Jeder besitzt seine eigene Realität und sucht in ihr nach immer besseren Gleichgewichten mit seiner Umwelt.

Neulich berichtete ich meiner Partnerin, wie ich mich fühlen würde, wenn ich ihr gegenüber die Rolle des Idealpartners einnehmen würde. Sie brach sofort in erlösende Tränen aus. Ich hatte etwas berührt.

Die Quelle allen Lebens

Ich habe in den Aufstellungen ein weiteres Element kennengelernt: „Die Quelle allen Lebens“. Sie ist groß und klein zugleich. Sie ist die allumfassende Quelle, aus der ich stamme, aus der jeder Mensch stammt, aus der das gesamte Leben stammt. Zugleich ist diese Quelle in jedem winzigen Lebewesen und in jeder Zelle wiederzufinden. Überall, wo sich etwas verändert und erneuert, finden wir sie wieder.

Es ist schwer, die Wirkung dieser Rolle zu beschreiben. Erforschen Sie selbst, wie sie sich anfühlt, wenn Sie in einer Alltagssituation innerlich sagen: „Ich stehe als Quelle allen Lebens zur Verfügung.“ Genauso gut können Sie innerlich einer anderen Person diese Rolle geben und beobachten, wie sie sich unter Ihrer Beobachtung zu verhalten beginnt. Oder Sie bitten sie direkt, für diese Rolle Ihnen gegenüber zur Verfügung zu stehen, und schauen, wie Sie sich damit fühlen.

Auf jeden Fall kann ich Folgendes berichten: Wer sich in einer Stresssituation der Quelle allen Lebens bewusst wird und eine achtungsvolle

Haltung ihr gegenüber einnimmt, sich vielleicht innerlich vor ihr verneigt und sie würdigt, dem fällt es meistens wesentlich leichter, die übrigen Dinge, gegen die er sich im Moment wehrt, ebenso zu würdigen und zu achten. Angenommen Sie haben gerade eine Auseinandersetzung mit Ihrer Vermieterin und fühlen eine Wut auf sie. Nun stellen Sie sich innerlich die Vermieterin vor, wie sie vor Ihnen steht. Dann imaginieren Sie, wie links von ihr eine Stellvertreterin für die Quelle allen Lebens steht und Sie anlächelt. Verneigen Sie sich vor ihr und schauen dann anschließend wieder auf Ihre Vermieterin. Hat sich in Ihren Gefühlen etwas verändert?

Vergegenwärtigt man sich die Quelle allen Lebens, so kann man besser loslassen und es sich selbst leichter machen. Ich habe z. B. einmal in einer Auseinandersetzung mit meiner Partnerin innerlich als Notlösung das im Zimmer stehende Bügelbrett symbolisch als „Quelle allen Lebens" definiert – und schon lösten sich meine Stressgefühle auf. Zusätzlich erhielt ich Ideen, die meiner Partnerin und mir halfen, uns auf einer neuen Ebene zu verständigen.

Was passiert, wenn Sie selbst die Rolle für die Quelle allen Lebens einnehmen?

Das, was den nächsten Schritt zeigt

Wenn Sie in einer Alltagssituation ein Problem haben und wissen nicht mehr weiter, dann fragen Sie eine andere Person, ob sie Ihnen gerade einmal zur Verfügung stehen könnte. Stellen Sie sich innerlich vor, dass diese Person ein Element darstellt, das wie folgt heißt: „Das, was den nächsten Schritt zeigt". Entweder macht diese Person etwas, das Ihnen zeigt, was zu tun ist, oder sie verhält sich auf eine Weise, die Ihnen selbst plötzlich eine Idee bringt. Hilft es nicht, so ist vielleicht Abwarten angesagt.

Sie können genauso gut irgendeiner Sache auf Ihrem Schreibtisch (Stift, Bleistiftspitzer, Radiergummi, Foto usw.) die Rolle geben für „das, was den nächsten Schritt zeigt". Schauen Sie dieses Ding an, berühren Sie es mit dem Finger und fühlen sich ein. Welche neuen Impulse und Gedanken kommen Ihnen dabei? Oder setzen Sie ein „lösendes Element" ein. Umgekehrt können Sie sich auch selbst als „lösendes Element" zur Verfügung stellen und sich fragen: „Angenommen, ich nehme die Rolle des lösenden Elementes an, was für Gefühle habe ich dann?"

Falls Sie Energielosigkeit fühlen, ist möglicherweise momentan keine Lösung gefragt – eher Entspannung. Vielleicht taucht ja irgendwann in der vollkommenen Entspannung eine Lösung, Erkenntnis oder ein neuer Impuls auf.

Seien Sie kreativ und lassen sich neue Elemente einfallen, die Ihnen in Ihrem Leben oder im Leben anderer Menschen weiterhelfen können.

Entscheidend ist, dass Sie es sich nicht nur andeutungsweise vorstellen, sondern es auch innerlich oder äußerlich aktiv tun: Geben Sie anderen eine Rolle, geben Sie Dingen eine Rolle oder stellen Sie sich selbst für eine Rolle zur Verfügung. Formulieren Sie innerlich oder laut Sätze wie: „Das ist jetzt …“ – „Ich bin jetzt Stellvertreter*in für …“. Probieren Sie aktiv verschiedene Möglichkeiten aus und beobachten Sie Ihre Gefühle dabei. Wie könnten Sie das, was passiert, deuten und in lösende Zusammenhänge bringen oder Erkenntnisse daraus gewinnen?

Lassen Sie sich überraschen von der Intelligenz Ihrer Gefühle und dem Wunder der resonierenden Empfindungen.

Vertiefungen

Beim Helfen geht es oft nicht darum, das momentane Leid zu verringern, sondern darum, dass Unkraut bei der Wurzel zu packen.

Fang ich dir einen Fisch, wirst du einen Tag satt sein. Lehre ich dich das Fischen, wirst du immer satt sein. (Chinesisches Sprichwort nach Kuang-tsu)

Wenn wir uns bewusst sind, dass wir jederzeit Rollen wechseln können, dann können wir Leo Tolstoj zustimmen: „Das Glück besteht nicht darin, dass du tun kannst, was du willst, sondern darin, dass du auch immer willst, was du tust.“

„Im Grunde sind es doch die Verbindungen mit den Menschen, welche dem Leben seinen Wert geben.“ (Wilhelm von Humboldt)

Wer spiegelt hier wen?

Wenn wir uns die Frage stellen, wer gerade wem zur Verfügung steht, dann stellen wir damit die Frage, wer gerade wen über sein Gefühl wahrnimmt. Die Antwort darauf ist einfach. Sie brauchen nur die Wahrnehmung über unsere Augen zu betrachten. Wenn sich zwei Menschen gegenüberstehen und sich anschauen, nimmt jeder den anderen wahr. Wahrnehmung ist also gleichzeitig möglich. Dementsprechend kann man sich auch gleichzeitig über das Gefühl wahrnehmen. Jeder stellt sich dem anderen zur Verfügung und erhält dadurch resonierende Empfindungen. Es stellt sich weiterhin die Frage, was wir gerade wahrnehmen. Beschreiben Sie Ihr Gefühl und fragen Sie, ob Ihr Gegenüber Übereinstimmungen damit finden kann oder ob Ihre Worte irgendetwas auslösen. Suchen Sie nach „Resonanzen“, nach Ähnlichkeiten, nach Veränderungswünschen und Abwehrverhalten, ...

Interessant dürfte auch der Gedanke sein: Fühle ich, dass der andere fühlt, wie ich fühle, wenn ich ihn fühle ... ?

Das ist so ähnlich, wie wenn wir uns in die Augen schauen und fragen, was der andere in mir sieht, während ich ihn beobachte. Der eine beobachtet, wie der andere beobachtet, wie der eine beobachtet, wie der andere beobachtet ...

Dementsprechend kann es sinnvoll sein, sich in einen Menschen einzuspüren, während dieser anderweitig beschäftigt ist, um eine von uns unabhängigere Seite von ihm kennenzulernen.

Ich habe eine Theorie: Wenn die Personen, die sich gerade gegenseitig wahrnehmen, beide grundsätzlich sehr offene Gefühle haben und es keine hemmenden, blockierenden (Abwehr-)Muster gibt, wenn beide allem zustimmen können, wie es ist, dann fühlen sie sich beim gegenseitigen Wahrnehmen tief berührt. Beide fühlen die gemeinsame Offenheit, fühlen eine Verschmelzung, eine Einheit, eine tiefe Verbindung, die sie auch beide bewusst formulieren können. Wir können auch das Neuro-Sonanz®-Modell nutzen und uns vorstellen, wie sich zwei Personen in zwei Alles-Spieler-Rollen miteinander fühlen. Das Ergebnis wäre wahrscheinlich eine wundervolle Ausgeglichenheit miteinander.

Sobald jedoch einer von beiden ein Ungleichgewicht hat, bleiben *beide* mit ihren Gefühlen an diesem Ungleichgewicht hängen. Es stellt sich dann nur noch die Frage, wessen Ungleichgewicht hier gerade zum Vorschein gekommen ist. Dazu muss man testen, sich austauschen, sich bewegen und beobachten, wie sich die Gefühle verändern. Wer nimmt was wahr? Wer ist mehr betroffen? Wer fühlt sich ausgeglichener, wenn das Gefühl formuliert wird? Wer kann besser loslassen? Wer kann das Gefühl besser auf den Punkt bringen? Ein Hinweis könnte sein, dass dieses Ungleichgewicht der „Problemträgerin" oft weniger bewusst ist und die andere Person das Gefühl hat, gerade eine Rolle zu spielen. Die Problemträgerin ist mit dem Ungleichgewicht mehr im Gleichgewicht (ist es „gewohnt" und kann es nicht mehr richtig wahrnehmen) als diejenige, die es mit einer Rolle spiegelt. Der zweiten Person ist meistens bewusst, dass sie nicht sie selbst ist („Was mache ich hier eigentlich?").

Wenn beide Personen Ungleichgewichte haben, wessen Ungleichgewicht wird dann vom anderen gespiegelt? Meine Erfahrung ist, dass oft beide Seiten gegenseitig Rollen spielen, mehr oder weniger bewusst. Es besteht die Möglichkeit, dass sich beide in einem Kontakt zur Verfügung stehen und jeweils dem anderen etwas spiegeln. Jeder kann aus der momentanen Situation etwas lernen. Doch es gibt auch Verhältnisse, in denen die eine ein stärkeres Ungleichgewicht hat als die andere. Dann steht diejenige mit den geringeren Ungleichgewichten derjenigen mit den stärkeren zur Verfügung. Dabei können jedoch beide aus diesem Verhältnis lernen.

Ich behaupte: Alles steht dem *momentan stärksten Veränderungswunsch* automatisch zur Verfügung – unabhängig davon, in wem oder wo er gerade auftaucht.

In einer meiner freien Aufstellungsgruppen habe ich erlebt, wie bei der Aufstellung von Sabine ein Stellvertreter – ich nenne ihn hier „Alfred" – vollkommen überzeugt von seiner Wahrnehmung war. Er hatte ein bestimmtes Gefühl und deutete glasklar verschiedene Zusammenhänge. Seine Deutungen brachte er mit einer solchen Überzeugung zum Ausdruck, dass ihm niemand zu widersprechen wagte. Sein Gefühl sage ganz deutlich, dass in dem Familiensystem von Sabine jemand heimlich umgebracht worden sei, und er war sich absolut sicher, dass man einen Stellvertreter für das Opfer noch dazulegen müsse. Niemand konnte ihm widersprechen, weil niemand eine andere Meinung dazu hatte, aber es konnte ihn auch niemand wirklich bestätigen. Normalerweise reagiere ich als Organisator auf solche Aussagen relativierend. Ich würde der

Gruppe mitteilen, dass der Mord vielleicht möglich sei, man dies aber nicht genau wissen könne und nach Bestätigungen in den Gefühlen der anderen Stellvertreter*innen suchen müsse. Solche Behauptungen sind Informationen aus dem Munde von nur einer Person. Mein Vorschlag wäre immer, dass man abwartet, ob sich diese Information noch mehrmals durch andere Geschehnisse oder Gefühle bestätigt. Selbst dann wäre ich noch vorsichtig, so etwas für eine „Wahrheit" zu halten.

Doch dieses Mal sagte ich nichts zur Gruppe. Ich entschied mich zu beobachten, was passieren würde, wenn ich die Behauptungen von Alfred weiter wirken lassen würde. Auch Sabine sagte nichts. Es wurde also ein Stellvertreter für ein Opfer mit hineingenommen. Alfred hatte weitere Ideen, die auch ohne Widerspruch von der übrigen Gruppe ausgeführt wurden. Tatsächlich zeigten sich in den anderen Stellvertretern bestimmte Gefühlszusammenhänge, die Alfred vorhergesagt hatte. Es fand ein Erlösungsritual statt, und am Ende waren alle erleichtert.

Ich beobachtete währenddessen Sabine. Sie konnte scheinbar mit dem, was in ihrer Aufstellung ablief, nichts anfangen. Auch die Lösung, die durch Alfred initiiert wurde, berührte sie nicht. Es war, als wenn sie mit dem Ganzen nichts zu tun hatte. Als ich nachfragte, bestätigte sie meine Vermutung. Zwei Monate später sprach ich noch einmal mit ihr: Es hatten sich keine Wirkungen im Alltag gezeigt und sie konnte auch im Nachhinein nichts mit ihrer Aufstellung anfangen.

Dafür habe ich folgende Deutung: In dem Moment, in dem Alfred durch seine Überzeugung die Aufmerksamkeit aller auf sich lenkte, standen die Stellvertreter*innen und die Gruppe nicht mehr Sabine für ihre Aufstellung zur Verfügung, sondern Alfred. Dementsprechend bekamen sie auch resonierende Empfindungen, die Alfreds Behauptungen entsprachen, und deswegen fühlten sich alle erleichtert, als Alfred eine Lösung für das Problem (das nur er sah) eingeleitet hatte. Die Tatsache, dass Sabine sich unbeteiligt fühlte, bestätigte mich in meiner Sicht: Hier wurde nicht mehr etwas für Sabine gelöst, sondern für Alfred.

Wenn ich nun meine Deutung verallgemeinere, dann ziehe ich folgenden Schluss daraus: Wir stehen nicht nur Menschen zur Verfügung, die ein ungelöstes Problem in sich tragen, sondern auch Menschen, die von einer Sache *intensiv und unumstößlich* überzeugt sind. Ist ihre Überzeugung so stark, dass sie von niemandem verändert werden kann, dann neigen wir dazu, uns dieser Überzeugung anzupassen und ihr zur

Verfügung zu stehen. Doch wenn wir diese Überzeugung nicht teilen können, ziehen wir uns zurück und stehen nicht zur Verfügung. Die Distanz, die wir dann zu dem Betreffenden eingehen, fühlt sich dementsprechend genauso *intensiv und unumstößlich* an (= Resonanz).

Je klarer und härter ein Mensch seine Sichtweise vertritt, umso stärker polarisiert er das Umfeld um sich herum – mit der Ausnahme, dass seine Sichtweise alles integriert. In dem Fall spiegelt ihm die Umwelt, die ihm zur Verfügung steht, die volle Integration.

Vertiefungen

Pete A. Sanders beschreibt die Taktik einer Frau, die einen neuen Mann kennenlernt. Sie schlägt ihm vor, dass er sich mit den Intelligenzspielen im Wohnzimmer beschäftigen könne, während sie in der Küche etwas vorbereitet. So ist seine Aufmerksamkeit auf etwas anderes gelenkt und sie kann ihn in der Zeit besser erfühlen, ohne dass er sich ihr zur Verfügung stellt.

„Hierarchie ist – ob man will oder nicht – nicht zu vermeiden. Selbst wenn es keine offizielle Hierarchie gibt, existiert zumindest immer eine inoffizielle." (Klaus Mücke)

Wenn Paare Ungleichgewichte in der Beziehung spüren, wer muss dann an sich arbeiten? Immer beide. Der *Verursacher* des Ungleichgewichtes muss es in sich selbst lösen. Dafür stehen ihm mehrere in Kapitel 4 aufgeführte Werkzeuge zur Verfügung. Der *Wahrnehmende* muss so damit umgehen lernen, dass er kein Problem damit hat. Dafür stehen ihm die von mir aufgezählten Möglichkeiten in Kapitel 3 zur Verfügung.

Die Kanes sagen, dass es immer zwei Personen braucht, um zu kämpfen, doch es braucht nur eine Person, um den Kampf zu beenden.

Ein Chef, der alle Impulse und Ungleichgewichte, die auf seine Firma zukommen oder die seine Angestellten mitbringen, integrieren und damit umgehen kann („... und auch das gehört dazu"), hat glückliche Angestellte. Sie fühlen sich in dieser Firma sinnvoll geführt und aufgefangen.

„Letztendlich ist jeder für sich selbst verantwortlich, was aus ihm gemacht wird." (Jean-Paul Sartre, französischer Philosoph und Schriftsteller, 20. Jh.)

Resümee unserer Fähigkeit zu Resonanz

Jetzt sind wir bald an das Ende des Buches gelangt. Bevor ich Sie sanft mit den neuen Sichtweisen und Möglichkeiten in den Alltag hinüberbegleite, möchte ich den Inhalt des Buches noch einmal Revue passieren lassen. Ich entfache ein kleines Feuerwerk, zeige Ihnen, was Sie bis jetzt alles kennengelernt haben, erinnere Sie dadurch an einzelne Themen, verknüpfe diese miteinander, hole sie aus Ihrem Gedächtnis wieder an die Oberfläche, so dass Sie nachher sowohl entspannt als auch fasziniert und mit klarem Blick die letzten beiden Abschnitte erlesen können.

Ich freue mich, dass Sie mich eine Weile in diesem Universum voller Wunder und Zaubersprüche begleitet haben. Vielleicht haben Sie in dieser Zeit bereits so manche resonierende Empfindungen in Ihrem Alltag bewusst erleben dürfen? Dann können Sie nun mit Gewissheit bestätigen, dass unsere Gefühle auch Resonanzen sein können. Sie haben an sich selbst erlebt, dass Sie grundsätzlich empathisch veranlagt sind. Der Satz „Ich stehe dafür nicht mehr zur Verfügung“ hat für Sie eine hochinteressante Bedeutung bekommen. Er kann Gefühle verändern helfen. Nun wissen Sie auch, warum das so ist, und Sie wissen, wie dieser Satz sinnvoll und liebevoll eingesetzt werden kann.

Sie haben das Weltbild der unsichtbaren Verbundenheit kennengelernt und verstanden, dass die Menschheit ewig danach suchen wird, es wissenschaftlich zu begründen. Denn unsere Existenzbasis lässt sich nicht wahrnehmen oder beweisen, weil wir und das gesamte Universum selbst daraus bestehen. Das, was wir sind, können wir nicht mit dem, was wir sind, wahrnehmen. Wir werden diesbezüglich nie zum außen stehenden Beobachter. Unsere universelle Verbundenheit lässt sich nur erleben, nie beweisen. Und deswegen können wir auch andere Menschen nicht davon überzeugen, dass wir Resonanz *sind.* Wir können es niemandem beweisen, der nicht daran glauben möchte. Jeder, der auf die Trennung schaut, erfährt die Trennung. Wer auf die Verbundenheit schaut, erfährt die Verbundenheit. Jeder entscheidet selbst, auf welche Realität er schauen möchte, und erfährt die dazu passende Resonanz und Bestätigung für diese Realität. Das Beobachtete richtet sich nach den Wünschen, Blickrichtungen und inneren Haltungen seines Beobachters. Das ist auch gut so, denn auf diese Weise wird der Mensch vor zu schnellen Veränderungen geschützt. Das Universum sorgt dafür, dass ein Mensch ganz langsam den Weg gehen kann, der ihm selbst guttut. Es überfällt ihn nicht mit neuen Weltbildern und großer Umorientierung, auch wenn der Weg öfter mit wichtigen Krisen gespickt ist. Jeder hat die Möglichkeit, die Welt der Wunder allmählich selbst zu entdecken und das Schicksal als Chance zu nutzen.

Das für mich momentan größte Wunder ist die Doppelblindaufstellung. Wie können Stellvertreter Gefühle und Verhaltensweisen ausdrücken, die ihnen durch eine Rolle zugewiesen wurde, die auf einem Zettel steht, in den niemand im Raum Einblick hatte? Dieses Phänomen kann man nur erklären, wenn man dem Universum eine Intelligenz zuschreibt, die unsere menschliche Intelligenz bei weitem übertrifft. Können wir auf diese universelle Intelligenz vertrauen, dann können wir uns auch leichter in unser eigenes Schicksal fallen lassen und sagen: „ ... und auch das gehört irgendwie dazu und wird einen Sinn haben, den ich vielleicht später irgendwann einmal nachvollziehen kann."

Will uns eine andere Person den Sinn eines Geschehnisses erklären oder weiß eine wissenschaftliche Erkenntnis dazu, dann müssen wir ihr das nicht glauben. Wir können uns fragen: „Kann ich absolut sicher sein, dass es wahr ist?" und sind frei, welche Antwort wir uns darauf geben möchten – denn wir entscheiden selbst, welcher Realität wir uns zur Verfügung stellen.

Nun zu unserem Gefühl: Bisher dachten viele, es ist „nur" ein Gefühl, das aber nicht immer etwas zu sagen hat. Oft wurde es übergangen. Jetzt, wo wir den Sinn unseres Gefühls kennengelernt haben, dürfen wir uns fragen: Was genau nehme ich mit meinem Gefühl wahr? Nehme ich gerade wahr, mit welcher inneren Haltung ich auf die Welt schaue, oder nehme ich gerade Energien aus der Welt wahr? Wird mein Klingelton gerade von mir selbst aktiviert oder von einer äußeren Schwingung? Vielleicht sogar beides gleichzeitig? Wir bewegen und verändern uns und beobachten, ob es sich immer noch gleich anfühlt oder ob sich beim Bewegen das Gefühl verändert. Wir erforschen es genau und stellen uns Fragen über unser Gefühl. Während wir unser Gefühl erforschen, lernen wir auch gleichzeitig uns selbst und unsere Umwelt intensiver kennen. Je besser wir mit unserem Verstand unser Gefühl verstehen, desto besser verstehen wir uns selbst und desto besser verstehen wir auch andere Menschen.

Das Gefühl lässt sich nicht direkt verändern. Wir können nur unsere äußere oder innere Position wechseln, so dass unser Gefühl anders reagieren darf. Wenn wir die äußere Position verändern, gehen wir in einen anderen Raum oder wir gehen weg oder wir richten unseren Blick, unsere Aufmerksamkeit auf etwas anderes. Wenn wir unsere innere Position verändern, dann entscheiden wir, mit welcher Wertung wir auf unsere Umwelt schauen. Wollen wir etwas nicht oder können wir zustimmen, wie es ist? Wenn wir etwas verändern wollen, dann hilft uns die Natur dabei. Sie unterstützt uns darin, das, was wir verändern wollen, zunächst einmal ganz genau kennenzulernen. Dadurch stehen wir dem intensiv zur Verfügung. Die Natur zeigt uns, wie es ist, damit wir auch erkennen, wo wir etwas verändern können oder dass gar nichts veränderbar ist. Wollen wir etwas verändern, so stehen wir dafür zur Verfügung und nehmen es intensiv wahr.

Stehen wir unabsichtlich zur Verfügung, weil wir früher einmal etwas verändern wollten und uns an unseren Veränderungswunsch gewöhnt haben, kann es sein, dass uns dieser Wunsch heute im Wege steht. Er ist eigentlich gar nicht mehr so entscheidend für uns. Deshalb wird uns zunächst ein Ungleichgewicht bewusst. Wir lernen kennen, welches Ungleichgewicht es ist, und können dann neu entscheiden, dass wir es nicht mehr verändern wollen. Dadurch erkennen wir es an, achten es, es ist kein Ungleichgewicht mehr, und wir stehen damit nicht mehr zur Verfügung. Es gibt auch Situationen, in denen uns von Anfang an bewusst ist, dass wir gerade zur Verfügung stehen. Haben wir kein schlechtes Gewissen, dann können wir nun sagen: „Ich stehe dafür nicht mehr zur Verfügung“ – und gehen. Oder wir stehen noch eine Weile zur Verfügung und schauen, ob wir vielleicht doch noch etwas an der Situation verändern können, indem wir unsere Gefühle in Worte fassen. Oder wir drehen den Spieß einfach um und sorgen dafür, dass uns ab sofort unsere Umwelt zur Verfügung steht. Vielleicht erkennen wir auch bald, wie perfekt alles zusammenspielt, können uns zurücklehnen und lächelnd zuschauen.

Stehen wir *nicht* mehr zur Verfügung, dann fallen all die resonierenden Empfindungen von uns ab, die mit der Situation zusammenhingen, der wir zur Verfügung standen. Wie bei Freien Systemaufstellungen können diese resonierenden Empfindungen verschiedene Dimensionen haben. Es können kleine Emotionen sein oder starke körperliche Beschwerden. Auch positive Gefühle können verschwinden. Kein Wunder: Wenn wir nicht mehr zur Verfügung stehen, keinen Veränderungswunsch mehr haben, keine Rolle mehr spielen, wird unsere seelische oder körperliche Wahrnehmung auch nicht mehr gebraucht.

Doch manchmal können wir nicht einfach *nicht* mehr zur Verfügung stehen. Manchmal bindet uns irgendetwas an einen Menschen oder an eine Situation. Wir können unser Gefühl einfach nicht verändern und befreien. In dem Fall existiert ein unbewusster Veränderungswunsch, den wir immer noch nicht erlöst haben. Oft liegt es daran, dass dieser Wunsch mit eigenen Schmerzerfahrungen zusammenhängt. Wir wollen uns diesen Schmerz lieber nicht wieder bewusst machen – es hat doch so weh getan. Lieber leben wir den unbewussten Veränderungswunsch weiter. Bis es irgendwann so schlimm wird, dass wir uns doch damit auseinandersetzen müssen – mit uns selbst – mit unseren Sichtweisen – mit unseren unbewussten (Vermeidungs-)Wünschen – mit dem, was wir vergessen haben.

Sobald wir beginnen, uns Fragen über uns selbst zu stellen und bei uns selbst zu suchen, reagiert unsere Umwelt mit Resonanz darauf. Sie zeigt uns, was uns vielleicht helfen könnte. Haben wir eine erlösende Erkenntnis, kann es sein, dass wir zunächst in Tränen ausbrechen und über den früheren Schmerz weinen, anschließend über das Schöne weinen, das wir versäumt haben oder nie mehr werden erleben können.

Haben wir unseren Schmerz vollständig ausgedrückt, was manchmal auch über mehrere Monate gehen kann, dann können wir mit angenehmen und liebevollen Gefühlen an dieses schmerzhafte Erlebnis zurückdenken. Unser uns beeinflussender Veränderungswunsch hat sich erlöst, er ist verschwunden.

Schaffen wir es nicht, allein Erkenntnisse über uns selbst zu erreichen, dann können wir uns auch Menschen oder Gruppen suchen, die uns einen geborgenen und verständnisvollen Rahmen geben. Mit ihrer Hilfe haben wir die Möglichkeit, uns unserer Ungleichgewichte zu nähern. Gleichzeitig bleibt jedoch klar: Wir kennen uns selbst am besten. Es kann uns nur selbst eine Erkenntnis über uns und unsere unbewussten Verhaltensmuster kommen. Niemand anderes kann etwas für uns erkennen oder für uns lösen. Wachsen müssen wir ganz allein.

Haben wir lange in uns gesucht, um unser Ungleichgewicht zu erlösen, und haben nichts gefunden, dann liegt die Ursache für unsere unangenehmen Gefühle vielleicht doch in unserer Umwelt. Stehen wir mit unserem Stressgefühl vielleicht gerade jemand anderem für seinen Stress zur Verfügung? Unseren Eltern? Zu wem können wir erfolgreich sagen, dass wir ihm für dieses Ungleichgewicht nicht weiter zur Verfügung stehen? Wo ist die Quelle unseres Ungleichgewichtes: in uns oder außerhalb von uns? Das ist die Frage, die uns immer wieder bis an unser Lebensende begegnen wird. Im Laufe unserer Forschungen und Erfahrungen lernen wir, immer schneller und klarer eine Antwort darauf zu finden, besonders wenn wir unseren Gefühlen erst einmal nur zustimmen. Je öfter wir mit dieser Frage auf unsere Gefühle schauen, umso stärker werden unsere Neuronenverbindungen in unserem Gehirn. Je mehr Unterscheidungen wir erkennen, desto verzweigter und vielfältiger werden unsere Synapsen und damit unsere Wahlmöglichkeiten.

Mit unseren Erfahrungen können wir dann bewusst anderen Menschen zur Verfügung stehen und ihnen einen verständnisvollen Rahmen bieten, in welchem sie sich ihren Ungleichgewichten nähern können. Dabei haben wir ab und zu die Wahl, welche Rolle wir gegenüber dem anderen einnehmen. Jeder Rolle entsprechend fühlen wir andere Gefühle. Das intelligente Universum steuert uns und unsere Einfälle so sinnvoll, dass wir hinterher die Erfahrung machen, wie genial alles zusammengepasst hat: Wir sehen Zusammenhänge zwischen unseren Entscheidungen für eine bestimmte Rolle und den Erfahrungen und Erkenntnissen des anderen, dem wir zur Verfügung standen.

Begegnen wir einem Menschen, der unseren Erfahrungen und Sichtweisen ebenbürtig ist, dann können wir uns gegenseitig bewusst unsere Ungleichgewichte spiegeln. Wir können uns austauschen, miteinander und aneinander reifen. Wir können uns gegenseitig als Stellvertreter zur Verfügung stehen und Rückmeldungen über unsere Gefühle und Verletzungen geben. Wir streiten nicht mehr, wehren uns nicht mehr gegen unsere Gefühle, sondern suchen danach, was uns unsere Gefühle mitteilen. Dabei kann jeder dem anderen seine Interpretation der Gefühle anbieten. Und gemeinsam kann eine neue Lösung gefunden werden, mit der sich beide einfach gut und zufrieden fühlen.

Klaus Mücke: „Eine ‚wissenschaftliche' Theorie ohne praktische Relevanz ist für die Katz'."

... also schauen wir auf den kommenden Seiten, was sich noch über die Praxis berichten lässt.

Resonierende Empfindungen überall

Das neue Bett

Heike sagt zu Nora: „Spielst du mit?" – „Klar!" antwortet Nora. „Hmm, ... und Gabriele? Würdest du auch eine Rolle übernehmen?" – „Ja", sagt Gabriele ganz entspannt. „Und dann brauche ich noch Monika. Würdest du auch bei meiner Aufstellung mitmachen?" Monika nickt und schaut bereits im Raum umher, um zu erfühlen, wo sie sich hinstellen würde. Nora hat sich schon einen Platz gesucht, sich auf einen Stuhl gesetzt, und Gabriele platziert sich genau gegenüber, ganz nah bei ihr, auf einem Hocker sitzend. Nora und Gabriele schauen sich tief in die Augen. Monika geht zur entfernten Tür und lehnt sich mit dem Rücken an sie, die Hände auf ihrem Rücken verschränkt. Von dort schaut sie zu Nora und Gabriele hinüber. Heike fragt Nora, wie sie sich mit Gabriele fühlt. „Gut, sehr gut. Sie ist mir sehr sympathisch." – „Das geht mir genauso. Ich schaue sie gerne an", reagiert Gabriele. Die beiden fassen sich an den Händen und schauen sich tief in die Augen. „Und wie geht es dir, wenn du zu Monika hinüberschaust?" Nora richtet ihren Blick prüfend in Monikas Richtung. Sie scheint froh darüber zu sein, dass Gabriele ihren Blick zu Monika fast versperrt. „Irgendwie fühle ich mich unruhig, wenn ich zu Monika schaue. Da stimmt was nicht." Monika ist eher mit sich selbst beschäftigt, mit ihren Händen. Sie sagt: „Also, ich drehe hier die ganze Zeit an meinen Ringen, sie drücken mich. Wie ich meine Hände auch drehe und wende, irgendwo drückt es immer."

Heike entscheidet sich, noch eine vierte Person auszuwählen. „Celia, würdest du noch eine Rolle übernehmen und dich einfach irgendwo dazustellen?" Celia steht auf und geht gemächlich auf den Hocker zu, auf dem Gabriele sitzt. Sie setzt sich so, dass nun Gabriele und Celia Rücken an Rücken gemeinsam auf diesem Hocker sitzen. Gabriele räkelt sich und freut sich über den Kontakt. Sie kann sich gegen Celias

Rücken lehnen und wohlig entspannen. Heike beobachtet es und lächelt erleichtert. Keiner aus der übrigen Gruppe weiß, worum es geht. Es bleibt noch eine Weile geheimnisvoll. Damit die Stellvertreter möglichst unvoreingenommen ihren Gefühlen folgen, hat Heike zunächst verdeckt aufgestellt und niemandem gesagt, um welches Thema es sich dreht und welche Rollen die Stellvertreterinnen haben. „Celia ist für mich wie eine Konkurrenz!“ schimpft Monika und bleibt in sicherer Entfernung an der Tür stehen. Heike fragt Nora, wie es ihr mit Celia geht. „Gut, ich freue mich, dass sie da ist.“ – „Tja, dann kann ich ja gehen ...“, sagt Monika und setzt sich wieder in die Runde auf ihren Platz – als Monika. Heike deckt auf, denn sie hat genug erfahren und weiß jetzt Bescheid: „Also, ich habe mir vor ein paar Tagen ein neues Bett gekauft. Du, Monika, warst dieses Bett. Und es ist so, dass ich in diesem Bett liege und mich einfach nicht wohl fühle. Es drückt mich an manchen Stellen und ich kann mich drehen und wenden – es drückt immer.“ Die Gruppe lacht. „Du, Nora, hast mich vertreten, und Gabriele war mein tiefer entspannter Schlaf.“ „Und was war Celia?“ fragt Gabriele. „Die hat ein neues Bett dargestellt, das ich mir schon einmal im Katalog angeschaut habe, das mir auch ganz gut gefällt. Ich weiß aber noch nicht, ob ich es mir kaufen soll. Ich war mir noch unsicher, ob ich mich von meinem frisch gekauften Bett wieder trennen und stattdessen das Bett aus dem Katalog kaufen soll. Deswegen habe ich die Aufstellung gemacht.“ Allen Teilnehmerinnen im Raum – und natürlich auch Heike selbst – war nun klar, wie sie sich entscheiden wird. Da der Schlaf (Gabriele) sich mit dem neuen Bett aus dem Katalog (Celia) sehr wohl gefühlt hat und auch Celia sofort einen Platz bei Gabriele und Nora gesucht hat, während Monika (momentanes Bett) Celia als Konkurrenz empfand und sogar wegging, lautet der Vorschlag aus der Aufstellung: Betten austauschen. Heike ist zufrieden und fühlt sich durch die Aufstellung tief in ihrem Gefühl bestätigt. Es dauerte nicht länger als zehn Minuten.

Einen Monat später berichtet Heike, dass sie tatsächlich ihr erstes Bett verkauft habe. Momentan würde sie auf der Matratze auf dem Boden schlafen. Für den Kauf eines neuen Bettes habe sie noch keinen Impuls, es ginge ihr mit dieser Lösung gerade sehr gut.

Auf diese Weise können wir uns gegenseitig zur Verfügung stehen, die Intelligenz unserer Gefühle und des Universums anzapfen und schneller Klarheit in bestimmten – auch ganz alltäglichen – Problemen erhalten. Wir brauchen nicht immer eine Gruppe. Manchmal genügt eine Person als Stellvertreter*in, die nacheinander in unterschiedliche Rollen schlüpft. Oder wir legen Zettel mit Namen gekennzeichnet auf den Fußboden und stellen uns selbst auf die Zettel und damit in die unterschiedlichen Rollen. Dadurch erhalten wir Impulse für gegenwärtige Entscheidungen und bleiben gleichzeitig frei, uns jederzeit umzuentscheiden.

Wie wird sich das auf unser Miteinander auswirken, wenn in Familien, Firmen, Schulen, in der Politik, im Sport, in der Kultur bei schwerwiegenden und umfassenden Entscheidungen die Intelligenz unserer Gefühle mit Hilfe von Stellvertreter*innen zur Entscheidungshilfe genutzt wird? Welche Dimensionen kommen da auf uns zu? Wie erweitert sich unser Leben, wenn wir die universelle Intelligenz unserer Empfindungen bewusst anzapfen? In manchen Firmen wird genau das bereits höchst erfolgreich umgesetzt. Man nennt es „Organisationsaufstellungen". Bisher werden solche Aufstellungen von einem erfahrenen Aufstellungsleiter begleitet – doch auch hier könnte jeder „frei aufstellen", seine Gefühle und die Gefühle der zur Verfügung stehenden Mitarbeiter nutzen, sofern klar bleibt: Deutungen sind immer hinterfragbar und austauschbar. Es gibt keine absoluten Wahrheiten. Es gibt nur Realitätsangebote.

Die Frage ist: Was hilft gerade?

Übersinnlich-sexuelle Stimulierung

Was passiert, wenn Sie sich als Paar im Bett abwechselnd zur Verfügung stellen? Die eine Person probiert verschiedene Gedanken, Gefühle, Haltungen oder auch Grenzen aus, die andere stellt sich zur Verfügung und folgt in ihren Handlungen und Impulsen ihrem momentanen Gefühl. Anschließend – oder auch gleichzeitig – geben Sie sich Rückmeldungen. Dann wird gewechselt. Spielen Sie damit. Üben Sie es, dann verfeinert sich Ihre Sensibilität und Sie erfahren eine fließende und spritzige Erotik.

Da das Weibliche in der Natur eher die Hingabe repräsentiert und das Männliche die Eroberung, könnte es interessant sein, Folgendes auszuprobieren: Die Frau bietet den Rahmen für den Sex, äußerlich und innerlich. Sie bildet mit ihrem Körper, ihren Gefühlen, Wünschen und Sehnsüchten das „Feld", dem sich der Mann vollkommen zur Verfügung stellt und das er über seine Gefühle wahrnimmt. Seine Aufgabe ist es, genau zu erfühlen, welche Handlungen und Impulse dem Feld der Frau entsprechen. Wie kann er sie erobern, so dass sie vollkommen befriedigt ist? Der Mann kann sich fragen: „Wie fühle ich mich, wenn ich mich ihr *vollständig* zur Verfügung stelle?“ Oft führt der Weg sowohl über Lust- als auch über Unlustgefühle.

Hinterher stellt sich der Mann natürlich die Frage: „Wie war ich?“ – nicht, um sein Ego zu befriedigen, sondern um zu lernen und die Deutung seiner resonierenden Empfindungen zu verfeinern. Wo hat er Grenzen überschritten, wo den Punkt getroffen? Ist der Mann offen für seine Misserfolge und kann gut damit umgehen, dann ist er auch genauso offen für den Lernprozess – und nach einer gewissen Zeit stellt sich ein gleichzeitig geiler und liebevoller Erfolg ein. Die Frau kann ebenso lernen. Sie kann sich fragen, welche Ungleichgewichte oder Haltungen ihr gespiegelt wurden. Warum hat er gerade an dieser Stelle die Grenze überschritten und wie fühlte sich das an? Welche Erinnerungen sind damit verbunden? Hat sie Klarheit über ihre Gefühle oder ist sie sich noch unsicher? Wie kann sie es lösen und ihre innere (auch äußere) Haltung so verändern, dass es noch mehr fließt?

Wenn der Mann sich der Frau vollständig zur Verfügung stellt, sollte auch riskiert werden, dass „er“ sich hängen lässt. Energielosigkeit kann auf emotionale Ungleichgewichte hinweisen. Das „Versagen“ des Mannes stellt kein Problem dar, sondern kann als natürliches Zeichen dienen. Sobald eine Verletzung auftaucht, egal bei wem, kann gemeinsam reflektiert werden, was vielleicht die Ursache sein könnte. Fühlen beide sich gleichzeitig verletzt, dann könnte es schwer werden, gemeinsam darüber nachzudenken, weil nun jeder vom anderen Verständnis fordert. Hier kommt es eher zum (vielleicht sinnvollen) Streit. Auch dieser Streit kann in seinem Verlauf genau beobachtet werden. Bei wem zeigt sich welches Verhalten und welche Formulierung und was könnte die Ursache dafür sein? Worauf könnte eine spontane Aussage hinweisen? Auf eine Resonanz oder ein persönliches Ungleichgewicht? Wie geht die Auseinandersetzung aus? Sie können sich die aufgetauchten Ungleichgewichte merken, vielleicht sogar aufschreiben, und sich später – wenn sich die Emotionen wieder gelegt haben – nacheinander jedem einzelnen Thema widmen und es mit Hilfe von weiteren resonierenden Empfindungen genauer kennenlernen. (Werkzeuge dafür siehe Kapitel 3, 4 und 5)

Die Ursache des Burnout-Syndroms

„Der Anspruch, Verantwortung für etwas zu übernehmen, das man nicht kontrollieren kann, ist ein sicheres Mittel, um einen Burnout zu bekommen“, schreibt Klaus Mücke. Was passiert, wenn wir Verantwortung für das Wohl, das Seelenheil und die Gefühle anderer Menschen übernehmen? Wir übernehmen auch die Leitungsposition. Von uns wird erwartet, dass wir etwas tun können, Heilung aktivieren oder erfolgreich vor Ungleichgewichten beschützen. Auch wir selbst erwarten es in dieser Position von uns. Typische Berufe dafür sind: Ärztin, Heilpraktiker, Therapeutin, Trainer, Lehrerin, Politiker. Auch Vorstände, Firmenchefinnen und Beamte in hohen Funktionen tragen Verantwortung für ihre Angestellten. Diejenigen, welche die Verantwortung an einen Leiter abgeben, schauen nun, was er wohl macht und wie er entscheidet. Sie stehen ihm zur Verfügung und haben Gefühle, die der Leitung entsprechen. Damit können sie dem Leiter als Spiegel dienen – vorausgesetzt, dass er hineinschaut.

Wenn der Leiter Entscheidungen trifft, mit denen sich die meisten der ihm Untergeordneten wohlfühlen, dann liegt ein relatives Gleichgewicht vor: Die Lehrerin unterrichtet auf eine Weise, die ihre Schüler*innen fesselt und zu Leistungen anspornt. Der Arzt geht einfühlsam mit seiner Patientin um und findet Methoden, die der Patientin in ihrer Heilung unterstützen. Die Therapeutin integriert die Ungleichgewichte ihres Klienten und kann ihm Realitäten anbieten, die ihm in der Bewältigung seines Alltags helfen. Der Trainer motiviert seine Klient*innen, Schüler*innen oder Sportler*innen, so dass sich diese zu Höchstleistungen aufschwingen. Die Firmenchef*innen schaffen es, die meisten Anliegen und Inspirationen ihrer Angestellten unter einen Hut zu bringen. Solche Gleichgewichte sind keine Auslöser für ein Burnout-Syndrom. Denn hier existiert Erfolg, findet Entwicklung und Heilung statt und die Menschen, inklusive des Menschen in der verantwortungsvollen Leitungsposition erleben gute Gefühle.

Der entscheidende Punkt in der Aussage von Klaus Mücke ist der Zusatz: „ …das man nicht kontrollieren kann“. Was ist Kontrolle? Es ist die Fähigkeit, etwas tun zu können. Es ist Macht. Ich mache etwas und es hat die gewünschten Konsequenzen, also habe ich es auch kontrolliert. Die Basis für Macht sind Wünsche nach Veränderung. Ohne solche würde die Leiterin sehr schnell ihre Position verlieren. Niemand will jemandem Verantwortung geben, der alles so lässt, wie es ist, denn dann braucht man ihn ja nicht. Man erwartet Einsatz und Entscheidungen, die zum Besseren und zum Erfolg führen. Eine Leiterin, die nicht leitet, ist keine Leiterin . Veränderungswünsche sind also eine wichtige Voraussetzung.

Sie haben weiter vorne in diesem Buch gelesen, dass Leid entsteht, wenn wir etwas verändern wollen, was sich nicht verändern lässt, und wir unseren Veränderungswunsch nicht loslassen können. Leid entsteht auch, wenn wir einen Veränderungswunsch haben, aber nicht wissen, wie wir ihn erfüllen können.

Wo ist der Veränderungswunsch im Satz von Klaus Mücke versteckt? Einmal steckt er in der „Verantwortung", denn trägt man Verantwortung, dann hat man auch Veränderungswünsche. Außerdem steckt er im „Anspruch". ... Ich formuliere den Satz um:

„Der Wunsch, etwas verändern zu können, das sich nicht verändern lässt, ist ein sicheres Mittel, um einen Burnout zu bekommen." Jetzt wird deutlich, warum: Ein Burnout wird nicht durch die Position des Verantwortlichen verursacht. Es liegt an dem Widerspruch, den man in dieser Position lebt. Dieser Widerspruch ist eine innere Haltung, die wir auf das gesamte Leben übertragen können. Um einen Burnout zu bekommen, brauchen wir nur ständig den Wunsch zu haben, etwas zu verändern, was sich nicht verändern lässt – und wir fühlen Frust. Das lässt sich auch wunderbar während der aktuell herrschenden Corona-Pandemie beobachten. Menschen, die die Situation oder die von den Regierungen herbeigeführten Lösungsversuche anders wollen, fühlen Frust, wenn es sich nicht verändert. Dieser Frust verwandelt sich langsam aber sicher in ein Burnout-Syndrom. Damit ist klar, dass der Burnout nichts anderes ist als ein starkes Zeichen: „Hier lässt sich *wirklich* nichts verändern! Lass endlich los!"

Burnout ist Erschöpfung, also ein erzwungenes Loslassen.

Angebot zur Lösung oder Vermeidung des Burnout-Syndroms

Wollen wir unseren Frust untersuchen, dann schauen wir genauer, was für Veränderungswünsche wir haben. Was wollen wir persönlich anders und welche Veränderungswünsche sind automatisch mit unserer Position verbunden? Als Arzt, Heilpraktikerin und Therapeutin wollen wir, dass unsere Patient*innen gesund werden, als Lehrer, dass unsere Schüler*innen das lernen, was wir ihnen vermitteln, als Trainerin, dass der Trainierte erfolgreich ist, als Helfer, dass es der Hilfesuchenden besser geht, als Autorin, dass Leser*innen verstehen und sich angesprochen fühlen. Sind uns die Wünsche bewusst, geht es darum, genau zu schauen, wo sie sich erfüllen lassen und wo nicht. Wenn wir dann einen Wunsch aufgeben, der mit unserer Verantwortungsposition verbunden ist, bedeutet das automatisch, dass wir an dieser Stelle die Verantwortung zurückgeben und für den Veränderungswunsch nicht mehr zur Verfügung stehen. Wir geben den Patient*innen, Schüler*innen, Wähler*innen, Leser*innen, Hilfesuchenden die Verantwortung zurück. Das können wir ohne schlechtes Gewissen nur tun, wenn uns wirklich klar ist, dass die Veränderung durch uns nicht möglich ist. Deswegen probieren wir es manchmal länger, als uns eigentlich gut tut. Das führt dann dazu, dass es uns immer schwerer fällt, loszulassen, denn je länger wir uns für etwas eingesetzt haben, desto wertvoller wird unser Einsatz und desto schmerzvoller die Erkenntnis, dass es nichts oder nur wenig gebracht hat – oder nicht das, was wir uns vorgestellt hatten.

Als Organisator der Freien Systemischen Aufstellungen ist die Gefahr des Burnouts nicht gegeben (wenn ich nicht eigene Veränderungswünsche mitbringe). Dort liegt die Verantwortung vollkommen bei der aufstellenden Person. Ich biete ihr „nur“ meine Sichtweisen an. Was sie damit macht, bleibt ihr überlassen. Nur wenn ich den Wunsch habe, dass sie meine Sicht nachvollziehen kann, könnte ich Frust oder Erfolg erfahren. Doch selbst da sage ich mir: „Wer etwas nicht versteht, kann nachfragen.“ Durch diese Haltung schütze ich mich perfekt vor einem Burnout-Syndrom. Mir macht diese Tätigkeit viel Freude, denn ab und zu spüre ich auch, wie meine Erklärung oder Handlung erwünscht ist, ich fast automatisch und energievoll aktiv werde und tatsächlich eine Veränderung erfolgreich unterstützen kann. Ich erspüre inzwischen auch sehr gut, wann ein Impuls von mir sinnlos ist und mich eher frustrieren würde. Dann halte ich mich zurück und warte entspannt und innerlich ausgeglichen. Ich weiß: Die wirklich erfolgreichen Impulse ergreifen mich einfach, ich spüre plötzlich Energie und drücke sie in Handlungen oder Aussagen aus. Konnte ich dann doch nichts verändern, so ist jedoch mein Schatz angewachsen, mein Erfahrungsschatz, der mich in Zukunft noch gelassener fühlen lässt.

Folgender (natürlich subjektive und auf meine Programmierung abgestimmte) Satz lässt mich in der Ruhe warten und zum richtigen Zeitpunkt energievoll und voller Freude aktiv werden:

„Ich stehe nur für erfolgreiche Veränderungen zur Verfügung."

„Jedes Problem ist allein mein eigenes"

Eva-Maria Zurhorst ist sich der Spiegelfunktion und der Resonanz eines Partners bewusst und schreibt in *Liebe dich selbst – und es ist egal, wen du heiratest:* „Es ist egal, wen Sie heiraten. Sie treffen dabei [im anderen] sowieso immer nur sich selbst."

Meiner Ansicht nach ist diese Aussage unvollständig. Ich möchte es ein wenig anders formulieren und ergänzen: Wenn Sie ein Problem fühlen, dann ist es ganz allein Ihr eigenes. Es hat *immer* nur mit Ihnen zu tun, nicht mit dem oder den anderen. Das bedeutet, dass *Sie* derjenige sind, der an dem Problem etwas ändern, der es lösen kann. Nur Sie allein. Erst wenn Sie vollständig erkannt haben, dass das Problem doch nichts mit Ihnen zu tun hat, dass es zum anderen gehört und Sie nur in Resonanz waren, dann können Sie nichts mehr tun. Dann brauchen Sie aber auch nichts mehr zu tun, denn dann ist das Problem für Sie automatisch verschwunden: Die Klarheit „Es hat gar nichts mit mir zu tun" befreit.

Sie können ein Problem demnach aktiv auf zwei Arten lösen:

a) Sie lösen es in und mit sich selbst, z. B. mit Hilfe verschiedener der hier im Buch aufgeführten Techniken.
b) Sie suchen nach der Klarheit, dass es wirklich nichts mit Ihnen zu tun hat und Sie also auch nichts tun können. Als Folge davon löst sich Ihr Veränderungswunsch auf, womit auch Ihre resonierende Empfindung und letztendlich das Problem verschwindet. Sie stehen für dieses Problem nun nicht mehr zur Verfügung.

Viele Lebenshilfebücher haben sich bisher nur um Möglichkeit a) gekümmert. Das Neue ist Möglichkeit b). Gemeinsam bilden a) und b) die Grundlage für das Lösen all unserer Probleme.

Im folgenden Beispiel spreche ich Sie, liebe Leser*innen, als Frau an: Sie spüren im Sex mit Ihrem Partner ein Problem. Sie fühlen sich nicht wirklich frei, eher gehemmt und blockiert. Es entsteht in Ihnen die Sorge, dass mit Ihnen vielleicht etwas nicht stimmt, und Sie machen sich auf die

Suche, wo es herkommt. Möglichkeit a) hilft Ihnen zurzeit nicht weiter, denn Sie wissen bereits, dass Sie in einer früheren Partnerschaft schon frei und ungehemmt gefühlt und gelebt haben. Sie besitzen also keine grundsätzliche Blockade dagegen, die Sie in sich befreien müssen. Deshalb versuchen Sie mit Möglichkeit b) zu klären, ob es mit Ihrem Partner zu tun hat. Angenommen, es zeigt sich tatsächlich in einem Gespräch mit dem Partner, dass er emotional blockiert und sich dessen auch bewusst ist („Aha!"), dann verschwindet sofort Ihre Sorge über sich selbst, d. h. Sie suchen nicht mehr nach der Ursache dieses Problems, denn Sie kennen nun die Zusammenhänge, haben also Klarheit.

Wenn Sie aber trotzdem noch ein Problem spüren, dann ist es ein neues – und damit auch wieder Ihres. Es kann z. B. sein, dass Sie sich immer noch ungehemmten, gefühlvollen Sex wünschen (= Veränderungswunsch), jetzt aber die Klarheit haben, dass Sie ihn mit diesem Partner zurzeit nicht erleben können – wenn er seine Blockade nicht löst. Was tun? Es bleiben nur zwei Wege: Entweder dem Partner erfolgreich helfen, es zu lösen – wobei die Voraussetzung ist, dass er es selbst lösen möchte –, oder sich einen Partner suchen, der freien und gefühlvollen Sex praktiziert. Hier kommt nun Möglichkeit a) ins Spiel. Sie müssen genau schauen, welchen Wunsch Sie haben und wie Sie sich diesen Wunsch selbst erfüllen können.

Haben Sie sich entschieden, dem Partner zu helfen, ihm dafür zur Verfügung zu stehen und nicht zu wechseln, dann suchen Sie gemeinsam weiter. In diesem Fall haben Sie durch Möglichkeit a) eine Lösung herbeigeführt, indem Sie eine lösende Entscheidung getroffen haben. Damit ist Ihr Problem verschwunden.

Bei dieser gemeinsamen Suche machen Sie nun ab und zu die Erfahrung, dass der Partner für eine Idee von Ihnen nicht offen ist. Sie sehen sofort, dass der andere im Moment ein Problem hat. Fall b): Es ist nicht Ihr eigenes. Sie haben Klarheit, sehen, dass Sie im Moment nicht helfen können, und lassen los, können warten.

Fühlen Sie sich aber ungeduldig und drängen den anderen zu einer Erkenntnis, Veränderung oder Lösung, dann ist es wieder ganz allein Ihr Problem. Sie können nun Ihren Partner als „weises Universum" nutzen, das Ihnen gerade etwas spiegelt, und mit Möglichkeit a) danach suchen, welcher Veränderungswunsch Sie ungeduldig werden lässt. Sie können sich selbst genauer kennenlernen. Vielleicht entdecken Sie, dass Sie dem anderen nicht glauben und nicht nachvollziehen können, warum er Ihren Vorschlag nicht versteht und nicht umsetzt. Die Lösung liegt doch so klar auf der Hand! Oder Sie befürchten: „Kann ich überhaupt darauf vertrauen, dass sich seine Blockade jemals lösen wird?“ Sie entscheiden sich neu, wechseln Ihre Sichtweise und denken: „Ich liebe dich – und egal, wie lange es dauert: Ich bleibe bei dir. Meine Befürchtung und mein Misstrauen sind meine Muster, die mit dir nichts zu tun haben. Meiner Liebe zu dir gebe ich den Vorrang.“

Vielleicht haben Sie mit Möglichkeit a) nun das Problem gelöst, fühlen sich aber bald wieder ungeduldig und ziehen nun Möglichkeit b) in Betracht: „Könnte es sein, dass meine Ungeduld gar nichts mit mir zu tun hat, sondern eine Resonanz zu meinem Partner darstellt?“ Sie reden mit Ihrem Partner darüber, und tatsächlich bestätigt er, dass er Ihr ungeduldiges Verhalten von seiner Mutter kennt und es schon immer schrecklich fand. Er hat eine Abwehr dagegen, also einen Veränderungswunsch („Aha!“). Jetzt haben Sie Klarheit, dass Sie hier für ihn eine Rolle spielen, und haben kein Problem mehr mit dieser Ungeduld. Ganz im Gegenteil – Sie bieten Ihrem Partner an, es noch mehr auszuspielen, damit er über sein Gefühl besser reflektieren kann. Vielleicht lernt er dadurch, mit äußerer Ungeduld umzugehen und sie zu integrieren. Vielleicht ist sogar diese Angst vor Ungeduld der Kern seiner Blockade beim Sex? Vielleicht fühlt er sich ständig unterbewusst unter Druck? Manchmal können Sie auch sagen: „Für die Rolle der ungeduldigen Mutter stehe ich jetzt gerade nicht zur Verfügung“ und fühlen sich erleichtert. Wirkt dieser Satz jedoch nicht, kann es wiederum sein, dass hier ein eigener Veränderungswunsch mit hineinspielt, und Sie können sich wieder Möglichkeit a) zuwenden und schauen, was in Ihnen selbst veränderbar und lösbar ist. Ihr Partner wiederum schafft es vielleicht, sich durch die Konfrontation mit der Ungeduld seinem Schmerz zu stellen. Er erlöst seine Abwehr, kann zustimmen und hat nun kein Problem mehr mit Ungeduld. Gleichzeitig spüren Sie, dass Sie auch keine Impulse mehr dazu haben, ungeduldig zu sein – und Sie spüren gemeinsam, dass es im Bett ein Stück offener zugeht.

Zwei Tage später wird Ihnen ein anderes Unwohlgefühl bewusst. Sie stöhnen: „Hört das denn nie auf!“ ... und machen sich nach einer kurzen Zeit des Klagens erneut auf die Suche.

So spielen die Möglichkeiten a) und b) immer eine gemeinsame Rolle. Beide gehören zu unserem alltäglichen Erkenntnis- und Veränderungsprozess. Jedes Problem, das wir spüren, können wir selbst lösen. Deshalb müssen wir nie wieder darauf warten, dass es jemand anders für uns löst, z. B. durch Änderung seines Verhaltens.

Ich bin in meiner Problemlösung vollkommen unabhängig von meiner Umwelt. Was nicht bedeutet, dass ich andere nicht brauche, sondern dass ich nicht auf eine Lösung warten muss. Wenn sich im Außen nichts ändert, ändere ich etwas im Inneren. Und wenn sich im Inneren nichts ändern lässt, ändere ich etwas im Außen.

Das ist Fluss.

Resonierende Empfindungen überall ...

Wenn unsere Kinder sich streiten und wir haben gerade ein Problem damit, dann können wir uns als Eltern meistens der Möglichkeit a) zuwenden und uns fragen, wie wir dieses Problem konstruktiv lösen können. Was spiegeln uns unsere Kinder gerade?

Eltern, die mit sich selbst im Reinen sind, können ihren Kindern ohne jegliche Abwehrgefühle und Genervtheit frei zur Verfügung stehen. Sie kennen ihre eigenen Grenzen und können klar unterscheiden, wo sie zum Wohl des Kindes und wo zu ihrem eigenen Wohl Grenzen setzen, und auch, wo sie Einschränkungen loslassen können. Damit fühlen sich die Kinder wohl, geführt, begleitet und gleichzeitig frei in ihrer untergeordneten Position. Sie müssen keine Rollen spielen. Entscheidend ist dabei, dass die Eltern auf ihren Wunsch verzichten, sich von ihren Kindern verstanden und sogar tief in ihrem Inneren „erkannt" zu fühlen.

Dieser Verzicht ist auch ein wichtiger Teil beim Übernehmen von Stellvertreterrollen: Spüre ich im Alltag, dass ich für einen anderen Menschen eine Rolle spiele, dann kann ich am besten zur Verfügung stehen, wenn ich selbst darauf verzichte, dass der andere den „wirklichen" Olaf sieht. Ich lebe damit, dass mein Gegenüber in mich Dinge hineininterpretiert, die mir gar nicht entsprechen. Mit diesem Verzicht kann ich eine Rolle gelassener ertragen. Habe ich jedoch den Veränderungswunsch, dass mein Gegenüber doch den wirklichen Olaf sehen und anerkennen sollte, dann beginne ich, mich gegen die Rolle zu wehren. Und was passiert bei einem Veränderungswunsch? Ich rutsche noch tiefer in die

Rolle hinein, ich fühle das Ungleichgewicht noch intensiver – bis ich letztendlich erkennen muss, dass ich es gar nicht verändern kann, und meinen Wunsch aufgebe. Der andere kann mich nicht verstehen. Er ist zu sehr mit seinem eigenen Ungleichgewicht beschäftigt, für das ich ihm gerade zur Verfügung stehe. Wenn ich verzichte, dass der andere erkennt, wie ich wirklich denke und bin, geht es mir besser.

Wenn Eltern von ihren Kindern „verstanden" werden wollen und auf diese Weise „Bedürftigkeit" zeigen, reagieren die Kinder mit Widerstand. Ein möglicher Lösungsweg sieht so aus: Die Eltern können erkennen, dass ihre Bedürftigkeit eigentlich zum Kontakt mit ihren eigenen Eltern gehört. Sie sind immer noch verletzt, dass ihre Eltern sie damals nicht anerkannt haben. Diese Einsicht öffnet die Eltern dafür, dass ihre Kinder kein Verständnis zu haben brauchen. Die Eltern können nun zum Kind sagen: „Für meinen Veränderungswunsch gegenüber meinen eigenen Eltern brauchst du mir nicht mehr zur Verfügung zu stehen."

Wenn eine Chefin in ihrer Firma Ungleichgewichte zwischen oder mit ihren Angestellten feststellt, kann sie sich fragen, was ihr gerade gespiegelt wird. Hat sie eine Abwehr gegen etwas? Wo ist vielleicht aus Versehen etwas oder jemand ausgeschlossen worden? Sind die Gründer der Firma integriert? Ihre damaligen Werte? Dürfen sich alle Mitarbeiter*innen von den Vorstandsmitgliedern bis zur Putzhilfe gleichermaßen zur Firma zugehörig fühlen? Sind die (zeitlichen) Hierarchien unter den Mitarbeiter*innen beachtet? Ist die Rangfolge des Einsatzes, der Leistung und der Fähigkeit integriert? Ist gekündigten Mitarbeiter*innen zu Recht gekündigt oder sind sie eher ungerechtfertigt ausgeschlossen worden? Ist ihr Einsatz für die Firma gewürdigt worden?

Ein Fußballverein kündigt seinem Trainer, wenn die Mannschaft nicht erfolgreich ist. Warum? Der Trainer befindet sich in der Leitungsfunktion, die Spieler stehen ihm zur Verfügung. Dementsprechend fühlen sie auch seine (Un)Gleichgewichte und spiegeln mit ihren Leistungen die inneren Strukturen des Trainers. Wird einem Trainer gekündigt und er erhält keine Würdigung für seine bisherige Arbeit, dann entsteht ein Ungleichgewicht im zurückbleibenden Team. Manchmal „würdigt" das Team unabsichtlich den gekündigten Trainer, indem es die ersten Spiele unter dem neuen Trainer verliert. Kann der neue Trainer die Arbeit seines Vorgängers würdigen und die Vergangenheit des Teams integrieren, hat er beste Chancen, darauf erfolgreich aufzubauen.

Eine Fußballmannschaft spielt entsprechend dem Charakter oder der momentanen inneren Haltung des Trainers. Hat der Trainer zweifelnde, zu weiche Tendenzen, spielt auch die Truppe eher vorsichtig. Ist der Trainer ein Draufgänger, zeigen sich im Spiel die dazugehörigen Aggressionen. Steht der Trainer zum Manager des Vereins in einer spannungsvollen Haltung, zeigt sich dieses Ungleichgewicht auch in einer angespannten Orientierungslosigkeit des Teams. Ist ein Trainer damals zu seiner aktiven Zeit als Spieler mit seinem Team Weltmeister geworden, so ist die Chance groß, dass seine gegenwärtige Truppe ebenso Weltmeister wird. Hat ein Trainer die Tendenz, sich seiner Umwelt zur Verfügung zu stellen, dann stellt sich die Mannschaft ebenso ihrer Umwelt zur Verfügung. Mit welchen Folgen? Sie passen sich der Dynamik des Gegners an. Eine sonst genial spielende Mannschaft spielt bei einem schwachen Gegner ebenso schwach. Stehen sie aber einem Team gegenüber, dem ein starker Ruf vorauseilt, spielen sie von Beginn an wie Götter.

Kann ein Trainer sagen, dass er sich bestimmten Dynamiken nicht weiter zur Verfügung stellt, dann kann das auch die Mannschaft. Folglich spielt sie unbeeinflusst von den gegnerischen Energien ihren erfolgreichen Fußball. Die üblichen Veränderungswünsche, den Gegner zu besiegen, können zu fatalen Folgen führen: Man verbindet sich mit dem Gegner und erlebt Resonanzen, welche die Chancen zum Sieg blockieren. Dagegen können Veränderungswünsche sich selbst gegenüber leichter zum Erfolg führen. Das Ziel ist, sich selbst zu besiegen und immer erfolgreicher zu werden – unabhängig vom Gegner (man betrachtet den Gegner lediglich als Trainingsmöglichkeit oder Feedback für sich selbst).

Wenn eine Therapeutin ein seelisches Ungleichgewicht besitzt, spüren es ihre Klient*innen und richten sich danach aus. Da die meisten Menschen in einer Therapeutin eine „kompetente“ Person sehen, stellen sie sich ihr zur Verfügung und beginnen, resonierende Empfindungen zu entwickeln, die mit den (Un)Gleichgewichten der Therapeutin zusammenhängen. Manche Therapeut*innen wollen dann diese Gefühle im Klienten therapieren – und so beginnt eine lange Bindung zwischen Therapeutin und Klient – bis der Klient durch Möglichkeit b) erkennt, dass diese Gefühle gar nichts mit ihm zu tun haben.

Die Wirtschaftsentwicklung eines Staates ***kann*** maßgeblich mit den (Un)Gleichgewichten in der Persönlichkeit eines Staatschefs zusammenhängen. Er kann noch so intelligent sein, doch wenn er in seinen Gefühlen etwas ausschließt, wird die ihm untergeordnete Gesellschaft zumindest teilweise den Ausschluss spüren und unbewusst darauf reagieren. Dies war im Jahr 2020 wunderbar während der COVID-19-Pandemie zu beobachten: "Integrierte" Führungspersönlichkeiten hatten das Vertrauen der Bevölkerung auf ihrer Seite und konnten die Entwicklung der Virus-Ausbreitung schnell eindämmen (Österreich, Deutschland, Neuseeland). "Chaotische" Führungspersönlichkeiten gaben Raum für eine chaotische Entwicklung im eigenen Land (USA, Brasilien).

Eine mögliche Lösung sieht so aus, dass eine Staatschefin nicht nur für das Land arbeitet, sondern auch an der Weiterentwicklung ihrer eigenen Persönlichkeit. Sie stellt sich mit ihrer gesamten Person zur Verfügung und dient dem Land. Um optimal aus der Führungsposition heraus dienen zu können, gehört die Beschäftigung mit den eigenen Ungleichgewichten, Veränderungswünschen und automatischen Verhaltensmustern mit dazu. Je ausgeglichener eine Staatschefin ist, desto besser kann sie dem Land für Weiterentwicklungen zur Verfügung stehen und desto weniger muss ihre Partei und das Land ihr gegenüber „spiegelnde Rollen“ spielen. Optimal ist, wenn Führungspersonen mit ihren eigenen Gefühlen von Ungleichgewichten gut umgehen können. Sie vermitteln durch innere Haltungen den ihnen untergeordneten Menschen, dass sie für ihre privaten unerlösten Veränderungswünsche nicht zur Verfügung stehen brauchen. Entscheidend ist dabei, dass die Führungsperson sich ihrer Veränderungswünsche bewusst ist und zwischen privaten, emotionalen und geschäftlichen Wünschen gut unterscheiden kann. Sobald etwas vermischt ist, reagieren die Untergeordneten tendenziell in ihren Gefühlen und ihrem Verhalten spiegelnd und Rollen spielend – solange sie zur Verfügung stehen.

Prominente, denen es unwichtig ist, was die Presse über sie schreibt, fühlen sich wohler als diejenigen, die den Wunsch haben, dass man bitte die Wahrheit veröffentlicht – wenn überhaupt. Wer die Presse verändern möchte, könnte sich unwohl fühlen, denn er beginnt möglicherweise, grenzüberschreitende Dynamiken wahrzunehmen.

Viele Menschen schreiben lieber E-Mails, anstatt die entsprechende Person anzurufen. Warum? Weil man beim Schreiben weniger in stellvertretende, hemmende Gefühle rutscht. Man ist mehr entlastet, da die Rollengefühle wesentlich geringer sind. Gleichzeitig ist man frei in der Wahl, welche Rolle man sich selbst geben möchte. Trotzdem kann ich auch erleben, wie ich mich beim Schreiben manchmal unterschiedlich fühle, abhängig davon, wem ich gerade schreibe.

Schaue ich auf den Zweiten Weltkrieg und alles, was sich unter Hitlers Führung abgespielt hat, dann deute ich das so: Er war von seiner Sache absolut überzeugt. Sein Ziel war, Menschen (aus) zu sortieren. Viele haben sich mitreißen lassen und standen ihm dafür zur Verfügung. Dabei haben sie die Dynamik des Sortierens übernommen und fühlten sich damit in Resonanz. Es passt in das Bild, dass Menschen sich nach Hitlers Selbstmord plötzlich leer und sinnlos fühlten. Für sie brach eine Welt zusammen, eine Gefühlswelt. Die Dynamik war nicht mehr fühlbar, weil die Resonanzquelle gegangen ist. Das zeigt, dass Menschen Hitlers Überzeugungen in ihren Gefühlen wahrgenommen und Rollen übernommen haben, ihm zur Verfügung standen. Nur wer nach Hitlers Tod immer noch der Nazi-Sichtweise treu blieb, hatte die Dynamik selbst in sich. Oder man wehrte sich gegen die Veränderung, weil sie zu plötzlich kam oder man einen Irrtum hätte eingestehen müssen. Die Übrigen hatten eher begeistert eine Rolle gespielt, aus der sie hinterher wie aus einem Alptraum aufgewacht sind, und nun die Folgen ihrer Rolle tragen müssen. Umgekehrt stand auch Hitler mit seinen Gefühlen dem deutschen Volk zur Verfügung, den Dynamiken vieler Deutscher … Das hat sich gegenseitig bis zu einem Punkt hochschaukeln müssen, an dem allen bewusst wurde, dass es so nicht mehr weitergeht. Ein solcher Punkt ist ein sehr intensiver Lernmoment und kann für tiefe Erkenntnisse genutzt werden.

Tatsächlich hat sich nach dem Zweiten Weltkrieg vieles entscheidend geändert – anderes beginnt sich zu wiederholen. Nun können wir schauen: Warum wiederholt es sich? Was haben wir nicht verarbeitet? Und wo haben wir nicht vollständig daraus gelernt? Welche ungelöste Abwehr und welche Veränderungswünsche in der Gesellschaft führen uns in die Wiederholung? Bedenken Sie: Durch die Haltung, wie wir auf die Welt schauen, beeinflussen wir die Welt. Das Beobachtete richtet sich nach dem Beobachter. Wie beobachten Sie die Geschehnisse? Mit welcher inneren Haltung? Ausschließend, abwehrend, verständnislos, klar, verständnisvoll, integrierend …?

Wir können dieses Phänomen der resonierenden Empfindungen auch im Kontakt mit sogenannten „Erleuchteten“ erleben. Viele Normalbürger, die zu erleuchteten Menschen gepilgert sind, berichteten von außergewöhnlich befreienden Erfahrungen und Gefühlen. Die Erklärung dafür ist jetzt einfach: Ein wahrhaft Erleuchteter ist mit seinen persönlichen Ungleichgewichten im Reinen. Wenn sich ihm nun Menschen durch ihre Aufmerksamkeit zur Verfügung stellen, dann nehmen sie ihn über ihre resonierenden Empfindungen wahr. Natürlich fühlen sie dann auch, dass sie ihm nicht für unangenehme Rollen und unerlöste Gefühle zur Verfügung stehen müssen. Sie fühlen sich erlöst, frei, ausgeglichen, auch irgendwie „erleuchtet“. Oft identifizieren sich die Menschen dann mit diesem Gefühl und denken, sie seien nun selbst erleuchtet. Doch es war nur eine Wahrnehmung. Die meisten berichten, wenn sie wieder nach Hause gefahren sind, dass sie zu diesem Gefühl nur noch wenig Zugang erhalten. Kein Wunder, denn sie stehen dem Erleuchteten nicht mehr zur Verfügung, fühlen also auch nicht mehr die Gefühle dieses „erleuchteten Feldes“. Sie stehen unbewusst wieder anderen Menschen zur Verfügung und fühlen dementsprechend Unangenehmes und Unerlöstes. Wer sich innerlich sagt „Ich stehe den übrigen Menschen nicht mehr zur Verfügung, sondern nur noch dem erleuchteten Meister“, der könnte vielleicht wieder längeren Zugang zu diesem Gefühl erhalten – so lange, bis doch noch ein eigener unbewusster Veränderungswunsch das Erlösungsgefühl unterbricht, die Führung übernimmt und spiegelt: „Hier ist dir ein eigenes Ungleichgewicht noch nicht bewusst geworden. Was hättest du gerne anders? Wogegen wehrst du dich gerade? Was fehlt? Welche integrierende Sichtweise könntest du entwickeln, um dich aus *eigener* Kraft zu erleuchten?“

Wer ist erleuchtet? Vielleicht derjenige, der allem zur Verfügung stehen und dabei allen resonierenden Empfindungen zustimmen kann, auch den Grenzen oder Blockaden. Er sieht: Es ist perfekt, wie es ist. Und er handelt, wenn er handelt, und handelt nicht, wenn er nicht handelt. Er hat die Wahl. Gleichzeitig weiß er, dass er ständig dem gesamten Universum zur Verfügung steht und durch alle seine Impulse wahrnehmend „gelenkt“ wird. Alles ist eins – und er hat die Wahl, ob er sich selbst als Teil des Ganzen sieht oder ob er sieht, wie alles einfach nur ist – oder beides ... Er bemüht sich nicht. Es passiert. Es ist.

„Die Weisen treten in der Welt leise auf und verschmelzen mit den Ansichten aller Menschen.“ (Laotse)

Auf dem Rainbow-Spirit-Festival in Baden-Baden finden sich jedes Jahr (Stand 2006) nationale und internationale „erleuchtete Meister“ ein, die interessierten Menschen in Satsangs für Fragen über das Menschsein zur Verfügung stehen („Satsang“ bedeutet „Zusammensein in Wahrheit“). Ich konnte entdecken, dass es eine Parallele gab zwischen den Sichtweisen der Meister und der jeweiligen Besucherzahl ihrer Satsangs. Je kongruenter das Weltbild eines Meisters war, je umfassender er dem Leben zustimmte, wie es ist, desto mehr Besucher wies seine Veranstaltung auf. Je mehr „Unsicherheit“ und „Wertungen“ den Worten eines Meisters zu entnehmen waren, desto geringer war seine Besucherzahl.

Wussten Sie, dass man auch Weltbildern zur Verfügung stehen kann? Abhängig davon, welchem Weltbild Sie sich zur Verfügung stellen, fühlen Sie die dazugehörigen Gefühle. Suchen Sie sich das Weltbild, bei dem Sie sich selbst am wohlsten fühlen. Erinnern Sie sich: Sie können zu allem die Frage stellen „Kann ich absolut sicher sein, dass das wahr ist?“ Die Antwort „Nein“ kann befreien. Ein Nein bedeutet: Ich stehe dieser Aussage, Behauptung oder Realität nicht zur Verfügung. Anschließend haben Sie die Wahl, was Sie selbst als „wahr“ ansehen wollen. Für diese Entscheidung tragen Sie selbst die Verantwortung und die Folgen, sprich: Sie fühlen die resonierenden Empfindungen, die durch Ihre Entscheidung entstehen. Hier kann man auch die Wirkung von Suggestionen einordnen. Ein Hypnotiseur oder ein anderer sehr überzeugender Mensch vermittelt uns eine bestimmte Sichtweise („Ihre Arme werden ganz schwer!“). Wenn wir dieser Sichtweise zur Verfügung stehen, reagieren wir mit den entsprechenden Empfindungen darauf. Dementsprechend sind wir wieder frei und haben die Wahl, wenn wir uns sagen: „Dieser Sichtweise oder Anweisung stehe ich nicht weiter zur Verfügung. Stattdessen stehe ich meiner eigenen Sichtweise zur Verfügung, fühle mich vollständig fit und ausgeglichen.“ Hypnotiseure wissen, dass sie keine Chance haben, jemanden zu steuern, wenn der es nicht möchte. Die letztendliche Wahl, von wem oder von was wir uns beeinflussen lassen, haben wir immer selbst.

Wenn alles miteinander verbunden ist, was bedeutet dann das Distanzgefühl, welches wir manchmal zu jemandem spüren? Es ist eine resonierende Empfindung. Wir stehen in dem Moment einem nicht integrierten Schmerz zur Verfügung, einem Veränderungswunsch, der die Gegenwart nicht so will, wie sie ist, und sich deshalb von ihr „distanziert“ hat. Diese Distanz führt zu einem Weltbild des Getrenntseins. Wir können beobachten, wie wir uns nach folgenden Sätzen fühlen:

- „Ich stelle mich dem Weltbild der Trennungen nicht weiter zur Verfügung.“
- „Ich stelle mich deiner Dynamik des Distanzierens nicht weiter zur Verfügung.“
- „Ich stelle mich deinem Veränderungswunsch nicht mehr zur Verfügung.“
- „Ich stelle mich den unerfüllbaren Veränderungswünschen aller Menschen nicht mehr zur Verfügung.“

Übrigens: Wenn unerlöste Veränderungswünsche jeden beeinflussen und sich die Umwelt nach dem stärksten Wunsch ausrichtet (siehe Kapitel 4), dann kann ich mir gut vorstellen, dass man tatsächlich mit „Bestellungen beim Universum“ erfolgreich sein könnte – vorausgesetzt, es gibt gerade keinen stärkeren Wunsch, der etwas anderes möchte. Mache ich mir das klar, dann fühle ich viel Zuversicht und spüre das unendlich große Spektrum des Universums.

Probieren Sie aus, was sich in Ihrem Gefühlsspektrum verändert, wenn Sie diese Zauberformel ohne das Wort „mehr“ oder „weiter“ verwenden. Sagen Sie:

„Ich stehe dafür nicht zur Verfügung.“

Dies ist die Version für Fortgeschrittene, die nicht mehr aus einer Situation herauswollen oder ein bestehendes Gefühl verändern möchten, sondern sich bereits draußen befinden und gar nicht erst hineinbegeben. Sie können diesen Satz ebenso in jeder Situation Ihres Lebens anwenden und ausprobieren, wie er auf Ihr Gefühl wirkt, wenn Sie ihn aussprechen oder einfach nur denken.

Der eigene Weg in vollkommener Resonanz

Durch dieses Buch ist Ihnen nun bewusst geworden, auf welche Weise Sie mit Beeinflussungen umgehen und wie Sie Realitäten positiv nutzen können. Wählen Sie die Realität, die Sie gerade benötigen – und stellen sich ihr so lange zur Verfügung, wie Sie es brauchen. Viele Lebenshilfebücher empfehlen dies indirekt, indem sie positive Autosuggestionen vorschlagen. Suchen Sie sich die Suggestionen, die Sichtweise, die Realität, die Bücher, die Menschen, die Situationen, in denen Sie sich wohlfühlen, wenn Sie sich zur Verfügung stellen.

Für das in diesem Buch vorgestellte neue Weltbild gilt: Je länger man sich ihm „zur Verfügung stellt" und sich immer wieder damit beschäftigt, desto öfter zieht man ähnliche Ereignisse in sein Leben hinein, durch die man konkret Erfahrungen sammeln und sich weiterentwickeln kann. Ich empfehle, viele Bücher dahingehend zu lesen, und habe im Quellenverzeichnis einige Vorschläge dafür aufgelistet.

Bruce H. Lipton berichtet von dem Arzt Dr. Albert Mason, der 1952 einen fünfzehnjährigen Jungen „aus Versehen" durch Hypnose vollständig heilte, weil er davon überzeugt war, dass die Warzenkrankheit des Jungen auch tatsächlich heilbar war. Ein anderer Arzt, der Chirurg des Jungen, war erstaunt und teilte Dr. Mason mit, dass es keine Warzen, sondern eine unheilbare Krankheit namens kongenitale Ichthyose (eine angeborene Verhornungsstörung der Haut) gewesen war. Dr. Mason konnte daraufhin nie wieder eine Ichthyose heilen, da er die Überzeugung „es ist unheilbar" intuitiv übernahm und davon nicht mehr loskam.

Haben wir eine Krankheit und stellen uns einer Ärztin, einem Heilpraktiker oder einer geistigen Heilerin zur Verfügung, so fühlen wir deren Glaubenssysteme und Sichtweisen. Lösen sie in uns eine positive Resonanz aus, so ist der Weg dafür offen, dass unsere resonierenden Empfindungen unsere eigenen Selbstheilungskräfte aktivieren und wir gesund werden. Der für uns passende Heiler stellt sich unserem Ungleichgewicht zur Verfügung und fühlt dementsprechend, was uns weiterhelfen kann. Umgekehrt fühlen wir uns wahrgenommen und stehen dem Heiler für Veränderungen und Heilungsprozesse zur Verfügung. Sind beide Seiten tief in ihrer Seele von einer Heilung überzeugt, kann auch Heilung geschehen.

Fehlt dafür jedoch etwas, dann taucht es in einem von beiden als unangenehmes Gefühl oder Zweifel auf. Irgendetwas wurde übersehen und konnte noch nicht integriert werden. In diesem Fall muss man weitersuchen, bis der passende Rahmen gefunden ist, in dem sich das Ungleichgewicht heilen und auflösen kann. Falls die Ärztin an einer Heilung zweifelt, können wir uns einen neuen inneren Rahmen geben, wie z. B.: „Ich stehe (deinen) Zweifeln an meiner Heilung nicht zur Verfügung. Stattdessen stehe ich wirkungsvoll heilenden Gedanken zur Verfügung." Eine tiefe und ruhige Atmung kann diese neue Haltung unterstützen.

„Ob du glaubst, du kannst es, oder ob du glaubst, du kannst es nicht – du hast recht." (Henry Ford)

Der Placebo-Effekt ist in diesem Zusammenhang gut zu erklären. Wird mir mitgeteilt, dass ein Medikament oder eine Maßnahme Heilung bringt, und bin ich davon selbst überzeugt, dann habe ich mich dieser Sichtweise zur Verfügung gestellt und erfahre das Entsprechende: Heilung. Bruce H. Lipton schreibt dazu: „Wenn der Geist durch positive Suggestion zur Heilung beiträgt, nennt man das den Placebo-Effekt. Wenn im Umkehrschluss der Geist durch negative Suggestionen die Gesundheit schädigt, nennt man das den Nocebo-Effekt. In der Medizin kann der Nocebo-Effekt genauso mächtig sein wie der Placebo-Effekt. Das sollten Sie jedes Mal bedenken, wenn Sie ins Sprechzimmer eines Arztes treten [und Verantwortung abgeben]. Durch ihre Worte und ihre Haltung können Ärzte ihren [gutgläubigen] Patienten alle Hoffnung nehmen." Und wir können nun ab und zu zum Arzt oder innerlich für uns sagen: „Dieser Überzeugung stehe ich nicht zur Verfügung."

Ich erhielt vor kurzem eine Erkenntnis: Durch ein bestimmtes Erlebnis und den anschließenden Gedankengang angeregt, wurde mir klar, dass es in meinem Umfeld nichts gibt, was mich bremsen kann. Nur ich selbst bremse mich. Also brauche ich meine Umwelt nicht zu verändern und habe deshalb keine Veränderungswünsche mehr im Hinblick auf meine Umwelt. Ich erlebe, wie es sich anfühlt, wenn ich ganz frei meinen eigenen Weg gehe: Ich achte meine Umwelt, wie sie ist, ich betrachte alles als "das weise Universum", lasse alles so, stehe nicht mehr zur Verfügung, habe keine resonierenden Empfindungen mehr, fühle sie nicht mehr. Ich denke an meine Umwelt und fühle mich dabei wie „taub" –

oder besser noch: „leer“. Wenn ich will, kann ich meiner Umwelt zur Verfügung stehen und dadurch wieder mitfühlen. Ich habe also die Wahl. Wenn ich ganz klar meinen eigenen Weg gehe und meine Umwelt absolut so sein lasse, wie sie ist, fühle ich meine Umwelt nicht. Gleichzeitig bedeutet das, dass ich nicht „gegen“ die Umwelt lebe, sondern ich bin mit ihr in *absoluter* Resonanz.

Im absoluten Gleichgewicht gibt es keine Wahrnehmung. Mein eigener Weg und meine daraus resultierenden Handlungen stehen mit meiner Umwelt in ganz engem Zusammenhang, in tiefer Verbindung.

Gehe ich achtungsvoll meinen „eigenen“ Weg,

dann bin ich nicht getrennt,

sondern vollkommen verbunden.

Was hält mich noch davon ab?

Nichts mehr

Mit diesen Erkenntnissen kann ich allem und jedem zur Verfügung stehen, kann mich Menschen öffnen, mich in Resonanz begeben, mich zustimmend mit allem verbunden fühlen und mich der Führung des Universums hingeben.

Besser: *Während* ich meinen eigenen Weg gehe, stehe ich *gleichzeitig* vollkommen zur Verfügung, bin offen, bin in Resonanz, stimme allem zu, bin verbunden und vom Universum geführt.

Wenn ich mich Grenzen setzend, abwehrend und kämpfend erlebe, weiß ich innerlich lächelnd:

„ … und auch das gehört dazu.“

In der Fürsorge-Rolle den Planeten retten

Zum Abschluss biete ich Ihnen einen Weg an, mit all den bisher aufgeführten Erkenntnissen dazu beizutragen, unsere Welt in ein besseres Gleichgewicht zu bringen.

Ein Baby befindet sich vollständig in der Bedürfnis-Rolle. Eine Mutter, die sich glücklich um ihr Baby kümmert, ist in der Fürsorge-Rolle. Durch unser natürliches Leben kennen wir diese beiden Hauptrollen in- und auswendig.

Die Fürsorge-Rolle besteht aus folgenden Fähigkeiten:

- die innere, liebevolle, achtsame Haltung, dass grundsätzlich alles dazugehört, auch das klare Grenzensetzen (Alles-Spieler-Rolle)
- sich den Wünschen, Zielen, Bedürfnissen des Umfeldes vollkommen anpassen, resonierende Empfindungen und Verständnis entwickeln und dadurch empathisch und erfolgreich helfen (Mitspieler-Rolle)
- sich selbst klar schützen, indem man sich unstimmigen oder aussichtslosen Situationen liebevoll und freundlich *nicht* zur Verfügung stellt (Nicht-Spieler-Rolle)

Ich behaupte: Wenn wir alle gemeinsam die Erde retten wollen, dann funktioniert es am besten und am schnellsten, wenn wir uns dieser beiden Rollen immer bewusst sind:

- **die Rolle der/des Bedürftigen oder Wünschenden** (Spieler-Rolle)
- **die Rolle der/des liebevoll Fürsorglichen und Erfüllenden** (Alles-Spieler-, Mitspieler- und Nicht-Spieler-Rolle)

Ich bin davon überzeugt:

- Wenn wir uns *immer* in der Rolle der/des Bedürftigen aufhalten und an dieser Rolle permanent festhalten, dann zerstören wir unsere Erde. Jeder Erde-Rettungsversuch allein aus dieser Rolle heraus ist zum Scheitern verurteilt.
- In der Rolle der/des liebevoll Fürsorglichen haben wir viel mehr Chancen, unsere Erde zu retten. Außerdem fühlen wir uns in dieser Rolle freier, motivierter und erkennen mehr Möglichkeiten, wie und wo wir gezielt und erfolgreich dienend (rettend) agieren können. Wir haben mehr Überblick.

Das Entscheidende ist, frei und flexibel zwischen diesen beiden Rollen wechseln zu können – sich daran orientierend, in welcher Situation man sich gerade befindet. Dieser flexible Wechsel ist möglich, je klarer wir diese beiden Rollen im Kontakt mit anderen Menschen erkennen – bei anderen als auch bei uns selbst. Und er ist möglich, wenn wir beiden Rollen vollständig erlauben, da zu sein. Die Bedürfnis-Rolle gehört in vollem Umfang mit allen Konsequenzen dazu, sowie auch die Fürsorge-Rolle in vollem Umfang mit allen Konsequenzen dazugehört.

Damit die Fürsorge-Rolle optimal dafür sorgen kann, dass ein Bedürfnis erfüllt wird, muss sie sich von der Bedürfnis-Rolle vollkommen führen lassen.

Wir leben zurzeit noch in einem großen Irrtum. Wir erwarten, dass wir uns in einer Führungsposition endlich groß und frei fühlen können, weil wir dort die „Macht" haben. Wir denken, dass die Machtposition unsere Bedürfnisse befriedigt. Diese Haltung bedeutet aber, dass wir innerhalb einer Bedürfnis-Rolle an die Spitze streben - und nicht innerhalb einer Fürsorge-Rolle die Führung einnehmen wollen.

Da aber „Führung" bedeutet, andere Menschen zu führen, muss man erforschen und sich darum kümmern, wie diese anderen Menschen gestrickt sind, welche Potenziale und Probleme sie haben. In einer Führungsposition geht es in Wirklichkeit darum, Räume für Potenzialerforschung und -entfaltung zu erschaffen und optimale Wege für die Lösung von Problemen zu finden. So wie eine Mutter im optimalen Fall ihrem Kind Raum zum Forschen und zur Entfaltung gibt und danach sucht, für die Probleme ihres Kindes Lösungen zu finden. Fürsorge.

Im optimalen Fall bedeutet das also, dass ein Führer sich fürsorglich um seine Untergebenen kümmert. Die Führungshierarchie ist innerhalb der Heilungshierarchie genau entgegengesetzt. Die Führungsrolle hat zwar die „Macht", nutzt aber im optimalen Fall die Macht dazu, den Bedürfnissen aller Beteiligten innerhalb einer Heilungshierarchie zu dienen. In der Heilungshierarchie stehen die Bedürfnisse ganz oben und die Führungsrolle dient der Heilung und schützt vor Gefahr. Das können Sie sich am besten klarmachen, wenn Sie an ein Krankenhaus denken: Dort steht die Chefärztin in der Führungshierarchie ganz oben. Sie dient aber im optimalen Fall mit all ihrem Wissen und ihren Fähigkeiten der Heilung ihrer bedürftigen Patient*innen.

Unsere Welt krankt daran, dass viele Menschen, die in irgendeinem Bereich Macht und/oder Geld haben, in ihrer Bedürfnis-Rolle stecken bleiben und nicht in die Fürsorge-Rolle wechseln!

Das beginnt in der Familie, wenn Eltern von ihren Kindern Verständnis verlangen. Es setzt sich in unserem Bildungssystem fort, in welchem die Lehrer*innen nicht den Bedürfnissen der Kinder dienen, sondern die Kinder die Bedürfnisse des Lehrplans erfüllen sollen. Letztendlich ist es in der Politik zu finden, in der Politiker*innen sich gegenseitig bedürftig kritisieren und sich selbst profilieren wollen, anstatt dem Land wirklich zu dienen und konstruktive Lösungsvorschläge anzubieten. Die Spitze der Unstimmigkeit war der bedürftige Ausspruch des mächtigsten Mannes der Welt: „America first!"

In der *geschmerzten* Bedürfnis-Rolle beschwert man sich, macht Vorwürfe, demonstriert und konfrontiert. In der Fürsorge-Rolle kümmert man sich liebevoll, sucht nach echten und wirklich funktionierenden Lösungen und nimmt die Umsetzung selbst in die Hand.

Wenn Sie miterleben, wie andere Menschen bezüglich der Umwelt unstimmig agieren, dann reagieren Sie in der Fürsorge-Rolle nicht mehr kritisch, Sie stehen einem Kampf nicht zur Verfügung, sondern Sie überlegen sich sofort fürsorglich die konkrete Lösung. Sie erforschen: Wie wäre der gelöste Zustand? Wie wäre es optimal für die Erde und die Menschheit?

Anschließend können Sie in der Fürsorge-Rolle Ihrem Gegenüber Ihre Lösung zur Verfügung stellen.

Nimmt der andere die Lösung nicht an, dann forschen Sie weiterhin fürsorglich für diese Nicht-Annahme nach einer Lösung. Außerdem überlegen Sie, wie Sie selbst optimal aktiv werden.

Die Fürsorge-Rolle löst jeden Ansatz von Auseinandersetzungen und Krieg sofort auf und bietet konstruktive Ideen an. Selbst wenn Ihr Gegenüber verschlossen bleibt, können Sie selbst weiterhin aus der Fürsorge-Rolle heraus aktiv sein. Sie bleiben offen für die Rettung der Erde und der Menschheit, ohne sich in Auseinandersetzungen zu verstricken und Ihre Energie zu verschwenden. Diese Fähigkeit macht automatisch viel Spaß und Freude.

Wenn Sie sich der Fürsorge-Rolle und der Bedürfnis-Rolle immer häufiger bewusst werden, können Sie dadurch Ihre Gefühle und Ihr automatisiertes Verhalten immer leichter beeinflussen.

Die Fähigkeit, die eigene Fürsorge-Rolle und die Bedürfnis-Rolle der aktuellen Situation entsprechend frei zu wählen, führt letztendlich in einen neuen gesellschaftlichen Zustand: Wir stellen gemeinschaftlich die Probleme unserer Erde in der Heilungshierarchie ganz nach oben, rücken das Bedürfnis der Erde nach Heilung in den Vordergrund und stehen dadurch der Lösung dieses Problems in der Fürsorge-Rolle helfend zur Verfügung. In diesem Zustand verschwinden alle bedürftigen Diskussionen. Stattdessen packen wir gemeinsam und fürsorglich an. Überall werden Lösungen gesucht, gefunden und selbstständig umgesetzt. So wie alle Menschen bei einem Deichbruch sich zu einer Menschenkette zusammenfinden und Sandsäcke zum Deich transportieren.

Wenn Sie ganz klar fühlen, wissen und entscheiden, wofür Sie nicht zur Verfügung stehen, können Sie für alles andere mit Ihrem ganzen liebenden Herzen fürsorglich zur Verfügung stehen.

Was ich in diesem Buch beschrieben habe, ist *meine* Realität.

Und wie ist nun Ihre?

Fortsetzungen

Ich stehe nicht mehr zur Verfügung Band 2

Die Kritik von anderen hat nichts mit mir zu tun

In der Hirnforschung ist klar: Unser Gehirn nimmt die Wirklichkeit nicht wahr, wie sie ist, sondern es konstruiert die Realität in sich selbst. Es braucht optimal funktionierende Programme (neuronale Netzwerke), um die äußere Realität so gut wie möglich in sich selbst abzubilden. Je empathischer die „inneren Browser“ gestaltet sind, umso näher leben wir an der wirklichen Realität.

Wir alle kennen es, dass Menschen mit schmerzvollen inneren Programmen aus der Kindheit viel öfter dazu neigen, die Realität zu verzerren. Sie missverstehen andere, sind unklar, vermischen vieles, verbreiten Unwahrheiten und verhalten sich destruktiv, distanziert und unkooperativ.

Olaf Jacobsen bietet einen aktualisierten „Realität-Browser“ an, den Sie sich durch Lesen und Übungen allmählich in Ihr Gehirn und ins Herz „herunterladen“. Mithilfe der in diesem Buch angebotenen Erkenntnisse und Sichtweisen werden Sie neu auf Ihr Umfeld schauen. Sie können „sehen“ und damit auch spüren, dass destruktives Verhalten und Kritik anderer Menschen tatsächlich nichts mit Ihnen zu tun haben. Vielleicht lösen Sie durch Ihr Verhalten im Gegenüber Reaktionsmuster aus – doch wie Ihr Gegenüber mit seinen aktivierten Mustern umgeht, ist vollkommen unabhängig von Ihnen. Jeder Mensch ist frei, den eigenen Realität-Browser im Gehirn selbst zu gestalten und dadurch entweder ein anstrengendes oder ein angenehmes, möglicherweise sogar glückliches Leben zu führen.

Sie lernen eine Flexibilität im Denken und Fühlen, mit der Sie fremden unangenehmen Sichtweisen nicht mehr zur Verfügung stehen. Stattdessen entwickeln Sie Betroffenheit und Mitgefühl für diejenigen, die einen Zusammenhang schmerzvoll betrachten und kommunizieren müssen ...

Dieses Buch führt Neurowissenschaften, kreative Lebenshilfe und Achtsamkeit zusammen – und bringt es auf den Punkt.

ISBN: 978-3-936116-26-7

Hilfe! Ich stehe unbewusst zur Verfügung (Band 3)

Unbewusste Beeinflussungen aufdecken für ein unabhängiges Leben

Wir sind permanent von Menschen umgeben, die etwas von uns wollen – bewusst oder unbewusst. Sie wollen, dass wir etwas tun oder lassen, dass wir etwas kaufen oder unser Verhalten ändern, dass wir etwas einsehen oder zustimmen. Dementsprechend tun sie ihr Bestes, uns zu beeinflussen.

Die Quellen der Einflüsse, denen wir ausgesetzt sind, reichen von der Werbeindustrie bis hin zur eigenen Partnerin, von unseren Eltern und den Lehrer*innen in der Schule bis hin zum Vorgesetzten im Job, von der Hausärztin oder Therapeutin bis hin zum Handwerker, vom Internet und deren Großkonzernen bis hin zur Filmindustrie. Dabei wirken viele Beeinflussungen auch auf der unbewussten Ebene.

Wie können wir zuverlässig diese Beeinflussungen erkennen? Wie durchschauen wir die Absichten anderer Menschen? Wie nutzen wir Einflüsse sogar konstruktiv für uns selbst? Wie gehen wir mit fremden Wünschen so um, dass wir uns dabei immer frei und ausgeglichen fühlen? Wie können wir uns von Beeinflussungen unabhängig machen und befreit unser ganz eigenes Leben leben?

Olaf Jacobsen eröffnet in diesem dritten Buch der „Ich stehe nicht mehr zur Verfügung“-Reihe komplett neue Aspekte unseres Unbewussten, denn: Das Unbewusste ist ganz anders als wir bisher dachten. Durch dieses Wissen lernen wir leichter, uns selbst erfolgreich zu beeinflussen. Gleichzeitig schulen wir uns darin, mit den Wünschen anderer Menschen gut umzugehen und frei zu reagieren. Mithilfe der Popin-Methode befreien wir uns von belastenden Beeinflussungen und erleben endlich Unabhängigkeit, während wir uns mit allem tief verbunden fühlen.

Dieses Buch berührt die Substanz unseres Menschseins. Es enthält ein Feuerwerk neuer Erkenntnisse und Denkmodelle, die unser Leben umkrempeln und die uns gleichzeitig darin unterstützen, unseren Alltag und unsere Gefühlswelt aus neuen Perspektiven immer besser zu verstehen.

ISBN: 978-3-936116-07-6

Stehe ich zur Verfügung?

Das Kartenset für jede Situation

Sind Sie im Alltag oder im Job unsicher und fragen sich, was jetzt gerade los ist und wie der nächste Schritt sein könnte, dann greifen Sie zu diesem Kartenset, ziehen spontan eine Karte und lassen sich durch den Text inspirieren. Auf diesen Karten sind alle wichtigen Sichtweisen und Werkzeuge aus dem Bestseller „*Ich stehe nicht mehr zur Verfügung (Band 1)*" versammelt.

Dieses Kartenset ist bereits als E-Book vorhanden (PDF, Kindle, EPub). Die Druckversion ist in Planung (Stand Juli 2021).

ISBN der geplanten Druckversion: 978-3-936116-13-7

Ich stehe nicht mehr zur Verfügung (Bd. 1) – Die Essenz

Das Erlebnis-Hörbuch zum Bestseller - mit 2 CDs

Viele Leser*innen fanden in Olaf Jacobsens Bestseller „Ich stehe nicht mehr zur Verfügung – Band 1" Antworten auf wichtige Lebensfragen. Diese beiden CDs enthalten nun die Essenz und zusätzlich lebendige Eindrücke in Form von Hörspielen. Der Sprecher Erich Räuker – bekannt als Synchronsprecher in vielen Filmen und Serien – verleiht den Inhalten eine einfühlsame und tiefgehende Ausstrahlung. Unterstützt wird das Hörerlebnis durch Musik, die von Olaf Jacobsen selbst komponiert und eingespielt wurde.

Aktuell (Juli 2021) sind günstige **Restexemplare** dieses Hörbuchs (Zustand: neu) nur noch über den Olaf Jacobsen Verlag erhältlich. Ob dieses Hörbuch zum Band 1 erneut produziert wird, ist noch nicht entschieden.

www.olaf-jacobsen-verlag.de bestellung@in-resonanz.net

Danke

Ich bin sehr dankbar, dieses Buch auf diese Weise und zu diesem Zeitpunkt veröffentlichen zu dürfen. Ohne meine Eltern und meine Geschwister, meine Ahnen und deren Schicksale wäre das so nicht möglich gewesen.

Viele Menschen haben in meinem Leben eine wichtige Rolle gespielt und mich dazu angeregt, ein farbenreiches Spektrum an Gefühlen zu erleben, das sich in allen meinen Beschreibungen niederschlägt.

Ich danke meiner Frau Jacqueline für die tiefen Einblicke in ihr Gefühlsleben, für die Erfahrungen, die meine Sichtweisen mitgeprägt haben, und für ihre liebevolle und konstruktive Kritik an der Gestaltung des Inhalts.

Mein Dank geht auch an alle Seminarteilnehmer, die mich mit ihren Erfahrungen und Lebensgeschichten zu vielen Beispielen inspiriert haben, sowie an die Autoren, deren Wissen und Weisheiten ich zitieren durfte. Besonderer Dank gebührt in diesem Zusammenhang Klaus Mücke, der mit seinem empfehlenswerten Buch *Wo aber Gefahr ist, wächst das Rettende auch* einen Schatz voller psychoaktiver Sinnsprüche bietet, aus dem ich schöpfen durfte.

Maike Zimmermann (mein Schwesterherz) und Monika Anna Mößner danke ich für ihre wertvollen Hinweise.

Ich danke Monika und Jennifer Jünemann und allen Mitarbeitern des Windpferd Verlags für ihren bewundernswerten und langjährigen Einsatz und die liebevolle Begleitung für die 2. Fassung dieses Buches, auf der nun die 3. Fassung aufbauen durfte.

Schließlich danke ich dem Universum für alle Un/Gleichgewichte und schicksalhaften Fügungen, aus denen ich intensiv lernen konnte.

Ausbildung für Freie Systemische Aufstellungen

„Drei auf einen Streich" - eine Ausbildung mit drei Zielen:

- ✓ Ausbildung darin, eigenverantwortlich und effektiv mit seinen eigenen Systemaufstellungen umzugehen (Selbstorganisation)
- ✓ Ausbildung im Organisieren von Freien Systemischen Aufstellungen (Abschluss: „**Organisator*in für Freie Systemische Aufstellungen**")
- ✓ Ausbildung im Ausbilden von Organisator*innen (Abschluss: „**Ausbilder*in im Organisieren von Freien Systemischen Aufstellungen**")

An drei Wochenenden bilden sich die Teilnehmer*innen darin aus, eigenverantwortlich, selbstständig und effektiv das Phänomen der „Resonierenden Empfindungen" zu nutzen, eine eigene Systemaufstellung mithilfe einer Gruppe oder für sich allein frei anzuwenden, mit ihr frei umzugehen und das Beste aus ihr herauszuholen.

Gleichzeitig bilden sich die Teilnehmer*innen zur/zum Organisator*in für Freie Systemische Aufstellungen aus. Das bedeutet: Die Teilnehmer*innen können nach der Ausbildung selbst die Freien Systemischen Aufstellungen organisieren. Sie können in einer Veranstaltung anderen interessierten Menschen Freie Systemaufstellungen anbieten und sie darin einführen, wie man effektiv seine eigene Aufstellung nutzen und das Beste aus ihr herausholen kann.

Ebenso befähigen sich die Teilnehmer*innen dieser Ausbildung dazu (und erhalten die Erlaubnis), selbst diese „Ausbildung für Freie Systemische Aufstellungen" anzubieten.

Für die Teilnahme gibt es keine Voraussetzung. Auch wer Aufstellungen noch nicht erlebt hat, darf an dieser Ausbildung eigenverantwortlich teilnehmen.

Ausbilder*in: Jacqueline & Olaf Jacobsen

Empathisches NeuroSonanz-Coaching

Olaf Jacobsen stellt ein Coaching für alle möglichen Fragen und Themen zur Verfügung, in welchem er u. a. folgende Werkzeuge anbietet:

- ✓ Lösende Imaginationen und Techniken im einfühlsamen Gespräch
- ✓ Findungsprozesse mithilfe von Einzelaufstellungen
- ✓ Befreiende Realitätsbrille mithilfe des NeuroSonanz®-Modells

Ein Coaching ist wie folgt erlebbar:

- ✓ am Telefon
- ✓ in einer Video-Konferenz über das Internet (z. B. über zoom.com)
- ✓ in einem Direktkontakt vor Ort (Karlsruhe, Köln)

Weitere Infos: www.in-resonanz.net/Olaf-Jacobsen_Beratungen.html

Einen Termin buchen Sie per E-Mail: olaf-jacobsen@in-resonanz.net

Über den Autor

Olaf Jacobsen ist ein deutscher Empathie-Spezialist und Autor. Er gilt als Pionier der klientenzentrierten Systemaufstellung. 2003 entwickelte er die Freie Systemische Aufstellung, erfand 2014 das NeuroSonanz®-Modell und leitet die von ihm begründete Empathie-Schule NeuroSonanz® in Karlsruhe und in Köln.

Geboren am 11. Juni 1967 in Neumünster, Studium in Karlsruhe an der Staatlichen Hochschule für Musik und Universität (Musik und Mathematik), Dirigent, Pianist, Tenor, Musikpädagoge, intensives Studium und Erforschung eigener Gefühle, Empathie-Coach, Systemischer und Psychologischer Coach, Unternehmensberater im Bereich "Kommunikation & Gefühle", Experte für Resonierende Empfindungen, Bestseller-Autor.

Infos & Kontakt unter www.olafjacobsen.com

Ausführlicher Lebenslauf unter:
https://www.in-resonanz.net/Olaf-Jacobsen_Lebenslauf.html

Veröffentlichungen von Olaf Jacobsen

Leseproben und Bestellungen (ohne Versandkosten, per Rechnung)
unter www.olaf-jacobsen-verlag.de

Trilogie „Basis-Erkenntnisse“:

So, jetzt ist aber genug! Die Geburt einer Weltformel (1996, aktualisierte Neuauflage 2014, E-Book 2019)

Bewegungen in neue Gleichgewichte. Bewegende Sichtweisen für unseren Alltag (2000, aktualisierte Neuauflage 2014, E-Book 2019)

Die Vollkommenheit des Universums. (Das) Nichts ist All-ein, Alles ist in Resonanz (2001, aktualisierte Neuauflage 2014, E-Book 2019)

Trilogie „Freie Systemaufstellung“:

Das freie Aufstellen - Gruppendynamik als Spiegel der Seele. Eine Einführung in eine freie Form der Systemischen Aufstellungen (2003, E-Book 2019, aktualisierte Neuauflage 2021)

Freie Systemaufstellung: Das fühlt sich richtig gut an! Gefühle erforschen, Klarheit gewinnen und den Alltag befreit leben (2012, E-Book 2019, aktualisierte Neuauflage 2021)

Ich stelle selbst auf. Wie Sie Ihre Selbstheilungskräfte durch Freies Aufstellen aktivieren (2011, E-Book 2019, aktualisierte Neuauflage 2021)

Impulskarten für Freie Systemische Aufstellungen. Wenn Sie in Ihrer Aufstellung nicht mehr weiterwissen (2012/2021)

Trilogie „Ich stehe nicht mehr zur Verfügung“:

Ich stehe nicht mehr zur Verfügung. Wie Sie sich von belastenden Gefühlen befreien und Beziehungen völlig neu erleben (2006, E-Book 2021, aktualisierte Neuauflage 2021)

Ich stehe nicht mehr zur Verfügung 2. Die Kritik von anderen hat nichts mit mir zu tun (2010, E-Book 2020, aktualisierte Neuauflage 2021)

Hilfe! Ich stehe *unbewusst* zur Verfügung Unbewusste Beeinflussungen aufdecken – für ein unabhängiges Leben (2016/2021, E-Book 2019)

Stehe ich zur Verfügung? Das Kartenset für jede Situation (2021, E-Book 2020)

Ich stehe nicht mehr zur Verfügung – Die Essenz (CD). Wie Sie sich von belastenden Gefühlen befreien und Beziehungen völlig neu erleben, Hörbuch zu Band 1 (2009) – **Restexemplare nur beim www.olaf-jacobsen-verlag.de erhältlich**

Drei Bücher „Selbstreflexion & Empathie“:

Der lebendige Spiegel im Menschen. In Resonanz lernen – lösen – leben – lieben (Jacqueline & Olaf, 2014, E-Book 2019, Neuauflage 2021)

Meine Eltern sind schuld! Was unsere Eltern falsch gemacht haben und immer noch falsch machen (2014, E-Book 2019, Neuauflage 2021)

Die Kriegs-Trance und das Mitgefühl Warum wir fast alle betroffen sind und wie wir daraus aufwachen (2015, E-Book 2019, Neuauflage 2021)

Vier Bücher „Werkzeuge für Potenzialentfaltung“:

Der Mann, der sich glücklich weinte Tränen befreien das Gehirn, das Menschsein und die Gesellschaft (PDF-eBook 2019, erweiterte Neuauflage 2021)

Das Erwachsene in dir muss Klarheit finden Geborgenheit, Liebe und Urvertrauen brauchen den sicheren Überblick (2021)

Das Handbuch der resonierenden Empfindungen Wie wir mit Gefühlen umgehen können, die in Verbindung zu unserem Umfeld stehen (2022)

Das NeuroSonanz-Modell Die vollständige Erklärung unseres Menschseins (PDF-eBook 2019)

Wie wird das Ziel erreicht? Das E-Kartenset rund um Ziele, Wünsche, Bedürfnisse (E-Book 2020)

Olafs komplette Werkzeugkiste Das umfassende E-Kartenset (beinhaltet alle anderen Kartensets und noch mehr, über 400 Karten, **nur als PDF-Datei**, 2020) – nur beim www.olaf-jacobsen-verlag.de erhältlich

Weitere Schriftwerke:

Das trifft sich gut Ein Schlaganfall, seine dramatischen Folgen und wie er zum wundervollen Geschenk wurde (Jacqueline & Olaf, Autobiographie 2018, E-Book 2019)

HauptRolle Es geht immer um das stimmigste Rollengefühl (E-Book als PDF-Datei, 2019) – ***kostenfrei*** auf www.olaf-jacobsen-verlag.de

Wie wir uns ändern und die Erde retten Wir haben bereits alles Wissen – nur die Umsetzung fehlt noch (E-Book als PDF-Datei, 2019) – ***kostenfrei*** auf www.olaf-jacobsen-verlag.de

Quellenverzeichnis

Richard Bandler / John Grinder: *Metasprache und Psychotherapie. Die Struktur der Magie I.* Paderborn: Junfermann, 1981

Gregory Bateson: siehe Klaus Mücke

Joachim Bauer: *Das Gedächtnis des Körpers. Wie Beziehungen und Lebensstile unsere Gene steuern.* Frankfurt: Eichborn, 2002

Joachim Bauer: *Warum ich fühle, was du fühlst. Intuitive Kommunikation und das Geheimnis der Spiegelneurone.* Hamburg: Hoffmann & Campe, 2005

Susan Blackmore: siehe Werner Siefer / Christian Weber

David Bohm / Jiddu Krishnamurti: *Vom Werden zum Sein.* München: Scherz, 1987

David Bohm in: P.C.W. Davies / J.R. Brown: *Der Geist im Atom.* Frankfurt am Main, Leipzig: Insel, 1993

Jorgos Canacakis: *Ich sehe deine Tränen. Trauern, klagen, leben können.* Stuttgart: Kreuz, 1993

Dale Carnegie: *Sorge dich nicht – lebe.* München: Scherz, 1984

Michael Czaykowski: *Die menschliche Matrix.* Aitrang: Windpferd, 2004

Dalai Lama: *Der Weg zum Glück. Sinn im Leben finden.* (Hrsg. Jeffrey Hopkins). Freiburg: Herder, 2002

Fons Delnooz: *Energetischer Schutz.* Aitrang: Windpferd, 2001

René Descartes: siehe Frieder Lauxman

Thorwald Dethlefsen: *Schicksal als Chance. Das Urwissen zur Vollkommenheit des Menschen.* München: Goldmann, 1998

Simone Dietz in: Hanne Tügel: *Lügen, List und andere Finessen.* Hamburg: GeoWissen Nr. 38, 2006

Michael Ende: *Die unendliche Geschichte.* Stuttgart: Thienemann, 1979

Frank Farrelly: siehe Klaus Mücke

Grazyna Fosar/Franz Bludorf: *Vernetzte Intelligenz. Die Natur geht online.* Aachen: Omega, 2001

Bruce Frantzis: *Die Energietore des Körpers öffnen. Chi Gung für lebenslange Gesundheit.* Aitrang: Windpferd, 2001/2006

Jakob F. Fries: siehe Christian Thomas Kohl

Thomas J. Gehrmann: *In Dienst genommen ...* Oldenburg: Systemische Aufstellungspraxis, 1/2006

Khalil Gibran: *Der Prophet.* Düsseldorf: Walter, 1973

Daniel Goleman: *Emotionale Intelligenz.* München, Wien: Hanser, 1996

Lama Anagarika Govinda: Vorwort zu Martin Schönberger: *Weltformel I Ging und genetischer Code. Die Polarität von Geist und Natur.* Aitrang: Windpferd, 2000

Brian Green: *Das elegante Universum. Superstrings, verborgene Dimensionen und die Suche nach der Weltformel.* München: Siedler, 2000

Stephen W. Hawking: *Das Universum in der Nussschale.* Hamburg: Hoffmann & Campe, 2001

Bert Hellinger: *Verdichtetes.* Heidelberg: Carl-Auer-Systeme, 1995

Bert Hellinger: *Die Quelle braucht nicht nach dem Weg zu fragen. Ein Nachlesebuch.* Heidelberg: Carl-Auer-Systeme, 2001

Bert Hellinger: siehe Klaus Mücke

Olaf Jacobsen: *Die Vollkommenheit des Universums. (Das) Nichts ist All-ein – Alles ist in Resonanz.* Karlsruhe: Jacobsen, 2001/2014

Olaf Jacobsen: *Die Konsequenzen eines jungen Aufstellungsleiters* in: *Praxis der Systemaufstellung,* Heft 2/2002, München: IAG, 2002

Olaf Jacobsen: *Das freie Aufstellen. Gruppendynamik als Spiegel der Seele.* Karlsruhe: Jacobsen, 2003

Ariel & Shya Kane: Das *Geheimnis wundervoller Beziehungen.* Aitrang: Windpferd, 2004

Ariel & Shya Kane: *Unmittelbare Transformation. Lebe im Augenblick und nicht in Gedanken.* Aitrang: Windpferd, 2001

Byron Katie: *Lieben was ist. Wie vier Fragen Ihr Leben verändern können.* München: Goldmann, 2002

Matthias Varga von Kibéd, Insa Sparrer: *Ganz im Gegenteil – für Querdenker und solche, die es werden wollen.* Heidelberg: Carl-Auer-Systeme, 2000

Matthias Varga von Kibéd, Insa Sparrer, Renate Daimler: *Das unsichtbare Netz. Erfolg im Beruf durch systemisches Wissen.* München: Kösel, 2003

Christian Thomas Kohl: *Buddhismus und Quantenphysik.* Aitrang: Windpferd, 2004

Martin Kohlhauser / Friedrich Assländer: *Organisationsaufstellungen evaluiert. Studie zur Wirksamkeit von Systemaufstellungen in Management und Beratung.* Heidelberg: Carl-Auer-Systeme, 2005

Konfuzius in: Tschuang Tse: *Glückliche Wanderung.* Bearb. von Gia-Fu Feng/Jane English. München: Diederichs, 1980

Clemens Kuby*: Living Buddha. Die wahre Geschichte.* Garching: mind films GmbH, 1996

Clemens Kuby: *Unterwegs in die nächste Dimension. Meine Reise zu Heilern und Schamanen.* München: Kösel, 2003

Clemens Kuby im Interview mit Sandra Heim: *Frag deine Seele, was dich krank macht.* Freiburg: bewusster leben, 2006

Jacqueline C. Lair/Walther H. Lechler: *Von mir aus nennt es Wahnsinn. Protokoll einer Heilung.* Stuttgart: Kreuz, 1983

Laotse: *Tao Te King.* München: Diederichs, 1996

Frieder Lauxmann: *Die Philosophie der Weisheit. Die andere Art zu denken.* München: Nymphenburger, 2002

Henri Le Saux: siehe Werner Siefer / Christian Weber

Georg Christoph Lichtenberg: siehe Frieder Lauxmann

Bruce H. Lipton: *Intelligente Zellen. Wie Erfahrungen unsere Gene steuern.* Burgrain: Koha, 2006

Elizabeth Loftus: siehe Werner Siefer / Christian Weber

Walter Lübeck: *Handbuch des spirituellen NLP.* Aitrang: Windpferd, 2003

Marcia Zina Mager: *Das Feen-Geschenk. Der Schlüssel zum magischen Königreich.* München: Bassermann, 2002.

Humberto R. Maturana/Bernhard Pörksen: *Vom Sein zum Tun. Die Ursprünge der Biologie des Erkennens.* Heidelberg: Carl-Auer-Systeme, 2002

Bärbel Mohr: *Bestellungen beim Universum.* Düsseldorf: Omega, 1998

Klaus Mücke: *Wo aber Gefahr ist, wächst das Rettende auch. Psychoaktive Sinnsprüche für alle Lebenslagen.* Potsdam: Mücke, 2002

Joseph Murphy: *Die Macht Ihres Unterbewusstseins.* Genf: Ariston, 1967

Blaise Pascal: siehe Frieder Lauxmann

Frank Arjava Petter: *Glücklichsein. Immer wieder aufwachen. Nichts wollen und an allem teilhaben.* Aitrang: Windpferd, 2003

Vilaynur S. Ramachandran: siehe Werner Siefer / Christian Weber

Peter Rawert in: Marion Rollin: *Das Leben? Unsere Erfindung!* Hamburg: GeoWissen Nr. 38, 2006

Arnold Retzer: siehe Klaus Mücke

Arnold Retzer & Hans Rudi Fischer: siehe Klaus Mücke

Anthony Robbins: *Grenzenlose Energie. Das Power-Prinzip.* München: Heyne, 1992

Freddie Röckenhaus: *Die unheimliche Welt der „Wissenden“.* Hamburg: GeoWissen Nr. 38, 2006

Antoine de Saint-Exupéry: *Der kleine Prinz.* Düsseldorf: Rauch, 2000

Pete A. Sanders: *Das Handbuch übersinnlicher Wahrnehmung.* Aitrang: Windpferd, 2004

Peter Schlötter: *Vertraute Sprache und ihre Entdeckung. Systemaufstellungen sind kein Zufallsprodukt – der empirische Nachweis.* Heidelberg: Carl-Auer-Systeme, 2004

Gunther Schmidt: *Einführung in die hypnosystemische Therapie und Beratung.* Heidelberg: Carl-Auer, 2005

Gunther Schmidt: siehe Klaus Mücke

Petra Schneider: *Vom Leid zur Glückseligkeit: Wie wir uns das Leben schwer machen und wie es leichter geht.* Aitrang: Windpferd, 2005

Herwig Schön: *Reconnective Therapy. Ein neues Paradigma der Heilung.* Aitrang: Windpferd, 2004

Peter E. Schumacher in P. J. Tonger: *Wollen und Wirken (der Lebensfreude 2. Bd.). Sprüche und Gedichte gesammelt von P. J. Tonger.* Köln: P. J. Tonger Verlag, ca. 1918

Hans Selye: siehe Joachim Bauer, Das Gedächtnis des Körpers

Rupert Sheldrake: *Der siebte Sinn der Tiere.* München: Scherz, 1999

Rupert Sheldrake: *Der siebte Sinn des Menschen.* München: Scherz, 2003

Florence Scovel Shinn: *Das Lebensspiel und seine mentalen Regeln.* München: Erd, 1995

Werner Siefer / Christian Weber: *ICH. Wie wir uns selbst erfinden.* Frankfurt: Campus, 2006

Fritz B. Simon: siehe Klaus Mücke

J. Konrad Stettbacher: *Wenn Leiden einen Sinn haben soll. Die heilende Begegnung mit der eigenen Geschichte.* Hamburg: Hoffmann & Campe, 1990

Eckhart Tolle: *Jetzt! Die Kraft der Gegenwart.* Bielefeld: Kamphausen, 2003

Joachim G. Vieregge: *Das A-Feld und das Familienstellen.* Oldenburg: Systemische Aufstellungspraxis, 1/2006

Ken Wilber: *Eros, Kosmos, Logos. Eine Jahrtausend-Vision.* Frankfurt a.M.: Krüger, 1996

Ken Wilber: *Ganzheitlich handeln. Eine integrale Vision für Wirtschaft, Politik, Wissenschaft und Spiritualität.* Freiamt: Arbor, 2001

Artho S. Wittemann: *Die Intelligenz der Psyche. Wie wir ihrer verborgenen Ordnung auf die Spur kommen.* München: Kösel, 2000

Ludwig Wittgenstein: *Tractatus logico-philosophicus.* In: L. Wittgenstein: *Werkausgabe, Bd. 1.* Frankfurt a.M.: Suhrkamp, 1984

Doris Wolf & Rolf Merkle: *Gefühle verstehen, Probleme bewältigen.* Mannheim: PAL, 2006

Stephen Wolinsky: *Quantenbewusstsein.* Freiburg: Lüchow, 1994

Arthur Zajonic: *Die gemeinsame Geschichte von Licht und Bewusstsein.* Reinbeck: Rowohlt, 1994

Eva-Maria Zurhorst: *Liebe dich selbst – und es ist egal, wen du heiratest.* München: Goldmann, 2004

Wie aufrichtiges Mitgefühl Schmerz schmelzen lässt

Neurobiologe Dr. Gerald Hüther im Austausch mit Olaf Jacobsen: „Ihr Buch ist wirklich ausgezeichnet. Allerdings verrät der Titel nicht, was für ein Schatz sich dahinter verbirgt: eine sehr saubere und überzeugende Beschreibung unseres gegenwärtigen Zustandes und unserer vorherrschenden Beziehungskultur und eine konstruktive Beschreibung eines – und wie ich denke einzigen – Ausweges."

Olaf Jacobsen vertritt die These, dass unsere Zivilisation seit Jahrtausenden unter einer bestimmten Krankheit leidet. Er nennt diese Krankheit „Kriegs-Trance". Eine Kriegs-Trance entsteht, wenn ein Soldat im Krieg sein Mitgefühl für sein Gegenüber abstellt, um den anderen erschießen zu können.

Auf unsere Gesellschaft übertragen: Bevor ein Mensch einen anderen Menschen verletzt, hat er unbewusst sein Mitgefühl abgestellt. Dadurch befindet er sich in einer Kriegs-Trance, aus der er handelt. Dieser Trance-Zustand wird von Generation zu Generation durch die Erziehung weitergegeben und durch Unwissenheit aufrechterhalten.

In der Neurowissenschaft wird immer deutlicher, dass der Mensch von Grund auf ein mitfühlendes, offenes und empathisches Wesen ist. Wir sehen dies bei freien Kindern. Wie kommt es dann zu Kriegs-Trancen? Wieso stellen wir unser Mitgefühl zueinander ab? Wie können sich Krieg und Terrorismus entfalten?

Dieses Buch liefert erstmalig schlüssige, tiefgehende und aufrüttelnde Antworten. Zusätzlich zeigt es, wie wir aus Kriegs-Trance-Zuständen aufwachen, uns von verletzenden Denk- und Verhaltensmustern befreien und wieder Zugang zu unserem ursprünglich authentischen Wesen erhalten: zum selbstbestimmten, kreativen, mitfühlenden und empathischen Menschsein.

Die wundersame Wirkung des NeuroSonanz®-Modells

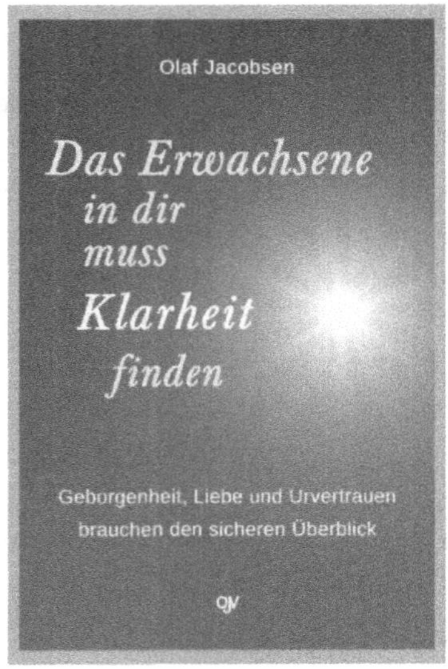

Mithilfe des einfachen NeuroSonanz®-Modells von Empathie-Spezialist Olaf Jacobsen sind unsere Gefühle in Kontakten zu anderen Menschen logisch erklärbar. Dabei geht es selten um Schmerzliches aus der Kindheit. Vielmehr werden ungelöste Zusammenhänge im gegenwärtigen Miteinander klar sichtbar.

Wusstest du, dass dein Unsicherheitsgefühl den Sinn hat, einen anderen Menschen zu würdigen? Wusstest du, dass dir deine Eifersucht zeigt, dass dein*e Partner*in dich tatsächlich für einen Moment innerlich verlassen hat? Wusstest du, dass dein Schuldgefühl ein tiefes Gespür dafür ist, dass andere Menschen dir tatsächlich eine Schuld zuweisen? Bedenke dabei: Wenn andere Menschen dich bewerten, dann hängen ihre Bewertungen mit ihren aktuellen Zielen zusammen. Nicht mit dir. Du bist unschuldig an fremden Bewertungen. Und dein Gefühl, nicht verstanden zu werden, ist komplett richtig, weil du *immer* missverstanden wirst. Jede Spekulation darüber, wie ein anderer Mensch wohl „ist" und welche Ziele er warum verfolgt, ist eine Entwürdigung des anderen. Deshalb ist deine Sehnsucht nach Anerkennung völlig normal. Du spürst permanent, dass sich andere Menschen ein falsches Bild von dir machen und du dadurch tatsächlich entwürdigt wirst.

Entdecke in diesem Buch noch viel mehr einleuchtende Zusammenhänge und finde heraus, was genau in unserer Erwachsenenwelt nicht stimmt. Mit dieser Klarheit kannst du dich völlig neu orientieren, dich in dieser Welt wesentlich besser zurechtfinden und das Miteinander befreiend konstruktiv gestalten.

Olaf Jacobsen: „Das Erwachsene in dir muss Klarheit finden"
272 Seiten, Broschur, ISBN 978-3-936116-74-8
Leseprobe: www.olaf-jacobsen-verlag.de, bestellung@in-resonanz.net

Man kann es nicht beschreiben,
man muss es selbst erlebt haben ...

Systemaufstellungen sind ein tiefgreifendes Werkzeug der Zukunft. In ihnen zeigt sich, dass der Mensch grundsätzlich empathisch veranlagt ist und dass „Intuition" in engem Zusammenhang zum Umfeld steht.

In unserem Leben fühlen wir uns unbewusst in unser aktuelles Umfeld ein und passen uns an. Das zeigt sich darin, dass wir uns in jedem Kontakt immer ein bisschen anders fühlen und uns anders verhalten. Manchmal sogar so extrem, dass wir uns fragen: „Was mache ich hier eigentlich?!"

In Systemaufstellungen wird die Gabe, sich in das Umfeld einzufühlen, gezielt angewendet und für kreative Weiterentwicklungen, Projektentwicklungen als auch für Problemlösungen in allen Bereichen eingesetzt. Im Jahr 2003 entwickelte Olaf Jacobsen die „Freien Systemaufstellungen". Hier kann jeder frei und selbstbestimmt mit seiner eigenen Aufstellung experimentieren. Lerne mithilfe dieses Buches von Grund auf spielerisch das Systemstellen. Freie Systemaufstellungen sind einfach, machen Spaß, schenken Tiefe und brauchen keinen therapeutischen Rahmen. Lerne, allein, zu zweit, im Freundeskreis oder in organisierten Gruppen das Potenzial von Gefühlen zu erforschen und deine Kreativität für das Erreichen von Zielen und das Lösen von Schwierigkeiten in allen Bereichen zur vollen Entfaltung zu bringen.

Konzentrierte Erfahrungen, Erkenntnisse, Weisheiten, Anleitungen, Antworten ... - alles in einer PDF-Datei

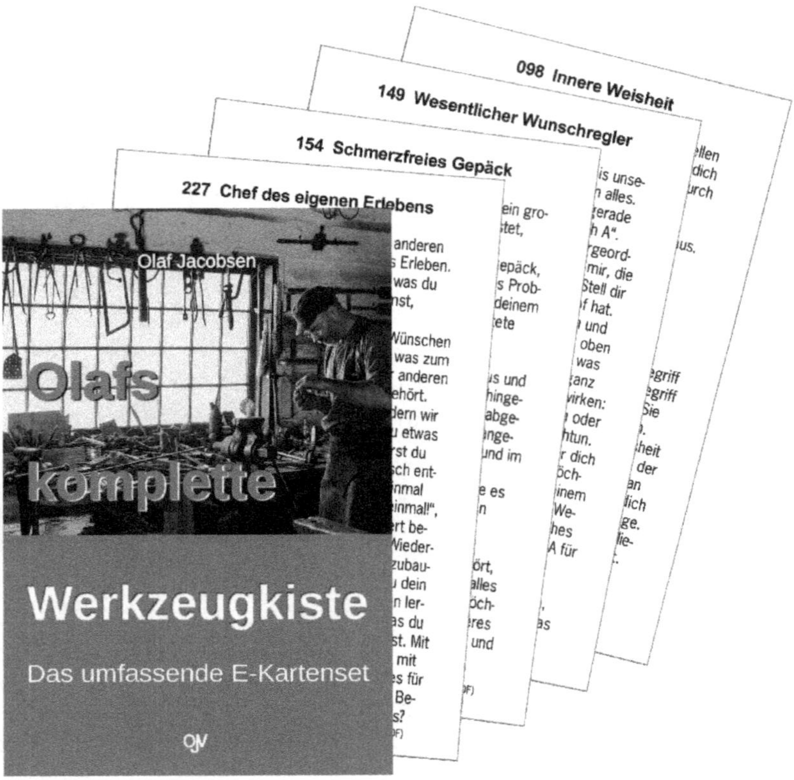

Olaf hat aus all seinen Büchern als auch aus seinen Erkenntnissen im Alltag, im Coaching und in Systemaufstellungen dieses E-Kartenset zusammengestellt. Auf jeder einzelnen Karte findest du ein in sich abgerundetes Thema, einfach auf den Punkt gebracht. Wie du bei einer Frage oder bei einem Problem die richtige Karte findest, ist gleich zu Beginn beschrieben. Alle Kartensets von Olaf sind hier enthalten. Dieses besondere E-Kartenset kannst du nur als PDF-Datei direkt vom Olaf Jacobsen Verlag per E-Mail zugeschickt bekommen.
Gefällt es dir nicht, erhältst du dein Geld zurück.

Olaf Jacobsen: „Olafs komplette Werkzeugkiste“

über **400** Karten, PDF-Datei, ISBN 978-3-936116-17-5

Leseprobe: www.olaf-jacobsen-verlag.de, bestellung@in-resonanz.net